高等院校经济学专业“十二五”规划教材

西方经济学

（微观部分）

张玉明　聂艳华　主　编
董　丹　许　燕　副主编

对外经济贸易大学出版社
中国·北京

内容提要

西方经济学（微观部分）共分为十二章，内容包括：导论；需求、供给与均衡价格；消费者行为理论；生产者行为理论；成本理论；完全竞争市场；不完全竞争市场；博弈论初步；生产要素价格决定的需求方面；生产要素价格决定的供给方面；一般均衡分析与福利经济理论；市场失灵与政府干预。

为适应本科西方经济学理论教学改革的需要，同时为了适应不同层次的需要，本书内容较为广泛，涵盖了西方经济学的基本理论，并且每章加入引导案例及其案例导学，最后加上阅读推荐与网络链接，激发学生的求知兴趣，突出理论与实际相结合。本书适合作为本科院校经济与管理类专业的教材，也可供相关从业人员参考。

图书在版编目（CIP）数据

西方经济学．微观部分／张玉明，聂艳华主编．—北京：对外经济贸易大学出版社，2014
高等院校经济学专业“十二五”规划教材
ISBN 978-7-5663-1011-8

Ⅰ．①西…　Ⅱ．①张…②聂…　Ⅲ．①西方经济学－高等学校－教材②微观经济学－高等学校－教材　Ⅳ．①F091．3②F016

中国版本图书馆 CIP 数据核字（2014）第 081294 号

西方经济学（微观部分）

张玉明　聂艳华　**主编**
责任编辑：郭华良　史伟明

对外经济贸易大学出版社
北京市朝阳区惠新东街 10 号　　邮政编码：100029
邮购电话：010-64492338　　发行部电话：010-64492342
网址：http://www.uibep.com　　E-mail：uibep@126.com

山东省沂南县汇丰印刷有限公司印装　　新华书店北京发行所发行
成品尺寸：185mm×260mm　　22 印张　　468 千字
2014 年 8 月北京第 1 版　　2014 年 8 月第 1 次印刷

ISBN 978-7-5663-1011-8
印数：0 001－2 000 册　　定价：42.00 元

前　言

《西方经济学》是国家教育部确定的高等院校经济、管理类专业的核心课程，也是我国高等院校财经类专业的主要专业基础课，学好该课程对学生继续进行其他专业基础课和专业核心课的学习具有重要的作用。

西方经济学是西方经济学家对市场经济运行规律的抽象和总结，是一门理论性很强的社会科学。尽管西方经济学的理论体系是建立在西方国家经济发展和运行基础之上的，但对于建设我国社会主义市场经济有重要的参考价值。西方经济学是研究资源配置的，通过成本与收益的比较，把资源用于最合理用途。西方经济学的主题与人们的生活息息相关，这正是我们学习西方经济学的应用基础。西方经济学没有直接告诉你如何去做，而是向你提供了一套解决问题的方法和工具。伴随着我国全面推进有中国特色社会主义市场经济建设以及与全球经济进一步融合，学生更加迫切需要学习和掌握一些西方经济学的基本原理和方法，以便理解、分析及适应经济环境。

我们编写的这部教材充分考虑了各专业教学的需要和实际教学过程中学生学习的需要，力求语言简洁、阅读性好、内容完整系统、应用性强。教材共分二十二章，将微观经济知识整理为十二章，宏观经济知识整理为十章。每一章开头设“学习目的”、“引导案例”以及“案例导学”，结尾设本章“小结”、“复习思考题”以及“阅读推荐与网络链接”，有助于激发学生学习兴趣，掌握知识点。

微观部分第一章导论，包括西方经济学的研究对象、西方经济学的基本假设、西方经济学的研究方法、西方经济学的由来与演变以及为什么学习西方经济学共五节，目的是使读者对西方经济学有一个初步了解。

从第二章到第十二章为微观经济学内容，分别介绍了需求、供给与均衡价格、消费者行为理论、生产者行为理论、成本理论、完全竞争市场、不完全竞争市场、博弈论初步、生产要素价格决定的需求方面、生产要素价格决定的供给方面、一般均衡与福利经济理论、市场失灵与政府干预等理论。

宏观部分共分十章，分别介绍了国民收入核算理论、简单国民收入决定理论、产品市场与货币市场的一般均衡、总需求—总供给模型、财政体制与财政政策、金融体制与货币政策、开放经济下的国际收支与宏观经济政策、失业与通货膨胀理论、经济增长与经济周期理论和西方经济学流派等理论。

本教材的作者多年从事西方经济学的教学工作，有着丰富的教学经验，充分了解学生在学习西方经济学过程中的疑点和难点，因此教材的体系结构设计和内容都有较强的针对性。教材的主编张玉明教授、博士主讲的《宏观经济学》在

2009 年被评为辽宁省精品课程。

本教材由张玉明、聂艳华担任主编；董丹、许燕担任副主编；张玉明教授提出本书的总体结构、并对全书修纂定稿。西方经济学（微观部分）的具体分工是：张玉明撰写第一章；聂艳华撰写第二章、第三章、第四章和第五章；董丹撰写第九章、第十章、第十一章和第十二章；许燕撰写第六章、第七章和第八章。西方经济学（宏观部分）的具体分工是：张玉明撰写第一章、第二章、第三章、第四章和第九章；聂艳华撰写第五章、第六章、第七章和第十章；董丹撰写第八章。

本教材在编写过程中参阅、引用了大量的中外文献资料和教材，在此对所有相关人员一并表示真诚的感谢。

限于编者的水平和教学经验，本书的缺点和疏漏之处在所难免。因此，敬请读者不吝指教，多予批评。

编 者

2013 年 8 月 31 日

目　录

第一章

导　论

学习目的

- 重点掌握经济学研究的对象与方法。
- 掌握微观经济学与宏观经济学的概况，理解并掌握微观经济学的研究内容。
- 掌握稀缺性与微观经济学的关系。
- 了解西方经济学的进一步发展。

引导案例

在日常生活中，每个人其实都在自觉不自觉地运用着经济学知识。比如在自由市场里买东西，我们喜欢与小商小贩讨价还价；到银行存钱，我们要想好是存定期还是活期。经济学对日常生活到底有多大作用，有一则关于经济学家和数学家的故事可以参考。

故事说的是三个经济学家和三个数学家一起乘火车去旅行。数学家讥笑经济学家没有真才实学，弄出的学问还摆了一堆诸如"人都是理性的"之类的假设条件；而经济学家则笑话数学家们过于迂腐，脑子不会拐弯，缺乏理性选择。最后经济学家和数学家打赌看谁完成旅行花的钱最少。三个数学家于是每个人买了一张票上车，而三个经济学家却只买了一张火车票。列车员来查票时，三个经济学家就躲到了厕所里，列车员敲厕所门查票时，经济学家们从门缝里递出一张票，说买了票了，就这样蒙混过关了。三个数学家一看经济学们这样就省了两张票钱，很不服气，于是在回程时也如法炮制，只买了一张票，可三个经济学家一张票也没有买就跟着上了车。数学家们心想，一张票也没买，看你们怎么混过去。等到列车员开始查票的时候，三个数学家也像经济学家们上次一样，躲到厕所里去了，而经济学家们却坐在座位上没动。过了一会儿，厕所门外响起了敲门声，并传来了查票的声音。数学家们乖乖地递出车票，却不见查票员把票递回来。原来是经济学家们冒充查票员，把数学家们的票骗走，躲到另外一个厕所去了。数学家们最后还是被列车员查到了，乖乖的补了三张票，而经济学家们却只掏了一张票的钱，就完成了这次往返旅行。这个故事经常被经济学教授们当作笑话讲给刚入门的大学生听，以此来激发学生们学习经济学的兴趣。但在包括经济学初学者在内的大多数人看来，经济学既枯燥又乏味，充满了统计数字和专业术语，远没有这则故事生动有趣；而且经济学总是与货币有割舍不断的联系，因此，人们普遍以为，经济学的主题内容是货币。其实，这是一种误解。经济学真正的主题内容是理性，其隐而不彰的深刻内涵就是人们理性地采取行动的事实。经济学关于理性的假设是针对个人而不是团体。经济学是理解人们行为的方法，它源自这样的假设：每个人不仅有自己的目标，而且还会主动地选择正确的方式来实现这些目标。这样的假设虽然未必总是正确的，但很实用。在这样的假设下发展出来的经济学，不仅有实用价值，能够指导我们的日常生活，而且这样的学问本身也由于充满了理性而足以娱人心智，令人乐而忘返。尽管我们在日常生活中时常有意无意地运用了一些经济学知识，但如果对经济学知识缺乏基本的了解，就容易在处理日常事务时理性不足，给自己的生活平添许多不必要的烦扰。比如，刚刚买回车子，没过两天，这款车子却降价了，大部分人遇到这种情况的时候都垂头丧气，心里郁闷得很；倘若前不久刚刚买了房子，该小区的房价最近却上涨了，兴高采烈是一般购房者的正常反应。这些反应虽然符合人之常情，但跌价带来的郁闷感觉却是错误的。

经济学认为，正确的反映应该是：无论是跌价，还是涨价，都应该感觉更好。经济学认为，对消费者而言，最重要的是你消费的是什么，房价、车价是多少以及其他商品的价格是多少。在价格变动以前，你所选择的商品组合（房子、车子加上用收入余款购买的其他商品）就是对你来说是最好的东西。如果价格没有改变，你会继续这样的消费组合。在价格变化以后，你仍然可以选择消费同样的商品，因为房子、车子已经属于你了，所以，你不可能因为价格变化而感觉更糟糕。但是，由于房子、车子与其他商品的最佳组合取决于房价、车价，所以，过去的商品组合仍然为最佳是不可能的。这就意味着现在还有一些更加吸引人的选择，因此，你的感觉应该更好。新的选择虽然存在，但你却更钟情于原来的最佳选择（原来的商品组合）。

在日常生活中，我们还常常烦扰于别人为什么挣得比我多，总是觉得自己得到的比应得的少，而经济学却告诉我们这样的感觉是庸人自扰，也是错误的。经济学认为别人比自己挣得多是正常的，自己得到的就是应得的，如果自己不能理性地坦然面对，只会给自己的生活带来不必要的烦扰和忧愁。

我们之所以在日常生活中遇到这样那样的烦扰，主要还是因为对经济学有一些误解，这可能是经济学说起来比较简单的缘故。“供给与需求”、“价格”、“效率”、“竞争”等都是大家耳熟能详的经济学词汇，而且这些的词汇的意思也是显而易见的，因此，很多时候，似乎人人都是经济学家。人们不敢随便在一个物理学家或数学家面前班门弄斧，但在一个经济学家面前，谁都可以就车价跌了该高兴还是该郁闷等实际问题随意发表自己的见解。其实，经济学中有许多并非显而易见的内容，并不是每个人想象的那么简单。在经济学领域，要想从“我听说过”进入到“我懂得”的境界并不是件轻而易举的事情。

因此，掌握正确的经济学知识，将经济学思考问题的方法运用到日常生活中来，使我们能够更加理性地面对生活中的各种琐事，小到油盐酱醋，大到谈婚论嫁，就会减少生活中的诸多郁闷和不快，多一些开心，多一些欢笑。

资料来源：刘新华．西方经济学概论［M］．上海：上海财经大学出版社，2008：23.

案例导学

经济学远没有这则故事生动有趣，包括经济学初学者在内的大多数人看来，经济学既枯燥又乏味，充满了统计数字和专业术语，而且经济学总是与供求、图表、货币有割舍不断的联系。现实生活中，大家都或多或少要用到一些经济学的知识。大部分人也对许多经济术语耳熟能详，但对于大多数人来说，都只是停留在“听说过”的阶段，离“懂得”还有很大的差距。经济学有一个基本假定，即理性经济人的假定。很多人都听说过这个假定，但其中大部分人记住的是“经济人”这个概念，对“理性”的含义往往不是忽视，就是缺乏正确的理解。所谓经济人的假定，就是假定人都是追求利益的，是追求物质享受的，在市场经济中就是追求钱。但经济学的假定是加上了“理性”这个限制条件，也就是说所有这些追求都应该是在理性的前提下进行的。

本章为西方经济学的概论部分，主要介绍西方经济学的研究对象、西方经济学的若干基本假设、微观经济学与宏观经济学的关系以及西方经济学的研究方法。通过本章的学习，从总体上认识西方经济学是一门什么样的学科。

第一节　西方经济学的研究对象

经济学研究的所有问题都是以资源的稀缺性与人类欲望无限性之间的基本矛盾为出发点。因此，如何在有限的资源约束下，完成对资源的有效配置与充分利用，以最大限度地满足人类无限欲望，即解决资源稀缺性与欲望无限性的基本矛盾就成为西方经济学这门科学的研究对象。

一、西方经济学关于经济学的定义

关于经济学的定义，迄今为止，西方经济学界并不存在一个被所有经济学家都一致接受的说法。但不同的定义都包括以下三方面的内容：无限的欲望、稀缺性以及由此而产生的选择。

英国经济学家 L. 罗宾斯（Robins）给经济学所下的定义是：“经济学是一门

科学，它把人类行为与稀缺资源之间的关系作为研究目标。”

这一定义强调人们面临的资源稀缺和资源选择，至今还影响西方经济学界。罗宾逊被认为是较早给西方经济学下定义的经济学家。

美国出版的《国际社会百科全书》中给经济学下的定义是：“按广泛接受的定义，经济学是研究稀缺资源在无限而又有竞争性的用途中配置的问题。它是一门研究人与社会寻求满足他们的物质需求与欲望的方法的社会科学，这是因为他们所支配的东西不允许他们去满足一切愿望。”

美国著名的经济学家 P. A. 萨缪尔森（Samuelson）给经济学下的定义是：“经济学研究人和社会如何作出最终抉择，在使用或不使用货币的情况下，来使用可以有其他用途的稀缺的生产性资源来在现在或将来生产各种商品，并把商品分配给社会的各个成员或集团以供消费之用。它分析改善资源配置形式所需的代价和可能得到的利益。”

以上各种定义可以归纳为：经济学是研究各种稀缺资源在可供选择的用途中进行配置的科学。这也是一种比较流行的定义。该定义有三要素，即欲望、稀缺性和选择。

重要问题

什么是经济学？

有一个故事说，从前，有一个幸运的人被上帝带去参观天堂和地狱。

他们首先来到地狱，只见一群人，围着一个大锅肉汤，但这些人看来都营养不良、绝望又饥饿。仔细一看，每个人都拿着一只可以够到锅子的汤匙，但汤匙的柄比他们的手臂长，所以没法把东西送进嘴里。他们看起来非常悲苦。

紧接着，上帝带他进入另一个地方。这个地方和先前的地方完全一样：一锅汤、一群人、一样的长柄汤匙。但每个人都很快乐，吃得也很愉快。上帝告诉他，这就是天堂。

这位参观者很迷惑：为什么情况相同的两个地方，结果却大不相同？最后，经过仔细观察，他终于看到了答案：原来，在地狱里的每个人都想着给自己舀肉汤；而在天堂里的每一个人都在用汤匙喂对面的另一个人。结果，在地狱里的人都挨饿而且可怜，而在天堂的人却吃得很好。

这个寓言有助于说明什么是经济学。人类要生存就离不开物质财富的生产。但是不同的社会组织方式，不同的人际关系安排，生产财富的效率是非常不同的。经济学就是研究人类社会如何组织、实现高效地生产财富的一门学问。

二、西方经济学的研究对象

解决资源稀缺性与欲望无限性的基本矛盾是西方经济学这门科学的研究对

象，主要包括三个方面的内容。

（一）欲望无限性

欲望（Wants）是指人们的需要，它是一种缺乏与不满足的感觉以及求得满足的愿望，是一种心理现象。人类的欲望具有多样性和多层次性，进而具有无限性。

人类的欲望是多种多样的，归纳起来可以分为两大类：一类是出于生理本能对生活质量、自然环境所产生的需要，主要是指人们的衣食住行等生存方面的需要；另一类是由社会决定或历史形成的需要，主要是指人们的社会荣誉、自我价值实现等社会需要。

人类多样性的欲望又是有层次的。心理学家马斯洛把欲望分为五个层次：

第一，基本的生理需要，即生存的需要，如饮食等，这是最低层次的需要。

第二，安全和保障的需要，如免受伤害、免受剥夺、生活上有保障等。

第三，归属感与爱的需要，如所属社会阶层的认同感等。

第四，尊重的需要，这既包括得到别人的尊重，也包括尊重别人。

第五，自我实现的需要，既包括个人潜力的实现，也包括对理想社会的追求。

其实，除了这五个层次的需要外，还有认知需要、审美需要等。一般情况下，人们各个层次的需要是依次产生的和依次得到满足的，但也常有交叉现象，即人们往往在较低层次需要还没有得到充分满足时，就产生了较高层次的需要，人们的需要作为一种心理现象具有无限性，即人类欲望的无限性。

（二）资源稀缺性

在无限欲望的支配下，人类的需要是无限的。随着生产力的发展和社会的进步，人类的需要具有无限增长和扩大的趋势，为了适应这种趋势，社会就要生产更多精美的物品和提供更多完善的劳务，需要更多的资源。但是，在一定时期内，可用于生产物品和提供更多劳务的资源相对于人类无限增长的需要总是远远不足的，这就是资源的稀缺性。资源稀缺性是相对于人类欲望的无限性而言的。稀缺性是人类社会永恒的问题，只要有人类社会，就会有稀缺性。经济学分析就源于资源稀缺性与人类欲望无限性的基本矛盾。

经济学所考察的资源是广义的资源概念，是供人们从事生产和其他经济活动所用，能够产生经济价值以提高人类当前和未来福利的自然资源、人力资源、资本资源及其他资源的总称。除了时间与信息这两种重要资源外，经济学中所讨论的资源基本上分为三种，即人力资源、自然资源与资本资源。当资源被投入生产过程用以生产满足人们欲望的最终产品与劳务时，这些资源又被称作生产要素，如土地、资本、劳动等生产要素，实际上就是对自然资源、资本资源、人力资源等的有效利用。

从存在总量与是否支付代价的角度考察，可以把满足人类欲望的物品分为自由取用的物品（Free Goods）和经济物品（Economic Goods）两大类。前者如空气、阳光等，一般情况下，人们认为自由提取物品的总量是无限的，可以随意使用而不需要支付任何代价；而后者如食品、衣物等，需要耗费一定的资源才可以生产出来，而生产这些物品的资源总量是有限的，生产出来的经济物品的总量也是有限的，因而使用时必须支付必要的代价。相对于人类的无限需要而言，生产经济物品的资源乃至经济物品都是稀缺的，而这些经济物品又是满足人类需要最常用的，因此，就产生了许多经济问题，诸如生产什么物品可以更好地满足人类的需要，如何使某一物品的生产数量在满足人类需要的同时又不至于产生资源的浪费，如何配置这些稀缺资源才能更有效率等等。于是，就产生了以解决诸如此类社会经济问题为目的的经济学这门科学。

同时，我们对于稀缺资源要从动态的角度来认识。历史上，许多资源曾经被视为自由取用的资源，如空气、水，但随着社会的进步，科技的发展，特别是人口的增加，人类需要的不断提高，这些资源也变得越来越少稀缺。原来人们认为空气和水是取用不尽、用之不竭的自由资源，但由于人类工业化的发展，环境污染的加剧，现在日常生活中新鲜清洁的空气和水都非常有限，为了得到它，人们往往要付出一定代价。另外，由于大量噪音污染，在许多地方，宁静的居住环境已经成为一种奢求。

因而，所谓资源的稀缺性，是指相对于人类欲望的无限性而言，“经济物品”或者说生产这些物品的资源总是不足的。对稀缺性的理解要注意以下几点：

第一，稀缺性产生于人类欲望的无限性与资源的有限性这一矛盾，稀缺性强调的不是资源绝对数量的多少，而是相对于欲望无限性的有限性，是相对的稀缺性。

第二，稀缺性是人类社会永远存在的问题。任何人、任何社会都永远无法摆脱稀缺性。纵向看，人类社会的任何一个时期都存在资源稀缺问题；横向看，当今各个社会与国家都存在资源稀缺问题。可以说，稀缺性与人类并存，只不过不同时期、不同国家稀缺性的表现形式不同。这就是绝对的稀缺性。

第三，经济学正是由于稀缺性的存在而产生的。没有稀缺性就没有经济学存在的必要条件。整个经济学就是为了解决稀缺性问题而存在的，经济学的内容也是围绕稀缺性问题的解决而展开的。

（三）选择

由于人类的欲望是无限的，而用于生产满足人类各种欲望的资源是有限的。资源的有限决定了人们收入的有限。因而，任何人都不得不考虑如何使有限的收入在稀缺的物品中作出取舍选择，尽可能使个人的欲望得到最大限度的满足。

具体来说，经济学中的选择问题包括以下三大基本经济问题：

1. 生产哪些物品或劳务（What）及生产多少某种物品或劳务（How Much）

由于人们的需要具有多样性和多层次性，不同条件下，每种需要的相对重要性不同。由于资源稀缺，使人们的全部需要不能同时得到充分满足，于是人们就不得不选出应首先满足的需要种类及满足程度。这就决定生产什么和生产多少的问题，而生产什么，主要取决于哪些需要被优先选中，这种被选中的需要是根据它的重要性而来的，如钢铁资源既可以用来制造各种日常生活用品，也可以用来制造枪支大炮等军事武器，在战争年代，钢铁更多用于军事；而在和平年代，人们对日常用品的需要更强烈，钢铁就会被更多地选择用于制造生活用品。每种产品生产多少，则取决于被选中的每种需要到底要被满足到什么程度，并据此决定每种产品到底该生产多少。

2. 怎样生产这些物品或劳务（How）

包括用什么资源进行生产，用什么方法进行生产。因为，每种资源都有多种用途，并且各种资源的相对稀缺程度是不同的。所以，在生产一种物品时，必须选择最佳资源组合，以使成本降到最低，如橱柜可以用钢铁，也可以用陶瓷，还可以用塑料生产，由于这些资源的稀缺程度不同，决定了生产橱柜的成本不同，不同的时期人们选择所用的资源就不同。这就是用什么资源生产的问题。关于用什么方法生产的问题，则是指用什么方法生产才能使资源的使用效率更高，与生产方式、技术水平直接有关。

3. 为谁生产这些物品或劳务（For Whom）

即收入分配问题，指生产出来的物品和劳务如何进行分配，才能最大限度地调动劳动者的积极性，从而提高劳动生产效率。这个问题涉及的是分配的效率和公平问题。

以上三个问题是人类社会面临的基本经济问题，而这三大问题的核心是资源配置问题，这就是经济学研究的基本问题之一——微观经济问题。

三、资源利用——如何生产更多的产品

因为资源是稀缺性的，所以就必须考虑资源的使用效率问题。因此，资源利用就是人类社会如何更好地利用现有的稀缺性资源生产出更多的物品。

资源使用效率主要涉及三个方面的问题：

（1）稀缺性资源是否得到充分利用的问题，即一般所说的“充分就业”问题。

（2）在资源既定的情况下为什么产量会有变动的问题，即所谓产量不能始终保持在生产可能线上的问题，也就是一般所说的“经济波动与经济增长”的问题。

（3）货币稳定性的问题，即一般所说的“通货膨胀与通货紧缩”的问题。

资源稀缺性不仅引起资源配置问题，而且还引起关于资源利用效率的问题。所以，经济学就是研究稀缺性资源在各种可供选择的用途之间进行配置和利用的科学。从这层意义上来看，所谓资源最优配置就是合理选择与高效率利用的结合。

四、资源配置与经济制度

在不同的社会制度下，解决资源配置与利用问题的方法也各不相同。目前来

看，主要存在着三种经济制度：

(一) 自由放任的市场经济制度

自由放任的市场经济制度是指完全没有政府干预，而由企业和个人自主决策和自主行动的市场经济，即完全由市场经济机制安排和决定企业与个人经济行为的一种经济制度。

这一经济制度有如下基本特征：

(1) 分散决策；

(2) 每个人或者经济单位被赋予追逐个人利益的动机；

(3) 信息是通过价格涨落来传递的；

(4) 政府不干预企业和个人的经济行为。

在自由放任的市场经济中，家庭或个人以自身的满足为动机，以市场价格为信息，自主决定每种产品的购买量；生产者以利润为动机，根据市场价格决定生产的方式以及购买投入的数量；家庭和生产者的相互作用决定商品的价格和生产数量。

(二) 中央集权的计划经济制度

中央集权的计划经济制度是指中央当局或机构决定生产什么的计划，确定生产目标和生产方式，并制定分配规则。

这一经济制度的基本特征是：决策集中化，以及集中决策建立在公有产权基础上。

中央集权的计划经济制度通过计划调节，中央集权的计划经济决定了社会资源的配置。

(三) 混合经济制度

混合经济制度是指政府和私人部门按照一定的原则制定决策的经济制度。混合经济制度的基本特征是分散决策和集中决策相结合。

决策单位的动力既可以是自身的经济利益，也可以是社会目标；信息传递既有价格自发的波动，又有计划指令的反馈。

混合经济制度通过市场机制的自发作用，解决生产什么和生产多少、如何生产和为谁生产的基本问题。在市场机制出现错误时，则通过政府干预促进资源使用的效率、增进社会平等和维持经济稳定增长。

五、微观经济学与宏观经济学

(一) 微观经济学

1. 微观经济学的含义

微观经济学（Microeconomics）是以单个经济单位为研究对象，通过研究单个经济单位的经济行为和相应的经济变量单项数值的决定，来说明如何解决社会资源的配置问题。理解微观经济学的含义应把握以下几点：

（1）单个经济单位——居民户（消费者）、厂商（企业生产者）。

（2）经济行为。居民户的经济行为是指研究居民户如何用有限的收入购买各种物品的消费，以实现满足程度最大化。厂商的经济行为是指研究如何把有限的资源用于各种物品的生产，以实现利润最大化。

（3）解决资源配置问题。从研究单个经济单位的最大化行为入手，来解决社会资源的最优配置问题。

（4）价格理论是中心理论。在市场经济中，单个经济单位的一切经济行为都受价格的支配，价格就像一只看不见的手，调节着社会的经济活动和每个经济单位的经济行为，即通过价格的调节，使社会资源配置达到最优化。

（5）研究方法是个量分析，即研究经济变量的单项数值是如何决定的。

2. 微观经济学的基本假设

（1）市场出清。假设在资源充分利用的常态下，通过价格自由、充分的波动，自发调节社会资源配置，使市场实现充分就业的供求均衡状态。

（2）完全理性。假设每个经济单位都是以利己为目的的经济人，能够自觉地按利益最大化的原则行事。

（3）完全信息。每个经济单位可以迅速和免费获取各种市场信息，并依次做出相应的经济决策。

3. 微观经济学的基本内容

（1）均衡价格理论。主要研究商品的价格是如何决定的，以及价格如何调节整个经济的运行。

（2）消费者行为理论。主要研究消费者的消费行为如何实现效用最优化。

（3）生产理论。主要研究生产者的生产行为如何实现利润最大化。

（4）分配理论。研究产品按什么原则分配给社会各个成员。

（5）一般均衡理论与福利经济学。研究社会资源配置最优化的实现，以及社会经济福利的实现问题。

（6）市场失灵与微观经济政策。主要研究针对市场机制失灵而导致社会资源达本到最优配置所应采取的经济调节政策。

（二）宏观经济学

1. 宏观经济学的含义

宏观经济学（Macroeconomics）是以整个经济的总体行为为研究对象，通过研究经济中各种有关经济总量的决定及其变化，来说明社会的资源如何才能被充分利用。理解宏观经济学的含义应把握以下几点：

（1）研究经济总量和经济整体状况。

（2）重点解决资源利用的问题。

（3）中心理论是国民收入决定理论。

（4）采取的是总量分析方法。

2. 宏观经济学的基本假设

宏观经济学的前提就是政府应该调节经济，政府可以调节经济，并且有能力调节经济。因而，假设：

（1）市场机制失灵，无法使社会资源达到最优配置。

（2）政府有能力、有条件来调节整个经济运行，纠正市场机制的缺陷，使社会资源达到最优配置和充分利用。

3. 宏观经济学的基本内容

（1）国民收入核算理论。

（2）国民收入决定理论，即从总供给和总需求的角度，分析国民收入的决定及其变动的规律。

（3）失业与通货膨胀理论。把失业问题与通货膨胀问题联系起来，分析其原因及其相互关系，以便从中找出解决这两个问题的方法和途径。

（4）经济周期理论，是从动态的角度来分析国民收入是如何决定的问题，即研究、分析影响经济周期变动的各种原因，进而提出实现经济长期稳定发展的一般方法和手段，确定国家干预经济的必要性。

（5）经济增长理论。通过对国民收入决定理论长期化和动态化的分析、研究，提出实现经济长期增长的各种具体模型，确立以期实现经济长期增长的一般方法和途径。

（6）宏观经济政策。基于宏观经济学的任务是要说明国家为什么必须干预经济，以及应该如何干预经济，来分析、研究宏观经济政策制定的理论依据，以及宏观经济政策的目标、种类、作用及其效应等问题。

（7）开放经济理论。从开放性经济的角度出发，把国内经济与国外经济作为一个整体来进行分析，即分析一国国民收入的决定与变动如何影响他国经济、如何受他国经济的影响以及如何在国际经济范围内进行国际间调节等相关问题。

（三）微观经济学与宏观经济学的联系

第一，微观经济学与宏观经济学的研究对象、研究方法、研究目的等均不相同。

第二，微观经济学和宏观经济学互为补充。

经济学的目的是要实现社会经济福利的最大化。为了达到这一目的，既要实现资源的最优配置，又要实现资源的充分利用。所以，微观经济学在假定资源已实现充分利用的前提下，分析如何达到最优配置的问题；而宏观经济学则是在假定资源已实现最优配置的前提下，分析如何达到资源充分利用的问题。

第三，微观经济学是宏观经济学的基础。

第四，微观经济学与宏观经济学都是实证分析。

微观经济学与宏观经济学都把社会经济制度作为既定的基础前提条件，分析在某一既定制度下如何实现资源最优配置和充分利用的问题，即只分析具体经济问题，而不涉及经济制度的分析。

第五，两者共同构成了西方经济学的整体。

重要问题

学习经济学有何意义？

有人曾言："骑士的时代已经过去，21 世纪是计算机和经济学的时代。"经济学是一门实用性很强的科学，大到国家，小到家庭、个人，都需要对一些经济问题进行分析、决策。同时，经济学又是一门基础科学，它为其他应用经济学科提供必要的分析方法和工具。学习经济学理论，可以获得分析、解决现实经济问题的方法，这种分析方法的显著特点之一是成本和利益（包括个人的、集体的和社会的）的比较。

第二节　西方经济学的基本假设

西方经济学在进行经济分析时，是以若干的假设条件作为前提的。西方经济学的基本假设条件至少有以下三个：

一、经济人假设

"经济人"被视为经济生活中一般人的抽象概念。"经济人"具有两大基本特征：

一是自利性。在经济活动中，各个市场行为主体（主要指居民户和厂商）所追求的唯一目标是实现自身利益最大化。例如，消费者所追求的是最大限度的自身满足；生产者所追求的是最大限度的自身利润；生产要素所有者所追求的是最大限度的自身报酬。对这些市场行为主体而言，对自身利益的追求是其行为的根本动因。任何"经济人"主观上既不考虑社会利益，也不考虑自身的非经济利益。

二是理性。在经济活动中，各个市场行为主体的所有经济行为都是有意识的或理性的、不存在经验型或随机决策。它以利己为动机，充分比较每一项决策的成本与收益，追求获得自身的最大经济利益。

二、完全信息假设

这一假设条件的主要含义是指市场上每一个经济活动主体都对有关的经济情

况拥有充分的和相同的信息，而且获取信息不需要支付任何成本。经济活动的所有当事人都清楚地了解所有经济活动的条件和后果，因而，经济活动中不存在任何不确定性。例如，每一个消费者都能充分地了解每一种商品的性能和特点，准确地判断一定商品量给自己带来的消费满足程度，掌握商品价格在不同时期的变化，从而确定最优的商品购买量；每一个商品生产者都能准确掌握产量和生产要素投入量之间的技术数量关系，了解商品价格和生产要素价格的变化等，从而做出最优的生产决策。

三、产权明晰假设

产权，就是对自己所拥有的财产，在一系列可供选择的排他性行为中作出选择的权利。

最初人们认为，如果地主拥有一块土地的产权，就意味着地主可以决定这块土地的用途，是用来种植玉米或者用来放牧等等。地主对土地的使用肯定是排他性的，未经他的允许，别人不能在它上面建楼房。但紧接着人们就发现，即使地主拥有这块土地，也仍然存在许多的约束条件和不明朗的地带，例如根据法令，地主不能在他的土地上种植大麻，也不能在他的土地上训练自己的小型部队。此外，当航空公司的航线恰好穿越了他的土地上空时，地主是否有权禁止飞机飞越其土地，也是难以确定的。针对这个现实，我们可以把产权理解为附带约束条件的拥有，比如，拥有土地但不能用来种大麻，拥有手枪但不能打劫银行，拥有汽车但不能违反交通规则等等。

任何一件简单的物品，如一块土地、一个杯子、一张面孔，都可能和无数的潜在行为联系着，拥有这件物品的产权，并不意味着拥有所有与这件物品有关的行为的选择权。所以，与其把产权看作是对物品的有条件的拥有，不如把产权看作一定范围内的，与物品相关的行为的选择权。按照这个定义，面对一块土地，严格来说，谁也不能完全拥有这块土地，地主仅仅拥有在“种菜、放牧、闲置”等可能行为中作出选择的权利，航空公司拥有在“飞越、吵闹、观察”等可能行为中作出选择的权利，而政府则拥有在“拍摄、修防空洞”等可能行为中作出选择的权利，所谓明晰产权，就是要把使用权、收入的独享权和转让权这“三权”落实到个人。

第三节 西方经济学的研究方法

由于研究对象及研究任务在性质、内容上存在差异，每一门科学都有自己的研究方法。在对经济问题进行长期研究的过程中，西方经济学也形成了其独有的研究方法，西方经济学家在研究社会经济问题时会采用多种分析手段和分析方法。

一、实证经济学与规范经济学

人们在对稀缺的经济资源选择不同的用途时，往往要先解决一个选择的原则问题，这便涉及经济活动的规范问题。由此，西方经济学家把经济学区分为实证经济学和规范经济学两类。

实证经济学是在与经济行为有关的假定前提下，来分析和预测人们的经济行为。它力求说明和回答这样的问题：经济现象“是什么”？即经济现象的现状如何？有几种可供选择的方案，后果如何？至于是不是应该做出这样的选择，则不予讨论。实证经济学具有客观性，其目的在于了解经济是如何运行的。

规范经济学是以一定的价值判断作为出发点，提出行为的标准，并研究如何才能符合这些标准。它力求回答：“应该是什么”的问题，即为什么要做出这样的选择，而不做另外的选择？它涉及是非善恶、应该与否、合理与否的问题。由于人们的立场、观点、伦理道德标准不同，对同一经济事物就会有截然不同的看法。所以，规范经济学不具有客观性，即规范命题没有正误之分，不同的经济学家会得出不同结论。

微观经济学中，在涉及消费者的偏好和收入再分配的研究中，都具有较强的规范色彩。宏观经济学中，关于充分就业的含义、经济增长的后果等，就是一种规范分析。至于制度经济学和福利经济学，则主要是一种规范经济学。

实际上，无论是实证经济学还是规范经济学，都与经济目标相关。经济目标是分层次的，目标的层次性越低，与经济运行的联系越密切，其研究就越具有实证性；目标层次越高，越需要对经济运行进行评价，其研究就越具有规范性。从这个意义来说，就像微观经济学和宏观经济学是从不同角度来研究经济问题，并不矛盾一样，实证经济学和规范经济学是在经济目标的不同层次上的研究，功效各异，互相补充，构成不可分离的整体。例如，对于5%的年经济增长率目标，实证经济学就要研究在多大的储蓄比例和加速系数下，可以达到这个目标，并且可以检验这个结论是否正确；规范经济学就要研究，5%的年增长目标本身是否正确，它能不能成为目标，实现这样一个目标对社会产生的后果是好是坏等。所以，在对任何一个经济现象进行研究时，不仅要对经济过程本身进行研究，而且要对经济过程做出判断，方能说明经济过程的全貌，不至于走向片面。

二、实证分析方法

实证分析是一种根据事实加以验证的陈述，而这种实证性的陈述则可以简化为某种能根据经验数据加以证明的形式。运用实证分析方法研究经济问题的目的是最终建立起能够用于解释经济现象的理论，并以此为根据做出预测。

（一）理论的组成

一个完整的理论包括有定义、假设、假说、预测四个部分。

定义是对经济学所研究的各种经济变量所规定的明确含义，如什么是需求等。

变量是一些可以取不同数值的量。通常的经济变量有：内生变量，是内在作用于经济现象和问题本身的变量；外生变量，是外在作用于该经济现象和问题以外的变量。例如，假设要建立一个经济模型来解释某一农作物的价格，农作物的价格是受到多种因素影响的，如供给量、需求量、气候状况等。在这里，供给量、需求量和价格就是内生变量，它们是这个模型要分析的变量。但是，气候状况则是外生变量，它虽然可以通过影响农作物的供给而影响价格，但它本身属于经济模型外部研究的气象方面的因素。

流量是指一定时期内存在的变量的数值，其数值的大小与时间维度相关。存量是指一定时点上存在的变量的数值，其数值的大小与时间维度无关。例如，一个家庭现有人口或家用电器拥有量是存量；而今年新添的人口或新购买的家用电器是流量。

假设是指某一理论研究所适用的条件。实际的世界过分复杂，一个经济现象往往直接或间接地受到许多因素的影响。而经济模型不可能对它们逐一进行分析，所以有必要提出假设，以对讨论的范围进行限定和简化。例如，一种商品的需求量是受许多因素影响的，但在建立需求分析的经济模型时，一般就要假设其他因素不变，仅分析价格是如何影响需求量的。

假说是对两个或两个以上的经济变量之间关系的描述和阐述，也就是未经证明的理论，它是对某些现象的经验性概括和总结。例如，在其他因素不变的条件下，一种商品的价格由商品的供给和需求决定。这就是现代经济学价格原理的重要假说。

预测是根据假说对未来进行的预期。例如，如果需求增加，那么，可以预测在其他因素不变的条件下，价格会上升。

（二）实证分析工具

1. 均衡分析与非均衡分析

均衡是从物理学借用的一个概念。均衡分析是指分析各种经济变量之间的关系，说明均衡实现及其变动。均衡分析侧重于数量分析。均衡分析可以分为局部均衡分析与一般均衡分析。局部均衡分析考察在其他条件不变的情况下，单个市场均衡的建立与变动。一个均衡分析考察各个市场之间的建立与变动，它是在各个市场的相互关系中来考察一个市场的均衡问题。

非均衡分析侧重于从历史、制度、社会因素等多方面和多角度来分析社会经济现象的变化。

微观经济学与宏观经济学主要运用的是均衡分析工具。

2. 静态均衡分析、比较静态均衡分析、动态均衡分析

静态均衡分析主要说明各种经济变量达到均衡时所应具备的条件。例如，考察市场价格时，它研究的是价格随供求关系上下波动的趋向点或者是供求决定的

均衡价格。

比较静态均衡分析主要分析说明在原有条件发生变化后，一种均衡状态变动到另种均衡状态的过程，并以此对比新旧两种均衡状态的差异。例如，已知某种商品的供求状况，可以考察其供求达到均衡时的价格和产量。现在，由于消费者的收入增加而导致对该商品的需求增加，从而产生新的均衡，使价格和产量都有所提高。这里把新均衡所达到的价格和产量与原均衡的价格和产量进行比较，便是比较静态分析。

动态均衡分析则是在充分考虑时间因素影响的基础上，来说明在某一时点上经济变量的变动是如何影响原有均衡状态的变化。动态分析在微观经济学中，进展不大，只在蛛网理论的研究中，在局部均衡的基础上采用了动态分析方法。在宏观经济学中，主要采用的是比较静态和动态分析方法。

3. 定性分析与定量分析

定性分析是说明经济现象的性质及其内在规定性与规律性，定量分析是分析经济现象之间量的相互关系。

4. 结构分析方法

结构分析是西方经济增长理论和发展经济学所采用的分析方法，也是现代经济学中一种具有很大影响的理论思路。这一方法的理论特征是从经济整体性及结构分析的角度分析经济的发展。持这一方法的西方经济学家认为，发展中国家经济结构缺乏弹性，价格的相对变动对资源重新配置的推动作用很小，供给与需求向均衡点的运动不能自动进行，从而市场不能出清，缺口无法填平。

20 世纪 80 年代中后期，随着西方经济学的引进和研究的深入，结构分析方法对我国经济理论和实践都产生了重大影响。

5. 经济理论与经济政策

经济理论是通过对各种经济现象和经济问题加以分析研究后，反映经济现象本身客观规律的理论总结和概括。它是制定经济政策的理论基础和理论依据。

经济政策是依据经济规律，结合客观实际情况制定的，旨在指导和影响人们经济活动和经济行为的措施和行为规范的准则。它是经济理论的应用。

在实践中，经济理论可能产生于经济政策之前，也可能先有经济政策才有经济理论，在学习经济学时，要将两者有机地结合起来。

第四节　西方经济学的由来与演变

经济学从重商主义算起，发展到今天，可划分为五个阶段，经历了三次革命，三次综合，两次危机。

一、重商主义

重商主义产生于西欧，流行于16世纪至17世纪初。这一时期，在经济史上，处于封建主义崩溃、资本主义诞生时期。当时，由于商业和海外贸易的发展，商业资本在社会经济生活中起着重要的作用，商业资本家成为新兴资产阶级的代表人物。作为商业资本家思想和要求的体现，重商主义对现代生产方式进行了最早的理论探讨，从而形成资产阶级经济学说的第一个学派。重商主义的经济理论冲破了自然经济的束缚，开始从宏观上考察社会经济现象，并提出一些经济政策。英国、法国等老牌资本主义国家实行重商主义政策，促进了资本主义生产关系的发展，为资本主义生产方式的成长和确立创造了重要前提，也为资产阶级政治经济学的形成准备了条件。尽管重商主义者最先使用“政治经济学”一词，并对现代生产方式进行了最早的理论探讨，但他们研究的范围仅局限于流通领域，并且只是对一些经济现象作些肤浅的解释，未能揭示社会经济关系的本质，所以，重商主义理论体系只是资产阶级政治经济学的“前史”。

重商主义经济学的基本观点可概括为：财富是货币，货币就是金银，其来源于贸易，特别是对外贸易。因此，在政策取向上，采用国家干预的方式，以确保贸易出超，目的是尽力从国外获取金银。重商主义是西方经济学的最早形态。

二、古典政治经济学

古典政治经济学是第一个完整的经济学体系，标志着资产阶级政治经济学的创立，因而被称作经济学的第一次革命，即革重商主义的命，把经济理论研究从流通领域转向生产领域。

古典政治经济学产生于17世纪中叶，到19世纪30年代终结。这一时期是资本主义制度确立时期。古典政治经济学在英国从配第开始，到斯密发展为完整的体系，李嘉图将其推向最高峰；古典政治经济学在法国从布尔吉尔贝尔开始，经魁奈和杜尔阁的进一步发展，到西斯蒙第终结。

古典政治经济学把研究对象从流通领域转向生产领域，开创了生产关系研究的先河，提出了劳动创造价值、剩余价值来源于生产领域等理论，倡导经济自由，反对国家干预。特别是斯密著名的“看不见的手”的理论，为数百年来大多数经济学家所推崇，长盛不衰。该理论认为，人是自私自利的，在自由竞争的条件下，每个人都必然把资源投向最有利于自己的领域，通过价值规律的作用，其结果必然增进整个社会的财富。

斯密在《国民财富的性质和原因的研究》（1776年）一书中创立的经济理论，是第一个完整的政治经济学体系，标志着资产阶级政治经济学的创立。

三、传统经济学

传统经济学从19世纪中叶开始，到20世纪30年代凯恩斯经济学取而代之为止。这一时期是资本主义制度巩固和发展时期。这一时期的经济理论学派林立，理论纷繁，丰富多彩。但大致共同的特点有；

其一，主张自由放任、自由竞争和自行调节的经济原则。认为在自由竞争的条件下，资本主义市场经济中的价格体系通过自行调节，能够实现社会资源的有效配置，保证资本主义经济在充分就业的条件下得到均衡的发展。因此，政府不必干预经济，应格守自由放任的原则。

其二，都放弃了劳动价值论和剩余价值论。所以，马克思称它们为庸俗经济学，即为资本主义辩护的经济学。

古典经济学家李嘉图虽然把古典政治经济学推向了高峰，但由于没有生产价格理论，不能解释不同的有机构成和不同的周转速度的同量资本为什么能得到同量利润，于是平均利润规律与价值规律便发生了矛盾，从而导致了古典政治经济学的危机。

这是经济学史上的第一次危机，标志着古典政治经济学的终结。

（一）萨伊和马尔萨斯

萨伊提出了效用价位论、二位一体的分配论公式和著名的萨伊定律。供给能创造它自己的需求的市场理论，就是著名的萨伊定律。

马尔萨斯抛弃了劳动价值论，认为利润来自商品交换中的加价，即商品所能交换到的劳动量必然大于其在生产中耗费的劳动量，这个加价只能由地主、牧师等只购买不出卖的人付给。如果这些不生广的消费者的收入得不到保障，就会产生有效需求不足，形成商品的普遍过剩。

（二）约翰·斯图亚特·穆勒

约翰·斯图亚特·穆勒是19世纪中叶影响最大的经济学家。在《政治经济学原理》（1844年）一书中，他把此前的有关经济理论与古典政治经济学综合为一个体系，这便是经济学史上的第一次综合。在这个体系中，他提出了供求论和生产费用论等理论。

从19世纪40年代到90年代初，占统治地位的经济理论就是穆勒的学说，《政治经济学原理》成为大学的教科书。

（三）边际效用价值论

1871年，奥地利的门格尔出版了《国民经济学原理》，英国的杰文斯出版了《政治经济学理论》，1874年，瑞士的瓦尔拉斯出版了《纯粹经济学要义》，各自独立地差不多同时提出了边际效用价值论，经济学史上称之为边际革命。有些人又把它称之为经济学史上的第二次革命。其特点是注重主观心理因素，采用数量分析方法。

门格尔的理论经庞巴维克和维塞尔的发展，形成了奥地利学派，亦称维也纳学派。杰文斯的理论被称为数理学派。瓦尔拉斯的理论后经帕累托的发展，形成了完整的一般均衡理论体系，被称为洛桑学派。在美国则出现了克拉克的边际生产力理论，被称为美国学派。以上这些学派又被统称为边际学派。

（四）马歇尔的新古典学派

1890 年，英国剑桥大学的马歇尔出版了《经济学原理》，把当时的边际效用论，以及以前的一些经济学说，如供求论、节欲论、生产费用论等综合起来，形成了一个完整的经济学体系。可以说，马歇尔是个集大成者，被称为经济学史上的第二次综合。后经其学生庇古的继承和发展，形成剑桥学派，亦称新古典学派。剑桥学派最大的理论贡献是均衡价格论。庇古还是福利经济学的创始人。

自此，穆勒的理论让位于新古典经济学，其统治时间长达 40 多年，到 1936 年寿终正寝。

新古典经济学后经过两大补充，更加完善。先是 1933 年英国的张伯伦和罗宾逊夫人把垄断理论补充进去；后是 1939 年英国的希克斯在《价值与资本》一书中提出了序数效用论，并对一般均衡理论加以发展。

我们学习的微观经济学的基本内容大体上就是马歇尔、张伯伦、罗宾逊夫人、希克斯和瓦尔拉斯等人的理论。

四、凯恩斯主义

凯恩斯主义诞生于 20 世纪 30 年代，其稳固的统治地位一直持续到 20 世纪 70 年代。这一时期是资本主义发展时期，私人和国有混合经济、自由竞争和国家干预并存。

1929—1933 年，资本主义世界爆发了前所未有的经济大危机。传统经济学的资本主义自动调节理论根本不能解释这种现象，当然也就提不出医治的妙方，传统经济学陷入危机，这是经济学史上的第二次危机。美国罗斯福当选总统后，以国家干预的手段，挽救了美国的经济危机。1936 年凯恩斯的《就业、利息和货币通论》出版，推翻了萨伊定律，提出了资本主义危机的根源是有效需求不足。要解决这一问题，必须通过国家干预的方式刺激消费和投资，来保证足够的有效需求，以实现充分就业和潜在的国民收入。

凯恩斯的有效需求理论抛弃了传统经济学的个量分析方法，而采用总量分析的方法，在推翻萨伊定律的基础上，证明资本主义不是一架自动调节的机器，自由竞争必然使经济处于小于充分就业的均衡点，从而出现经济危机。因此，必须放弃自由放任的原则，而采用国家干预，使资本主义经济均衡地发展。这一理论，无论在方法上还是内容上均与传统经济学相悖，因而被称为凯恩斯革命，这就是经济学史上的第三次革命。

第二次世界大战后，凯恩斯经济学逐渐形成了两个流派：一是以美国经济学家萨缪尔森、托宾和索洛为代表的新古典综合派，或称美国凯恩斯学派；一个是以英国经济学家罗宾逊夫人、卡尔多和斯拉法为代表的新剑桥学派，或称英国凯恩斯学派。这两个学派长期论战，但都是从凯恩斯经济学中寻找“武器”。

其中新古典综合派的理论影响最大。该派认为，经过政府的干预，二战后，西方国家的国民收入水平和充分就业条件下的国民收入水平已经接近，传统经济学关于充分就业的理论前提已基本得到满足，因此，可以把凯恩斯以收入为中心的宏观经济学与以价格分析为中心的微观经济学结合起来，新古典综合由此得名。其基本观点反映在萨缪尔森 1948 年出版的《经济学》一书中。在经济学史上，这是第三次综合。

从 20 世纪 30 年代凯恩斯主义的诞生，到新古典综合派的继承和发展，直到了 20 世纪 70 年代初，凯恩斯主义取代新古典经济学一直居于统治地位。本课程的内容，基本上就是新古典综合派的经济学。

20 世纪 60 年代末、70 年代初，西方国家普遍出现了“滞胀”的现象，按照新古典综合派的理论，这种情况是不可能出现的。面对这种情况，凯恩斯学派在理论上不能解释，在措施上束手无策，从而陷入了困境。这时，货币学派、理性预期学派、供给学派等自由主义流派迅速崛起并向凯恩斯主义发出强力挑战。在 20 世纪 70 年代末、80 年代初，它们在英、美等国成为政府制定经济政策的理论依据，凯恩斯主义的统治差不多失去了半壁江山。

五、当代西方经济学

20 世纪 80 年代以来是各个经济学流派的调整时期。货币学派强调货币供应量对经济的重要影响，其观点已被西方学界所广泛接受，他们提出稳定货币供应量的增长率以稳定经济的建议已得到西方国家政府的高度重视。但货币学派没有对失业和经济衰退现象提出令人信服的分析。供给学派强调增加供给对于摆脱滞胀的重要作用，也得到了西方学界的认可，他们提出的降低税率以刺激供给也受到了西方国家政府的重视，但供给学派没有完整的理论体系。

与此同时，凯恩斯学派注意吸收别的经济学派的见解，不断修正和完善自己的理论，以适应经济形势的变化。在这个阶段，凯恩斯学派集中探讨劳动市场持续偏离均衡的可能性，即在实际工资水平下劳动供给持续大于劳动需求的可能性，进而解释工资、价格失灵的原因，逐渐演变出新凯恩斯主义学派。

在这种形势下，货币学派未能取代凯恩斯主义作为官方经济学的地位，而供给学派昙花一现，甚至不能称为重要的流派。西方国家大学经济学教科书，仍然是属于新凯恩斯主义学派的经济学。西方国家在制定经济政策时，仍在很大程度上参考新凯恩斯主义经济学。新凯恩斯主义学派在经济学界仍然是最有影响的经济学流派之一。

在货币学派与供应学派向凯恩斯学派发出挑战的时候，在经济学界又产生了一个新的经济学流派——理性预期学派。在更广的意义上，又把它称之为新古典主义宏观经济学派，或称之为新古典主义。它是从货币学派分离出来而成为一个独立的经济学流派的，并对在西方经济学界产生越来越大的影响。该学派的代表人物是美国经济学家卢卡斯、萨金特和巴罗等。该学派在理论上坚持价格机制能够实现供求平衡的思想，认为在自由竞争的条件下，通过市场的调节可以实现社会资源的有效配置；在方法上提出凯恩斯学派的宏观经济理论与微观经济理论脱节。他们认为，应该从微观经济学的概念出发，直接构造宏观经济理论；在政策上强调公众能够根据信息对政府的经济政策做出合理的反应，因而政府应减少对经济的干预，并实行前后连贯的经济政策。

由此到20世纪90年代，在西方经济学界形成了新凯恩斯主义和新古典主义两足鼎立的主流经济学格局。两派都认为，应该把宏观经济学和微观经济学结合起来，利用微观分析方法去理解宏观经济问题。今天，世界经济列车已驶入21世纪，这一主流经济学格局如何变化，当拭目以待。

第五节 为什么学习西方经济学

美国麻省理工学院经济学教授萨缪尔森在《经济学》（第16版）中写道：学习之初，你也许会问，为什么要学习经济学？（1）一些人学经济学是为了赚钱；（2）另一些人则出于某种担心，如果不知供求规律，他们将成为文盲；（3）还有很多人是出于对某些问题的强烈兴趣，如怎样改善我们的居住环境，或收入分配为何如此悬殊等等。学习经济学的一条重要理由是，在你的一生中，你都会碰到无情的经济学真理：作为一个选民，要对政府赤字、税收、自由贸易、通货膨胀及失业做出判断，而这些问题只有在你掌握了经济学基本原理后，才能理解。

美国哈佛大学经济学教授格里高利·曼昆在《经济学原理》一书中解释为：即将进入21世纪的学生学习经济学有三个原因：（1）学习经济学有助于了解你所生活的世界。为什么航空公司对往返机票收费较低，为什么电影明星报酬如此之高，为什么一些国家通货膨胀而另一些国家物价稳定。（2）经济学将使你更精明地参与经济决策。你要决定将多少收入用于消费或储蓄、投资。如果你管理一个公司，公司产品如何定价。（3）学习经济学将使你更加理解经济政策的潜力和局限性。作为一个选民，当你决定支持哪一种政策时，会发现面临许多经济学问题。

通过学习西方经济学，对认识、理解社会生活中的诸多问题都有所裨益。

一、更好地了解与认识西方经济问题、借鉴运用到我国的经济改革实践中

西方经济学是对私人产权制度下，充分竞争环境下，市场配置资源规律的总结。现今，西方绝大多数国家都是实行私人产权制度，竞争环境充分，资源配置方式采用市场经济体制。随着我国对外开放程度的不断提高，需要我们了解西方的国情，特别是经济方面的情况，而西方有关的经济论著和报道会有大量的西方经济学术语和理论观点，并且理论本身也是现实的反映。同时，需要我们了解西方政府的政策，包括对外政策，也需要研究其经济理论，因为正是这些理论为政

策提供了依据。因此，学习西方经济学，能更好地了解与认识西方经济问题。

二、培养“经济学家”式的思维方式

在实际生活中，我们经常接触到各式各样的经济信息，遇到层出不穷的经济问题，面临纷繁复杂的经济决策。例如，如何把自己一生有限的时间在学习、工作和闲暇之间合理配置以求得人生最大的满足？如何根据自己的资源禀赋选择最有利于自身发展的职业？如果自己是一个学生，如何在各门课程学习中分配时间以求得期末考试（或入学考试）的总分最高？如果自己是一个消费者，如何在衣食住行等各种消费中做出预算决策？如果自己是一个企业的管理者，应该采取什么样的定产或定价策略？为什么市场上的商品价格各有不同？为什么有些商品时而滞销，时而畅销？作为一个纳税人和选民，开征利息税对自己会产生什么影响，政府即将推行的农村费税改革会有什么样的影响？对于这些经济信息、经济问题、经济决策，经济学虽然不能提供具体答案，但却能为我们提供分析经济信息、解决经济问题、作出经济决策的思路和工具。

毫无疑问，当我们能够用一个经济学家的头脑去分析我们周围发生的事情时，我们会有种耳目一新的感觉。经济学家理性的、边际的、实证的思维方式能够帮助我们观察和分析人类行为，理解各种社会制度和组织的性质，对各种社会现象做出科学的解释，从而可以使我们从不同的角度认识复杂的现实世界。

三、为学习专业类课程打下基础

作为基本理论，微观经济学和宏观经济学是各经济专业学科及各应用学科的基础课程，要进一步学习专业与应用学科，如会计、统计、部门经济、管理等，都要涉及基础理论。比如《企业战略管理》在制定企业发展战略时需要研究企业外部环境，企业外部环境包括政治、社会、文化、经济等环境，研究一个国家宏观经济环境最重要的是了解其宏观经济政策，比如财政政策、货币政策，这些是经济学研究的内容。

四、科学技术领域也开始应用经济学的分析方法和工具

随着Internet应用迅速发展，现有网络呈现出资源相对短缺、服务多样化、资源分布化和应用商业化等特点。与网络用户的几何级数增长相比较，硬件设备的扩容和技术更新较为缓慢，网络资源相对匮乏，不能满足日益增长的用户需求；不同用户对服务质量的要求和对资源的需求不同，这就需要设计出合理高效的资源分配策略以充分利用硬件资源。国内外研究者提出了基于微观经济学方法，引入合理的价格机制，为不同用户提供不同质量级别的多种服务的网络资源分配研究的思路。

作为本章的结束，我们要引用萨缪尔森《经济学》序言中的一句话：“我真心羡慕你，首次远航去经济学的世界从事激动人心的探险。这种惊心动魄的经历你一生中只有一次。因此，当你开始之时，我要说，祝你一帆风顺，满载而归。”

小 结

（1）经济学研究的是社会如何进行选择，以利用具有多种用途的、稀缺的资源来生产有价值的商品，并将它们分配给不同的人。经济学研究的基本前提是人类欲望的无限性和资源的有限性。资源是稀缺的，选择是稀缺的逻辑延伸，有选择就有机会成本，机会成本是选择的成本，机会成本是做出一项选择而不得不放弃另一项选择，那么，这另一项选择在实际上则是可能的最高代价。

基本假设是经济人或理性的经济人和信息的充分性。

基本问题是：① 生产什么，生产多少；② 如何生产；③ 为谁生产。

（2）资源配置，就是把资源分配到各种可供选择的用途中，以生产出能够满足人们不同需要的物品。而资源利用就是人类社会如何更好地利用现有的稀缺性资源，使之生产出更多的物品。在不同的社会制度下，解决资源配置与利用问题的方法也各不相同。就目前来看主要存在着三种经济制度：自由放任的市场经济制度、中央集权的计划经济制度和混合经济制度。

（3）西方经济学分为微观经济学和宏观经济学。微观经济学研究资源的配置问题，宏观经济学研究资源的利用问题。微观经济学以单个经济单位为研究对象，通过研究单个经济单位的经济行为和相应的经济变量单项数值的决定，来说明如何解决社会资源的配置问题。宏观经济学以整个经济的总体行为为研究对象，通过研究经济中各种有关经济总量的决定及其变化，来说明社会的资源如何才能达到充分利用。微观经济学和宏观经济学既有联系又有区别。

（4）经济学就是研究稀缺性资源在各种可供选择的用途之间如何进行配置和利用的科学。

（5）经济学分析的基本方法包括整体分析与个体分析相结合的方法、实证分析方法与规范分析方法。其他方法包括均衡分析方法、静态分析方法和动态分析方法。

（6）实证经济学解决“是什么”的问题，而规范经济学解决“应该是什么”的问题。

（7）西方经济学发展到今天，可划分为五个阶段：重商主义、古典政治经济学、传统经济学、凯恩斯主义和当代西方经济学。其间经历了三次革命、三次综合、两次危机。

（8）学习西方经济学不仅为将来学习专业课程打下基础，同时能培养“经济学家”式的思维，帮助理解经济现象、分析经济问题、作出经济决策。

复习思考题

一、名词解释

经济资源　稀缺性　资源配置　欲望　经济人　微观经济学　边际分析　实证分析　规范分析

二、简答题

1. 为什么说经济学源于资源的稀缺性？如何看待西方经济学家关于经济学的定义？

2. 如何理解微观经济学是一门关于资源优化配置的科学？

3. 微观经济学是怎样发展和完善起来的，近年来微观经济学的发展有何特点？

4. 经济学的基本问题是什么？

5. 什么是经济学？经济学基本假设的意义何在？

6. 什么是经济模型？经济学家为什么要使用经济模型？

7. 简述经济学产生和发展的概况。

8. 为什么在微观经济领域，通过市场机制配置稀缺资源更为有效？

三、论述题

1. 从资源稀缺性说明经济学的研究对象。

2. “资源稀缺是由于技术落后所致。随着技术进步，资源将不再稀缺。”请问该观点是否正确？

阅读推荐与网络链接

1. （美）保罗，A. 萨缪尔逊，威廉，D诺德豪斯．经济学．北京：中国发展出版社，1992.

2. 曼昆．经济学原理．北京：中国人民大学出版社，2000.

3. （美）斯蒂格利茨．经济学（下册）．北京：中国人民大学出版社，1998.

4. Makiw, N. G. and Romer, D. New Keynesian Economics. Cambridge, Massachusette. The MIT Press, 1991.

5. http：//www. economist. com.

6. http：//www. feer. com.

7. 世界上最权威的经济学网络资源列表：http：//rfe. wustl. edu/EconFAQ. html,

供经济学家使用的网上经济学资源。

8. 经济思想史网站 http://socerv2. socsci. mcmaster. ca/ ~ugcm/3113.

9. http://www. ec-study. cn.

10. http://netec. mcc. ac. uk/JoKec. html.

11. http://college. hmco. com/economics/boyes melvin/micro/student/interv. html.

12. 世界各大学经济学系 http://castle. uvic. cn/econ/depts. html.

13. “经济时空”是一个适合初学者的经济学资源网站，提供丰富的经济学文章及各种网络资源链接，http://time. edu. cn.

第二章

需求、供给与均衡价格

学习目的

- 了解需求和供给的概念及其相应的表达方式。
- 重点掌握需求理论与价格的决定。
- 掌握供给理论与价格如何调节经济。
- 掌握各种类型弹性的计算并熟练运用各种弹性来分析现实问题。

引导案例

当然，有一个问题还不能说清：究竟是先产生需求再产生供给呢，还是先产生供给才产生需求？这有点像问“是先有蛋，还是先有鸡”。我想，可能有时候是需求带动供给，很多的新产品就是在人们强烈的需求下产生的；也有时候是供给诱导需求，比如新潮的时装，常常是提供出来之后，才左右了人们的视线，引发了人们的需求。但在某一种商品的价格决定中，供给与需求就像一把剪刀的两个刀片，作用是不分彼此共同决定一种商品的价格；同时价格又像一只“无形的手”在市场经济中自发地调节需求、调节供给，调节的最后结果是使市场达到了均衡——社会资源配置合理。

总之，许多的东西在经济学家眼里都成了产品，都可以从供给和需求的角度来进行分析。需求是提供产品的动力，供给是满足需求的前提。比如要兴办教育，是因为存在大量的对“教育”产品有需求的人，而有了“教育”产品的供给，才能满足“教育”产品的需求。如果想上学的都能上学，教育资源得到充分利用，也就达到了教育市场的供求平衡。

资料来源：张淑云．经济学 从理论到实践［M］．北京：化学工业出版社，2004：22.

案例导学

经济学中均衡价格原理告诉我们，市场上商品的价格是由供给和需求两个力量决定的，而均衡价格一旦形成又会对供给和需求产生调节作用。在其他条件不变的情况下，均衡价格与供给以反方向变化，与需求呈同方向变动关系，这就是供求定理。从经济学的立场看，所有的企业家都不过是通过满足他人的需求、通过服务于他人来实现自己的利益。

第一节 需 求

生产和交换的最终目的是为了消费，用有限的资源最大限度地满足人们无限的欲望，就是使人们的即期消费和未来消费达到一种最优的状态。为了描述消费者的行为，我们引入需求这一概念来量化消费者的欲望。可见，需求是从消费者的角度来分析问题，需求分析也是经济分析的起点。

一、需求函数（Demand Function）

（一）需求与需求量的含义与区别

一种商品①的需求（Demand，D）是指在一定时期内，对应于各个可能的价格水平，消费者愿意并且能够购买的该商品的数量。需求必须具备两个条件：一个是购买意愿，另一个是购买能力。缺少这两个条件中任何一个都不能算做需求，而只是潜在需求。所以这里的需求是指有效需求，是指既定价格下既有购买意愿又有购买能力的需求，是既定价格与收入约束下一种商品最优需求数量的选择，购买意愿与购买能力统一于需求之中。

对应于每一个价格水平，消费者愿意且能够购买的商品的数量称之为该价格水平上的需求量（Quantity of Demand，Q^d）。生活中，需求与需求量这两个概念经常被混为一谈，它们其实是有区别的：需求量是一个具体的量，不同的价格水平对应的需求量是不同的；需求则是价格水平与需求量之间的一个序列关系。

（二）影响需求量变动的因素

一种商品的需求量受很多因素的影响，主要有以下几种：

1. 商品自身的价格（Price of Commodity，P）

一般说来，一种商品的价格越高，该商品的需求量就会越小，反之则反是。

2. 消费者的收入（Monetary Income，M）

当消费者收入水平提高的时候，就会增加对商品的消费；当收入减少时，消费者对商品的需求量就会减少。

3. 相关商品的价格（Price of Relative Commodity，P_r）

需求量除受商品自身价格影响外，还受到与其相关的其他商品价格变动的影响。例如：在汽车价格不变的情况下，汽油价格的提高会减少汽车的消费数量，

---

① 这里所说的“一种商品”，可以理解为“一个商品”，也可以理解为“一组商品”。

这样的商品称为互补品（Complement Goods）；牛肉价格的降低会减少猪肉的销售数量，这样的商品称为替代品（Substitutes）；铅笔价格的变化对苹果的消费没有影响，这样的商品称为独立品。

4. 消费者的偏好（Preference，F）

由于广告宣传、观念更新等原因，消费者的偏好可能发生变化，从而影响商品的需求量。奥运会期间，奥运纪念品特别好销就是这个原因。

5. 消费者对商品的价格预期（Price of Expectation，P_e）

当消费者预期某种商品的价格在未来会上升，他就会增加即期的消费；反之，如果消费者预计某种商品的价格在未来会下降，那么即期他就会减少对该商品的消费，留待以后再进行消费。

6. 其他影响因素

如消费者年龄结构的变化、消费政策的变化、消费时间的变化、气候条件的变化等其他因素也会对需求数量产生重要影响。

上述诸因素中，有些主要影响需求欲望（如消费者偏好与消费者对未来的预期），有些主要影响需求能力（如消费者收入水平）。这些因素的共同作用决定了需求。

（三）需求函数

一种商品的需求量是上述因素综合作用的结果，将这种关系以函数的形式表现出来称为需求函数（Demand Function）：

$$Q^d = f(P, M, P_r, F, P_e, \cdots) \tag{2.1}$$

式（2.1）中，Q^d 由函数式决定，是因变量；P，M，P_r，F，P_e，…由外部环境决定，是自变量。如果对所有可能的影响因素都加以考虑的话，就无法获得相对稳定的规律。经济学处理复杂问题的方法是假定其他因素保持不变，将注意力放在最值得研究的变量上。在需求函数中，商品自身的价格无疑是最重要的变量，所以，可以把一种商品的需求量仅看成是该商品价格的函数。式（2.1）可以简化为

$$Q^d = f(P) \tag{2.2}$$

式（2.2）中，需求量 Q^d 是价格 P 的函数。

如果某商品的需求量与其价格之间是线性关系，则

$$Q^d = \alpha - \beta P \tag{2.3}$$

如果某商品的需求量与其价格之间是非线性关系，则

$$Q^d = \alpha' P^{-\beta'} \tag{2.4}$$

在（2.3）和（2.4）中，α，β，α'，β'都是数值为正的常数。

二、需求表与需求曲线

（一）需求表

商品的需求表（Demand Schedule）是某种商品的各种价格水平和相对应的该商品的需求量之间关系的数字序列表。表2－1是某品牌电脑笔记本在一定时期内某地市场上的需求表。

表2－1　某品牌电脑笔记本需求表

价格—数量组合	A	B	C	E	F	G	H
价格/千元	2	4	6	8	10	12	14
需求量/台	60	50	40	30	20	10	0

从表2－1中可以清楚地看到商品的需求量和价格之间的反方向变动关系。如当某商品价格为2千元时，需求量为60台；当价格上升为4千元时，需求量为50台；当价格进一步上升为6千元时，需求量下降为40台。

（二）需求曲线

商品的需求曲线（Demand Curve）表示在每一价格下所需求的商品数量。需求曲线是显示价格与需求量关系的曲线，是指当其他条件相同时，在每一价格水平上买主愿意购买的商品量的曲线。图2－1是根据表2－1绘制的一条需求曲线。在图2－1中，横坐标OQ表示商品的数量，纵坐标OP表示商品的价格。应该指出的是，与数学上的习惯相反，在微观经济学分析需求曲线和供给曲线时通常以纵坐标表示自变量P，以横坐标表示因变量Q。图中的需求曲线是这样得到的：根据表2－1中每种商品的价格对应的需求量，在平面坐标图中描绘出相应的点A，B，C，E，F，G，H，然后依次连接这些点，便得到需求曲线。它表示在不同价格水平下消费者愿意而且能够购买的商品数量。所以，需求曲线是以几何图形的形式来表示商品的需求量和价格之间的函数关系的。

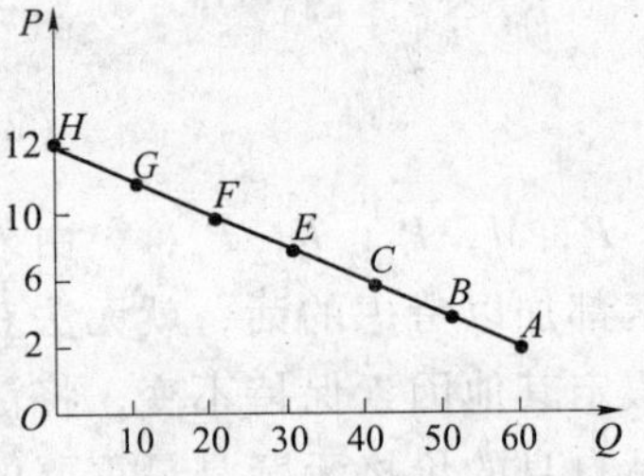

图2－1　某品牌电脑笔记本的需求曲线

三、需求定理及其例外

（一）需求定理

所谓需求定理（Law of Demand），是指在其他条件不变的情况下，商品的需求量与价格呈反方向变动的规律。这里的“其他条件不变”，指除了商品本身的价格之外，其他影响需求的因素都不变；这就是说，需求定理是在假定影响需求的其他因素不变的前提下，研究商品本身价格与需求量之间的关系。离开了这一前提，需求定理就无法成立。例如，如果收入增加，商品本身的价格与需求量就不一定呈反方向变动。

（二）需求定理例外

商品的需求量与价格一般呈反方向变动，但也有呈同方向变动的情况，人们把这种反常现象称为需求定理例外。下面是需求定理的一些例外的情况。

（1）某些劣等商品。在特定条件下，当价格下跌时，需求会减少；而价格上涨时，需求反而增加。最著名的是以英国经济学家吉芬命名的“吉芬商品”。吉芬发现，1845 年爱尔兰发生大饥荒时，当土豆的价格上涨时，贫困的人们为了维持生存，不得不增加对劣等品土豆的购买。

（2）某些炫耀性商品。炫耀性商品是用来显示人的社会地位与身份的商品，例如珠宝首饰、豪华轿车。这种商品只有在价格较高时才能显示人的社会地位与身份，如果价格下降，它们就不能显示这种社会地位与身份，因此，价格下降时需求反而减少。

（3）某些投资性商品。当价格小幅度升降时，需求按正常情况变动；大幅度升降时，人们会因不同的预期而采取不同的行动，引起需求的不规则变化，如股票、证券市场常有这种情况，其需求曲线可能表现为不规则形状。

四、需求曲线的移动

在微观经济学中，需求量的变动和需求的变动是两个不同的概念，它们虽然都是需求数量的变动，但这两种变动的含义不同，引起这两种变动的影响因素不同，在几何图形中的表示也不相同。

（一）需求量的变动

所谓需求量的变动是指在决定需求的其他因素（如消费者的收入、偏好、相关商品的价格及预期商品价格等）不变的情况下，只是由于某种商品本身价格的变化所引起的对该商品需求量的变动。从需求表来看，需求量的变化表现为同一需求表内价格与需求量的组合的变动。从需求曲线来看，需求量的变动表现为同一条需求曲线点的移动，如图 2－2 所示。当价格由 P_0 上升为 P_1 时，需求量从 Q_0 减少到 Q_1，在需求曲线 D 上则是从 B 点向上方移动到 A 点。当价格由 P_0 下降到 P_2 时，需求量从 Q_0 增加到 Q_2，在需求曲线 D 上则是从 B 点向下方移动到 C 点。可见，在同一条需求曲线上，向上方移动是需求量减少，向下方移动是需求量增加。

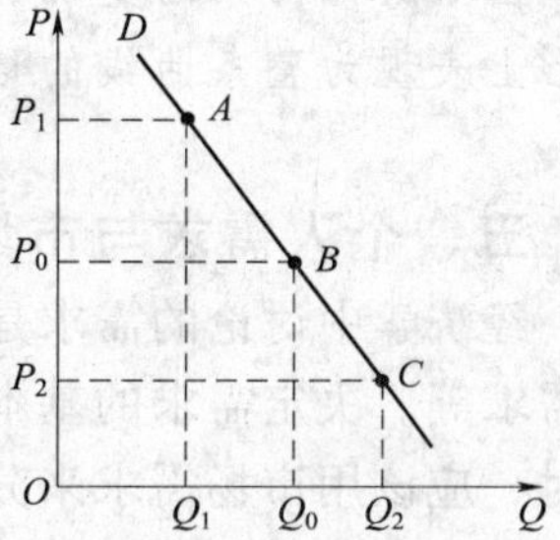

图 2－2　需求量的变动

（二）需求的变动

需求的变动是指在商品本身的价格保持不变的情况下，由于其他因素（如消费者的收入水平、偏好、其他相关商品的价格以及预期的商品价格等）的变化所引起的需求的变动。从需求表来看，需求的变化不是同一需求表中原有的价格与需求量各种组合间的变化，而是各种组合本身，即整个需求表的变化。从需求曲线上看，需求的变化不是沿着同一需求曲线上点的移动，而是整个需求曲线的平行移动，如图 2－3 所示。假定原来的需求曲线为 D_0，如果由于消费者对该商品的喜爱程度降低，或者由于消费者的收入减少，或者由于其他的替代商品的价格下降，在价格仍为 P_0 时，需求量从 Q_0 减少到 Q_1，则整个需求曲线由 D_0 向左方移动到 D_1。这表明消费者在每一价格水平下都相应地减少了对该商品的需求。相反，在价格仍为 P_0 时，需求量则从 Q_0 增加到 Q_2，整个需求曲线由 D_0 向右方移动到 D_2。这表明消费者在每一价格水平下都相应地增加了对该商品的需求。可见，需求曲线向左方移动是需求减少，向右方移动是需求增加。

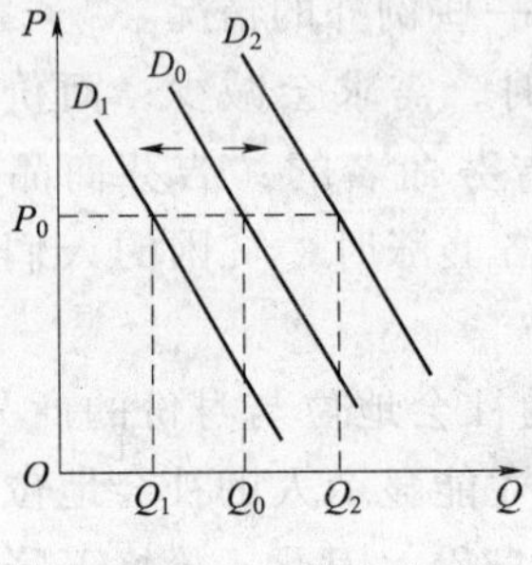

图 2－3　需求的变动

重要问题

需求的变动和需求量的变动有何区别？

商品本身价格变动所引起的需求量的变化，称为需求量的变动。在这种情况下，需求量随着价格的变化在同一条需求曲线上移动。当商品本身的价格不变时，由于其他因素的变动引起的需求量的变化，称为需求的变动。需求的变动在图形上表现为整条曲线的移动。

五、个人需求与市场需求

经济学中讨论的需求是有定语的，比如说是某一个人的需求或者是某个市场的需求等。决定需求的基本因素是个人的偏好和需要，但我们分析市场的均衡价格时，应该用市场需求来分析。举个简单的例子，假设市场中只有消费者 A 和消费者 B，在香蕉价格水平为 1 的条件下，消费者甲对香蕉的消费为 5 斤，消费者乙对香蕉的消费为 10 斤，于是在价格水平为 1 的条件下，香蕉的市场需求就是 15 斤。如果市场由很多消费者共同构成，某种商品的市场需求就可以定义为在一定价格水平条件下，所有消费者对该商品的需求量的总和。市场需求曲线可以通过水平加总所有个人的需求曲线而得到（如图 2－4 所示）。在图 2－4 中 D_1 为消费者 A 的个人需求曲线，D_2 为消费者 B 的个人需求曲线，则市场的需求曲线 $D = D_1 + D_2$。在价格水平为 P_e 下，消费者 A 的需求量为 Q_1，消费者 B 的需求量为 Q_2，则市场的需求量 $Q_e = Q_1 + Q_2$。以此类推，就能够根据个人需求曲线推导出市场需求曲线。只要个人的需求符合需求定理，加总后的市场需求曲线就应该是从左上方向右下方倾斜的。

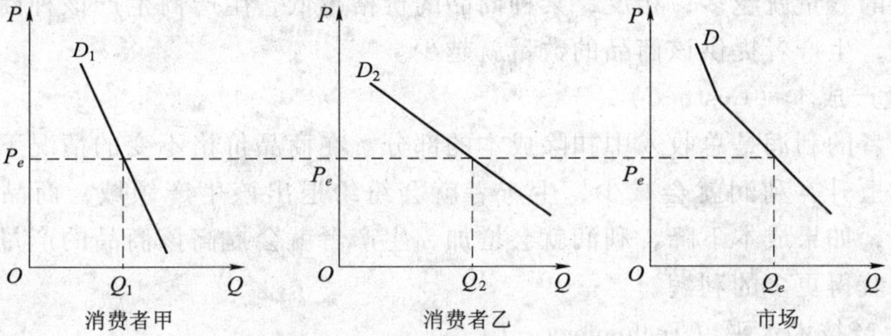

图 2-4　个人需求曲线与市场需求曲线

推广到一般情况，假设市场有 n 个消费者，第 i 个消费者的需求函数是

$$Q_i^d = f_i(P) \tag{2.5}$$

那么市场需求函数就是

$$Q^d = \sum_{i=1}^{n} Q_i^d = \sum_{i=1}^{n} f_i(P) \tag{2.6}$$

第二节　供　　给

一、供给函数（Supply Function）

（一）供给与供给量的含义

日常生活中，厂商会根据价格信号调整自己的产量，可见，厂商生产某一种商品的数量和该商品的价格之间也存在着密切的联系。经济学用供给这一概念来解释生产数量与价格之间的关系：一种商品的供给是指在一定时期内，对应于各个可能的价格水平，生产者愿意并且能够提供的某种商品的数量。和需求的定义相类似，供给也由供给意愿和供给能力两方面构成，只有两方面条件都具备才能称为供给。

供给也可以分为单个厂商的供给和整个行业的供给或市场供给，而只有市场供给，才是决定价格的基本因素之一。我们所研究的供给，主要是就市场供给而言的。

同样，供给与供给量也是两个不同的概念：供给量是一个具体的量，不同的价格水平对应的供给量是不同的；供给则是价格水平与供给量之间的一个序列关系。

（二）影响供给量变动的主要因素

影响一种商品供给量（Quantity of Supply，Q^s）的因素主要有以下几种：

1. 商品自身的价格

一般说来，某种商品的价格越高，生产商生产该商品越有利可图，生产者提供该商品的数量就越多；相反，某种商品的价格越低，生产商生产该种商品没有利润可赚，生产者提供该商品的数量就越少。

2. 生产成本（Cost，C）

生产者的利润是总收入中扣除成本的部分。在商品价格不变的情况下，如果生产成本上升，利润就会减少，生产者就会纷纷退出该生产领域，商品供给减少；相反，如果成本下降，利润就会增加，生产者就会提高该商品的产量，增加供给，以获得更多的利润。

3. 生产技术水平（Technology，T）

生产技术水平越高，就会降低生产成本，从而增加供给。在第一次工业革命时期，由于机器设备代替手工业导致纺织品生产成本迅速降低，纺织品的供给迅速膨胀。

4. 相关商品的价格

当其他条件不变时，其他相关商品价格发生变化也会引起该商品供给的变化。例如花生的价格提高，玉米价格不变，农民就会纷纷放弃种植玉米而转向种植花生，由此引起花生供给量增加。

5. 生产者价格预期

如果生产者预期商品的价格会提高，生产者就会制定生产计划，增加商品供给；相反，如果生产者预计价格下降，在制定生产计划时，生产者就会减少该商品的供给。

6. 供给者的数量

在其他条件不变的情况下，生产同一种产品的厂商越多，该商品的供给也越多，反之，则越少。

7. 其他影响因素

如气候条件的变化、能源的稀缺程度、产品的生产周期、产品的市场生命周期等因素都会对产品的供给产生重要影响。

（三）供给函数

将以上商品供给量和决定商品供给量的各种因素结合起来加以考察，我们便可得到供给函数的概念。所谓供给函数（Supply Function），是指在某一特定时期内，某种商品的供给量与决定这种供给量的各种因素之间的关系。其公式如下：

$$Q^s = f(P, C, T, P_r, P_e, \cdots) \quad (2.7)$$

式（2.7）中，Q^s 代表供给，由函数式决定，是因变量；影响供给的因素 P，C，T，P_r，P_e，…由外部环境给定，是自变量。

微观经济学在论述供给函数时，往往假定其他因素不变，只研究价格和供给量之间的关系，在这种情况下，决定商品供给量的因素就是这种商品的价格。这时，供给函数表示商品供给量和价格这两种经济变量的关系。供给函数可写作：

$$Q^s = f(P) \tag{2.8}$$

式（2.8）中，供给量 Q^s 是价格 P 的函数。

如果某商品的需求量与其价格之间是线性关系，则

$$Q^s = -\delta + \gamma P \tag{2.9}$$

如果某商品的需求量与其价格之间是非线性关系，则

$$Q^s = -\delta P^{\gamma'} \tag{2.10}$$

(2.10) 在（2.9）和（2.10）中，δ，γ，δ'，γ'都是数值为正的常数。

二、供给表与供给曲线

（一）供给表

影响某种商品供给量的因素很多，其中最重要的莫过于商品自身的价格。在其他影响因素不变的条件下，商品供给量与价格的关系分别反映到表格和平面坐标图中就是供给表（Supply Schedule）和供给曲线（Supply Curve）。

假设表 2－2 是国内某品牌电脑笔记本的供给表。根据该表，每台电脑笔记本价格为 2 千元时，生产商一台也不生产，供给量为 0 台；当价格上升到 4 千元时，供给量增加到 10 台，如此等等。以供给量为横坐标，价格为纵坐标，坐标图上就能显示出一系列供给量和价格的组合点 A、B、C、E、F、G、H。将这些点连成平滑的曲线，就可以获得直观反映价格与供给量之间关系的供给曲线（如图 2－5 所示）。

从表 2－2 中可以清楚地看到商品的供给量和价格之间的正方向变动关系。

表 2－2　　某品牌电脑笔记本的供给表

价格—数量组合	A	B	C	E	F	G	H
价格/千元	2	4	6	8	10	12	14
供给/台	0	10	20	30	40	50	60

（二）供给曲线

商品的供给曲线是根据供给表 2－2 中的商品的不同价格—供给量的组合在该坐标图上描绘相应的各点 A、B、C、E、F、G、H，然后顺次连接这些点而得到。图 2－5 就是根据表 2－2 所绘制的一条供给曲线 S。供给曲线是以几何图形表示供给这个概念。它表示在不同价格水平下厂商愿意而且能够提供出售的商品数量。

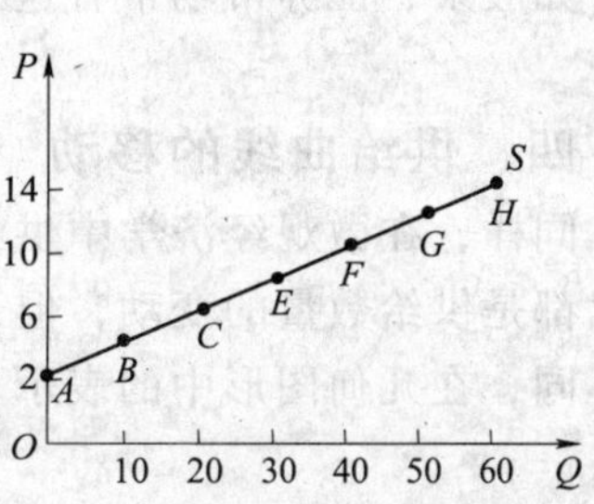

图 2－5　某品牌电脑笔记本的供给曲线

图 2－6 中的横轴 OQ 表示商品供给量，纵

轴 OP 表示商品价格。从图 2－6 中可以看出供给曲线呈现出向右上方倾斜的特征，即供给曲线的斜率为正值。它也反映了商品的供给量和价格之间呈同方向变动的关系。

三、供给定理及其例外

（一）供给定理的含义

从供给表 2－2 和图 2－6 的供给曲线中可以看出，某种商品的供给量与其价格是同方向变动的。这种现象也是人们从大量经验资料中观察到的，是普遍存在的，微观经济学把这种趋势称为供给定理。供给定理（Law of Supply）是指在其他条件不变的情况下，某商品的供给量与价格之间呈同方向变动的规律，即商品的供给量随着商品本身价格的上升而增加，随着商品本身价格的下降而减少。由于此现象具有大量性和必然性，故称供给定理。

这里要特别注意“其他条件不变”的假定。所谓“其他条件不变”是指除了商品本身的价格外，其他影响供给的因素都不变。这就是说，供给定理是在假定影响供给的其他因素不变的前提下，研究商品本身价格与供给量之间的关系。离开了这一前提，供给定理就无法成立。例如，如果生产技术的提高使生产成本大大下降了，那么，商品本身的价格下降，其供给量仍有可能增加，即商品的价格与其供给量不一定呈同方向变动的关系。

（二）供给定理例外

供给定理是针对一般商品而言的。现实中也存在着供给定理的例外，主要有以下几种情况：

第一，劳动的供给具有特殊性。在工资水平较低的阶段增加工资时，劳动的供给数量会随着工资的增长而增加，但是在工资水平较高的阶段继续增加工资时，劳动的供给数量反而会随着工资的增长而减少。

第二，有些商品由于受到各种外部条件的限制，其供给量是固定的，无论价格如何上升，其供给数量也无法增加。例如，土地、古董、文物的供给。

第三，某些商品的价格小幅度升降时，供给数量按正常情况变动；价格大幅度升降时，人们会因不同的预期而采取不同的行动，引起供给数量的不规则变化。如股票、证券市场常有这种情况，其供给曲线可能表现为不规则形状。

四、供给曲线的移动

同样，在微观经济学中供给量的变动和供给的变动是两个不同的概念，它们虽然都是供给数量的变动，但这两种变动的含义不同，引起这两种变动的影响因素不同，在几何图形中的表示也不同。

（一）供给量的变动

所谓供给量的变化是指在决定供给的其他因素（如生产要素价格、技术水平、相关商品的价格等）均保持不变的情况下，只是由于某种商品本身价格的变化所引起的对该商品供给量的变动。从供给表来看，供给量的变化表现为同一供给表内价格与供给量的组合的变动。从供给曲线来看，供给量的变化表现为同一条供给曲线上的点的移动。如图 2-6 所示，当价格由 P_0 上升为 P_1 时，供给量从 Q_0 增加到 Q_1，在供给曲线 S 上则是从 B 点向上方移动到了 A 点。当价格由 P_0 下降到 P_2 时，供给量从 Q_0 减少到 Q_2，在供给曲线 S 上则是从 B 点向下方移动到了 C 点。可见，在同一条供给曲线上，向上方移动是供给量增加，向下方移动是供给量减少。

（二）供给的变动

与供给量的变化不同，供给的变化是指在商品本身的价格保持不变的情况下，由于其他因素（如生产要素价格、技术水平、相关商品价格等）的变化所引起的供给变动。从供给表来看，供给的变化不是同一供给表内原有的价格与供给量各种组合间的变化，而是每一种组合自身，即整个供给表的变化。从供给曲线上看，供给的变化不是同一供给曲线上的点的移动，而是整个供给曲线的平行移动。如图 2-7 所示，假定原来的供给曲线为 S_0，在价格是 P_0 时，对某商品的供给量为 Q_0，如果由于生产要素的价格下降了，或者由于生产技术水平提高，或者由于生产厂商数量增加等原因，在价格仍为 P_0 时，供给量从 Q_0 增加到了 Q_1，则意味着整个供给曲线由 S_0 向右方移动到 S_1，从而表明厂商在每一价格水平下都相应地增加了对该商品的供给。当变化与上述情况相反时，在价格仍为 P_0 时，供给量从 Q_0 减少到 Q_2，整个供给曲线由 S_0 向左方移动到 S_2，从而表明厂商在每一价格水平下都相应减少了对该商品的供给。可见，供给曲线向左方移动是供给减少，供给曲线向右方移动是供给增加。

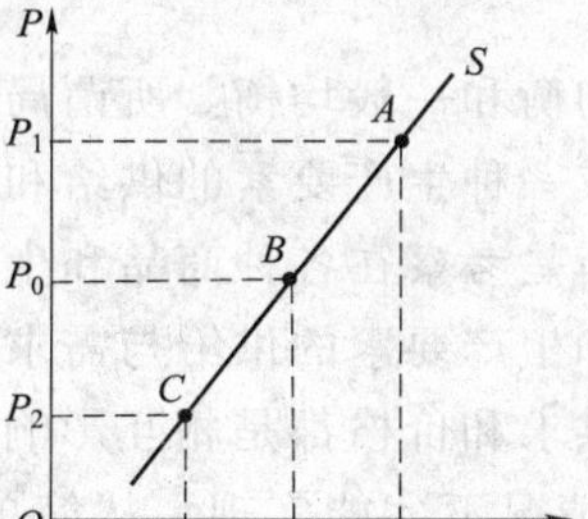

图 2-6　供给量的变动

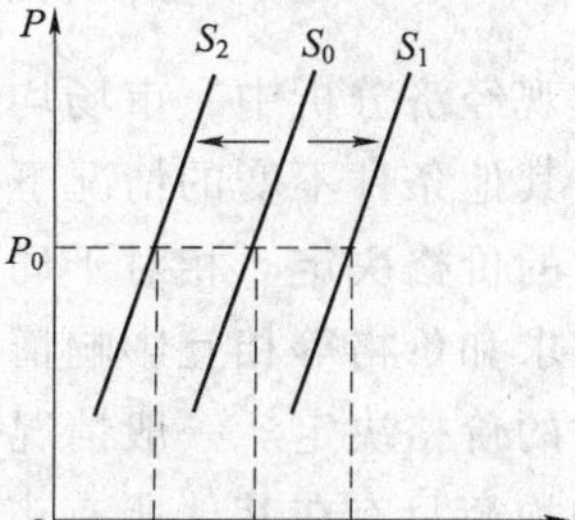

图 2-7　供给的变动

五、单个生产商的供给与市场供给

和需求分析相同，供给也分个体的供给和市场供给。对需求而言，每个人需求的加总就是市场需求。但值得注意的是，单个生产商的供给之和却不一定是市场供给。因为生产者之间是相互影响的，所有的厂商都增加或者减少供给时，可能会导致生产要素价格的变化，从而改变生产的成本，所以，市场供给等于每个生产者的供给之和只在要素价格不变的情况下，也就是完全竞争的情况下，才能成立。详细解释请参见第六章及第十章的相关内容。

第三节 均衡价格

前面两节的分析，说明了从需求曲线可以得知单个消费者对某种商品在每一价格水平下的需求量是多少，从供给曲线可以得知单个生产者对某种商品在每一价格下的供给量是多少。需求量和供给量都随商品价格的变化而变化。那么消费者和生产者所面临的价格到底是哪个价格，这个价格又是怎样形成的呢？现代微观经济学认为在完全竞争的市场条件下，某种商品的市场需求与市场供给共同形成商品的均衡价格，而一旦形成了某个均衡价格，每个消费者和每个生产者都必须接受这个价格，只有当市场需求或市场供给变化时才会出现另一个均衡价格。下面将需求曲线和供给曲线结合在一起，分析均衡价格的形成以及变动。

一、均衡的含义

均衡①原是物理学中的概念，是指两种对立力量在相互作用中达到相等时所处的暂时平衡状态，是西方经济学中广泛运用的一个概念。均衡的最一般的意义是指经济事物中有关的变量在一定条件的相互作用下所达到的一种相对静止的状态。经济事物之所以能够处于这样一种静止状态，是由于在这样的状态中有关该经济事物的各方面的愿望都能得到满足。正因为如此，进一步地，西方经济学家认为，经济学的研究往往是在寻找在一定条件下经济事物的变化最终趋于静止的均衡点。

在微观经济分析中，市场均衡可以分为局部均衡和一般均衡。所谓局部均衡是假定在其他条件不变的情况下，考察一种商品或一种生产要素的供给和需求达到均衡时的价格决定。相对于局部均衡，一般均衡是考察在各种商品和生产要素的供给需求和价格等相互影响情况下，所有商品和生产要素的供给与需求同时达到均衡时的价格决定。一般情况下，各种商品的供求和价格都是相互影响的，一个市场的均衡只有在其他所有市场都达到均衡的情况下才能实现。从简单入手，我们先进行局部均衡的分析，即在假定其他市场不变的情况下，分析单个市场的均衡状态。

二、均衡价格（Equilibrium Price）的决定

在西方经济学中，一种商品的均衡价格是指该商品的市场需求量和市场供给

① 这里的理论推导背后隐含着这样一种极端苛刻的逻辑规定：各个经济当事人的行为必须一致，他们之间可以不需要任何成本达成价格一致的契约，对于这一问题的研究涉及交易费用理论。

量相等时的价格，即由方程式 $Q^d = Q^s$ 决定的价格。$Q^d = Q^s$ 是均衡条件，也被称为均衡方程式。均衡时，该商品的需求价格与供给价格相等。也就是说，均衡价格是一种商品的需求价格和供给价格趋于一致时的市场价格。在均衡价格水平下的相等的供求数量被称为均衡数量，即该商品的需求量与供给量相等称为均衡数量。从几何意义上说，一种商品的供求达到均衡，该点出现在该商品的市场需求曲线和市场供给曲线相交的交点上，该交点被称为均衡点。均衡点所对应的价格和数量分别称为均衡价格和均衡数量。

微观经济学认为，市场的需求量和供给量由价格决定，而价格高低则是需求和供给共同作用的结果。亚当斯密的“看不见的手”指的就是需求、供给和价格之间的循环运行。在完全竞争的条件下，通过价格的变化可以自动调节供给与需求，使市场达到均衡，并决定均衡价格和均衡数量，这种调节功能就叫市场机制（Market Mechanism）或价格机制（Price Mechanism）。

我们以第一节和第二节中的某品牌电脑笔记本的需求和供给为例，将不同价格水平对应的需求量和供给量列在一张表格中（如表 2－3 所示），来分析市场价格是如何运行的。

表 2－3　　某品牌电脑笔记本的需求和供给表

价格（千元）	2	4	6	8	10	12	14
需求量（台）	60	50	40	30	20	10	0
供给量（台）	0	10	20	30	40	50	60

假定目前市场价格为 4 千元，此时市场对电脑笔记本的需求量为 50 台，而生产商愿意供给的数量仅 10 台，供不应求，市场出现短缺。由于供给数量有限，消费者竞相购买必然导致价格的上升。价格的上升一方面降低了需求量，另一方面又会推动供给量的增加，从而缓和市场短缺的压力。如果市场价格上升到 10 千元，此时市场对电脑笔记本的需求量为 20 台，而生产商愿意供给的数量为 40 台，供过于求，市场出现过剩。由于生产商发现库存积压，必然会降价销售，市场价格下降。价格的降低一方面刺激了需求量的增加，另一方面又会迫使生产商减少生产，从而缓和市场过剩的压力。只有在市场价格为 8 千元时，需求量和供给量相等，消费者和生产者都不再调整自己的行为，市场才处于稳定状态。

图 2－8 是将图 2－1 中的需求曲线和图 2－5 中的供给曲线结合在一起而得到的。我们也可以用图 2－8 来说明一种商品的均衡价格和均衡数量。

在图 2－8 中 D 曲线代表电脑笔记本的需求曲线，S 曲线代表电脑笔记本的供给曲线，两者的交点就是供求均衡点，该点对应的价格就是均衡价格，对应的产量就是均衡产量。当价格高于均衡价

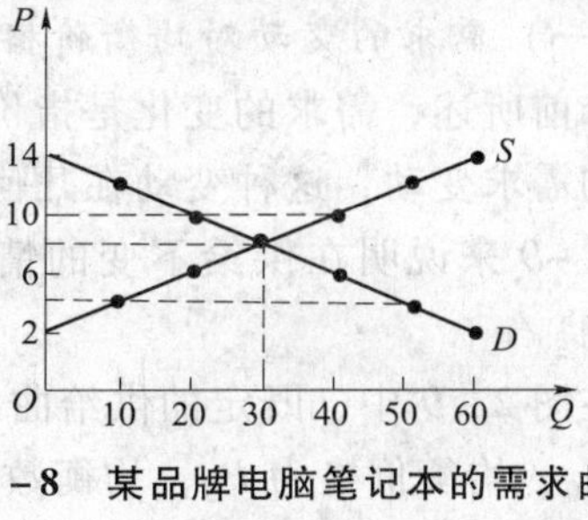

图 2－8　某品牌电脑笔记本的需求曲线

格时，供给量大于需求量，供过于求导致价格下降；当价格低于均衡价格时，供给量小于需求量，供不应求导致价格上升；只有均衡价格才能确保供给量和需求量相等。由于均衡是意味着生产者生产多少消费者就消费多少，因此我们把市场均衡也称为市场出清。

由上述分析我们可以看出，均衡价格的形成也就是价格决定的过程。商品的均衡价格表现为商品市场上需求和供给这两种相反的力量共同作用的结果，它是在市场的供求力量的自发调节下形成的。当市场价格偏离均衡价格时，市场上会出现需求量和供给量不相等的非均衡状态。一般说来，在市场机制的作用下，这种供求不相等的非均衡状态会逐步消失，偏离的市场价格会自动地恢复到均衡价格水平。

重要问题

理解均衡价格时应注意的问题是什么？

(1) 均衡价格就是由于需求与供给这两种力量的作用使价格处于一种相对静止、不再变动的状态。

(2) 需求与供给就像一把剪刀的两边一样，共同作用，不分主次。因此，需求与供给的任一方发生变化都会导致均衡价格的变动。

(3) 市场上各种商品的均衡价格是最后的结果，其形成过程是在一个完全竞争、不存在垄断的市场上自发地进行的。需要强调的是，如果有外力的干预（如垄断力量的存在或国家的干预），那么这种价格就不是均衡价格。

三、市场均衡价格的变动

从上述分析可知，一种商品的均衡价格大小是由该商品市场的需求曲线和供给曲线的交点位置所决定的。一种商品价格的变化会引发市场对该商品需求量与供给量的变化。然而，市场均衡实现的前提条件（亦是市场机制有效作用的前提条件）是没有来自于市场力量以外的干预。同时，需求曲线或供给曲线的位置移动都会使均衡价格与均衡数量发生变动。

（一）需求的变动对均衡价格的影响

如前所述，需求的变化是指价格不变的情况下，影响需求的其他因素变动所引起的需求变动，这种变动在几何意义上表现为需求曲线的平行移动。我们可以用图 2-9 来说明在供给不变的情况下，需求变化对均衡价格（以及均衡数量）的影响。

在图 2-9 中，既定的供给曲线 S 和最初的需求曲线 D_0 相交于 E_0 点。在均衡点 E_0，均衡价格为 P_0，均衡数量为 Q_0。

需求增加，使需求曲线 D_0 向右上方平移至需求曲线 D_1 的位置，需求曲线 D_1 与供给曲线 S 相交于 E_1 点。在均衡点 E_1，均衡价格上升为 P_1，均衡数量增加为 Q_1。

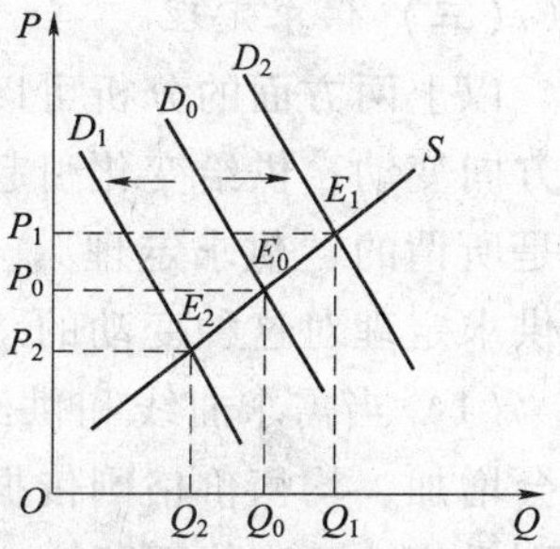

图 2－9　需求变动对均衡价格的影响

需求减少，使需求曲线 D_0 向左下方平移至需求曲线 D_2 的位置，需求曲线 D_2 与供给曲线 S 相交于 E_2 点。在均衡点 E_2，均衡价格下降为 P_2，均衡数量减少为 Q_2。

通常情况下，消费者收入增加、消费者对该商品的偏好增加、替代品价格提高或者互补品价格下降、消费者预期价格上升，会导致该商品需求的增加，需求曲线向右移动；反之，需求曲线向左移动。

可以看出，当假定某商品的供给曲线是向右上方倾斜时，如果影响供给的因素不变，需求增加使得均衡价格和均衡数量都增加，需求减少则使得均衡价格和均衡数量都减少，即需求变化引起均衡价格和均衡数量同方向变动。需求曲线的移动对均衡价格及均衡数量的影响，称之为需求变化效应。

（二）供给的变动对均衡价格的影响

供给的变化是指价格不变的情况下，影响供给的其他因素变动所引起的供给变动，这种变动在几何意义上表现为供给曲线的平行移动。我们可以用图 2－10 来说明在需求不变的情况下，供给变化对均衡价格（以及均衡数量）的影响。

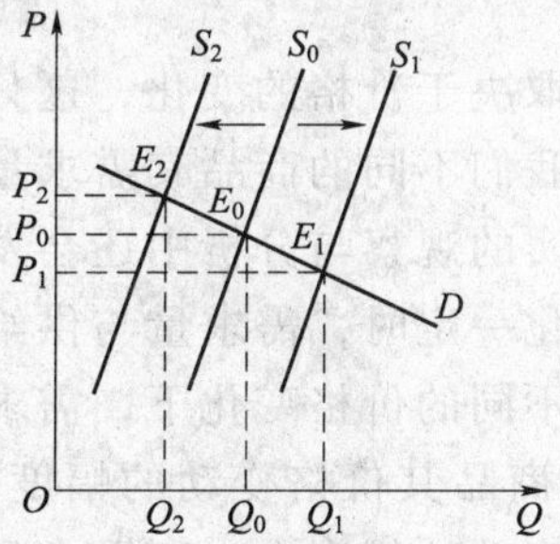

图 2－10　供给变动对均衡价格的影响

在图 2－10 中，既定的需求曲线 D 和最初的供给曲线 S_0 相交于 E_0 点，在均衡点 E_0，均衡价格为 P_0，均衡数量为 Q_0。

供给增加，使供给曲线 S_0 向右下方平移至供给曲线 S_1 的位置，供给曲线 S_1 与需求曲线 D 相交于 E_1 点。在均衡点 E_1，均衡价格下降为 P_1，均衡数量增加为 Q_1。

供给减少，使供给曲线 S_0 向左上方平移至供给曲线 S_2 的位置，供给曲线 S_2 与需求曲线 D 相交于 E_2 点。在均衡点 E_2，均衡价格上为 P_2，均衡数量减少为 Q_2。

通常情况下，生产成本的下降、技术水平的改进等原因会导致该商品供给的增加，供给曲线向右移动；反之，供给曲线向左移动。

可以看出，当假定某商品的需求曲线是向左下方倾斜时，如果影响需求的因素不变，供给增加会使均衡价格下降，均衡数量增加；供给减少会使均衡价格上升，均衡数量增加。即供给变化引起均衡价格反方向变动，均衡数量同方向变动。供给曲线的移动对均衡价格及均衡数量的影响，称之为供给变化效应。

(三) 供求定理

以上两方面的分析可以概括为两句话，即需求变化引起均衡价格与均衡数量同方向变动；供给变化引起均衡价格反方向变动，引起均衡数量同方向变动。这就是所谓的“供求定理”。当供给曲线和需求曲线同时发生变动时，我们亦可运用供求定理对这种变动的总效应加以分析，这里主要有以下四种情况：

(1) 当需求曲线和供给曲线同时向右移动时，根据供求定理，均衡数量一定会增加，均衡价格则依据需求变化的效应是大于、等于或小于供给变化的效应分别升高、不变或下降。

(2) 当需求曲线和供给曲线同时向左移动时，根据供求定理，均衡数量一定会减少，均衡价格则依据供给变化的效应是大于、等于或小于需求变化的效应而分别上升、不变或下降。

(3) 当需求曲线向右移动而供给曲线向左移动时，根据供求定理，均衡价格一定会上升，均衡数量则依据需求变化的效应是大于、等于或小于供给变化的效应而分别增加、不变或减少。

(4) 当需求曲线向左移动而供给曲线向右移动时，根据供求定理，均衡价格一定会下降，均衡数量则依据供给变化的效应是大于、等于或小于需求变化的效应而分别增加、不变或减少。

第四节 弹性理论

前面我们分析了单个商品供给量、需求量的变化取决于价格的变化，这只是介绍了需求量与供给量变化的方向，但是并没有告诉我们不同的商品其需求量和供给量的变动对于价格变动的敏感程度。我们在对现实的观察与分析中还会发现一系列问题：消费者对于不同性质的商品，当价格变化一定时，需求量与供给量对于价格变动的敏感程度不相同；即使同一商品，在不同的价格变化下，需求量对于价格变动的敏感程度也不相同。具体地说，有些商品其价格变动的幅度小，而需求量或供给量变动的幅度大；另有些商品其价格变动的幅度大，而需求量或供给量变动的幅度小。以大米、电视机、珠宝这三类商品为例，作问卷调查，可以发现：当它们的价格变化同为 10% 时，消费者对于这三种商品的需求变化率并不相同。所以，我们要选择一种较好的方法比较商品需求量对于价格变动的反应敏感性，于是提出了弹性理论。

一、弹性一般含义

所谓弹性（Elasticity，*E*），在物理学上是指材料或物体在外力作用下发生形变，除去外力后立即恢复原状的特性。经济学上的弹性概念是由阿尔弗莱德·马歇尔提出的，自变量的变化会引起因变量的变化，因变量对自变量变化的敏感程度就称之为弹性。弹性的大小用弹性系数来表示，就是当自变量变化 1% 时，会引起因变量变化百分之几，即用因变量的变动比例除以自变量的变动比例。

弹性的一般公式为：

$$弹性系数 = \frac{因变量的变动比率}{自变量的变动比率}$$

若两个经济变量 x、y 之间的函数关系为 $y = f(x)$，以 Δx、Δy 分别表示变量 x、y 的变动量，用 E 表示弹性系数，则弹性公式为：

$$E = \frac{\frac{\Delta y}{y}}{\frac{\Delta x}{x}} = \frac{\Delta y}{\Delta x} \cdot \frac{x}{y} \tag{2.11}$$

若经济变量的变化量趋于无穷小时，弹性系数还可以用微分来计算：

$$E = \lim_{\Delta x \to 0} \frac{\frac{\Delta y}{y}}{\frac{\Delta x}{x}} = \lim_{\Delta x \to 0} \frac{\Delta y}{\Delta x} \cdot \frac{x}{y} = \frac{\mathrm{d}y}{\mathrm{d}x} \cdot \frac{x}{y} \tag{2.12}$$

通常将以上二式分别称为弧弹性和点弹性。

在微观经济学中，弹性理论主要是研究商品需求量和供给量的相对变动对需求和供给的因素相对变动的影响程度。

在理解弹性的含义时要注意以下几点：

（1）弹性是相对数之间的相互关系。它具体含义是：自变量每变动 1 个百分点，因变量要变动几个百分点。

（2）弹性是因变量变化率与自变量变化率之间的依存关系。对于任何存在函数关系的经济变量之间，都可以建立二者之间的弹性关系或进行弹性分析。例如，能源消耗与 GDP 增长存在依存关系等。弹性分析是数量分析，对于难以量化的因素便无法进行计算和精确考察。

（3）若经济变量的变化量趋于无穷小时，则弹性公式会有弧弹性与点弹性的变化。

（4）弹性问题是供求原理的深化。我们在讨论供求原理时只知道供给、需求、收入、价格等问题是相互影响的。但具体到某一商品而言，它的影响是一个什么情况没有给出分析。对它的分析需要借助弹性理论。

（5）弹性分析是一种实证分析方法。学习这一分析方法，我们可以拓宽自己的视野，增强对于经济与社会问题的分析能力。

弹性有很多类型。从因变量代表的具体含义来划分，可以分为需求弹性、供给弹性；从自变量代表的具体含义来划分，可以分为需求价格弹性、需求收入弹性等。我们先考察需求弹性。需求弹性又可以再分为需求的价格弹性、需求的交叉弹性、需求的收入弹性。我们先考察需求的价格弹性。

二、需求弹性（Elasticity of Demand）

（一）需求的价格弹性

1. 定义

需求的价格弹性（Price Elasticity of Demand，E_d）用来表示在一定时期内一种商品需求量的相对变动对于该商品的本身价格相对变动的反应程度，通常被简称为需求弹性。它是商品需求量的变动率与价格的变动率之比，即：

$$需求的价格弹性系数=\frac{需求量的变动率}{价格的变动率}$$

2. 需求的价格弹性的几个要点

第一，在需求量与价格这两个经济变量中，价格是自变量，需求是因变量。所以，需求价格弹性就是指价格变动所引起的需求量变动的程度，或者说是需求量变动对于价格变动的反应程度。

第二，需求的价格弹性系数是价格变动的比率与需求量变动的比率的比率，而不是价格变动的绝对量与需求变动的绝对量的比率。

第三，弹性系数的数值可以是正值，也可以为负值。如果两个变量为同方向变化，则为正值，反之，如果两个变量为反方向变化，则为负值。但在实际运用时，为了方便起见，一般都取其绝对值。

需求的价格弹性分为需求的价格弧弹性和需求的价格点弹性，下面分别加以说明。

（二）需求的价格弧弹性

1. 定义

需求的价格弧弹性用来表示某商品需求曲线上两点之间的需求量的相对变动对于价格的相对变动的反应程度。简单地说，它表示需求曲线上两点之间的弹性。

2. 计算公式

假定需求函数为 $Q=f(P)$，ΔQ 和 ΔP 分别表示需求量和价格的变动量，这里需要指出的是，在通常情况下，由于商品的需求量和价格是呈反方向变动的，$\frac{\Delta Q}{\Delta P}$为负值，所以，需求的价格弧弹性系数应是负值，因此，为了使需求的价格弧弹性系数 E_d 取正值以便于比较，便在公式（2.13）中加了一个负号。因此，以 E_d 表示需求的价格弧弹性系数，则需求的价格弧弹性的计算公式为：

$$E_d=-\frac{\frac{\Delta Q}{Q}}{\frac{\Delta P}{P}}=-\frac{\Delta Q}{\Delta P}\cdot\frac{P}{Q}=-\frac{Q_2-Q_1}{P_2-P_1}\cdot\frac{P_1}{Q_1} \tag{2.13}$$

式（2.13）中 P_1、Q_1 分别为原来的价格与需求量，P_2、Q_2 分别为变动后的价格与需求量。

【例题 2－1】 假设需求函数是：

$$Q^{d}=24-4\cdot P$$

几何图形如图 2－11 所示。图 2－11 中需求曲线上 a、b 两点的价格分别为 5 和 4，相应的需求量分别为 4 利 8。当商品的价格由 5 下降为 4 时，或者当商品的价格由 4 上升为 5 时，应该如何计算相应的弹性值呢？

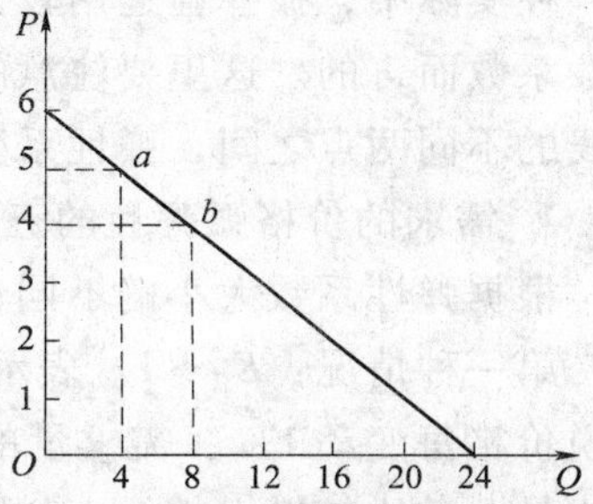

图 2－11　需求的价格弧弹性

【解析】 根据公式 2.13，相应的需求的价格弹性分别计算如下：

由 a 点到 b 点（即降价）时：

$$E_d=-\frac{\Delta Q}{\Delta P}\cdot\frac{P}{Q}=-\frac{Q_b-Q_a}{P_b-P_a}\cdot\frac{P_a}{Q_a}=-\frac{8-4}{4-5}\times\frac{5}{4}=5$$

由 b 点到 a 点（即涨价）时：

$$E_d=-\frac{\Delta Q}{\Delta P}\cdot\frac{P}{Q}=-\frac{Q_a-Q_b}{P_a-P_b}\cdot\frac{P_b}{Q_b}=-\frac{4-8}{5-4}\times\frac{4}{8}=2$$

显然，由 a 点到 b 点和由 b 点到 a 点的弹性数值是不相同的。其原因在于：尽管在上面两个计算中，$\Delta Q/\Delta P$ 的绝对值都相等，但由于 P 和 Q 所取的基数值不相同，因此，两种计算结果便不相同。这样一来，在需求曲线的同一条弧上，涨价和降价产生的需求的价格弹性系数便不相等。

3. 弧弹性中点公式

由例题 2－1 看出，在需求曲线的同一条弧上，涨价和降价产生的需求弹性系数是不相同的。如果仅仅是一般地计算需求曲线上某一段的需求的价格弧弹性，而不是具体地强调这种需求的价格弧弹性是作为涨价还是降价的结果，则为了避免不同的计算结果，一般通常取两点价格的平均值 $\frac{P_1+P_2}{2}$ 和两点需求量的平均值 $\frac{Q_1+Q_2}{2}$ 来分别代替上式中的 P 和 Q 值。因此，需求的价格弧弹性计算公式可以写为：

$$E_d=-\frac{\Delta Q}{\Delta P}\cdot\frac{\frac{P_1+P_2}{2}}{\frac{Q_1+Q_2}{2}} \tag{2.14}$$

公式（2.14）也被称为需求的价格弧弹性的中点公式。

根据中点公式（2.14），例题 2－1 中的 a、b 两点间的需求的价格弧弹性为：

$$E_d=-\left(-\frac{4}{1}\right)\times\frac{\frac{5+4}{2}}{\frac{4+8}{2}}=3$$

在实际中，弧弹性运用较为广泛。一般所说的弹性系数，主要是就弧弹性的弹性系数而言的。这里要注意的是，需求曲线的斜率并不等于弹性系数，在需求曲线的不同两点之间，弹性系数的大小并不一样。

4. 需求的价格弧弹性的五种分类

根据弹性系数大小的不同，可以把需求的价格弧弹性分成五种情况。

第一种情况：$E_d>1$。表示需求量变动的百分比大于价格变动的百分比，或者说价格每变动 1%，需求量的变动大于 1%，称为需求富有弹性。这时的需求曲线是一条比较平坦的线，如图 2－12（a）所示。

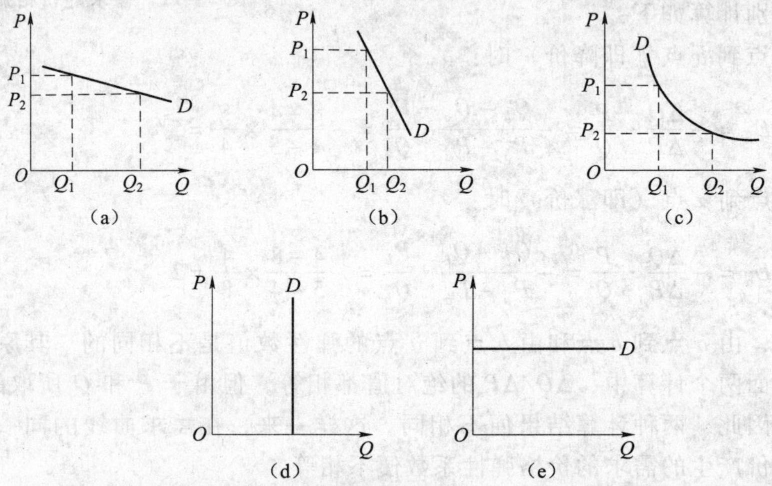

图 2－12　需求的价格弹性的五种类型

（a）富有弹性；（b）缺乏弹性；（c）单位弹性；（d）完全无弹性；（e）完全弹性

第二种情况：$E_d<1$。表示需求量变动的百分比小于价格变动的百分比，称为需求缺乏弹性。这时的需求曲线是一条比较陡峭的线，如图 2－12（b）所示。

第三种情况：$E_d=1$。在这种情况下，需求量变动的百分比与价格变动的百分比相等，称为单位需求弹性。这时的需求曲线是一条正双曲线，如图 2－12（c）所示。

第四种情况：$E_d=0$。在这种情况下，无论价格如何变动，需求量都不会变动，称为需求完全无弹性，如图 2－12（d）所示。

第五种情况：$E_d\to\infty$。在这种情况下，当价格为既定时，需求量是无限的，称需求有无限弹性或完全弹性，如图 2－12（e）所示。

（三）需求的价格点弹性

1. 需求的价格点弹性的含义及计算公式

当需求曲线上两点之间的变化量趋于零时，需求弹性要用点弹性来表示。这就是说，需求点弹性表示的是需求曲线上某一点的弹性。它衡量在需求曲线某一点上的需求量的无穷小的变动率对于价格的无穷小的变动率的反应程度。假定需

求函数为 $Q^d = f(P)$，以 ΔQ 和 ΔP 分别表示需求量和价格的无穷小的变动量，以 E_d 表示需求弹性系数，则需求点弹性的公式为：

$$E_d = \lim_{\Delta P \to 0} \frac{\Delta Q}{\Delta P} \cdot \frac{P}{Q} = \frac{dQ}{dP} \cdot \frac{P}{Q} \tag{2.15}$$

除了用公式（2.15）计算需求点弹性以外，还可以用几何图形的方法计算点弹性。

2. 需求的价格点弹性的几何求法

假设线性需求曲线分别与横坐标和纵坐标相交于 A、B 两点，C 为需求曲线上的任意一点（如图 2－13 所示）。导数在几何意义上就是斜率，而线性需求曲线的斜率是固定的，所以，C 点的需求弹性可以用几何线段计算：

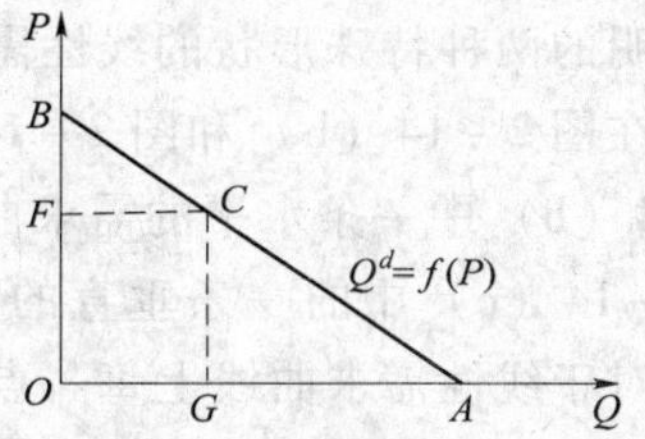

图 2－13　线性需求曲线的点弹性

$$E_d = \frac{dQ}{dP} \cdot \frac{P}{Q} = \frac{AG}{CG} \cdot \frac{CG}{GO} = \frac{AG}{GO} = \frac{AC}{CB} = \frac{OF}{FB} \tag{2.16}$$

由此可得出这样一个结论：线性需求曲线上的任何一点的弹性，都可以通过由该点出发向价格轴或数量轴引垂线的方法求得。

显然，线性需求曲线上的点弹性有一个明显的特征：在线性需求曲线上的点的位置越高，相应的点弹性系数值就越大；相反，位置越低，相应的点弹性系数值就越小。这一特征在图 2－14（a）中得到了充分的体现。在图 2－14（a）中，随着需求曲线上的点的位置由最低点 A 上升到最高点 F 的过程，相应的点弹性由零逐步增加到无穷大。所以，A 点处的弹性为 0，沿着需求曲线向上移动，需求弹性会逐渐增加，到达 F 点处的需求弹性为无穷大。在 AF 的中点 C 处，需求弹

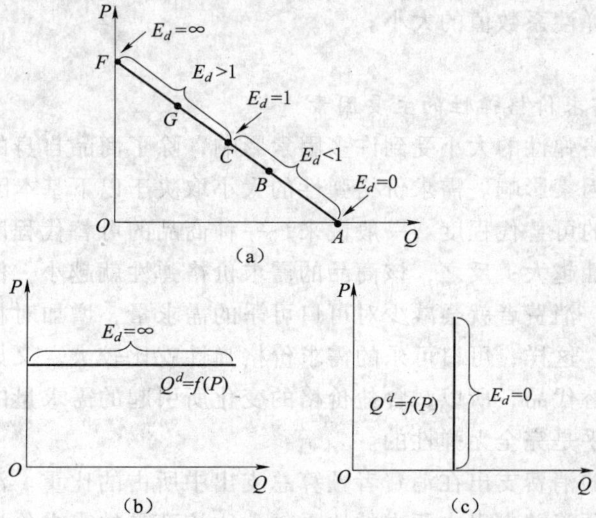

图 2－14　线性需求曲线点弹性的五种类型

性为单位弹性。可见，只要需求曲线不是水平或竖直的，线性需求曲线上每一点的弹性都不相等。

具体地分析，在图 2-14（a）中线性需求曲线的中点 C，有 $E_d=1$，因为 $CA=FC$。在中点 C 以下部分的任意一点 B，有 $E_d<1$，因为 $BA<FB$。在中点 C 以上部分的任意一点 G，有 $E_d>1$，因为 $GA<FG$。在线性需求曲线的两个端点，及需求曲线与数量轴和价格轴的交点 A 和 F 点，分别有 $E_d=0$ 和 $E_d=\infty$。可见，向右下方倾斜的线性需求曲线上的每一点的弹性都不相等。这一结论对于除了将要说明的两种特殊形状的线性需求曲线以外的所有线性需求曲线都适用。

在图 2-14（b）和图 2-14（c）中各有一条特殊形状的线性需求曲线。图 2-14（b）中一条水平的需求曲线上的每一点的点弹性均为无穷大，即 $E_d=\infty$。图 2-14（c）中的一条垂直的需求曲线上每一点的弹性均为零，即 $E_d=0$。可见，对于线性需求曲线上每一点的弹性都不相等的结论来说，水平的和垂直的需求曲线是两种例外。

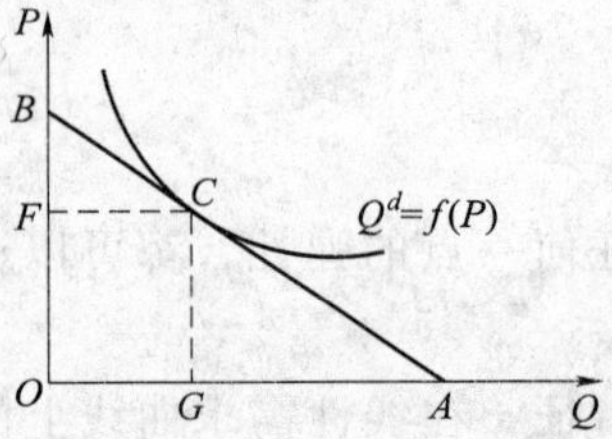

图 2-15　非线性需求曲线的点弹性

再考虑非线性需求曲线的点弹性。用图 2-15 来说明。

关于非线性需求曲线上的任何一点的弹性的几何意义，可以先过该点作需求曲线的切线，然后用与推导线性需求曲线的点弹性的几何意义相类似的方法来推导。具体地，为了计算图 2-15 中非线性需求曲线上 C 点的弹性值，先过 C 作切线，切线与横轴交于 A 点，与纵轴交于 B 点，再从 C 点出发向横轴引垂线与横轴交于 G 点，向纵轴引水平线与纵轴交于 F 点，则该曲线在 C 点的弹性系数仍然可用公式（2.16）计算。

显然，就非线性需求曲线而言，曲线的不同形状和曲线上的点的位置不同，都会影响需求点弹性系数值的大小。

（四）影响需求价格弹性的主要因素

商品需求价格弹性的大小受到许多因素影响，除了商品自身的特点以外，还受到外部的环境因素影响。需求价格弹性的大小取决于以下基本因素：

第一，商品的可替代程度。一般说来，一种商品的可替代程度越高，则该商品的需求价格弹性越大；反之，该商品的需求价格弹性就越小。例如，当可口可乐的价格上升时，消费者就会减少对可口可乐的需求量，增加对相近的替代品如百事可乐的购买。这样，可口可乐的需求价格弹性就比较大。又如，对于食盐来说，没有很好的替代品，所以，食盐价格的变化所引起的需求量的变化几乎等于零，它的需求几乎是完全无弹性的。

第二，商品的消费支出在消费者预算总支出中所占的比重。消费者在某商品上的消费支出在预算总支出中所占的比重越大，该商品的需求价格弹性可能就越大；反之，可能就越小。例如，火柴、盐、铅笔、肥皂等商品的需求价格弹性就是比较小的，因为消费者每月在这些商品上的支出是很小的，消费者往往不太重视这类商品价格的变化。

第三，商品对消费者生活的重要程度。一般说来，生活必需品的需求价格弹性较小，非必需品的需求价格弹性较大。例如，衣服的需求价格弹性是较小的，电影票的需求价格弹性是较大的。

第四，商品用途的广泛性。一般说来，一种商品的用途越是广泛，它的需求价格弹性就可能越大；相反，用途越是狭窄，它的需求价格弹性就可能越小。这是因为，如果一种商品具有多种用途，当它的价格较高时，消费者只购买较少的数量用在最重要的用途上；当它的价格逐步下降时，消费者的购买量就会逐渐增加，将商品越来越多地用在其他的各种用途上。

第五，所考察的消费者调节需求量的时间。一般说来，所考察的调节时间越长，则需求价格弹性可能就越大。因为当消费者决定减少或停止对价格上升的某种商品的购买之前，他一般需要花费时间去寻找和了解该商品的替代品。例如，当石油价格上升时，消费者在短期内不会较大幅度地减少需求量。但设想在较长时期内，消费者可能找到替代品，于是，石油价格上升会导致石油的需求量较大幅度地下降。

此外，人们的消费习惯、商品的使用范围、商品的质量、售后服务以及系列化和耐用程度等因素，也会影响需求弹性的大小。

三、供给弹性（Elasticity of Supply）

在微观经济学中，供给弹性包括供给的价格弹性、供给的交叉弹性和供给价格预期弹性等类型。其中，供给的价格弹性是最基本的，通常被简称为供给弹性。限于篇幅，这里仅对供给的价格弹性作一介绍。

（一）供给的价格弹性的概念和公式

供给的价格弹性表示在一定时期内，一种商品的供给量的相对变动对于该商品本身的价格相对变动的反应程度，它是商品的供给量变动率与价格变动率之比。即：

$$\text{供给的价格弹性}=\frac{\text{供给量的变动率}}{\text{价格的变动率}} \qquad (2.17)$$

与需求弹性一样，供给弹性也分为供给弧弹性和供给点弹性。

1. 供给的弧弹性

供给弧弹性表示某商品供给曲线上两点之间的弹性。供给点弹性表示某商品供给曲线上某一点的弹性。假定供给函数为 $Q=f(P)$，以 E_s 表示供给弹性系数，则供给弧弹性的公式为：

$$E_s=\frac{\frac{\Delta Q}{Q}}{\frac{\Delta P}{P}}=\frac{\Delta Q}{\Delta P}\cdot\frac{P}{Q}=\frac{Q_2-Q_1}{P_2-P_1}\cdot\frac{P_1}{Q_1} \tag{2.18}$$

供给弧弹性的中点公式为：

$$E_s=\frac{\frac{\Delta Q}{Q}}{\frac{\Delta P}{P}}=\frac{\Delta Q}{\Delta P}\cdot\frac{\frac{P_1+P_2}{2}}{\frac{Q_1+Q_2}{2}} \tag{2.19}$$

供给点弹性的公式为：

$$E_s=\frac{\frac{dQ}{Q}}{\frac{dP}{P}}=\frac{dQ}{dP}\cdot\frac{P}{Q} \tag{2.20}$$

在正常情况下，供给曲线向右上方倾斜，因此，商品的供给量和商品的价格是呈同方向变动的，所以，供给量的变化量和价格的变化量的符号是相同的，因而，供给弹性系数一般为正值。

例如某种商品价格变动为 10%，相应地供给量变动为 20% 的话，则这种商品的供给弹性系数为 2。

（二）供给价格弹性的分类

各种商品的供给弹性大小并不相同，一般可以把供给弹性分为以下几类。

第一，供给富有弹性。此时，$E_s>1$。在这种情况下，供给量变动的幅度大于价格的变动幅度。一般认为，轻工业产品、劳动密集型产品属于这种情况。

第二，供给缺乏弹性。此时，$E_s<1$。在这种情况下，供给量的相对变动小于价格的相对变动。一般认为，重工业品、农产品、资本密集型产品属于这种情况。

第三，单位供给弹性。此时，$E_s=1$。在这种情况下，供给量的相对变动等于价格的相对变动。这种情况在现实生活中是比较罕见的。

第四，供给完全无弹性。此时，$E_s=0$。在这种情况下，无论价格如何变动，供给量都不变。例如，土地、服装、古玩、名画、珍贵邮票等属于这种情况。

第五，供给有无限弹性。此时，$E_s=\infty$。在这种情况下，价格恒定，而供给量无限。例如，著名发展经济学家刘易斯在其“二元经济结构”理论中认为，发展中国家农村人口大量过剩，因而，只要城市工业部门工资水平既定并高于农村收入，过剩的农村劳动力就会源源不断地流入城市工业部门。这里讲的农村过剩劳动力，其供给就是无限弹性。

现实经济生活中，供给单一弹性、供给完全无弹性和供给完全富于弹性比较少见，大多数商品的供给不是富于弹性就是缺乏弹性。一些不可再生性资源如土地的供给，以及那些无法复制的珍品的供给价格弹性等于零，而在劳动力严重过剩地区劳动力供给曲线具有完全弹性（无穷大弹性）的特点。

（三）供给的价格弹性的几何方法计算

供给的价格点弹性可以用公式直接计算得出，也可以用几何方法来求出。假定供给函数是非线性的，如图 2－16 所示，供给曲线上任一点 A 的点弹性可表示为线段 CB 与线段 OB 之比值，F 为 A 点的切线。即 A 点的点弹性

$$E_s = \frac{\mathrm{d}Q}{\mathrm{d}P} \times \frac{P}{Q} = \frac{CB}{AB} \times \frac{AB}{OB} = \frac{CB}{OB} \tag{2.21}$$

从图 2－16 中可以看出，如果 A 点的切线 F 在原点的右端与横坐标相交于 C 点，则线段 CB 小于线段 OB，即说明 A 点的点弹性小于 1；如果 A'点的切线 F' 在原点的左端与横坐标相交（如图的 A' 点），则线段 $C'B'$大于线段 OB'，即说明 A'点的点弹性大于 1。所以，我们可以得出一般结论：

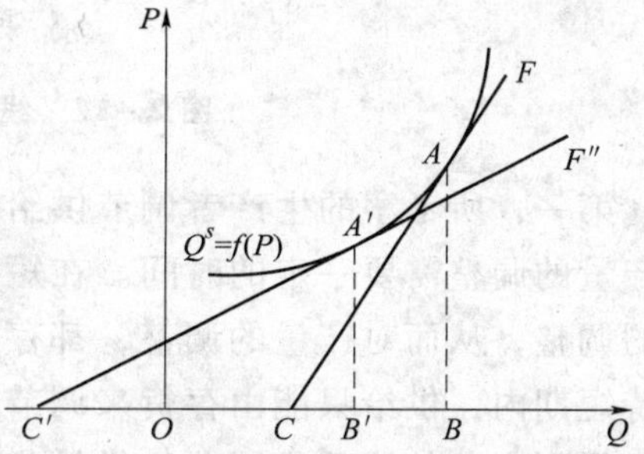

图 2－16　非线性供给曲线点弹性

（1）若供给曲线上任一点的切线在原点的右端交于横坐标，则在该点有 $E_s < 1$；

（2）若供给曲线上任一点的切线在原点的左端交于横坐标，则在该点有 $E_s > 1$；

（3）若供给曲线上任一点的切线过原点，则在该点有 $E_s = 1$。

（四）供给的价格弹性的分类

在供给函数为非线性的情况下，曲线上各点的弹性是不同的。如果供给函数是线性的（只要供给曲线不是向右下倾斜），则供给线上各点的弹性是相同的，其几何意义非常直观。即如果线性供给曲线在原点的左端交于横坐标，那么整条曲线上供给价格弹性都大于 1，即富有弹性，如图 2－17（a）所示；只要线性的供给曲线在原点的右端交于横坐标，那么整条供给曲线上供给价格弹性都小于 1，即缺乏弹性，如图 2－17（b）所示；若线性的供给曲线过原点，则整条供给曲线上供给价格弹性都等于 1，即单位弹性，如图 2－17（c）所示。

除此之外，图 2－17（d）有一条垂直的供给曲线，曲线上所有的点弹性均为零，即 $E_s = 0$。图 2－17（e）有一条水平的供给曲线，曲线上所有的点弹性均为无穷大，即 $E_s = \infty$。这两种特殊的情况和前面分析的三种情况一起，构成了线性供给曲线点弹性的五种类型。

（五）影响供给价格弹性的主要因素

就供给方面而言，影响供给弹性大小的因素主要有：

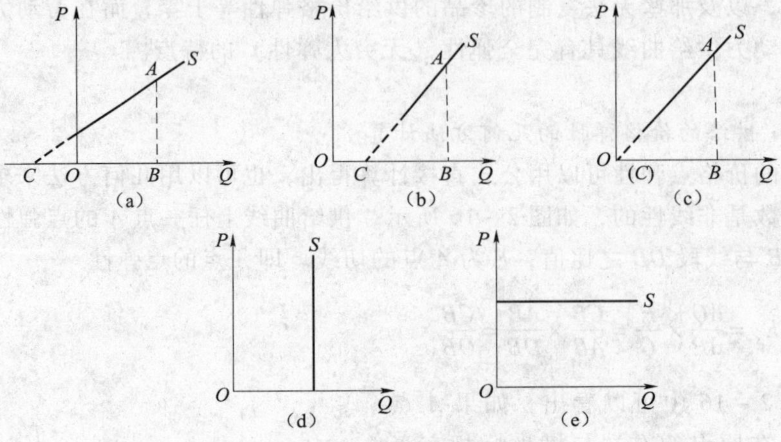

图 2－17　线性供给曲线的点弹性

第一，所考察的生产者调节供给量的时间。当商品的价格发生变化时，厂商对产量的调整需要一定的时间。在短期内，对生产设备、土地、劳动力等生产要素的调整，从而对产量的调整，都存在程度不同的困难，供给弹性也就小。尤其在特短期内，供给只能由存货来调节，供给弹性几乎是零。在长期中，生产能力可以得到充分的调整，因此，供给弹性也就大。这是影响供给弹性大小的最重要的因素。

第二，生产成本。产品的供给不仅要受价格的调节，还取决于其成本状况。当增加生产单位产品的收益大于增加生产单位产品的成本，即扩大产量有利可图时，厂商才会增加生产。因此，产品的成本及其变化是决定是否增加供给的一个必要条件。

第三，产品的生产周期。在一定时期内，对于生产周期较短的产品，厂商可以根据市场价格的变化较及时地调整产量，供给弹性相应就比较大。相反，生产周期较长的产品的供给弹性就往往较小。

第四，生产要素的供给弹性。供给取决于生产要素的供给。因此，生产要素的供给弹性大，产品的供给弹性也大。反之，生产要素的供给弹性小，产品供给弹性也小。

第五，生产所采用的技术类型。有些产品采用资本密集型技术，这些产品的生产规模一旦固定，变动就较难，从而其供给弹性也小；有些产品采用劳动密集型技术，这些产品的生产规模变动较容易，从而其供给弹性也大。

第六，产品生产的难易程度。在一般情况下，供给弹性的大小与产品生产的难易程度成反比。在一定时期内，工序多、工艺复杂、生产难度大的产品，其供给量变动速度慢，供给弹性小；而容易生产的产品，供给变化迅速，供给弹性大。

此外，商品本身的性质、资源供给的难度、替代品的比较利益、自然力对生产的作用等等，也会影响供给弹性的大小。

四、其他弹性

（一）需求的收入弹性

1. 需求的收入弹性含义与公式

需求的收入弹性是建立在消费者的收入和商品的需求量之间关系上的一个弹性概念，简称为收入弹性。需求的收入弹性被用来表示消费者对某种商品的需求量的相对变动对消费者收入量的相对变动的反应程度。它是商品的需求量的变动率和消费者收入的变动率的比值。

假定某商品的需求量 Q 是消费者收入水平 M 的函数，用 E_m 表示当收入水平 M 发生变化时商品需求的收入弹性系数，则该商品需求的收入弹性公式为：

$$E_m=\frac{\frac{\Delta Q}{Q}}{\frac{\Delta M}{M}}=\frac{\Delta Q}{\Delta M}\cdot\frac{M}{Q} \tag{2.22}$$

2. 需求的收入弹性分类

（1）收入富有弹性，此时，$E_m>1$。在这种情况下，收入变动 1% 将导致需求量的变动大于 1%。这时在收入—需求坐标图中的是一条向右上方倾斜而比较平坦的线，如图 2－18 中的 A 线。一般认为奢侈品的需求属于这种情况。

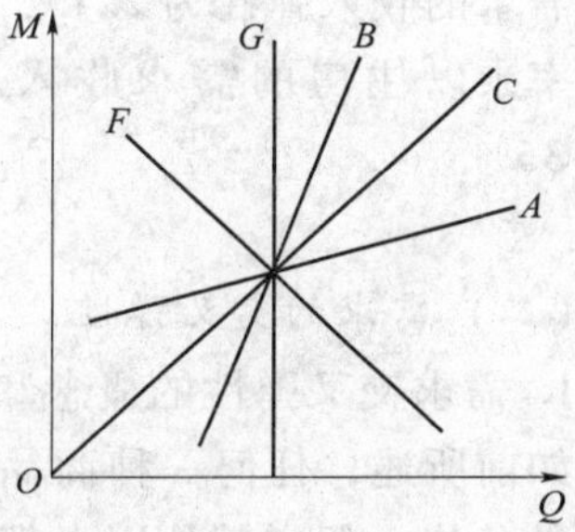

图 2－18　需求的收入弹性的类型

（2）收入缺乏弹性，此时 $E_m<1$。在这种情况下，收入变动 1% 将导致需求量的变动小于 1%。这时在收入—需求图中的是一条向右上方倾斜而比较陡峭的线，如图 2－18 中的 B 线。这类商品多为必需品。

（3）收入单位弹性，此时，$E_m=1$。在这种情况下，需求量的相对变动将等于收入的相对变动。这时在收入—需求图中的是一条向右上方倾斜而与横轴成 45°过原点的直线，如图 2－18 中的 C 线。

（4）收入完全无弹性，此时，$E_m=0$。在这种情况下，无论收入如何变化，需求量都不会变。这时在收入—需求图中的是一条垂直于横轴的直线，如图 2－18 中的 G 线。人们对这类商品的需求量是相当稳定的。

（5）收入负弹性，此时，$E_m<0$。在这种情况下，需求量的变动与收入的变动呈反方向变化。这时在收入—需求图中的是一条向右下方倾斜的线，如图 2－18 中的 F 线。一般来说，低档、劣质商品属于这种情况。

由上述分类我们知道，根据商品需求的收入弹性系数值，可以给商品分类。根据商品需求的收入弹性的系数值，可以将所有的商品分为两类：$E_m>0$ 的商品为正常品，正常品的需求量随着收入水平的增加而增加；$E_m<0$ 的商品为劣等品（或劣质品、低档商而），劣等品的需求量随着收入的增加而减少。在正常品中，$E_m<1$ 的商品为必需品，$E_m>1$ 的商品为奢侈品。当消费者的收入水平上升时，尽管消费者对必需品和奢侈品的需求量都会有所增加，但对必需品的需求量的增加是有限的，或者说是缺乏弹性的，而对奢侈品的需求量的增加是较多的或者说是富有弹性的。

3. 需求的收入弹性与恩格尔定理

经济学家根据长期统计资料分析得出一个结论，生活必需品的收入弹性小，而奢侈品和耐用品的收入弹性大。恩格尔定理是说，在一个家庭或一个国家中，食物支出在收入中所占的比例随着收入的增加而减少。用弹性概念来表述恩格尔定理，是对于一个家庭或一个国家来说，富裕程度越高，则食物支出的收入弹性就越小；反之，则越大。将用于食物的支出与全部支出之比定义为恩格尔系数，其值在（0，1）区间内。用恩格尔系数可以反映一国或一个家庭的富裕程度与生活水平。一般来说，恩格尔系数越大，富裕程度和生活水平越低；反之，则越高。一般把恩格尔系数在 0.5 以下作为生活达到富裕水平的标准。

在需求预测中，需求的收入弹性是很有用的。通过运用这种弹性，可以把对平均收入增长率的预测转变为对某种商品或劳务需求增长率的预测。例如，假设住房需求的收入弹性为 2.45，如果预测每年平均收入增长率为 3%，那么用这个增长率乘以住房的需求收入弹性 2.45，就可以得出每年住房需求的增长率为 7.35%。

（二）需求的交叉弹性

1. 需求交叉弹性的概念和公式

如前所述，任何一种商品的需求量都要取决于其相关商品（替代品和互补品）的价格。假定其他因素都不发生变化，仅仅研究一种商品的价格变化和它的相关商品的需求量变化之间的关系，则需要运用需求交叉弹性的概念。

需求的交叉弹性是表示在一定时期内一种商品的需求量的相对变动对于它的相关商品的价格的相对变动的反应程度。它是某商品的需求量的变动率和它的相关商品的价格的变动率的比值。

假设商品 x 的需求量 Q_x 是它的相关商品 y 的价格 P_y 的函数，即 $Q_x = f(P_y)$，我们用 E_{xy} 来表示当 y 商品的价格发生变化时的 x 商品的需求的交叉弹性系数，ΔQ_x 代表商品 x 的需求变动量，ΔP_y 代表商品 y 的价格变动量，则 x 商品对 y 商品的交叉弹性系数的计算公式为：

$$E_{xy} = \frac{\frac{\Delta Q_x}{Q_x}}{\frac{\Delta P_y}{P_y}} = \frac{\Delta Q_x}{\Delta P_y} \cdot \frac{P_y}{Q_x} \tag{2.23}$$

当 x 商品的需求量的变化量 ΔQ_x 和相关商品价格的变化量 ΔP_y 均为无穷小时，则 x 商品的需求交叉点弹性公式为：

$$E_{xy} = \lim_{\Delta P_y \to 0} \frac{\frac{\Delta Q_x}{Q_x}}{\frac{\Delta P_y}{P_y}} = \frac{dQ_x}{dP_y} \cdot \frac{P_y}{Q_x} \tag{2.24}$$

2. 需求交叉弹性的分类

根据相关商品之间的不同关系——替代或互补，可将需求的交叉弹性分为两类。

（1）正值弹性，此时，$E_{xy} > 0$。如果两种商品互为替代品，那么，一种商品价格的变动会引起另一种商品需求量的同方向变动，其交叉弹性系数为正值，弹性系数的值越大，替代性越强。如图 2－19 中的 A 线。

（2）负值弹性，此时，$E_{xy} < 0$。如果两种商品为互补品，那么，一种商品的价格变动会引起另一种商品需求量的反方向变动，其交叉弹性系数为负值，弹性系数的绝对值越大，互补性越强。如图 2－19 中的 B 线。

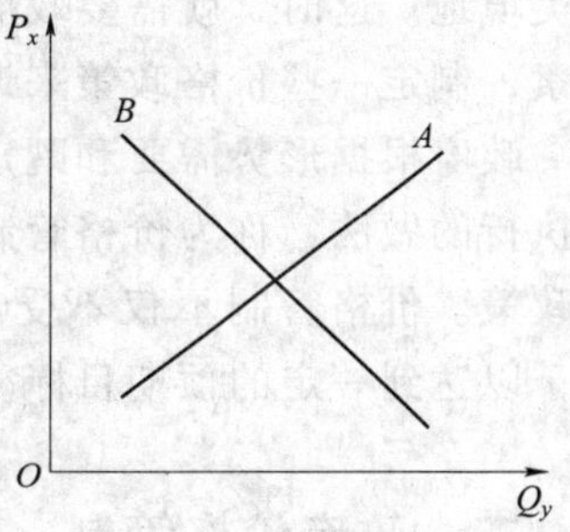

图 2－19　需求的交叉弹性的类型

需求的交叉弹性是一个十分有用的概念。需求交叉弹性系数的符号取决于所考察的两种商品的相关关系。因此，可以根据需求的交叉弹性来判断两种商品之间的关系。如果交叉弹性为正值，则这两种商品为替代关系；如果交叉弹性为负值，则这两种商品为互补关系；如果交叉弹性为零，则这两种商品之间没有关系。需求交叉弹性系数的绝对值越大，则这两种商品之间替代或互补关系也就越强。另外，在反垄断中，需求的交叉弹性的概念也得到运用。在反托拉斯法中，是禁止对某种商品的生产和销售进行垄断的。如果一种商品的交叉弹性很低，即很难找到与它相近的替代品，对该商品进行垄断生产和销售的厂商就要受到法律指控和制裁。

第五节　均衡价格理论、弹性理论的运用

供求均衡理论、弹性理论描述了商品的供求数量与价格之间的关系。在实际经济生活中，可以运用这些分析来解释许多经济现象，从而有助于经济问题的解决，或者有利于政府据此采取相应的干预政策。

一、政府价格管制的含义

以上我们分析了在理想的竞争性市场经济条件下，需求、供给两种力量的对

比决定了市场的均衡价格，而均衡价格又影响着供求的变化。在这里，价格有着信息传送、行为指导的功能：生产者根据商品价格的涨跌来判断市场的供求变化，从而调整自己的产量；消费者也根据价格的涨跌来合理安排自己的商品消费组合，从而使自己的利益最优。因此，价格机制就像是一只“看不见的手”，指挥着人们的经济活动。

然而，完美的竞争性市场经济只是一种理论上的假设，在现实的经济生活中并不存在。在现实中由于受种种条件的限制，价格调节并不总是能达到理论上的完美境地。这时，就需要政府根据本国的具体经济情况、所处时期和它的目标等因素，制定一些价格政策来调整供求关系，以弥补价格调节的不足。

政府根据形势需要和既定政策，运用行政权力直接规定某些产品的价格并强制执行的做法，称为价格管制（Controlled Price）。它是一种最常用、最重要的价格政策。价格管制不仅不受市场的影响，反而可以影响市场，从而调整供求关系，以达到一定的预期目标。

二、政府价格管制：最低限价

最低限价也称为支持价格（Support Price），它是政府为了扶持某一行业的生产而规定的该行业产品的最低价格。支持价格一定高于均衡价格。由于高于均衡价格，供给量将大于需求量，该商品市场将出现过剩。在图 2－20 中，在支持价格 P^* 下，商品过剩量为（Q_2-Q_1）。为了维持支持价格，政府必须采取相应措施。这类措施有：一是政府收购过剩商品：或用于储备，或用于出口。在出口受阻的情况下，就必将增加政府财政开支。二是政府对商品的生产实行产量限制，但在实施时管制需有较长的指令性且政府会付出一定的代价。

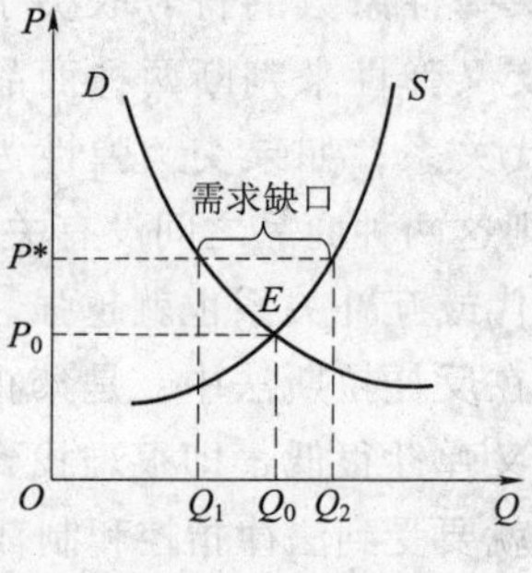

图 2－20　最低限价

政府实行最低限价的目的通常是为了扶植某些行业的发展。农产品的支持价格就是西方国家所普遍采取的政策，出现“谷贱伤农”时，政府就会实行这一政策，通常以保护价收购市场上过剩的农产品。

三、政府价格管制：最高限价

最高限价也称为限制价格（Ceiling Price），是政府为了限制某些物品的价格而对它们规定低于市场均衡价格的最高价格。其目的是为了抑制某些生活必需品价格上涨，稳定经济生活。但由于限制价格低于均衡价格，需求量将大于供给量，该商品市场将出现短缺。在图 2－21 中。在限制价格 P^* 下，商品短缺量为（Q_2-Q_1）。在这种情况下，市场可能出现抢购现象或黑市交易。为解决商品短缺现象，政府可采取的措施是控制需求量，一般采取配给制，发放购物券。但配给制只能适应于短时期内的特殊情况，否则，一方面可能使购物券货币化，还会出现黑市交易；另一方面会挫伤厂商的生产积极性，使短缺变得更加严重。

政府实行最高限价的目的往往是为了抑制某些产品的价格上涨，特别是为了对付通货膨胀。当然为了限制某些行业，如一些垄断性很强的公用事业部门产品的价格，政府也采取最高限价的做法。但是政府实行最高限价往往导致市场上消费者排队抢购和黑市交易盛行。在这种情况下，政府往往又不得不采取配给的方法来分配产品。此外，生产者也可能粗制滥造，降低产品质量，形成变相涨价。

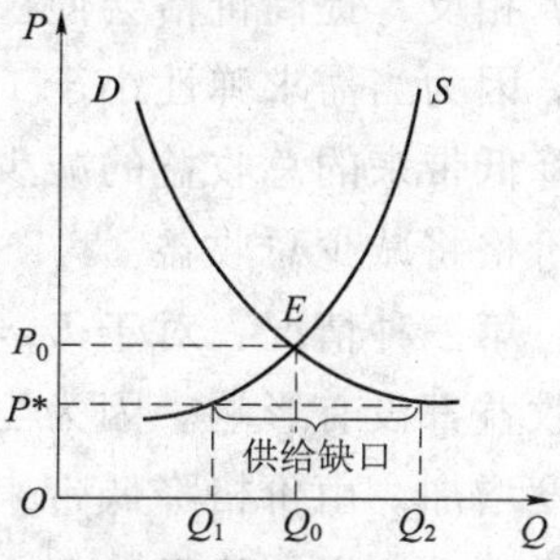

图 2－21　最高限价

四、需求的价格弹性与总收益的关系

需求的价格弹性概念用途广泛，在企业的经营管理中，经常就要利用它确定企业的定价策略。它有助于说明价格变动对于厂商总收益的影响。一般地说，价格上升一方面会使厂商在单位商品的收益上增加，另一方面，根据需求定理，又会引起需求量的减少；反之亦然。那么，价格的变动对厂商的总收益究竟会产生什么影响呢？在此，首先要了解总收益的概念，并进行分析。

总收益（*TR*）（亦称总收入）是指销售某种商品的总的收入，它等于价格与销售量之积。在此假定，厂商的商品销售量等于市场上对其商品的需求量。这样，厂商的总收益就又可以表示为商品的价格乘以商品的需求量，即：

$$TR = P \cdot Q \tag{2.25}$$

（2.25）式中，P 表示商品的价格，Q 表示商品的销售量即需求量。

因为商品需求的价格弹性表示商品需求量的变化率对于商品价格的变化率的反应程度。这意味着，该商品的需求价格弹性的大小将影响提供这种商品的厂商的总收益 $P \cdot Q$ 的变动。

如果用 *TR* 表示总收益，总收益与需求弹性之间的关系证明如下：

$$\frac{\mathrm{d}TR}{\mathrm{d}P} = \frac{\mathrm{d}P \cdot Q}{\mathrm{d}P} = Q + P \cdot \frac{\mathrm{d}Q}{\mathrm{d}P} = Q\left(1 + \frac{P}{Q} \cdot \frac{\mathrm{d}Q}{\mathrm{d}P}\right) = Q(1 - E_d) \tag{2.26}$$

根据式（2.26），当 $E_d > 1$ 时，*TR* 与 *P* 反方向变动，降价就能增收；当 $E_d < 1$ 时，*TR* 与 *P* 同方向变动，提价才能增收；当 $E_d = 1$ 时，总收益达到最大值，细微地调整价格，总收益不变。因此，商品的需求的价格弹性和提供该商品的厂商的总收益之间的关系可归纳为以下三种情况：

第一种情况：对于 $E_d > 1$ 的富有弹性的商品，降低价格会增加厂商的总收益；相反，提高价格会减少厂商的总收益，即商品的价格与总收益呈反方向变动。因为当需求弹性大于 1 时，降低价格后，需求量将以更大的幅度增加。由价格降低带来的总收益的减少小于由销售量增加所带来的总收益的增加，所以，降低价格能增加总收益。

第二种情况：对于 $E_d < 1$ 的缺乏弹性的商品，降低价格会使厂商的总收益减

少；相反，提高价格会使厂商的总收益增加，即商品的价格与总收益呈同方向变动。因为当需求弹性小于1时，降低价格后，需求量将以更小的幅度增加。由价格降低带来的总收益的减少大于由销售量增加所带来的总收益的增加，所以，降低价格将减少总收益。

第三种情况：对于 $E_d=1$ 的单位弹性的商品，降低价格或提高价格对厂商的总收益都没有影响。因为当需求弹性等于1时，降低价格后，需求量将以相同的幅度增加。由价格降低带来的总收益的减少被销售量增加所带来的总收益的增加所抵消，所以，改变价格不影响总收益。

将 $E_d=\infty$ 和 $E_d=0$ 这两种特殊情况考虑在内，商品的需求弹性和厂商的总收益之间的关系可以用表2-4来说明。

表2-4　　需求的价格弹性和总收益

弹性 / 总收益 / 价格	$E_d>1$	$E_d<1$	$E_d=1$	$E_d=0$	$E_d=\infty$
降价	增加	减少	不变	同比例于价格的下降而减少	即定价格下，收益可以无限增加，因此，厂商不会降价
涨价	减少	增加	不变	同比例于价格的上升而增加	收益会减少为零

因为厂商的总收益就等于消费者的购买支出，所以，表2-4关于需求价格弹性和厂商的总收益之间关系的分析和结论，对于需求的价格弹性和消费者的购买支出之间的关系同样是适用的。

与表2-4的几种情况相对应，在微观经济学中，也可以根据商品的价格变化所引起的总收益的变化，来判断商品的需求弹性的情况。例如，某商品价格变化引起总收益反方向的变化，则该商品是富有弹性的；反之，则该商品是缺乏弹性的；如果总收益不随商品的价格变化而变化，则该商品是单位弹性的。

重要问题

需求弹性与总收益的关系有什么现实意义？

需求弹性与总收益之间的关系对我们理解许多现象和作出经济决策具有指导意义。例如，在商业竞争中，降价是一种重要的竞争手段。但是，从需求弹性与总收益的关系中可以看出，降价竞争只适用于需求弹性大的商品，对于需求弹性小的商品，降价竞争是无利的。可见，经济学是一门实用的科学，与我们日常生活密切相关。

五、税收对均衡价格的影响及税负的分担

对于许多公共政策的制定来说，理解供求规律是很重要的。例如，当政府实施一项税收政策时，运用供求规律可以帮助我们理解，其市场结构将会怎样，即价格与数量会怎么变化。

假设政府对某一产品从量征税。征税时，新的市场均衡的形成过程如图 2 - 22（a）所示。假设政府对某生产商的单位产品征税 t 元，而生产商试图把增加的税收 t 元打入成本——比如说，把单位产品的价格提高 t 元，并转嫁给消费者。因此，对生产商征税某一产品可能导致该产品供给曲线 S 沿着 D 曲线从 E 向 E' 方向移动，生产商试图把价格从 P_e 提高到 P_e+t，但是 P_e+t 能不能被消费者接受呢？税负 t 能不能全部转嫁给消费者呢？这取决于该产品的价格弹性。因为该商品价格提高以后消费者对该厂商产品的需求数量会从 Q_0 减少到 Q_2，需求数量减少的幅度取决于需求价格弹性的大小，需求数量的减少，产生供求矛盾，造成需求缺口，于是生产商可能又会降低价格，比如从 P_e+t 下降到 P_d，供给数量从 Q_0 减少到 Q_1，而价格的下降又使需求数量从 Q_2 增加，直到 Q_1，此时，该商品刚好供求数量相等，实现了新的市场均衡。

如图 2 - 22（a）中，如果该商品的需求价格弹性相对较小，供给价格弹性相对较大，则税收负担主要归于买方。由于需求是相对缺乏弹性的，当政府征税时，将导致消费者支付的价格从 P_e 提高到 P_d，需求数量从 Q_0 减少 Q_1，消费者支付的价格有较大幅度的提高，而需求数量只有较小幅度的减少。因为需求量也有一些减少，所以，消费者支付的价格并没有提高 t 元，在税后，生产者接受的价格也有一些降低。因此，该税收 t 的大部分由消费者所负担，而其中一小部分由生产者负担。例如：香烟对吸烟者来说需求弹性很小，所以，当政府对香烟厂商从量征税时，香烟税大部分由吸烟者所负担，并且香烟税的征收并不能大幅度地减少香烟的需求数量。

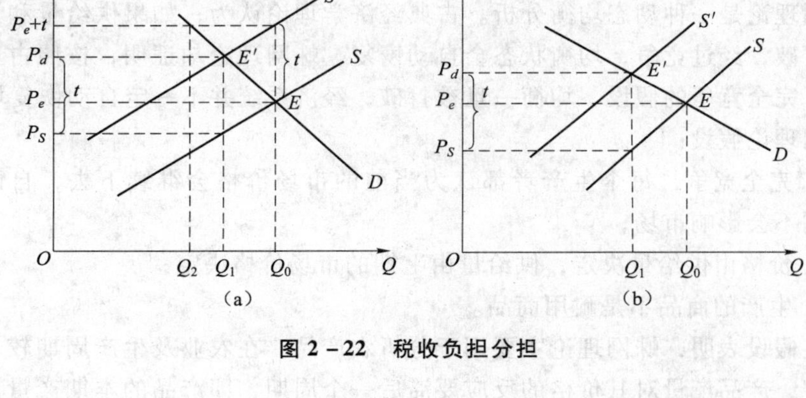

图 2 - 22　税收负担分担

如图 2－22（b）中，如果该商品的需求价格弹性相对较大，供给的价格弹性相对较小，则税收负担主要归于卖方。需求是相对于富有弹性的，当政府对该产品从量征税时，将导致消费者支付的价格从 P_e 提高到 P_d，需求量从 Q_0 减少到 Q_1，消费者支付的价格有较小幅度的提高，而需求数量有较大幅度的减少。因此，该税收 t 的一小部分由消费者所负担，而其中大部分有生产者所负担，并且会使生产产量急剧下降。

从以上论述可以看出，一种商品的税负 t 能否转嫁给消费者，该商品的需求价格弹性是重要影响因素。当政府向生产商征收一项税，结果使消费者支付较高的价格时，税收较大部分转移给了消费者。消费者承担了较大部分税赋，并不意味着生产者是处于强有力的垄断地位或是生产者勾结在一起共同行动；当向生产者征收一项税，结果使消费者支付的价格没有提高很多时，生产者承担了较大部分税赋，这种情况也并不意味着消费者处于“统治地位”，他们都只是反映了该商品供给和需求与弹性的作用。

第六节 蛛网理论

在本章第三节中，我们用静态分析的方法论述了均衡价格形成所需具备的条件，用比较静态分析的方法论述了需求和供给的变动对均衡价格变动的影响。本节的蛛网理论将引进时间变化的因素，通过对属于不同时期的需求量、供给量和价格之间的相互作用的连续考察，用动态分析的方法论述诸如农产品这类生产周期较长的商品的产量和价格在偏离均衡状态以后的实际波动过程及其结果。

蛛网理论（Cobweb Theorem）是指某些商品的价格与产量变动相互影响，引起规律性的循环变动的理论。1930 年，由美国的舒尔茨（T. W. Schultz）、荷兰的 J. 丁伯根（Jan Tinbergen）和意大利的里奇（G. Ricci-Curbastro）各自独立提出。由于价格和产量的连续变动用图形表示犹如蛛网，1934 年英国的卡尔多（Nicholas Kaldor）将这种理论命名为蛛网理论。

蛛网理论是一种动态均衡分析。古典经济学理论认为，如果供给量和价格的均衡被打破，经过竞争，均衡状态会自动恢复。蛛网理论却证明，按照古典经济学静态下完全竞争的假设，均衡一旦被打破，经济系统并不一定自动恢复均衡。

蛛网理论假设：

（1）完全竞争，每个生产者都认为当前的市场价格会继续下去，自己改变生产计划不会影响市场；

（2）价格由供给量决定，供给量由上期的市场价格决定；

（3）生产的商品不是耐用商品。

这些假设表明，蛛网理论主要用于分析农产品。在农业及生产周期较长的工业部门中，产品产量对其价格的反应要滞后一个周期，即产品的本期产量由前一期的价格决定，而产品本期的需求量决定于本期的价格。例如，大豆的生产周期为一年。当大豆价格上涨时，当年的生产已经完成，产量不能增加，而只能在第二年增加；当第二年的大豆价格下降时，当年的大豆生产已经完成，产量不能减少，而只能在第三年减少。

蛛网理论是弹性理论的一个运用，它把需求弹性和供给弹性结合起来分析价格波动对下一个周期产量的影响。为简单起见，我们假定生产周期为一年。蛛网理论的基本特征是：第二年的产量是对第一年价格的反应，第三年的产量是对第二年价格的反应，以此类推。产量对价格的反应总是落后一年。

根据供给弹性与需求弹性的关系，蛛网理论可分为收敛型、发散型和封闭型三种模型。

一、收敛型蛛网模型

在这种模型中，供给曲线斜率的绝对值大于需求曲线斜率的绝对值。当市场由于受到干扰偏离原有的均衡状态以后，实际价格和实际产量会围绕均衡水平上下波动，但波动的幅度越来越小，最后会恢复到原来的均衡点。下面以大豆为例来说明，如图 2－23 和图 2－24 所示。

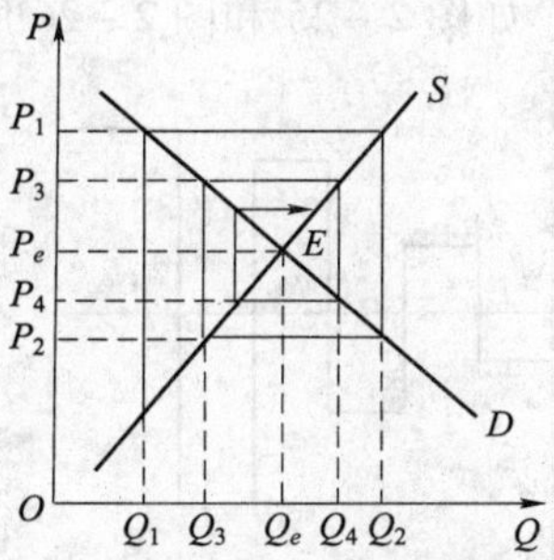

图 2－23　收敛型蛛网

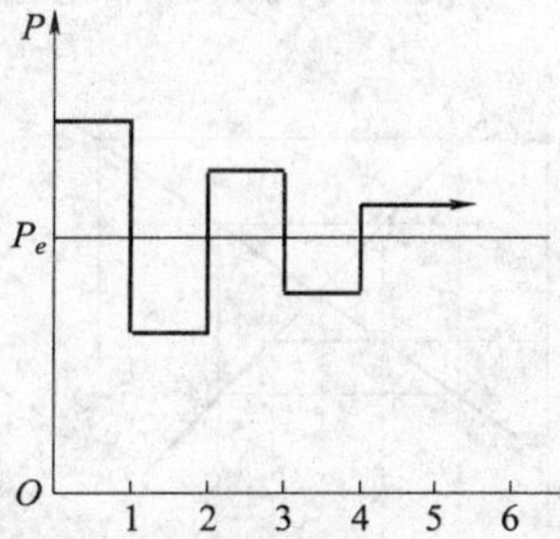

图 2－24　收敛型蛛网价格波动趋势

在图 2－23 中，大豆的最初均衡价格为 P_e，均衡数量为 Q_e。现在，我们来分析大豆的循环过程。假设第一年由于年成不好，大豆产量和供给量陡然减少到 Q_1，小于均衡数量 Q_e。这时，大豆供给小于需求，价格上升。在 Q_1 产量上，价格上升到 P_1。

在第二年，农民考虑到上一年大豆价格很高，种大豆很合算，于是便增加大豆的生产。在 P_1 价格水平上，大豆产量增加到 Q_2，不仅高于第一年产量 Q_1，而且还高于均衡数量 Q_e。结果，第二年的大豆供大于求，大豆价格又开始下降，在 Q_2 产量水平上，价格下降到 P_2，低于均衡价格 P_e。

在第三年，大豆生产者看到大豆价格很低，种大豆不合算，于是在 P_2 价格水平上，大豆生产减少到 Q_3，不仅小于上一年的产量 Q_2，而且低于均衡数量 Q_e。结果，大豆又出现供不应求，在 Q_3 水平上价格开始升到 P_3，高于均衡价格 P_e。

在第四年，大豆生产者看到上一年价格很高，认为种植大豆合算，于是又继续调整生产，在 P_3 价格水平上大豆产量增加到 Q_4，高于均衡数量 Q_e。结果大豆市场又开始出现供大于求的情况，这样，这一年的大豆价格又开始下降。在 Q_4 产量上，大豆价格下降到 P_4，低于均衡价格 P_e。

如此循环下去，如图 2－23 所示，实际产量和实际价格的波动幅度越来越小，最后恢复到均衡点 E 所代表的水平。因此，这种模型叫做收敛型蛛网模型。由此可见，图 2－23 中的均衡点 E 所代表的均衡状态是稳定的。也就是说，由于外在的原因，当价格的产量偏离均衡数值（P_e 和 Q_e）后，经济制度中存在着自发的因素，能使价格和产量自动地恢复均衡状态。在图 2－23 中，产量和价格变化的途径形成了一个蜘蛛网似的图形，这就是蛛网模型名称的由来。图 2－24 中以横轴表示时期，以纵轴表示价格，该图表明了价格的波动趋向于均衡价格 P_e。随着价格波动的趋势减少，产量波动的趋势也在减少，产量的波动也随之减弱。因此，供给弹性小于需求弹性被称为蛛网稳定条件。

二、发散型蛛网模型

在这种模型中，供给曲线斜率的绝对值小于需求曲线斜率的绝对值。当市场由于受到外力的干扰偏离原有的均衡状态以后，实际价格和实际产量上下波动的幅度会越来越大，偏离均衡点越来越远。仍以大豆为例，如图 2－25 和图 2－26 所示。

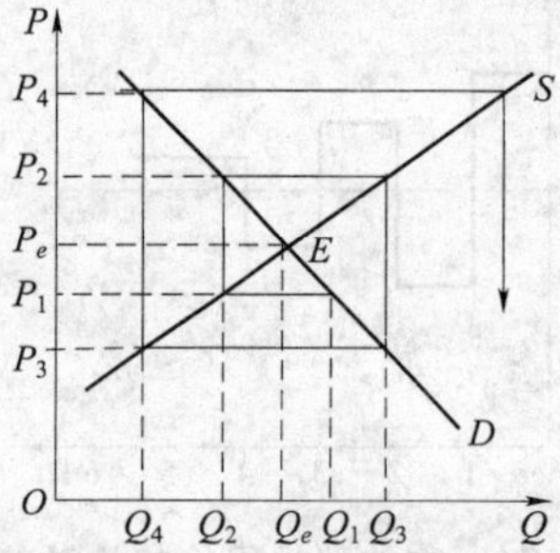

图 2－25　发散型蛛网

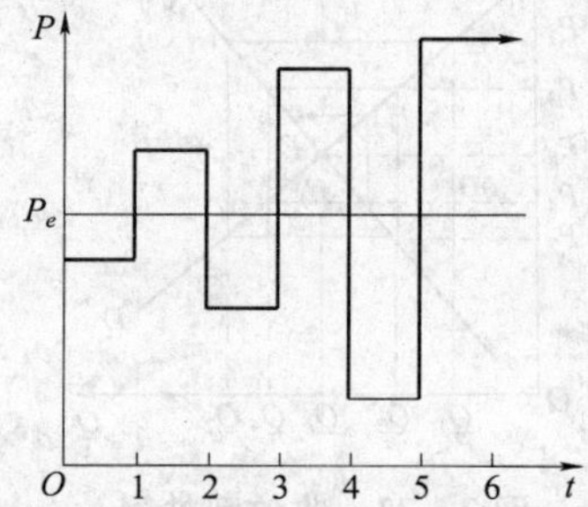

图 2－26　发散型蛛网价格波动趋势

在图 2－25 中，大豆价格与产量的循环过程与图 2－23 中的相同，但是，循环趋势与图 2－23 中的相反，它不是逐渐趋向于大豆最初的均衡位置，而是离均衡位置越来越远。因此，这种模型叫做发散型蛛网模型。由此可见，图 2－25 中的均衡点 E 所代表的均衡状态是不稳定的。也就是说，由于外在的原因，当价格的产量偏离均衡数值（P_e 和 Q_e）后，经济制度中存在着自发的因素，能使价格和产量不能自动地恢复均衡状态。图 2－26 表明了价格的波动越来越背离了均衡价格 P_e。随着价格波动的加大，产量的波动也随之在增强。因此，供给弹性大于需求弹性被称为蛛网不稳定条件。

发散型蛛网模型离均衡位置越来越远的原因是，大豆的供给弹性大于需求弹性，换句话说，对于每一个价格变动，生产者的反应程度比消费者的大。从图 2－25 中可以看到，当价格从 P_1 上升到 P_2 时，供给量增加（Q_3-Q_2）；当价格从 P_2 下降为 P_1 时，需求量增加（Q_2-Q_1）。显然，（Q_3-Q_2）>（Q_2-Q_1），这表明供给量的增加量大于需求量的增加量。当价格从 P_2 下降到 P_3 时，供给量减少（Q_3-Q_4）；当价格从 P_3 上升到 P_2 时，需求量减少（Q_3-Q_2）。显然，（Q_3-Q_4）>（Q_3-Q_2），这表明供给量的减少量大于需求量的减少量。

三、封闭型蛛网模型

在这种模型中，供给曲线斜率的绝对值等于需求曲线斜率的绝对值。当市场由于受到外力的干扰偏离原有的均衡状态以后，实际产量和实际价格始终按同一幅度围绕均衡点上下波动，既不进一步偏离均衡点，也不逐步地趋向均衡点。还是以大豆为例，如图 2-27 和图 2-28 所示。

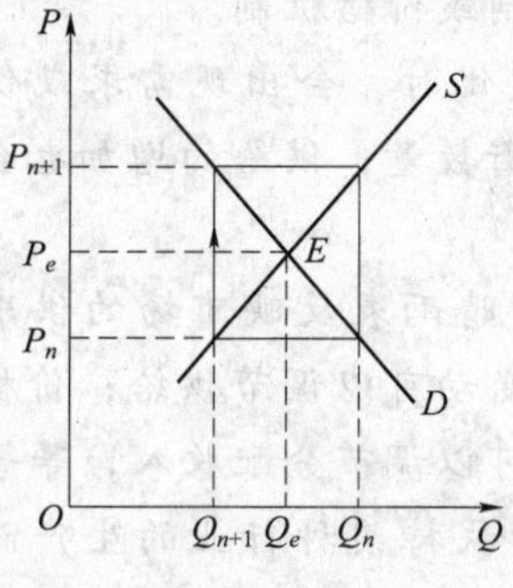

图 2-27　封闭型蛛网

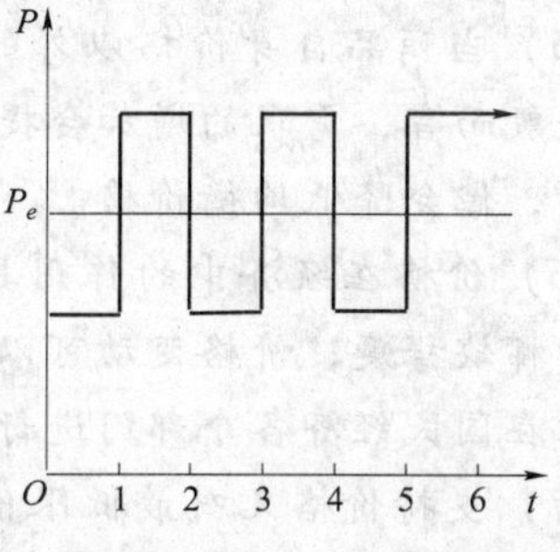

图 2-28　封闭型蛛网价格波动趋势

在图 2-27 中，n 表示奇数年份，$n+1$ 表示偶数年份。图 2-28 所表示的大豆价格与产量的循环过程同收敛型和发散型一样，但是，这个模型的循环趋势不同于前面两种模型，它既不趋向于均衡位置，也不离均衡位置越来越远，而是与均衡位置始终保持相等的距离。因此，这种模型叫做封闭型蛛网模型。

在图 2-27 中，供给曲线与需求曲线的斜度相同，表明供给弹性等于需求弹性，供给曲线与需求曲线相较于 E 点，决定了均衡价格为 P_e，均衡数量为 Q_e。在图 2-27 中的波动情况为：在 n 期开始时产量为 Q_n，$Q_n>Q_e$，决定了价格为 P_n，$P_n<P_e$。第 n 期的价格 P_n 决定了第 $n+1$ 期的产量为 Q_{n+1}，$Q_{n+1}<Q_e$，决定了价格 $P_{n+1}>P_e$。第 $n+1$ 期的价格决定了第 $n+2$ 期的产量，这一产量仍然和第 n 期的产量相同，为 Q_n。这样就又开始了一期与上期完全相同的波动。如此循环下去价格和产量始终是相同的波动程度。图 2-27 就是这样的波动情况。因此，供给弹性等于需求弹性被称为蛛网中立条件。

小　结

(1) 在市场经济中，市场这只“看不见的手”起着主要的调节资源配置的作用。而市场总是由买卖双方组成，因此，对于需求和供给的分析便成为微观经济学的基础知识。

(2) 面对各种可能的价格，消费者愿意并且能够购买的商品数量称为需求，需求量与价格之间的对应关系称为需求函数。需求定理认为，需求量与价格之间成反比例变化。

(3) 面对各种可能的价格，生产者愿意并且能够销售的商品数量称为供给，供给量与价格之间的对应关系称为供给函数。供给法则认为，供给量与价格之间成正比例变化。

(4) 市场的均衡价格是由需求和供给一起决定的。在某一价格水平上，如果供给量大于需求量，价格会下降；反之，价格会上升；只有供给量与需求量相等时形成的价格才是稳定的价格。这就是市场机制或价格机制。

(5) 当商品自身价格以外的其他因素发生变化时，会出现需求或供给的变动。一般而言，需求的增加会提高均衡价格和均衡数量；供给的增加也会提高均衡数量，但会降低均衡价格。

(6) 价格在经济中的作用具体表现为：作为晴雨表反映市场的供求情况或资源的稀缺程度；价格变动可以调节需求；价格变动可以调节供给；价格可以引导资源在国民经济各个部门进行合理配置；价格可以调节分配收入，等等。

(7) 支持价格又叫最低限价，是指政府为了扶持某种行业的生产而对该行业产品规定高于市场均衡价格的最低价格；限制价格又叫最高限价，是指政府为限制某种商品价格上升而规定的这种商品的最高价格。许多国家政府常采用支持价格和限制价格两种方式来对价格进行干预。

(8) 因变量对自变量的反应敏感程度称为弹性。弹性的计算有弧弹性公式和点弹性公式，点弹性比弧弹性更精确。

(9) 价格变动百分之一，需求量的变动程度就是需求的价格弹性。在线性需求函数上，不同的点对应的弹性系数是不相同的。需求的价格弹性受商品用途、替代品数量、决策时间长短、在支出中的比重等因素的影响。此外，还有需求的收入弹性、需求的交叉弹性、供给的价格弹性等概念。

(10) 蛛网模型试图运用动态均衡分析方法和需求弹性与供给弹性的概念，考察诸如农产品、畜牧产品等生产周期较长的商品的产量和价格，在偏离均衡状态以后的实际波动过程及其结果，因其图形如蛛网而得名。

复习思考题

一、名词解释

市场　市场机制　需求　需求量　需求函数　供给　供给量　供给函数　需求定理　供给定理　均衡价格　均衡数量　限制价格　支持价格　需求的价格弹

性　供给的价格弹性　需求的交叉弹性　需求的收入弹性

二、简答题

1. 市场价格机制的主要内容是什么？

2. 分析价格管制政策的原因及其影响。

3. 影响商品需求的主要因素是什么？

4.《纽约时报》上的一篇文章描述了法国香槟酒行业一次成功的推销活动。这篇文章还提到：许多企业管理者为香槟酒价格狂涨而兴奋，但他们也担心这种价格急剧上升会引起需求的减少，需求减少又使价格下跌。这些管理者在分析形势时犯了什么错误？

5. 有人说，气候不好对农民不利，因为农业要歉收。但也有人说，气候不好对农民有利，因为农业歉收以后谷物要涨价，收入会增加。对这两种议论你有何评价？

6. 需求价格弹性与厂商销售收入之间关系如何？在何种情况下，薄利可以多销？

7. 运用供求曲线和弹性理论，分析粮食丰收了为什么农民收入反而可能下降？依此分析，你认为政府应对农业实施怎样的保护政策？

8. 用图分别说明需求的价格弧弹性和点弹性的五种类型。

9. 用图分别说明供给的价格弧弹性和点弹性的五种类型。

三、计算题

1. 在商品 X 的市场中，有 10 000 个相同的个人，每个人的需求函数均为 $D=12-2P$；同时又有 1 000 个相同的生产者，每个生产者的供给函数均为 $S=20P$。请：

（1）推导商品 X 的市场需求函数和市场供给函数；

（2）在同一坐标系中，给出商品 X 的市场需求曲线和市场供给曲线，并表示出均衡点；

（3）求均衡价格和均衡产量；

（4）假设每个消费者的收入有了增加，其个人需求曲线向右移动了 2 个单位，求收入变化后的市场需求函数及均衡价格和均衡产量，并在坐标图上予以表示；

（5）假设每个生产者的技术水平有了很大提高，其个人供给曲线向右移动了 40 个单位，求技术变化后的市场供给函数及均衡价格和均衡产量，并在坐标图上予以表示。

2. 已知某市鸡蛋市场供求方程式 $Q^d=77-7P$；$Q^s=-14+6P$。分别计算下列条件下的均衡变动。

（1）如果由于几年来家庭收入增加，在各种可能的市场价格下，家庭 A、B、C 对鸡蛋的需求量依次增加 6 千克、4 千克、3 千克，问市场需求方程式有何变化，市场均衡价格和均衡数量有何变动（假设整个鸡蛋市场的需求由 A、B、C 三个家庭需求代表，即整个鸡蛋市场的需求是 A、B、C 三个家庭需求的总和）？

（2）如果由于不断改进技术，鸡蛋生产成本下降，在各种可能的市场价格下，养鸡场 E，F，G 对鸡蛋的供给量依次增加 2 吨，5 吨，6 吨，问市场供给方程式有何变化，市场均衡价格和均衡数量有何变化（假设整个鸡蛋市场的供给是 E、F、G 三个新养鸡场供给的总和）？

（3）从保证人民生活基本需要出发，规定鸡蛋市场价格上限为每千克 6 元，问鸡蛋市场将发生短缺还是过剩，数量多少？

3. 某地区大米市场的供给和需求如下表所示：

价格（元/吨）	100	200	300	400	500
需求量（吨）	100	80	60	50	40
供给量（吨）	0	30	40	50	60

为了保护当地农民的利益，政府规定大米市场价格下限为 500 元/吨。请回答下列问题：

（1）市场中的交易量是多少？为什么？

（2）规定价格下限以后，市场上盛行的价格是多少？

（3）为了执行价格下限政策，政府必须采取的措施是什么？

4. 当人们的平均收入增加 20% 时，某商品的需求量增加了 30%，计算其需求收入弹性，并说明这种商品是正常商品还是低档物品，是奢侈品还是生活必需品？

5. 假设某种水果原价为每千克 2 元，某市场的月销售量为 4 万/千克，现每千克提价 1.5 元，月销售量减少 1.5 万/千克，试计算：

（1）水果的需求价格弹性是多少？

（2）提价后，该水果的总收益是增加了还是减少了？说明其原因。

6. 如果一种商品价格上升 10%，另一种商品的需求量增加了 15%，这两种商品的需求交叉弹性是多少？这两种商品是什么关系？

7. 设汽油的需求价格弹性为 −0.5，其价格现为每加仑 1.20 美元，试问汽油价格上涨多少才能使其消费数量减少 10%？

8. X 公司和 Y 公司是机床行业的两个竞争者，这两家公司的主要产品的需求曲线分别为：$P_X = 1\ 000 - 5Q_X$，$P_Y = 1\ 600 - 4Q_Y$，这两家公司现在的销售量分别为 100 单位 X 和 250 单位 Y。

（1）求 X 和 Y 当前的价格弹性；

（2）假定 Y 降价后，使 Q_Y 增加到 300 单位，同时导致 X 的销售量 Q_X 下降到 75 单位，试问 X 公司产品 X 的交叉价格弹性是多少？

（3）假定 Y 公司的目标是谋求销售收入最大化，你认为它降价在经济上是否合理？

9. 下图中有三条线性需求曲线 AB、AC、AD。

（1）比较 a、b、c 三点的需求的价格点弹性的大小。

（2）比较 a、e、f 三点的需求的价格点弹性的大小。

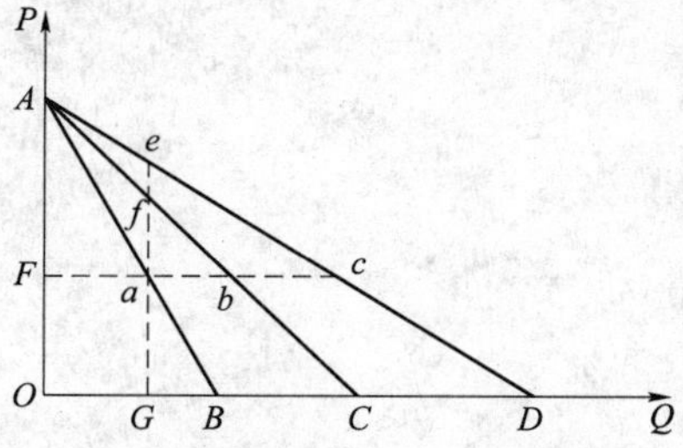

10. 某消费者消费商品 X 的数量与其收入的函数关系是：$M=800Q^2$，计算当收入 $M=3\ 200$ 时的点收入弹性。

四、论述题

1. 试述微观价格政策及其在我国的应用。

2. 利用图阐述商品需求价格弹性的大小与厂商的销售收入之间的关系，并举例说明。

阅读推荐与网络链接

1. （美）保罗，A. 萨缪尔逊，威廉，D 诺德豪斯．经济学．北京：中国发展出版社，1992.

2. 曼昆．经济学原理．北京：中国人民大学出版社，2000.

3. （美）斯蒂格利茨．经济学（下册）．北京：中国人民大学出版社，1998.

4. Makiw，N. G. and Romer，D. New Keynesian Economics. Cambridge，Massachusette：The MIT Press，1991.

5. http：//www. gjmy. com/ecbbs/index. asp.

6. http：//www. hutc. zj. cn/jjxqy/.

7. http：//forum. ccer. edu. cn/forum/.

8. http：//old. cen. ccer. edu. cn/main. asp.

9. http：//www. ec-study. cn.

10. http：//netec. wustl. edu/NetEc. html.

11. http：//hadm. sph. sc. edu/Courses/Econ/Elast/Elast. html 是关于弹性理论的交互式教学网页，非常清晰易懂！

12. http：//www. inomic. com/cgi/econdir 是网上经济学资源索引，这是一个经济学站点大全，内容极其丰富，涉及经济学的每一领域，值得仔细挖掘。

13. http：//alpha. montclair. edu/～lebel/CourseReserveReadings. heml 是微观经济学经典阅读文献，仅供学有余力的同学参考。

第三章

消费者行为理论

学习目的

- 了解效用和边际效用的概念及边际效用递减规律。
- 重点掌握边际效用分析法和无差异曲线分析法。
- 掌握消费者剩余的概念。
- 重点掌握消费者均衡的条件。

引导案例

亚当·斯密在《国富论》第一卷第四章中提出："没有什么东西比水更有用，但它几乎不能购买任何东西。相反，一块钻石有很小的使用价值，但是通过交换可以得到大量的其他商品。"水很有用途，但它有很小的"价值"；钻石在被用于工业之前几乎没有什么用途，但它却有巨大的"交换"价值。也就是说，钻石昂贵，但它的使用价值很小；水很廉价，但它的使用价值很大。你怎样理解这个曾经在200多年以前困扰着亚当·斯密和其他古典经济学家的难题？

资料来源：朱京曼．西方经济学教学案例精选［M］．北京：经济日报出版社，2008：24.

案例导学

在经济学中，我们用"效用"这个概念来衡量某种物品给消费者带来的满足程度。效用大，表明满足程度高；效用小，表明满足程度低。效用具有主观性，一种商品是否有效用以及效用的大小，完全取决于消费者对该商品的主观感受。而边际效用则是某种物品的消费量每增加一单位所增加的满足程度。随着一种商品消费量的增加，消费者从该商品中获得的效用，也就是从中获得的满足程度是递减的，这就是边际效应递减规律。举个直观的例子：人在饥饿的时候吃第一个包子，会觉得很好吃，但随着吃包子数量的增加，人在每增加一个包子上所能获得的满足感却在降低，直到不想再吃。如果消费的是多种商品，要想获得最大效用，消费者购买各种商品的边际效用要与价格成正比例关系，即边际效用越大价格越高，边际效用越小价格越低。

上述案例被称为“价值悖论”，正是边际效用递减规律的体现。水给人们带来的总效用是巨大的，没有水人类就无法生存，但水在整体上的效用并不决定它的价值或需求。相反，水的价格取决于它的边际效用，也就是取决于最后一单位的水带给人们的满足程度。而人们对某种物品消费越多，其最后一单位的边际效用也就越小。水的供给是很丰富的，所以最后一单位水所带来的边际效用就微不足道了。在一定条件下，即使最初的几滴水相当于生命自身的价值，但最后的一些水可能仅仅用于浇草坪或洗汽车。由于水如此丰富，所以最后一单位水只能以很低的价格出售。

相对于水而言，钻石的总效用并不大，但钻石在地球储量极少且开采困难，因此供给很少，得到它的成本很高，买得起的人也很少。由于人们购买的钻石极少，所以它的边际效用很大。根据边际效用理论，人们愿意为边际效用高的钻石支付高价格，所以，钻石的价格高。

俗话说，“物以稀为贵”。稀缺的物品正是边际效用高的物品。钻石与水的价值悖论反映了以下的事实：价格不反映一种物品的总效用，而只反映它的边际效用。

通过本章学习，了解西方经济学是如何研究消费者行为的，消费者根据哪些因素和什么原则来决定其购买的商品种类和数量，以及消费者达到均衡状态（效用最大化）的条件，具体说明收入、价格、收入效应、替代效应与需求的关系，并能较客观地分析、评价西方经济学关于消费者行为的理论。

第一节　效用理论概述

一、效用的概念

效用理论将会帮助大家很好地理解生活中常常遇到的如同导入案例中的现象。那什么是效用呢？所谓效用（Utility），是指商品或劳务满足消费者的需要或欲望的能力。一种商品或劳务是否具有效用或效用的大小，以它能否满足和在多大程度上满足消费者的需要或欲望为条件。因此，研究消费者行为的出发点是欲望。欲望是指人的需要。它是一种缺乏与不满足的感觉以及求得满足的愿望，是一种心理现象。我们可以从消费的主体与客体两个方面讨论效用。从消费的主体来讲，效用是某人从自己所从事的行为中得到的满足；从消费的客体来讲，效用是商品满足人的欲望或需要的能力。不管从主体分析还是客体分析来看，效用均是一种心理感受，不同于商品使用价值。

由于商品或劳务效用的大小取决于消费者的主观评价，故效用具有下述特点：

（1）效用是一个相对概念，只有在个人的欲望得到满足之前，两种物品的效用相互比较才有意义。

（2）效用有无或效用大小取决于个人主观心理评价。效用实际是个主观判断，同一物品有无效用或效用大小对不同的人来说是不同的。

（3）效用本身不具有伦理学的意义。一种商品是否具有效用要看它是否能满足人的欲望或需要，而不涉及这一欲望或需要的好坏。例如，吸毒从伦理上讲是坏欲望，但毒品能满足这种欲望，因此，它具有这种效用。

（4）与效用概念意义相反的一个概念是负效用，是指某种东西所具有的引起人的不舒适感或痛苦的能力。例如，垃圾一类的物品、失恋一类的打击等。

（5）同一物品对于不同的人的效用是不同的。因此，除非给出特殊的假定，否则，效用是不能在不同的人之间进行比较的。例如，辣椒对于南方人来说其效用是很大的，而对于北方人来说就未必。

二、效用的两种表示方法

美国经济学家萨缪尔森提出幸福方程式，即幸福 $=\frac{\text{效用}}{\text{欲望}}$。消费者行为理论要研究幸福最大化，因此，在假定欲望为既定的前提下，也就是要研究效用最大化问题。那么，如何来研究效用呢？一些经济学家认为效用可以用具体数字来表示；另一些经济学家则认为效用作为一种心理现象，是不能用具体数字来表示的。由此就产生了两种不同的消费者行为理论：基数效用论与序数效用论。

（一）基数效用论（Cardinal Utility）

基数效用论是研究消费者行为的一种理论。其基本观点是：效用是可以计量并加总求和的，因此，效用的大小可以用基数（1、2、3……）来表示，正如长度单位可以用“米”来表示一样。所谓效用可以计量，就是指消费者消费某一物品所得到的满足程度可以用效用单位来进行衡量。例如，可以说某消费者吃一块巧克力所得到的满足程度是5个效用单位，等等。所谓效用可以加总求和是指消费者消费几种物品所得到的满足程度可以加总而得出总效用。总效用（Total Utility，*TU*）是指消费者在一定时间内从一定数量的商品的消费中所得到的效用量的总和。例如，某消费者吃一块巧克力所得到的满足程度是5个效用单位，听一张贝多芬的音乐唱片所得到的满足程度是6个效用单位。这样，消费者消费这两种物品所得到的总满足程度就是11个效用单位。根据这种理论，可以用具体的数字来研究消费者效用最大化问题。具体来说，基数效用论认为：效用（1）可以具体衡量；（2）可以加总求和；（3）可以有效用量的比较。

基数效用论在讨论消费者效用最大化时，一般采用的是边际效用分析法。

（二）序数效用论（Ordinal Utility）

序数效用论是为了弥补基数效用论的缺陷而提出来的另一种研究消费者行为

的理论。

其基本观点是：效用作为一种心理现象无法计量，也不能加总求和，只能表示出满足程度的高低与顺序，因此，效用只能用序数（第一、第二、第三……）来表示。例如，消费者消费了巧克力与唱片，他从中得到的效用是无法用数字来衡量，也是无法加总求和的，但他可以比较从消费这两种物品中所得到的效用。如果他认为消费巧克力所带来的效用大于消费唱片所带来的效用，那么就可以说，巧克力的效用是第一，唱片的效用是第二。进一步地，序数效用论者还认为，就分析消费者行为来说，以序数来度量效用的假设比以基数效用的假设所受到的限制要少，它可以减少一些被认为是值得怀疑的心理假设。

具体来说，叙述效用论认为：效用(1) 不可以具体衡量；(2) 不可以加总求和；(3) 不可以有效用量的比较；(4) 只能根据偏好的程度排列出第一、第二……的顺序。

序数效用论在讨论消费者效用最大化时，一般采用的是无差异曲线分析法。

(三) 两种表示方法的比较

两种分析思路、方法均不同，但二者的结论是完全相同的，在19世纪和20世纪初，西方经济学家普遍使用基数效用的概念，在现代微观经济学里，通常使用的是序数效用的概念。基数效用论者的边际效用分析，在下一节作简单的介绍。本章的重点是介绍序数效用论者是如何运用无差异曲线的分析方法来研究消费者行为。

第二节　基数效用理论

一、基数效用论的几个基本概念

总效用 $TU=f(Q)$，是指消费者在一定时间内从一定数量的商品消费中所得到的效用量的总和。或者说，是指消费者从事某一消费行为或消费某一定量的某种物品中所获得的总满足程度。

“边际”这个词通常表示一个总额的变动率，总额可以是效用，也可以是成本、收益产出等。

边际效用（Marginal Utility，*MU*）是指某种商品或劳务的消费量每增加（减少）一个单位所引起的总效用的增（减）量。假定消费者对某一种商品的消费量为 Q，则总效用函数为：

$$TU=f(Q) \tag{3.1}$$

如果用 ΔTU 代表总效用的变动量，ΔQ 代表商品或劳务的变动量，则边际效用（*MU*）可表述为：

$$MU = \frac{\Delta TU(Q)}{\Delta Q} \tag{3.2}$$

如果消费数量可以无限分割，总效用函数为连续函数，则某商品的边际效用是某商品的总效用对消费量的一阶导数，即当某商品的增加量趋于无穷小时有：

$$MU = \lim_{\Delta Q \to 0} \frac{\Delta TU(Q)}{\Delta Q} = \frac{\mathrm{d}TU(Q)}{\mathrm{d}Q} \tag{3.3}$$

边际效用也可以表述为：最后消费的一单位商品或劳务所获得的效用。例如，某消费者消费第一块面包所获得的效用为 8 个效用单位，再消费一块面包，两块面包的总效用为 14 个效用单位，即增加的第二块面包所增加的效用（MU）为 6 个效用单位。如果又消费了一块面包，总效用增加到 18 个效用单位，即消费第三块面包而增加的效用（MU）为 4 个效用单位。反过来说，如果消费数量从三块面包减少到两块面包，总效用则由 18 个效用单位减少为 14 个效用单位，即因减少一块面包所减少的效用（MU）是 4 个效用单位。

边际效用是经济学中一个十分重要的概念。按照效用价值论（Utility Theory of Value）观点，效用是价值的源泉，是形成价值的必要条件，而效用又必须同物品的稀缺性相结合，才能形成价值。由于物品越稀缺，边际效用越大，价值也就越高，因此，经济学家认为价值取决于边际效用，边际效用是衡量物品价值量的尺度。

二、边际效用递减规律

边际效用递减规律（Law of Diminishing Marginal Utility）是指由于同一物品的每一单位对消费考的满足程度不同，当消费者消费或购买某种物品的数量增加时，连续增加的每单位物品所提供的效用呈递减趋势，这种现象普遍存在于绝大多数物品当中。

表 3－1 说明，随着消费量的增加，一般来说，消费者总效用增加，但边际效用递减。

表 3－1　　某物品的总效用和边际效用

物品数量	总效用	边际效用
0	0	—
1	20	20
2	35	15
3	45	10
4	50	5
5	50	0
6	48	－2

出现边际效用递减规律的原因有两点：一是生理或心理的原因。由于相同消费品的连续增加，从人的生理和心理的角度讲，从每一单位消费品中所感受到的满足程度和对重复刺激的反应程度是递减的。二是经济合理性原则。在一种商品具有几种用途时，消费者总是将第一单位的消费品用在最重要的用途上，第二单位的消费品用在次重要的用途上，这样，消费品的边际效用便随着消费品的用途重要性的递减而递减。

三、总效用与边际效用的关系

依据表 3－1，可以绘出总效用曲线和边际效用曲线如图 3－1 所示。

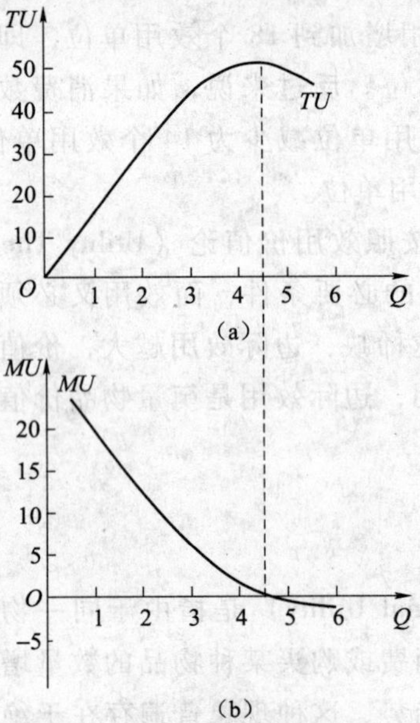

图 3－1　某商品的总效用曲线和边际效用曲线

图 3－1 中的横轴表示商品的数量，纵轴表示效用量，*TU* 曲线和 *MU* 曲线分别为总效用曲线和边际效用曲线。由于边际效用的被定义为消费品的每一单位变化量所带来的总效用的变化量，又由于图中的商品消费量是离散的，所以，*MU* 曲线上的每一个值都记在相应的两个消费数量的中点上。

在图 3－1（b）中，*MU* 曲线是向右下方倾斜的，它反映了边际效用递减规律；相应地在图 3－1（a）中，*TU* 曲线是以递减的速率先上升后下降的。当边际效用为正值时，总效用曲线呈上升趋势；当边际效用递减为零时，总效用曲线达到最高点；当边际效用继续递减为负值时，总效用曲线呈下降趋势。从数学意义上讲，如果效用曲线是连续的，则从每一消费量上的边际效用值就是总效用曲线上相应的点的斜率。

根据总效用和边际效用的定义，可将总效用的边际效用的关系概括如下：

（1）消费者在消费数量为 n 的商品时，将每一单位商品的效用相加，即构成他从 n 个商品消费中所得到的总效用 TU_n，则第 n 个商品的边际效用 MU_n 可表示为：$MU_n = TU_n - TU_{n-1}$。在图 3－1（a）中，消费者从第 3 个商品中所获得的总效用为 45，从第 4 个商品中所获得的总效用等于 50，则消费者从第 4 个商品中所获得的边际效用为 5（即 $50-45=5$）。

（2）边际效用的总和等于同一数量单位商品的总效用。用数学表达式可表述为：

$$TU_n = \sum_{i=1}^{n} MU_i \tag{3.4}$$

（3）在边际效用递减规律作用下，当边际效用等于零时，总效用达到最大值。在图3.1（b）中，当消费者消费到第5个单位商品时，边际效用等于零，总效用等于50个效用单位，达到了最大值。这意味着消费者对该商品的消费达到了饱和点。如果消费量超过了这一点，*MU*开始下降，这表明对该商品的消费已不再是一种享受，而是一种痛苦。比如，对于喜欢养狗的人来说，两只狗带来的乐趣可能大于一只，但第三只或第四只狗恐怕就不再是受欢迎的了。应该指出的是，当*TU*曲线的切线为水平时，也就是说其斜率为零时，$MU=0$，取最大值。利用这一变化关系，当消费者连续消费某一种商品时，可以很便利地计算出他从该商品消费中所获得最大满足（总效用最大）的消费数量。

四、货币的边际效用

在政治经济学中，货币被定义为固定的、充当一般等价物的商品。因此货币是一种特殊的商品，但即使它再特殊，终究还是商品，所以基数效用论者认为它也具有效用和边际效用，同样适用边际效用递减规律，即当消费者拥有的货币数量很少时，增加一单位货币带给他的边际效用较大，随着收入的增加，每单位货币给他带来的边际效用是递减的。但是在理论分析中，基数效用论者一般假定货币的边际效用是不变的。相对于消费者的货币收入而言，消费者对某种商品的支出只占其收入的很少一部分。所以，消费者购买该商品时，货币边际效用的变化只是微不足道的，可以忽略不计。这样，货币的边际效用就是一个不变的常数。

五、基数效用论的消费者均衡

消费者均衡所研究的是消费者在既定收入的情况下，如何实现效用最大化（Utility Maximization）的问题。

（一）消费者均衡假设条件

在研究消费者均衡时，我们假设：

（1）消费者的嗜好是既定的。这也就是说，消费者对各种物品效用与边际效用的评价是既定的，不会发生变动。

（2）消费者的收入是既定的，每1单位货币的边际效用对消费者都是相同的。这就是说，由于货币收入是有限的，货币可以购买一切物品，所以货币的边际效用在消费者收入既定条件下不存在递减问题。

（3）物品的价格是既定的，消费者均衡正是要说明在这些假设条件下，消费者如何把有限的收入分配于各种物品的购买和消费上，以获得最大效用。

（二）消费者均衡的条件

在运用边际效用的分析法来说明消费者均衡时，消费者均衡的条件是：消费者用全部收入购买的各种物品所带来的边际效用，与其购买这些物品所支付的价格的比例相等，或者说，每1单位货币所得到的边际效用都是相当的。

假设消费者的收入为I，消费者购买并消费X与Y两种物品，X与Y的价格

为 P_X 与 P_Y，所购买的 X 与 Y 为 Q_X 与 Q_Y，X 与 Y 所带来的边际效用为 MU_X 与 MU_Y，每 1 单位货币的边际效用为 MU_m（或 λ）。这样，可以把消费者均衡的条件写为：

$$P_X \cdot Q_X + P_Y \cdot Q_Y = I \tag{3.5}$$

$$\frac{MU_X}{P_X} = \frac{MU_Y}{P_Y} = MU_m = \lambda \tag{3.6}$$

上述（3.5）式是收入限制条件，说明收入是既定的，购买 X 与 Y 物品的支出不能超过收入，也不能小于收入。超过收入的购买是无法实现的，而小于收入的购买也达不到既定收入时的效用最大化。（3.6）式是消费者均衡的条件，即所购买的 X 与 Y 物品带来的边际效用与其价格之比相等，也就是说，每 1 单位货币不论用于购买 X 商品，还是购买 Y 商品，所得到的边际效用均相等。

如果所消费的不是两种物品，而是多种物品，设各种物品的价格为 P_1，P_2，P_3，…，P_n，购买量为 Q_1，Q_2，Q_3，…，Q_n，各种物品的边际效用为 MU_1，MU_2，MU_3，…，MU_n，则可以把消费者均衡的条件写为：

$$P_1 \cdot Q_1 + P_2 \cdot Q_2 + \cdots + P_n \cdot Q_n = I \tag{3.7}$$

$$\frac{MU_1}{P_1} = \frac{MU_2}{P_2} = \cdots = \frac{MU_n}{P_n} = MU_m = \lambda \tag{3.8}$$

这种消费者均衡的条件实际上也是对我们日常生活中经验的一种理论概括。例如，你有 900 元，可以买三件相同的衣服，也可以买三件样式、颜色不同的衣服。买三件同样的衣服所带给你的满足程度（即效用）肯定不如买三件不同的衣服大。一般人都会做出买三件不同衣服的选择。其实，决定这种选择的就是消费者均衡的条件。无论你是否了解这种理论，你实际是自觉或不自觉地按这一理论进行消费的。

我们可以用一个简单的例子说明消费者均衡的条件，尤其是第二个条件。

设 $M=100$ 元，$P_X=10$ 元，$P_Y=20$ 元，X 与 Y 的边际效用如表 3－2 所示，总效用如表 3－3 所示。

表 3－2　　某商品的边际效用

Q_X	MU_X	Q_Y	MU_Y
1	5	1	6
2	4	2	5
3	3	3	4
4	2	4	3
5	1	5	2
6	0		
7	－1		
8	－2		
9	－3		
10	－4		

表 3－3　　某商品的总效用

组合方式	$\frac{MU_X}{P_X}$与$\frac{MU_Y}{P_Y}$	总效用
$Q_X=10$，$Q_Y=0$	$\frac{-4}{10}\neq\frac{0}{20}$	5
$Q_X=8$，$Q_Y=1$	$\frac{-2}{10}\neq\frac{6}{20}$	18
$Q_X=6$，$Q_Y=2$	$\frac{0}{10}\neq\frac{5}{20}$	26
$Q_X=4$，$Q_Y=3$	$\frac{2}{10}=\frac{4}{20}$	29
$Q_X=2$，$Q_Y=4$	$\frac{4}{10}\neq\frac{3}{20}$	27
$Q_X=0$，$Q_Y=5$	$\frac{0}{10}\neq\frac{2}{20}$	20

我们根据表 3－2 与表 3－3 来说明为什么只有符合以上两个条件时，才能使总效用最大化。

从表 3－3 中可以看出各种组合都符合（3.5）式，即各种组合正好用完 100 元，但只有在 $Q_X=4$，$Q_Y=3$ 时，才能满足$\frac{MU_X}{P_X}=\frac{MU_Y}{P_Y}$的条件，因此，也只有这种组合才实现了 X 与 Y 所带来的总效用最大：29 个效用单位，其他组合 X 与 Y 所带来的总效用都不是最大。以 $Q_X=8$，$Q_Y=1$ 的组合为例，第 8 单位 X 物品带来的边际效用为 -2，价格为 10 元，$\frac{MU_X}{P_X}=\frac{-2}{10}$，$X$ 所带来的总效用为 12，（即第 1 单位到第 8 单位的边际效用之和为 12），第 1 单位 Y 物品带来的边际效用为 6，价格为 20 元，$\frac{MU_Y}{P_Y}=\frac{6}{20}$，$Y$ 所带来的总效用为 6。X 与 Y 带来的总效用为 $12+6=18$，因为，$\frac{MU_X}{P_X}\neq\frac{MU_Y}{P_Y}$（即$\frac{-2}{10}\neq\frac{6}{20}$）。

所以这种组合并不能带来最大效用。而在 $Q_X=4$，$Q_Y=3$ 的组合时，第 4 单位的 X 物品带来的边际效用为 2，价格为 10 元，$\frac{MU_X}{P_X}=\frac{2}{10}$，$X$ 所带来的总效用为 14，第 3 单位的 Y 物品带来的边际效用为 4，价格为 20 元，$\frac{MU_Y}{P_Y}=\frac{4}{20}$，$Y$ 所带来的总效用为 15。X 与 Y 带来的总效用为 $14+15=29$。因为，$\frac{MU_X}{P_X}=\frac{MU_Y}{P_Y}$（即 $\frac{2}{10}=\frac{4}{20}$），所以这种组合才能带来最大效用。

（三）消费者均衡的实现过程

为什么只有在$\frac{MU_1}{P_1}=\frac{MU_2}{P_2}=\cdots=\frac{MU_n}{P_n}=\lambda$的条件下才能实现消费者的均衡呢？消费者又应该怎样调整才能达到这种均衡状态呢？

下面我们以消费者消费两种商品为例，先从理论推理的角度进行分析。

我们用$\frac{MU_1}{P_1}$表示最后一元钱用在第一种商品上所获得的边际效用，$\frac{MU_2}{P_2}$表示最后一元钱用在第二种商品上所获得的边际效用。

如果$\frac{MU_1}{P_1}>\frac{MU_2}{P_2}$，表示支付同样的货币额，购买第一种商品得到的边际效用大于购买第二种商品得到的边际效用。这时，消费者必然减少第二种商品的购买量。增加第一种商品的购买量，每转移一单位货币的购买方向，都表明在第一种商品上得到的效用大于在第二种商品上减少的效用，因而总效用不断地增加。同时，在边际效用递减规律的作用下，第一种商品的边际效用会随其购买量的不断增加而递减，第二种商品的边际效用会随其购买量的不断减少而递增。这个过程一直持续到$\frac{MU_1}{P_1}=\frac{MU_2}{P_2}$，此时总效用增加到最大程度。

如果$\frac{MU_1}{P_1}<\frac{MU_2}{P_2}$，表示支付同样的货币额，购买第一种商品得到的边际效用小于购买第二种商品得到的边际效用。根据同样的道理，消费者会进行与前面相反的调整过程，即减少第一种商品的购买量，增加第二种商品的购买量，每转移一单位货币的购买方向，都表明在第二种商品上得到的效用大于在第一种商品上减少的效用，因而总效用不断地增加。同时，在边际效用递减规律的作用下，第一种商品的边际效用会随其购买量的不断减少而递增，第二种商品的边际效用会随其购买量的不断增加而递减。这个过程一直持续到$\frac{MU_1}{P_1}=\frac{MU_2}{P_2}$，最后使总效用达到最大。

另外，我们再讨论$\frac{MU_1}{P_1}=\frac{MU_2}{P_2}$与λ的关系。我们以第一种商品为例，当$\frac{MU_1}{P_1}>\lambda$时，表示消费者花一元钱在第一种商品上所获得的效用大于其拥有一元钱的效用，或者说此时消费者对第一种商品的消费量是不足的，这样，消费者会增加对第一种商品的支出，以获得更多的效用，直到$\frac{MU_1}{P_1}=\lambda$为止。相反，若$\frac{MU_1}{P_1}<\lambda$，说明消费者花一元钱在第一种商品上所获效用小于拥有一元钱的效用，即此时消费者对第一种商品的消费量太多了，这样，消费者会减少对第一种商品的购买，直到$\frac{MU_1}{P_1}=\lambda$为止。

综上所述，只有当消费者在第一种与第二种两种商品的消费上实现了$\frac{MU_1}{P_1}=$

$\frac{MU_2}{P_2}=\lambda$时，才能获得最大的满足，实现效用最大化，达到消费者均衡。

（四）消费者均衡的证明

上述例子只是帮助我们理解消费者均衡的条件，但并不是一种证明。这里我们就要从理论上证明消费者均衡条件的正确性。

消费者之所以要按这一原则来进行购买，是因为在收入既定的条件下，多购买 X 物品就要少购买 Y 物品。随着 X 物品数量的增加，它的边际效用是递减的。而随着 Y 物品数量的减少，它的边际效用是递增的。为了使所购买的 X 与 Y 物品的组合能带来最大的总效用，消费者就要调整他所购买的 X 物品与 Y 物品的数量。当他购买的最后 1 单位 X 物品带来的边际效用与价格之比，等于购买的最后 1 单位 Y 物品带来的边际效用与价格之比时，总效用达到最大。这时消费者不再调整购买 X 物品与 Y 物品的数量，从而就实现了消费者均衡。

可以用数学方法证明上述原理。这就要把消费者均衡归结为在家庭预算限制条件下求解效用函数的极大值问题。

设效用函数和预算限制分别为：

$$TU=U(Q_X,Q_Y) \tag{3.9}$$
$$P_X\cdot Q_X+P_Y\cdot Q_Y=I \tag{3.10}$$

我们用拉格朗日乘数来求总效用 TU 的极大值。

将（3.10）式预算限制改写为：

$$I-P_X\cdot Q_X-P_Y\cdot Q_Y=0 \tag{3.11}$$

以不等于零的变量 λ（λ 为拉格朗日乘数）乘以（3.11）式得出：

$$\lambda(I-P_X\cdot Q_X-P_Y\cdot Q_Y)=0 \tag{3.12}$$

将（3.12）式与（3.9）式效用函数相加，就可以得出拉格朗日函数：

$$Z=U(Q_X,Q_Y)+\lambda(I-P_X\cdot Q_X-P_Y\cdot Q_Y) \tag{3.13}$$

由于 $I-P_X\cdot Q_X-P_Y\cdot Q_Y=0$，所以 λ（$I-P_X\cdot Q_X-P_Y\cdot Q_Y$）与原来的效用函数相加，不会引起原来效用函数的任何变动。就是说，$TU=U$（Q_X，Q_Y）之极值与 Z 之极大值并无差异。

从拉格朗日函数可知，Z 是 Q_X，Q_Y 与 λ 的函数。Z 的极大值的必要条件是所有一阶偏导数都等于零：

$$Z_X=\frac{\partial Z}{\partial Q_X}=MU_X-\lambda P_X=0 \tag{3.14}$$

$$Z_Y=\frac{\partial Z}{\partial Q_Y}=MU_Y-\lambda P_Y=0 \tag{3.15}$$

$$Z_\lambda=\frac{\partial Z}{\partial \lambda}=I-P_X\cdot Q_X-P_Y\cdot Q_Y=0 \tag{3.16}$$

因为 $TU=U(Q_X,Q_Y)$ 的两个一阶偏导数分别代表 X 与 Y 的边际效用，即

$$MU_X=\frac{\partial}{\partial Q_X}U(Q_X,Q_Y)=\frac{\partial TU}{\partial Q_X} \tag{3.17}$$

$$MU_Y=\frac{\partial}{\partial Q_Y}U(Q_X,\ Q_Y)=\frac{\partial TU}{\partial Q_Y} \tag{3.18}$$

由（3.14）式和（3.15）式得：

$$\frac{MU_X}{MU_Y}=\frac{P_X}{P_Y},\text{或}\frac{MU_X}{P_X}=\frac{MU_Y}{P_Y} \tag{3.19}$$

即效用函数 $TU=U(Q_X,\ Q_Y)$ 的总效用达到极大值的必要条件是：

$$\frac{X\text{的边际效用}MU_X}{Y\text{的边际效用}MU_Y}=\frac{X\text{的价格}P_X}{Y\text{的价格}P_Y} \tag{3.20}$$

由 $MU_X-\lambda P_X=0$ 和 $MU_Y-\lambda P_Y=0$ 可得出：

$$\frac{MU_X}{P_X}=\frac{MU_Y}{P_Y}=\lambda \tag{3.21}$$

所以可以把 λ 作为最优（即总效用达到极大值）购买量条件下每单位货币的边际效用。

重要问题

如何理解消费者均衡的含义？

在一定条件下，消费者手中的货币量是一定的，消费者用这一定的货币来购买各种商品可以有多种多样的安排。但一般的目标是要使他买进的各种商品提供的总效用达到极大值。当他所要买进的商品提供的总效用达到最大化的时候，消费者就不再改变他的购买方式，这也就是消费者的需求行为达于均衡状态，即消费者均衡。消费者均衡的条件是所购各种商品的边际效用之比等于它们的价格之比，这一条件可以表示为：

$$\frac{MU_1}{P_1}=\frac{MU_2}{P_2}=\cdots=\frac{MU_n}{P_n}$$

六、用基数效用推导个人需求曲线

第二章曾介绍了需求曲线及其特点，指出需求曲线一般是向右下方倾斜的，但并没有说明需求曲线为什么会向右下方倾斜。消费者行为的分析正是要解答这一问题。这里首先用基数效用论来解释个人需求曲线。

消费者均衡的条件表明：消费者对任何一种商品的最优购买量应该是这一元钱购买该商品所带来的边际效用和这一元钱货币的边际效用相等。随着需求量的不断增加，边际效用是递减的。那么，在货币的边际效用不变的前提下，商品的需求价格必然同比例地随边际效用的递减而递减。可见，在基数效用论者看来，商品的需求价格取决于商品的边际效用。如果某一单位的某种商品的边际效用越大，消费者购买这一单位商品愿意支付的最高价格就越高；反之，如果某一单位的某种商品的边际效用越小，消费者购买这一单位商品愿意支付的最高价格就越低。由于边际效用递减规律的作用，随着消费者对商品消费量的连续增加，该商品的边际效用是递减的，消费者为购买这种商品愿意支付的最高价格也是越来越低的。所以，商品的需求量与商品的价格呈反方向的变动。

下面我们以某消费者消费某商品为例来加以说明，表 3－4 表示某消费者消费的某商品数量与他从中所获得的效用之间的关系。假定表中货币的边际效用 $\lambda=2$。

表 3－4　　某消费者消费某商品的效用表

商品数量（Q）	总效用（TU）	边际效用（MU）	价格（P）
0	0	—	—
1	16	16	8
2	28	12	6
3	36	8	4
4	42	6	3

从表 3－4 的前三栏中我们可以看出，随着消费的某商品的数量不断地增加，消费者从某商品中所获得的总效用不断地增加，同时每增加 1 单位某商品给他带来的效用增加量，即边际效用却是递减的。我们假定这一消费者货币的边际效用为 $\lambda=2$，即表示该消费者愿意拿 1 元货币去换取能给他带来 2 个效用单位满足程度的商品。由此可得，第 1 个某商品给消费者带来 16 个效用单位，此时他愿意拿 8 元货币去换取；第 2 个某商品给消费者带来 12 个效用单位．此时他愿意拿 6 元货币去换取；第 3 个某商品给消费者带来 8 个效用单位，此时他愿意拿 4 元货币去换取。以此类推，我们可以得出该消费者愿意换取每一单位某商品的货币数量，如表 3－4 中第四栏所示。

我们也可以根据表 3－4 从基数效用论的角度推导出需求曲线，如图 3－2 所示。

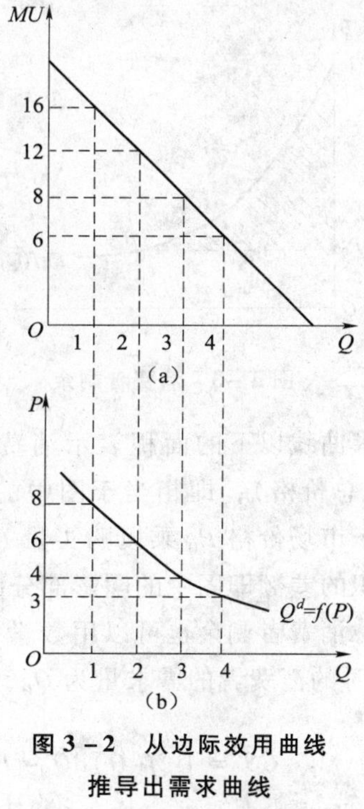

图 3－2　从边际效用曲线推导出需求曲线

图 3－2（a）表示的是消费的某商品数量与每一单位某商品带来的边际效用之间的关系。我们再把与每一单位某商品对应的效用换算成货币，便得到图 3－2（b）中消费数量与需求价格之间的关系，即某商品的需求曲线。

由以上分析我们可得出商品的需求价格与其边际效用之间存在如下关系：

$$P=\frac{MU}{\lambda} \tag{3.22}$$

即商品的需求价格与边际效用呈正方向变动关系。

图 3－2（b）中横轴表示商品的数量，纵轴表示商品的价格，需求曲线 $Q^d=f(P)$ 是向右下方倾斜的。这表示商品的需求量随商品的价格的上升而减少，随着商品的价格的下降而增加，即商品的需求量与商品的价格呈反向变动关系。

就这样，基数效用论者在对消费者行为的分析中，运用边际效用递减规律的假定和消费者效用最大化的均衡条件，解释了单个消费者的需求曲线向右下方倾斜的原因。需求曲线表示在不同的价格水平上消费者愿意并能够购买的商品量，它实际上是用消费者愿意支付的货币来表示购得商品的边际效用。需求曲线上的每一点都是满足消费者均衡的商品价格—需求量的组合点。

七、消费者剩余

消费者剩余（Consumer Surplus）是消费者愿意为某种物品支付的价格与他购买该物品时实际支出的差额。这一概念是 19 世纪末、20 世纪初英国经济学家 A · 马歇尔（A · Marshall）提出来的。消费者剩余是边际效用递减的直接结果。

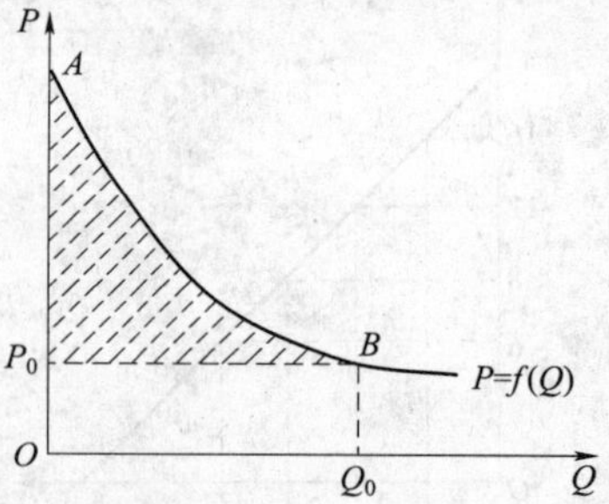

图 3－3　消费者剩余

消费者剩余可以用几何图形来表示。简单地说，消费者剩余可以用消费者需求曲线以下、市场价格线之上的面积来表示，如图 3－3 中的阴影部分面积所示。具体地看，在图 3－3 中，需求曲线以反需求函数的形式 $P=f(Q)$ 给出，它表示消费者对每一单位商品所愿意支付的最高价格。假定市场价格为 P_0，消费者的购买量为 Q_0。那么，根据消费者剩余定义，我们可以推断，在产量 0 到 Q_0 区间需求曲线以下的面积表示消费者为购买 Q_0 数量的商品所愿意支付的最高金额（即总价格），即相当于图中的面积 $OABQ_0$；而实际支付的总金额（即总价格）等于市场价格 P_0 乘以购买量 Q_0，即相当于图中的矩形的面积 OP_0BQ_0。这两块面积的差额即图中的阴影部分面积 P_0AB，也就是消费者剩余。

消费者剩余也可以用数学公式来表示。令反需求函数为 $P=f(Q)$，价格为 P_0 时的消费者的需求量为 Q_0，则消费者剩余为：

$$CS=\int_0^{Q_0} f(Q)\,\mathrm{d}Q-P_0Q_0 \tag{3.23}$$

式（3.23）中，*CS* 为消费者剩余的英文缩写，式子右边的第一项即积分项表示消费者愿意支付的最高总金额，第二项表示消费者实际支付的总金额。

消费者剩余只是一种心理感受，而不是实际收入的增加。这是经济分析抽象出的概念。消费者对于这种现象最明显的感觉是大量购买时的优惠价，这时他真正感觉到自己得到了消费者剩余。另外，生活必需品的消费者剩余大，因为消费者对这类物品的效用评价高，愿付出的价格也高，但这类物品的实际价格一般并不高。消费者剩余的概念常常被用来研究消费者福利状况的变化，以评价政府的公共支出与税收政策等。

第三节　序数效用理论

一、消费者偏好假定

消费者偏好是指消费者对一种或一组商品的喜好程度，并根据其意愿对可供消费的一种或一组商品进行排序。简单地说，所谓偏好，就是消费者对其所消费的商品喜爱或不喜爱的程度。对于每一个消费者来说，他消费的不可能只有一种商品，而是由几种商品所形成的商品组合。通常，把消费者所可能选择的商品组合称为商品束。

决定一个消费者行为的最重要因素是他的偏好或选择。在现实生活中存在这样的情况：有些人喜欢吃得好一些，有些人喜欢穿得好一些。很显然，个人偏好的不同会使得每个人对购置物品做出不同的决定。在这一节，我们将介绍经济学家对消费者偏好或选择的三个基本假设，这也就是效用的基本假设，又称消费者理论的公理（Axiom）。

第一个假设：完备性。完备性是指理性的消费者总是可以排列出其对商品的各种组合的偏好顺序。假设某消费者面前有两种物品（食品和衣着）不同的数量组合，一种组合 a 是 3 个单位的食品和 2 个单位的衣着，另一种组合 b 是 2 个单位的食品和 3 个单位的衣着。消费者的偏好可以对 a、b 这两种物品组合做出比较。比较可有三种结果：他喜爱 a 超过 b；他喜爱 b 超过 a；a 和 b 对他来说是无差异的。这一假设是消费者行为理论背后的关键假设。

第二个假设：传递性。传递性是指理性消费者的消费行为逻辑必须一致。假设有三种不同的物品组合：a、b 和 c，c 是 5 个单位的食品。就某消费者的喜爱来说，如果他以为 a 超过 b，而 b 又超过 c，则 a 一定是超过 c。这是一种情况。另一种情况是：如果消费者认为，a 与 b 无差异，而 b 与 c 又无差异，则 a 与 c 一定无差异。以上说明，消费者的选择是可以传递的。如果有人说，我喜爱 a 超过 b，又喜爱 b 超过 c。但他又说，我喜爱 c 超过 a，那么，他的话前后矛盾。在我们的分析中要把这种非理性行为排除在外。

第三个假设：非饱和性。非饱和性是指理性消费者总是喜欢更多的商品而不是更少的商品，即多多益善。具体来说，如果在得到更多的商品或服务的同时，消费者自己并没有失去什么，那么该消费者就会感觉自己的状况正在变得更好。

这三个假定构成了消费者理论的基础。它们并没有阐明消费者的偏好，但它们的确使得这些偏好具有某种程度的合理性。在这些假定的基础上，我们就可以探讨消费者的行为了。

二、无差异曲线及其特征

序数效用论的主要分析工具是无差异曲线，用序数效用对消费者行为进行分析也叫做无差异曲线分析。为了分析上的直观简便，我们假设消费者只消费两种商品。

（一）无差异曲线的定义

无差异曲线（Indifference Curve）是表示两种物品不同数量的组合给消费者带来完全相等效用的一条曲线，又称为等效用线。也就是说，该曲线上的点所代表的个人偏好程度是无差异的。

例如，现在有巧克力和饼干两种物品，它们有4种组合方式，这4种组合方式给消费等带来的效用是完全相同的，如表3－5所示。

表3－5　　某消费者的无差异表

组合方式	X（巧克力）	Y（饼干）
A	1	5
B	2	3
C	3	2
D	4	1.5

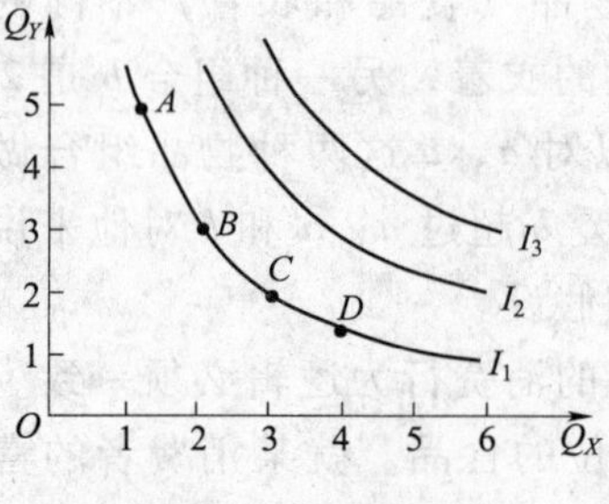

图3－4　无差异曲线

把这些组合方式用图3－4反映出来，图中的横轴表示Q_X（巧克力）的数量，纵轴表示Q_Y（饼干）的数量，A、B、C、D代表着不同数量的商品X和商品Y的消费组合。如果这些消费组合能够给消费者带来相同的效用，将它们连成平滑的曲线，就是一条无差异曲线。由于这条曲线上的各点代表着相同的效用水平，无差异曲线也被称为等效用线。在两种商品数量的坐标平面中，应该有无数条这样的无差异曲线。

无差异曲线的函数形式称为效用函数，U表示某一商品组合给消费者带来的效用水平，即消费者满足程度的水平，或消费者偏好的水平。如果消费者只消费两种商品，两种商品的消费数量分别为Q_X，Q_Y，则效用函数为：

$$U=f(Q_X, Q_Y)=U^0 \tag{3.24}$$

式（3.24）中 U^0 为一个常数，表示一个不变的效用水平。该效用函数有时也被称为等效用函数。

（二）无差异曲线的特征

根据消费者偏好的三个基本假定，可以推导出无差异曲线应该具有以下四个方面的特征。

（1）无差异曲线的斜率为负。无差异曲线上的点具有相同的效用水平，为了保持效用水平的一致，增加一种商品的消费就必然要减少另一种商品的消费，所以，无差异曲线体现了两种商品之间的替代关系，应该是负斜率的。当然，对于某些特殊的商品，无差异曲线斜率并非一定是负数，如商品组合中存在无用的商品或者令人厌恶的商品时，这些情况读者可以自己思考。

（2）距离原点越远的无差异曲线所代表的效用水平越大。距离原点越远的无差异曲线代表着消费组合中包含着更多的商品数量，所以效用水平也就越高。如图 3-4 中，$I_1 < I_2 < I_3$。

（3）任意两条无差异曲线不能相交。如图 3-5 所示，假设无差异曲线 I_1 与 I_2 交于 B 点，B 点和 C 点分别位于 I_1 和 I_2 曲线上。由于 A 点与 B 点的效用是无差异的，A 点和 C 点的效用是无差异的，根据传递性假定 B 点和 C 点的效用也是相等的。但在图中可以明显看出，B 组合中无论哪种商品的数量都超过 C 组合，根据非饱和性假定，B 组合的效用应大于 C 组合的效用，这与刚才得出的结论相矛盾，因此任意两条无差异曲线是不可能相交的。

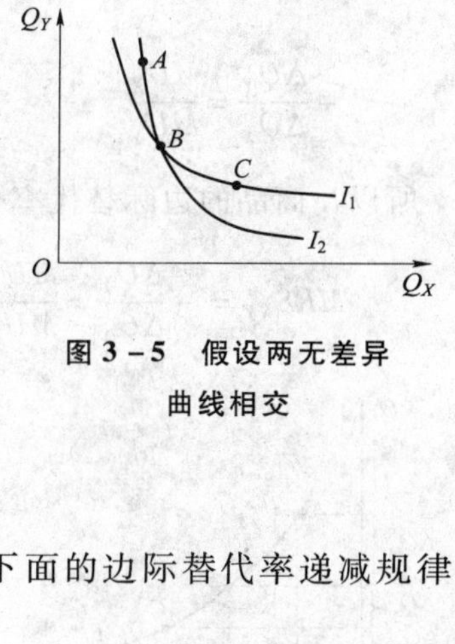

图 3-5　假设两无差异曲线相交

（4）无差异曲线是凸向原点的。这一点将在下面的边际替代率递减规律中详细说明。

（三）边际替代率和边际替代率递减规律

1. 商品的边际替代率

无差异曲线说明当消费者增加对一种商品的消费时，为了维持效用的不变，他必须减少对另一种商品的消费数量。为了描述这种替代关系，序数效用论者提出了边际替代率（Marginal Rate of Substitution，*MRS*）这一概念。边际替代率可以表述为在维持效用水平不变的条件下，消费者增加消费一单位某种商品，不得不放弃的另一种商品的消费数量。商品 X 对商品 Y 的边际替代率可以表示为：

$$MRS_{XY}=-\frac{\Delta Q_Y}{\Delta Q_X} \tag{3.25}$$

MRS_{XY}表示商品 X 对商品 Y 的边际替代率，也就是增加一单位 X 商品的消费所放弃的商品 Y 的消费量。由于商品的变化一个是增加量，一个是减少量，因此为了保证计算结果是正数，需在公式前加一个负号。当商品数量的变化趋于无穷小时，边际替代率公式为：

$$MRS_{XY} = -\lim_{\Delta Q_X \to 0}\frac{\Delta Q_Y}{\Delta Q_X} = -\frac{dQ_Y}{dQ_X} \tag{3.26}$$

显然，无差异曲线上某一点的边际替代率就是无差异曲线在该点的斜率的绝对值。

另外，还可以把商品的边际替代率表示为两种商品的边际效用之比。根据无差异曲线的定义，在同一条无差异曲线上的不同商品组合，将给消费者带来相等的效用。如果用 X 商品替代 Y 商品，X 商品的增加必然导致 Y 商品的减少，并且由于 X 商品的增加所发生的效用变化量 $\Delta Q_X \cdot MU_X$ 必定等于由于 Y 商品减少所发生的效用变化量 $\Delta Q_Y \cdot MU_Y$，即两者所构成的总效用不变，于是就有：

$$\Delta Q_X \cdot MU_X + \Delta Q_Y \cdot MU_Y = 0 \tag{3.27}$$

或

$$-\frac{\Delta Q_Y}{\Delta Q_X} = \frac{MU_X}{MU_Y} \tag{3.28}$$

所以，商品的边际替代率也可以写成：

$$MRS_{XY} = -\frac{\Delta Q_Y}{\Delta Q_X} = \frac{MU_X}{MU_Y} \tag{3.29}$$

2. 商品的边际替代率递减规律

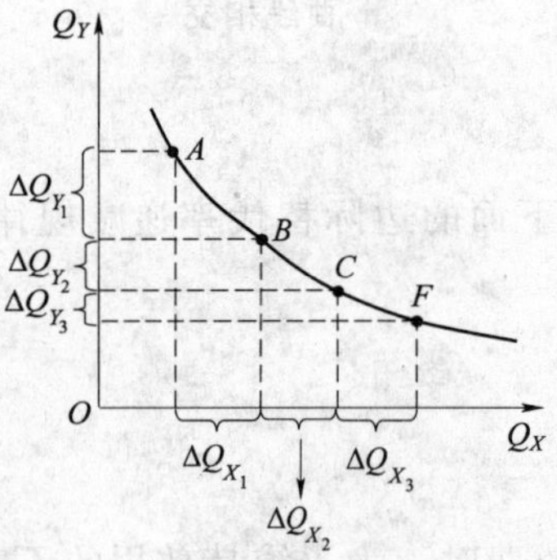

图 3－6　商品的边际替代率递减规律

在图 3－6 中，消费者沿着无差异曲线由 A 点到 B 点、C 点，最后到 F 点，即该消费者连续、等量地增加商品 X 的消费，即 $\Delta Q_{X_1} = \Delta Q_{X_2} = \Delta Q_{X_3}$，消费者为了得到每一单位商品 X，所需放弃的商品 Y 的消费量是越来越少，即 $\Delta Q_{Y_1} > \Delta Q_{Y_2} > \Delta Q_{Y_3}$。商品边际替代率的这个特点是消费者行为理论的中心假设，被称为商品的边际替代率递减规律。商品的边际替代率递减规律是指在维持效用水平不变的前提下，随着一种商品消费数量的连续增加，消费者为了得到每一单位的这种商品所需要放弃的另一种商品的消费数量是递减的。

边际效用递减规律的作用如图 3－6 所示，当消费者消费处于 A 点的 X 与 Y 的商品组合时，会出于拥有较少数量的 X 商品而对每一单位的 X 商品较为偏好，同时，会由于拥有较多的 Y 商品而对每一单位 Y 商品的偏好程度较低。于是，这时消费者愿意以比较多数量的 Y 商品换取每一单位的 X 商品，即 A 点代表的商品的边际替代率比较大。但是，随着消费者由 A 点逐渐沿该既定的无差异曲线移动到 B、C 或 F 点，其所拥有的 X 商品会越来越多，相应地，对每一单位 X 商品的偏好程度会越来越低；与此同时，随着消费者拥有的 Y 商品的数量越来越少，其对每一单位 Y 商品的偏好程度越来越高。这样，每一单位的 X 商品所能替代的 Y 商品的数量会越来越少，即 MRS_{XY} 越来越少。由于边际替代率递减规律的作用，无差异曲线的斜率也是递减的，因此无差异曲线是凸向原点的。

（四）两种特殊的无差异曲线

对一般的无差异曲线来说，其商品的边际替代率呈递减规律，由边际替代率递减规律决定的无差异曲线的形状是凸向原点的，这是无差异曲线的一般形状。现在，我们来考察两种极端情况下无差异曲线的形状（如图 3 – 7 所示）。

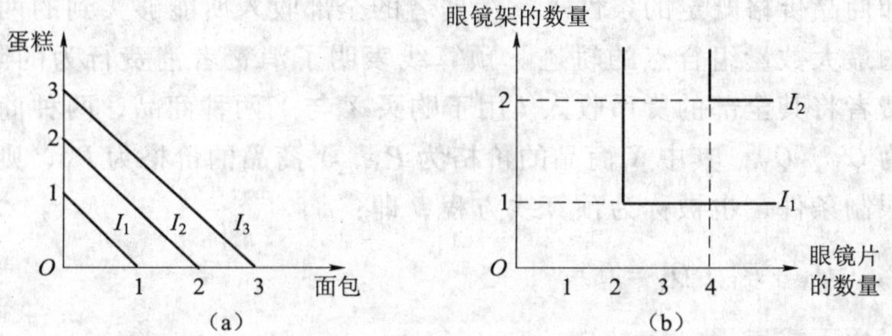

图 3 – 7　完全替代品和完全互补品的无差异曲线

如果两种商品是完全替代的，则相应的无差异曲线为一条斜率不变的直线。例如，一个面包总是能完全替代一块蛋糕，即两者总是可以以 1:1 的比例相互替代的。相应的无差异曲线如图 3 – 7（a）所示。此时两种商品之间的 MRS_{XY} 为一个常数，直线的斜率的绝对值就是两种商品之间相互替代的比率。

若两种商品是互补品，则相应的无差异曲线呈直角形状。例如，一副眼镜架必须和两片眼镜片同时配合，才能构成一副可供使用的眼镜。相应的无差异曲线如图 3 – 7（b）所示。与横轴坐标平行的无差异曲线部分的 $MRS_{XY}=0$，即此时消费者不会放弃任何一副眼镜架去换取额外的眼镜片；与纵轴平行的无差异曲线部分的 $MRS_{XY}=\infty$，即此时消费者会放弃所有超量的眼镜架，而只保留一副眼镜架与两片眼镜片相匹配。

重要问题

消费品的边际替代率递减有何理论基础？

边际替代率 MRS_{XY}（用 X 替代 Y）是指消费者在维持自己的效用水平不变的

情况下，为多得到一单位 X 的愿意放弃的 Y 的数量。MRS_{XY} 是递减的。因为随着 X 商品数量的消费数量逐渐地增加，增加的每一单位 X 的效用（即边际效用）是递减的。假定 Y 的边际效用不变，为了保持总效用不变，每单位 X 商品替代的 Y 商品的量也是不断减少的。而实际上，如果所消费的 Y 商品量减少，其边际效用会递增，这样，每单位 X 商品能替代的 Y 商品的量就递减得更快。可见，MRS_{XY} 是递减的，其根本原因在于随着商品消费量的增加，边际效用递减。

三、预算线

（一）预算线与预算线方程

消费者的消费行为追求的目标是效用最大化，但是，效用最大化目标的实现受到两个方面的约束：一是消费者的收入水平，二是商品和劳务的价格水平。

预算线（Budget Line），亦称消费者可能线、预算约束线，是指在消费者的货币收入和商品价格既定的条件下，消费者的全部收入所能够买到的两种商品的所有可能的最大数量组合点的轨迹。预算线表明了消费者消费行为的限制条件。假定某消费者将其全部的货币收入 I 用于购买 X 与 Y 两种商品，两种商品的消费数量分别为 Q_X，Q_Y，其中 X 商品的价格为 P_X，Y 商品的价格为 P_Y，则消费者消费行为的限制条件，也被称为预算线方程，即：

$$P_X \cdot Q_X + P_Y \cdot Q_Y = I \tag{3.30}$$

也可以用下式表示：

$$Q_Y = -\frac{P_X}{P_Y} \cdot Q_X + \frac{I}{P_Y} \tag{3.31}$$

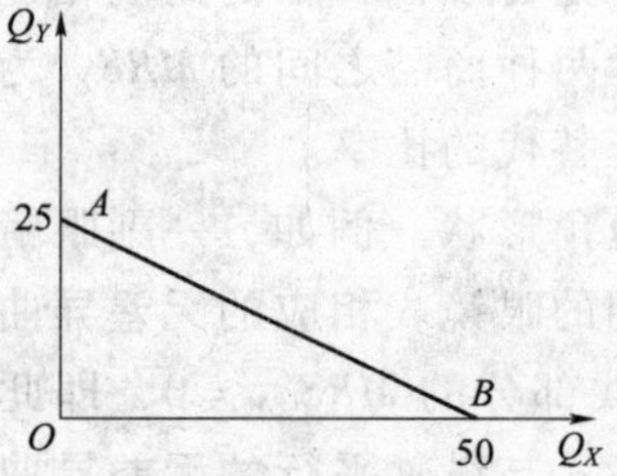

图 3－8　预算线

假定 $I = 100$ 元，$P_X = 2$，$P_Y = 4$，带入（3.30）式得：$2Q_X + 4Q_Y = 100$。根据此式可以在坐标图中画一条直线，如图 3－8 所示。

在图 3－8 中，横轴表示 X 商品的购买数量，纵轴表示 Y 商品的购买数量。直线 AB 就是一条预算线，该直线上的每一点均代表消费者将收入分配于 X 及 Y 两物品消费上的一种预算。

从图 3－8 中我们可以看出，预算线将整个消费空间划分为三个部分，预算线 AB 右上方的区域内任意一点是消费者利用全部收入都不可能实现的商品购买组合，所以是消费不可能区域；预算线 AB 左下方的区域内的任意一点表示消费者全部收入在购买该点商品组合以后还有剩余；唯有预算线 AB 上的任意一点，才是消费者全部收入刚好花完所能购买的商品组合点。预算线及预算线内的区域被称为消费者的预算可行区域。

另外，A 点表示消费者将全部的收入用于购买 Y 商品可以得到的最大数量，B 点表示消费者将全部的收入用于购买 X 商品可以得到的最大数量。

(二) 预算线的变动

从以上分析可知，预算线的形状是由消费者的货币收入 I 和商品的价格 P_X、P_Y 决定的。一旦 I、P_X、P_Y 给定，则预算线的位置也就确定了。然而，在现实生活中，价格 P 和收入 I 经常变化，下面我们来分析这些变化是如何影响预算线的。

第一种情况：两种商品的价格 P_X、P_Y 不变，消费者的收入 I 发生变化，这时相应的预算线的位置会发生平移。解释如下：因为 P_X、P_Y 不变意味着预算的斜率 $-P_X/P_Y$ 保持不变，于是 I 的变化只能使预算线的横纵截距发生变化，也就使得预算线向左或向右平移，如图 3-9（a）所示。

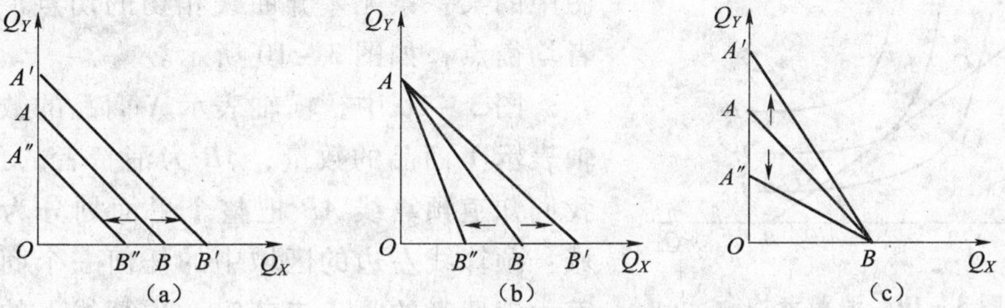

图 3-9　预算线的变动

第二种情况：消费者的收入不变，两种商品的价格 P_X、P_Y 同比例、同方向发生变化，这时相应的预算线的位置也发生平移。解释如下：当 P_X、P_Y 同比例、同方向变化时并不影响预算线的斜率 $-P_X/P_Y$，而只能使预算线的横纵截距发生变化，如图 3-9（a）所示。

第三种情况：当消费者的收入不变，商品 X 的价格 P_X 发生变化而商品 Y 的价格 P_Y 保持不变，这里预算线的斜率会发生变化，预算线的横截距也会发生变化，但预算线的纵截距保持不变，如图 3-9（b）所示。同理，仅由商品 Y 的价格变化引起预算线的变化时，横截距保持不变而纵截距发生变化，如图 3-9（c）所示。

第四种情况：消费者的收入 I 与两种商品的价格 P_X、P_Y 都同比例、同方向发生变化，这时预算线不会发生变化。理由是：此时预算线的斜率以及预算线的截距都不会发生变化。它表示消费者的全部收入用来购买任何一种商品的数量都未发生变化。

但是，如果收入和价格变化的方向和数量比例皆不相同，则情况比较复杂，此时可以结合前面几种情况来具体分析，这里不再赘述。

四、序数效用论的消费者均衡

(一) 消费者均衡及其均衡条件

我们已经假定消费者的行为是追求效用最大化。消费者均衡是消费者达到效用最大化时的一种相对静止状态。消费者怎样才能达到效用最大化呢？消费者把其既定货币收入用于购买 X 与 Y 两种商品，那么消费者从 X 与 Y 两种商品的消费中获得效用最大化的必要条件是两种商品的边际效用之比等于它们的价格之比，即$\frac{MU_X}{MU_Y}=\frac{P_X}{P_Y}$。这个条件在基数效用论中已经做过介绍。

用序数效用理论分析，无差异曲线表示了消费者对不同商品组合的主观态度，而预算线则显示了消费者在其货币收入和商品价格的约束下所可能购买到的商品数量的客观范围。为了说明消费者均衡的情况，必须把消费者的无差异曲线和预算线结合起来考虑。或者说，只有消费者的主观愿望与其面对的客观现实相符合时，才能实现消费者均衡。

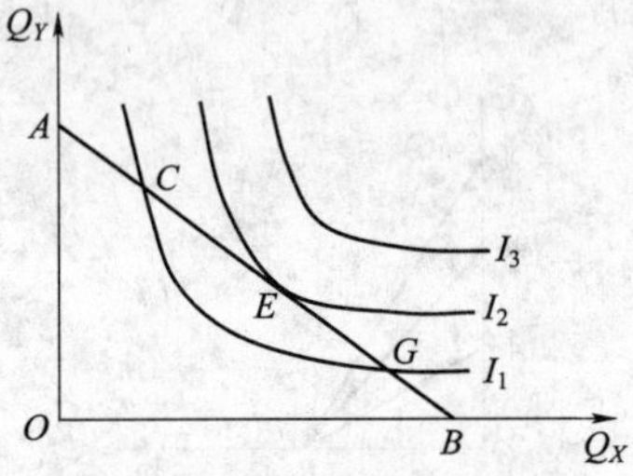

图 3－10　消费者均衡

一般认为，消费者预算线与其无差异曲线图中的某一条无差异曲线相切的切点，即消费者均衡点，如图 3－10 所示。

图 3－10 中，横轴表示 X 商品的数量，纵轴表示 Y 商品的数量，AB 为消费者的预算线。我们知道预算线 AB 把整个平面划分为三个区域：预算线左边的区域中的任何一个商品组合表示消费者的收入未花完；预算线上的任何一个商品组合表示消费者的收入刚好用完；预算线右边的区域中的任何一个商品组合表示在消费者的收入范围之内无法实现。

再分析无差异曲线，对于消费者来说，会有无数条无差异曲线表明他对两种商品偏好的全部情况。为了简便起见，在图 3－10 个只画出 I_1、I_2、I_3 三条无差异曲线，代表消费者的偏好，而且三条线代表的效用关系 $I_1 < I_2 < I_3$；无差异曲线 I_3 的效用水平最高，虽然消费者追求的目标是效用最大化，但是无差异曲线 I_3 上任何一个商品组合都是落在预算线 AB 右边的区域，即表明消费者无法实现 I_3 的效用水平。无差异曲线 I_1 与预算线 AB 相交于 C、G 两点，CG 弧段上任何一个商品组合落在预算线 AB 左边的区域，即表明获得 I_1 的效用水平消费者的收入还有剩余。对于 C、G 两点来说，消费者的收入刚好用完，并且获得的效用水平为 I_1。但是，若消费者能改变购买组合，选择 AB 线段上位于 C 点右边或 G 点左边的任何一个组合，则都可以达到比 I_1 更高的无差异曲线，以获得比 C 点和 G 点更大的效用水平。这种沿着 AB 线段由 C 点往右和由 G 点往左的运动，最后必定会达到一种状态，任何改变都不可能再使效用水平提高，而只会使其减少，即如 E 点所示。显然，只有当既定的预算线 AB 和无差异曲线 I_2 相切于 E 点时，消费者才在既定的预算约束条件下获得最大的满足。故 E 点就是消费者实现效用最大化的均衡点。

在图 3－10 中，消费者均衡点 E 点既是预算线 AB 上的一点，又是无曲线上 I_2 的一点。因此，若将 E 点视作无差异曲线上的一点，在该点处无差异曲线的斜率为：

$$-MRS_{XY}=\frac{\mathrm{d}Q_Y}{\mathrm{d}Q_X}=\frac{MU_X}{MU_Y} \qquad (3.32)$$

若将 E 点视作预算线上的一点，在该点处预算线的斜率为：

$$\frac{dQ_Y}{dQ_X}=-\frac{P_X}{P_Y} \tag{3.33}$$

由（3.32）式和（3.33）式推得在 E 点处有：

$$MRS_{XY}=-\frac{dQ_Y}{dQ_X}=\frac{MU_X}{MU_Y}=\frac{P_X}{P_Y} \tag{3.34}$$

或者

$$\frac{MU_X}{P_X}=\frac{MU_Y}{P_Y} \tag{3.35}$$

（3.34）和（3.35）式表明达到消费者均衡的条件是：边际替代率等于两种商品的价格之比，或者说消费者在购买每一种商品时所花费的最后一单位货币的边际效用均相等。显然，这个结论与前面我们进行的消费者均衡条件的理论推导的结论是一致的。

（二）价格变化对消费者均衡的影响

1. 收入—价格曲线

在上面的消费者均衡分析中，我们都是假定消费者的偏好、个人收入和商品的价格不变，但是，实际上这三个因素都有可能发生变化，而且只要其中有一个因素变化就会导致无差异曲线或者预算线的变动，从而形成新的消费者均衡，导致消费者均衡点的变化。因此，这部分的分析属于比较静态分析。

在其他条件均保持不变的情况下，一种商品的价格变化会引起消费者购买行为的变化，即会使消费者效用最大化的均衡点的位置发生变化，并由此可推导出“价格—消费曲线”。所谓价格—消费曲线（Price Consumption Curve）是在消费者的偏好、收入以及其他商品的价格不变的条件下，与某一种商品的不同价格水平相联系的消费者效用最大化的均衡点的轨迹。具体以图 3－11 来说明价格—消费曲线的形成。

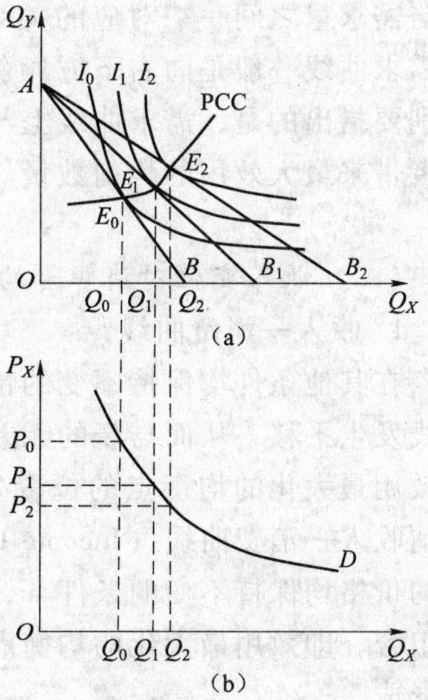

图 3－11　价格—消费曲线和消费者的需求曲线

在图 3－11（a）中，横轴代表 X 商品的消费数量，纵轴代表 Y 商品的消费数量。首先，假定 X 商品的初始价格为 P_0，相应的预算线为 AB，AB 与无差异曲线 I_0 的相切点 E_0 为均衡点。现假定消费者的收入水平、Y 商品的价格、消费者的偏好均保持不变，仅 X 商品的价格由 P_0 下降到 P_1，则预算线将由 AB 变为 AB_1，此时消费者均衡点不再是 E_0，而是预算线 AB_1 与代表更高水平的无差异曲线 I_1 的相切点 E_1；同理，当商品 X 的价格再由 P_1 下降到 P_2 时，相应的预算线为 AB_2，消费者的均衡点为预算线 AB_2 与无差异曲线 I_2 的切点 E_2。以此类推，不难发现，随着商品 X 的价格不断变化，相应的消费者的最佳购买行为均衡点也不断发生移动，可以找到无数个类似于 E_0、E_1、E_2 这样的点，这些均衡点的轨迹就是价格—消费曲线，如图 3-11（a）所示的 PCC 曲线。

2. 消费者的需求曲线

前面我们已经用边际效用递减规律说明了需求量与价格的反方向变动关系。同样，我们也可以用无差异曲线的分析方法推导出需求曲线。借助已经得到的价格—消费曲线，在图 3-11（b）中，我们可以将价格—消费曲线转换为对于 X 商品的需求曲线。随着 X 商品价格的降低，预算线斜率的绝对值不断缩小，消费者的最佳购买行为均衡点不断发生变化，与此相对应的 X 商品的均衡购买量不断增加。当 X 商品的价格为 P_0 时，X 商品的均衡消费量为 Q_0，即 E_0 点对应的 X 商品的购买量；当 X 商品的价格为 P_1 时，X 商品的均衡消费量为 Q_1，即 E_1 点对应的 X 商品的购买量；当 X 商品的价格为 P_2 时，X 商品的均衡消费量为 Q_2，即 E_2 点对应的 X 商品的购买量。以此类推，与每一个价格水平相对应的都有一个对 X 商品的最佳购买数量。因此，可以在价格—数量坐标系中建立 X 商品的价格与需求量之间一一对应的关系，如图 3-11（b）所示。序数效用论者所推导的需求曲线一般是向右下方倾斜的，它表示商品的价格和需求量成反方向变化。特别要指出的是，需求曲线上与每一价格水平相对应的商品需求量都是可以给消费者带来最大效用的均衡数量。

（三）收入变化对消费者均衡的影响

1. 收入—消费曲线

在其他条件均保持不变的情况下，消费者的收入水平发生变化，就会导致预算线发生平移，从而与新的无差异曲线相切，改变消费者均衡状况，即会使消费者效用最大化的均衡点的位置发生变化，并由此可推导出“收入—消费曲线”。所谓收入—消费曲线（Income Consumption Curve）是指在消费者的偏好、各种商品的价格均保持不变的条件下，与消费者的不同收入水平相联系的最优商品购买量组合，即效用最大化的均衡点的轨迹。具体以图 3-12 来说明收入—消费曲线的形成。

在图 3-12（a）中，横轴代表 X 商品的消费数量，纵轴代表 Y 商品的消费数量。首先，假定消费者的初始收入水平为 M_0，相应的预算线为 AB，AB 与无差异曲线 I_0 的相切点 E_0 为均衡点。现假定 X 商品和 Y 商品的价格、消费者的偏好均保持不变，仅消费者的收入水平由 M_0 增加到 M_1，则预算线将由 AB 移到 A_1B_1，此时消费者均衡点不再是 E_0，而是预算线 A_1B_1 与代表更高水平的无差异曲线 I_1 的相切点 E_1；同理，当消费者的收入水平再由 M_1 增加到 M_2 时，相应的

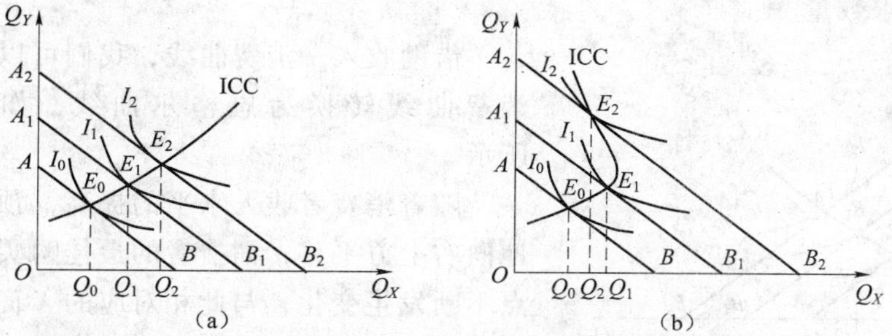

图 3－12　收入—消费曲线

预算线为 A_2B_2，消费者的均衡点为预算线 A_2B_2 与无关异曲线 I_2 的切点 E_2。以此类推，不难发现，随着消费者收入水平的不断变化，相应的消费者的最佳购买行为均衡点也不断发生移动，可以找到无数个类似于 E_0、E_1、E_2 这样的点，这些均衡点的轨迹就是收入—消费曲线，如图 3－12（a）所示的 ICC 曲线。从图 3－12（a）中可以看出，当消费者的收入发生变化，就会引起消费者均衡点的改变。但不管消费者的收入发生什么样的变化，只要是在收入—消费曲线上的任何一点，都表示与收入水平相对应的能获得最大化效用的商品最佳组合。

收入—消费曲线不仅反映收入变动后消费者对某种商品需求的变动情况，而且依据走势可以判断出商品的类别。在图 3－12（a）中，当收入—消费曲线向右上方倾斜时，意味着随着消费者收入水平的提高，消费者对商品 X 与商品 Y 这两种商品的购买量也同时增加，因此此时的商品 X 和商品 Y 都是正常物品。在图 3－12（b）中，采用与图 3－12（a）中相类似的方法，随着收入水平的连续增加，描绘出了另一条收入—消费曲线。但是图 3－12（b）中的收入—消费曲线是向后弯曲的，它表示：随着收入水平的增加，消费者对商品 X 的需求量开始是增加的，但当收入上升到一定水平之后，消费者对商品 Y 的需求量反而减少了。这说明，在一定的收入水平上，商品 X 由正常品变成了劣等品。我们可以在日常经济生活中找到这样的例子。譬如，对某些消费者来说，在收入水平较低时，土豆是正常品；而在收入水平较高时，土豆就有可能成为劣等品。因为，在他们变得较富裕的时候，他们可能会减少对土豆的消费量，而增加对其他食物的消费量。

另外，当收入—消费曲线向左上方倾斜时，我们可以判断，随着消费者收入水平的提高，消费者对商品 Y 的消费量增加的同时，对商品 X 的消费呈下降状态，因而商品 X 就是劣等物品，商品 Y 仍然是正常物品。

需要指出的是，认为一种商品必须永远属于正常物品或劣等物品是没有道理的。如图 3－11（b）中的 ICC 曲线表明，在较低的收入水平上一种商品属于正常商品，而在较高的收入水平上它属于劣等商品。

2. 恩格尔曲线

利用收入—消费曲线我们可以描绘出消费者的收入水平与消费者对某种商品的最优购买量之间一一对应的关系，即我们可以导出“恩格尔曲线”。恩格尔曲线（Engel Curve）是指在其他条件不变的情况下，消费者在每一收入水平对某种商品的需求数量。

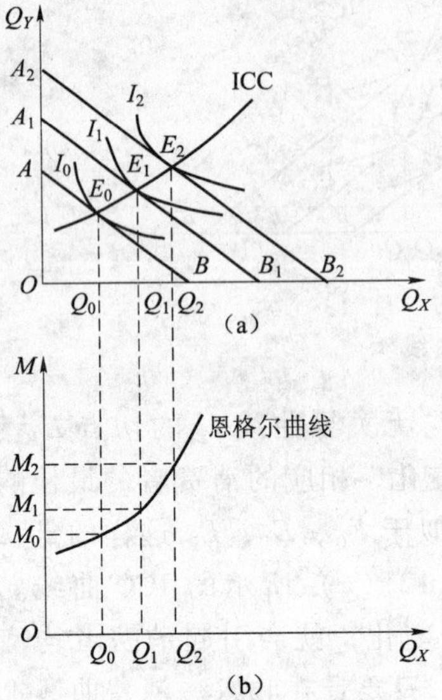

图 3－13　收入—消费曲线与恩格尔曲线

借助收入—消费曲线，我们可以将收入—消费曲线转换为恩格尔曲线，如图 3－13 所示。

随着消费者收入水平的提高，预算线不断地向右上方平移，消费者的最佳购买行为均衡点不断发生变化，与此相对应的 X 商品的均衡购买量也不断变化。当消费者的收入水平为 M_0 时，X 商品的均衡消费量为 Q_0，即 E_0 点对应的 X 商品的购买量；当消费者的收入水平为 M_1 时，X 商品的均衡消费量为 Q_1，即 E_1 点对应的 X 商品的购买量；当消费者的收入水平为 M_2 时，X 商品的均衡消费量为 Q_2，即 E_2 点对应的 X 商品的购买量。以此类推，与每一个收入水平相对应的都有一个对 X 商品的最佳购买数量。因此，可以在收入—数量坐标系中建立消费者的收入与消费量之间一一对应的关系，如图 3－13（b）所示。在恩格尔曲线上与每一收入水平相对应的商品需求量都是可以给消费者带来最大效用的均衡数量。

第四节　替代效应与收入效应

当一种商品的价格发生变化时，会对消费者产生两种影响：一是使消费者的实际收入水平发生变化。在这里，实际收入水平的变化被定义为效用水平的变化。二是使商品的相对价格发生变化。这两种变化都会改变消费者对该种商品的需求量。因此，这种变化可以被分解为替代效应和收入效应两个部分。本节将分别讨论正常物品和低档物品的替代效应和收入效应，并以此进一步说明这两类物品的需求曲线的形状特征。

一、替代效应和收入效应的含义

上一节我们分别考察了价格和收入变动对商品需求量的影响。事实上，这两种变动对消费者需求的影响往往是不可分割的。当价格发生变化时，即使货币收入不变，消费者的实际购买力，或者说实际收入也会发生相应的变化。在图 3－14 中，当商品 X 的价格从 P_1 下降到 P_2 时，商品 X 的需求量便从 Q_1 增加到 Q_2，所增加的需求量 Q_1Q_2 是价格变动的结果，被称为价格效应，也被称为总效应。价格效应是指在其他条件不变的情况下，某一种商品价格下降（或上升）

后，消费者从一个均衡点移到另一个均衡点时对该商品需求量的总变动。

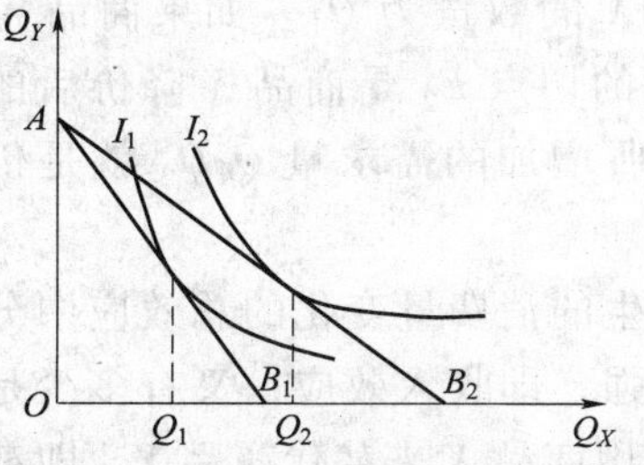

图 3－14 价格效应

对图 3－14 进一步分析我们就会发现，增加的需求量是两种因素共同作用的产物：一是商品 X 的价格下降后，虽然商品 Y 的价格不变，相对于下降了的商品 X 的价格，商品 Y 的价格相对提高，消费者势必会用商品 X 来替代价格相对提高的商品 Y，从而增加了对商品 X 的需求量；反之，如果商品 X 的价格上涨，则消费者必然用商品 Y 来替代商品 X。二是商品 X 的价格下降，提高了消费者的实际购买力，进而使消费者以等量的货币支出能购买更多的商品 X，对商品 X 的需求增加了；反之，如果商品 X 的价格上涨，则降低了消费者的实际购买力，使等量的货币支出能购买到的商品 X 减少，对商品 X 的需求减少。前一种影响被称为替代效应，而后一种影响则被称为收入效应。这样由一种商品价格变动所引起的该商品需求量变动的总效应可以被分解为替代效应和收入效应两个部分，即总效应 = 替代效应 + 收入效应。

替代效应（Substitution Effect）是指在实际收入不变的条件下，由商品的价格变动引起商品的相对价格变动，进而由商品的相对价格变动引起商品需求量的变动。显然替代效用不考虑实际收入水平变动的影响，所以替代效应不改变消费者的效用水平。

收入效应（Income Effect）是指在名义收入不变的情况下，由商品的价格变动引起实际收入水平变动，进而由实际收入水平变动引起商品消费量的变动。收入效应表示消费者的效用水平发生变化。

在现实生活中，对不同的商品来说，价格变化所包含的收入效应和替代效应不仅有大小之分，而且有正负之分，即影响的方向不同。正是由于收入效应和替代效应的多样化，构成了千差万别的商品需求。下面我们分别分析不同类型商品的替代效应和收入效应。

二、正常商品的替代效应与收入效应

正常商品（Normal Goods）就是消费数量与消费者的收入水平呈同方向变化，即消费的正常商品随着消费者收入水平的提高而增加，随着消费者收入水平的下降而减少。

下面我们就分析正常商品的替代效应和收入效应：假设有两种商品 X 和 Y，其价格分别为 P_X 和 P_Y，再假定商品 X 为正常商品。如图 3－15 所示，横轴代表商品 X 的消费数量，纵

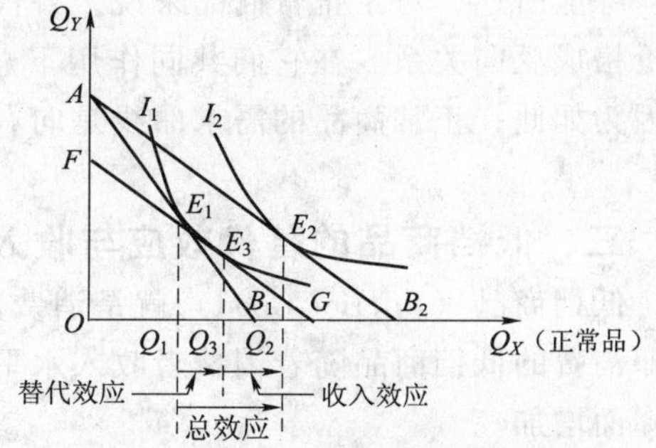

图 3－15 正常商品的替代效应与收入效应

轴代表商品 Y 的消费数量，商品 X 降价前的预算线为 AB_1，无差异曲线为 I_1，两者的切点 E_1 为消费者均衡点，消费者购买商品 X 的数量为 Q_1。如果商品 X 降价，则预算线变为 AB_2，和相应的无差异曲线 I_2 的切点 E_2 是商品 X 降价后的消费者均衡点，消费者购买商品 X 的数量为 Q_2，所增加的需求量 Q_1Q_2 就是价格效应。

现在关键的问题在于：如何从价格下降所产生的消费量变化的总效应中分解出所增加的需求量中有多少是产生于购买力的增强，即收入效应；又有多少是由于商品 X 相比以前变得相对便宜而使消费者愿意用商品 X 来替代商品 Y，即替代效应。

为把价格效应分解为替代效应和收入效应，可引入补偿预算线这一分析工具。补偿预算线是用来表示以假设的货币收入的增减来维持消费者的实际收入水平不变的一种分析工具。具体地说，在商品价格下降引起消费者的实际收入水平提高时，假设可以取走消费者的一部分货币收入。以使消费者的实际收入维持原来的水平，则补偿预算线在此就可以用来表示使消费者的货币收入下降到只能维持原有的无差异曲线的效用水平。相反，在商品价格上升引起消费者的实际收入水平下降时，假设可以对消费者的损失给予一定的货币收入补偿，以使消费者的实际收入维持原有的水平，则补偿预算线在此就可以用来表示使消费者的货币收入提高到得以维持原有的无差异曲线的效用水平。

在图 3－15 中，首先我们分析替代效应：当商品 X 的价格由 P_1 下降到 P_2 时，预算线由 AB_1 变为 AB_2，为使消费者的实际收入维持原有的水平，我们可作一条平行于预算线 AB_2 且与无差异曲线 I_1 相切的补偿预算线 FG，即刚好使消费者回到原有的效用水平。补偿预算线 FG 与无差异曲线 I_1 的切点 E_3 即为剔除了实际收入水平变化影响以后的新的均衡点，E_3 点相对应的消费者购买商品 X 的数量为 Q_3，则 Q_1Q_3 就是替代效应，其符号为正。我们再把补偿预算线推回到 AB_2 的位置，即相当于把剔除的收入再放进去，这样消费者的实际收入水平就提高了，均衡点也从 E_3 点回复到 E_2 点。从均衡点 E_3 到均衡点 E_2 这个过程中对商品 X 的消费量的变化量 Q_3Q_2 是由于实际收入水平变化引起的，所以 Q_3Q_2 就是收入效应，其符号也为正，即总效应 $Q_1Q_2 = Q_1Q_3 + Q_3Q_2$。

综上所述，对于正常商品来说，替代效应与价格成反方向关系，收入效应也与价格成反向关系。在它们共同作用下总效应必定与价格成反方向的变动关系，正因为如此，正常商品的需求曲线是向右下方倾斜的。

三、低档商品的替代效应与收入效应

低档商品（Inferior Good）就是消费数量与消费者的收入水平成反方向变化，也即消费的低档商品随着消费者收入水平的提高而减少，随着消费者收入水平的下降而增加。

下面利用图 3－16 来分析低档商品的替代效应和收入效应。这里仍假定消费者消费两种商品 X 和 Y，但其中商品 X 是低档商品。在商品 Y 的价格 P_Y 和消费

者的收入水平 M 不变的条件下，当商品 X 的价格由 P_1 下降到 P_2 时，消费者的均衡点由 E_1 变为 E_2，商品需求量的增加量为 Q_1Q_2，Q_1Q_2 便是商品 X 的价格下降的总效应。作一条补偿预算线 FG 与 AB_2 平行并且与无差异曲线 I_1 相切于 E_3，从上述低档商品的定义我们可以看出，随着消费者实际收入水平的提高，低档商品 X 的消费量是减少的，也就是说消费者的补偿预算线 FG 与无差异曲线 I_1 的切点 E_3 在预算线 AB_2 与无差异曲线 I_2 的切点 E_2 的右侧，与 E_3 相对应的需求量为 Q_3。所以 E_1E_3 的水平距离 Q_1Q_3 即为替代效应，其符号为正；而 E_3E_2 的水平距离 Q_3Q_2 即为收入效应，其符号为负。

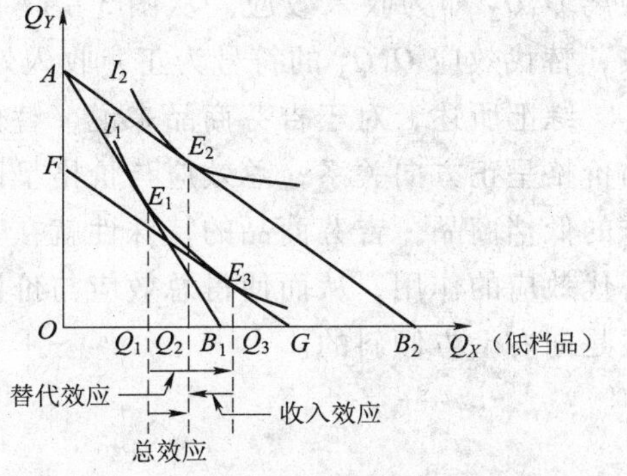

图 3-16　低档商品的替代效应与收入效应

综上所述，对于低档商品来说，替代效应与价格成反方向关系，而收入效应与价格成正方向关系。同时，一般认为，在大多数的场合，收入效应的作用不如替代效应的作用，所以总效应与价格成反方向关系，因此，低档商品的需求曲线是向右下方倾斜的。

但是，某些低档商品的收入效应的作用会大于替代效应的作用，因此会出现违反需求曲线向右下方倾斜的现象。这类商品就是吉芬商品，我们将在下面进行分析。

四、吉芬商品的替代效应与收入效应

吉芬商品（Giffen Goods）就是当价格下降时，该商品的需求量下降；而价格提高时，需求量增加。因为英国人吉芬首先发现了需求量与价格同方向变动的这种特殊商品，因此该商品被称为吉芬商品。

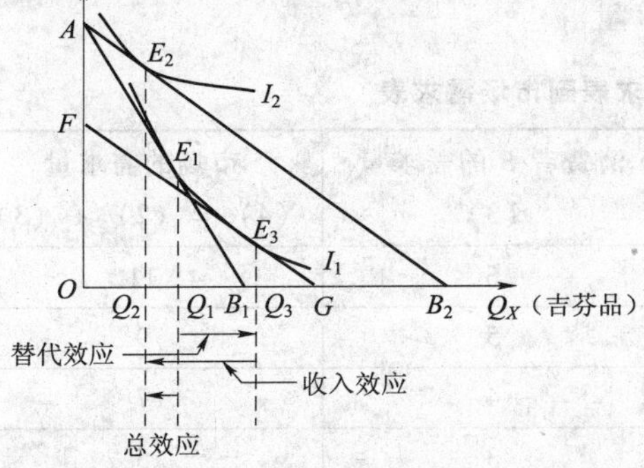

图 3-17　吉芬商品的替代效应与收入效应

图 3-17 分析了吉芬商品价格下降的替代效应和收入效应。假设商品 X 为吉芬商品，商品 Y 为正常商品。当商品 X 的价格下降时，预算线由 AB_1 变为 AB_2，价格下降前后的消费者的效用最大化的均衡点分别为 E_1、E_2，相应的商品需求量的变化量 Q_1Q_2 就是总效应。同样，作一条补偿预算线 FG 与 AB_2 平行且与无差异曲线 I_1 相切于 E_3，则 E_1E_3 的水平距离 Q_1Q_3 即为替代效应，E_3E_2 的水平

距离 Q_3Q_2 即为收入效应。从图 3－17 中我们可以看出，总效应 Q_1Q_2 的符号为负，替代效应 Q_1Q_3 的符号为正，收入效应 Q_3Q_2 的符号为负。

综上所述，对于吉芬商品来说，替代效应与价格呈反方向关系，而收入效应与价格呈正方向关系，总效应与价格呈同方向关系。很显然，吉芬商品是一种特殊的低档商品，吉芬商品的特殊性就在于它的收入效应作用很大，以至于超过了替代效应的作用，从而使得总效应与价格呈同方向变动，因此吉芬商品的需求曲线是向右上方倾斜的。

第五节　从单个消费者的需求曲线到市场需求曲线

基数效用论和序数效用论各自从对单个消费者行为的分析中，推导出了单个消费者对某种商品的需求曲线。下面将在此基础上进一步推导市场需求曲线。市场需求总是某种商品在一定的价格前提下所有个人对该商品的需求数量的总和。从个人需求曲线引致出市场需求曲线的过程是很简单的。

假定在某种商品市场上有 n 个消费者，他们都具有不同的个人需求函数 $Q_i^d = f_i(P)$，$i = 1, 2, \cdots, n$，则该商品市场的需求函数为：

$$Q^d = \sum_{i=1}^{n} Q_i^d = \sum_{i=1}^{n} f_i(P) \tag{3.36}$$

可见，某种商品的市场需求量是每一个价格水平上的该商品的所有个人需求量的水平加总。由此可以推知，只要有了某商品的每个消费者的需求表或需求曲线，就可以通过加总的方法，得到该商品市场的需求表或需求曲线。

假设在某种商品市场上只有两位消费者（A 和 B）。表 3－6 列出了两个消费者在不同的价格条件下对某种商品的需求量。

表 3－6　　从单个消费者的需求表到市场需求表

商品价格 (1)	消费者 A 的需求量 (2)	消费者 B 的需求量 (3)	市场的需求量 (4) = (2) + (3)
0	5	6	11
1	4	5	9
2	3	4	7
3	2	3	5
4	1	2	3
5	0	0	0

如果将表中两个消费者在每一价格水平上各自的需求量相加，就可以得到市场的总需求量。例如，当某种商品的价格为 2 元时，市场总需求量是 3 + 4 = 7。

图 3 - 18 是根据表 3 - 6 绘制的需求曲线。图中的市场需求曲线是 A、B 两个消费者的需求曲线的水平加总，即在每一个价格水平上都有市场需求量 $Q^d = Q_A^d + Q_B^d$。

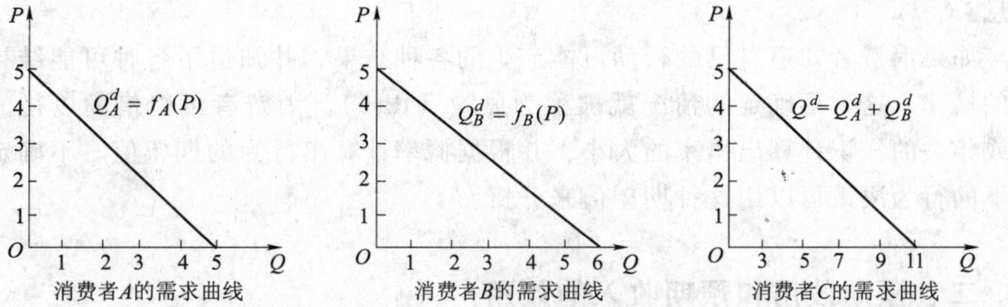

图 3 - 18　从单个消费者的需求曲线到市场需求曲线

据此，我们把单个消费者的需求函数和市场需求函数之间的关系表示为：

$$D(P) = \sum_{i=1}^{n} D_i(P) \qquad i = 1, 2, \cdots, n \tag{3.37}$$

式（3.37）中，$D_i(P)$ 为单个消费者的需求函数；$D(P)$ 为市场的需求函数。

由于市场需求曲线是单个消费者的需求曲线的水平加总，所以，如同单个消费者的需求曲线一样，市场需求曲线一般也是向右下方倾斜的。市场需求曲线表示某商品市场在一定时期内，在各种不同的价格水平上所有消费者愿意而且能够购买的该商品的数量。更重要的是，根据上述推导过程可知，市场需求曲线上的每个点都表示在相应的价格水平下可以给全体消费者带来最大的效用水平或满足程度的市场需求量。

第六节　不确定条件下的个人选择

无论是基数效用理论还是序数效用理论，都假定消费者进行决策的环境是确定的，但现实生活中存在着大量的不确定因素，消费者实际上是在具有风险的情况下进行选择。本节将介绍不确定情况下的消费者行为。

一、不确定性与风险

在前面的消费者行为分析中，我们隐含了完全信息的假设条件：人们对自己行为的后果是确知无误的。但生活中，行为可能会产生一种以上的结果，这就是不确定性。不确定性（Uncertainty）是指经济行为者在事先不能准确地知道自己的某种决策的结果，或者说，只要经济行为者的一种决策的可能结果不止一种，就会产生不确定性。不确定性产生可能是因为消费行为本身就具有不确定的因素，也可能是因为消费者的行为不是完全独立的，还可能是因为缺乏必要的信息。

如果消费者知道自己的行动可能产生的各种结果，并知道了各种可能结果发生的概率，这种不确定的情况就被称为风险（Risk）。消费者可以借助以往的经验或相关的知识计算出概率的大小，并根据概率计算出行为的期望值。不确定情况下的行为决策可以用这种期望值来分析。

二、预期效用和预期收入的效用

我们先来看一个购买彩票的例子。假设某消费者手中持有 100 元的初始财富，不存在储蓄、证券等其他的投资增值渠道，只能在是否购买彩票上进行选择。购买一张彩票的成本为 50 元，如果中彩可获得 200 元的奖金，否则就一无所获。在这里，如果消费者不买彩票，他的财富永远是 100 元，这是确定的。但如果他选择购买彩票，就会出现两种可能的结果：中奖，财富将达到 250 元；不中奖，消费者将损失 50 元。这就是不确定性。那么，该消费者是否应该购买彩票呢？

如果我们不知道中奖的概率，是否购买彩票的决策是无法做出的。给出中奖的概率，就能计算出购买彩票的预期收入，从而存在了比较的可能性。假定中奖的概率是 25%，我们就可以计算出彩票的预期收入也是 100 元，即

$$E(I)=250\times 25\%+50\times(1-25\%)=100 \tag{3.38}$$

单纯地比较预期收入，消费者是否购买彩票是无差异的。但现实生活中，即使中奖概率再低一点，有的人也会去购买彩票，而有的人在中奖概率大于 25% 的情况下也不会去购买彩票，因为不同的人对于风险存在着不同的偏好。有的人觉得损失是不可忍受的，而有的人觉得可能的高收入会给自己带来更大的满足。可见，消费者在不确定性条件下的决策并不仅取决于预期的收入，而且取决于对预期高收入的偏好。如同在确定条件下消费者行为的目的是为了获得最大效用一样，不确定条件下消费者行为的目的也是为了得到最大的效用。但是，在不确定情况下，由于消费者并不事先知道哪种结果会实际发生，他只能做出使自己预期效用最大的决策。

假设消费者的效用函数由消费者的财富量决定：$U=U(W)$。中奖情况下消费者的财富总量为 W_1，没有中奖消费者的财富总量为 W_2，中奖的概率为 p，则该彩票的预期效用（Expected Utility）可以表示为：

$$E[U(p;W_1,W_2)]=p\cdot U(W_1)+(1-p)\cdot U(W_2) \tag{3.39}$$

公式（3.39）也被称为冯·诺依曼－摩根斯坦（von Neumann-Morgenstern）效用函数，消费者的预期效用就是消费者在不确定条件下可能得到的各种结果的效用的加权平均数。消费者在不确定条件下的行为，实际上就是要追求预期效用的最大化。

同理，消费者对于一张彩票也会存在预期的收入，彩票的预期收入就是在彩票的各种结果下消费者拥有的财富的加权平均数。这种预期的收入也会给消费者带来 $U[pW_1+(1-p)W_2]$ 的效用，即预期收入的效用。

三、消费者的风险态度

对于具有不确定结果的事物，每个消费者对待风险的态度是不相同的。有的消费者喜欢冒险，而有的消费者则希望没有损失。消费者对待风险的态度影响着消费者在不确定情况下的行为决策。

在有的消费者心目中，财富的边际效用是递减的，如图 3－19 中 $U(W)$ 所示：当财富从 W_1 增加到 W_2 时，预期效用呈现出递减的趋势，意味着预期效用小于预期收入的效用，消费者不喜欢冒险。这样的消费者被称为风险回避者（Risk Averse），其效用函数的二阶导数小于零。

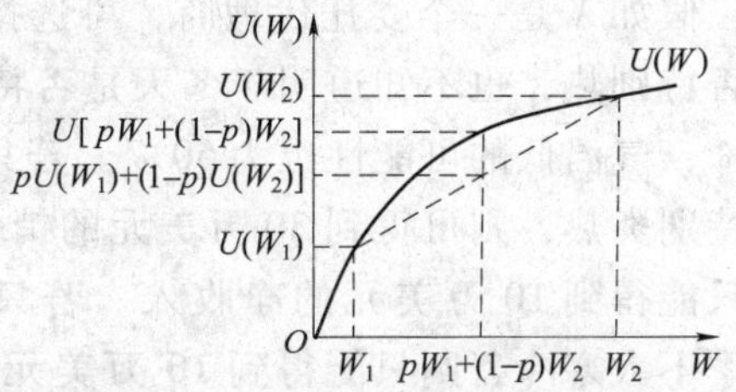

图 3－19　风险回避者的效用函数

在有的消费者心目中，财富的边际效用是递增的，如图 3－20 中 $U(W)$ 所示：当财富从 W_1 增加到 W_2 时，预期效用呈现出递增的趋势，意味着预期效用小于预期收入的效用，消费者更喜欢冒险。这样的消费者被称为风险爱好者（Risk Loving），其效用函数的二阶导数大于零。

在有的消费者心目中，财富的边际效用是不变的，如图 3－21 中 $U(W)$ 所示：当财富从 W_1 增加到 W_2 时，预期效用等比例增加，意味着预期效用等于预期收入的效用，消费者对待风险的态度是无所谓的。这样的消费者被称为风险中立者（Risk Neutral），其效用函数的二阶导数等于零。

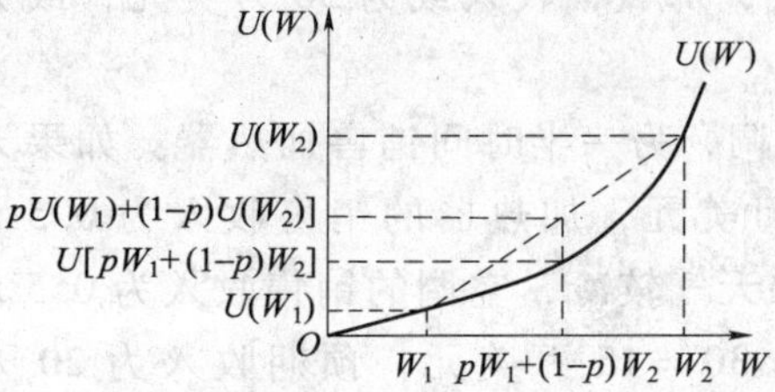

图 3－20　风险爱好者的效用函数

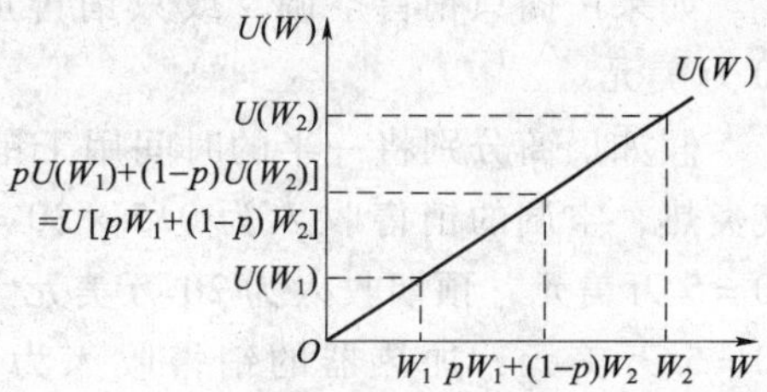

图 3－21　风险中立者的效用函数

最后需要指出的是，在理论分析中，消费者对待风险的态度可以分为以上三类。但一般说来，在实际经济生活中，大多数的消费者都是风险回避者。

四、降低风险的途径

在现实经济生活中，消费者经常会面临风险条件下的选择。经验表明，大多数消费者都是风险回避者。因此，对于大多数消费者来说，都有一个如何设法降低风险的问题。在此，我们介绍消费者经常采用的三种降低风险的方法，它们是多样化、购买保险和获取更多的决策信息。

(一) 多样化

多样化是指消费者计划在未来一段时间内的某项带有风险的经济活动时，可以采取多样化的行动，以降低风险。也就是说“不要把鸡蛋全部放在一个篮子里”。只要向多个方向努力，或者把投资投向多种项目或资产，方可化减或消除风险，达到防范风险之目的。

为什么多样化可以降低风险呢？我们举一个例子来具体说明这一点。

假如 X 是一个委托代理商，可选择销售空调或加热器，但 X 不知道明年夏天是否特别热，也不知道明年冬天是否特别冷，假定 X 估计明年气温高的可能性为50%，气温低的可能性也为50%。若只选择销售空调，那么如遇明年气温高，夏天特别炎热，则可得到30万美元的销售净收入；如遇明年气温低，夏天不太热，则只能得到10万美元的净收入。若只选择销售加热器，那么如遇明年气温高，冬季不太寒冷，则只能得到10万美元的销售净收入；如遇明年气温低，冬季气候特别寒冷，则可得到30万元的净收入，表3-7列出了这一收益情况。

表3-7　　销售收入情况　　单位：万美元

气温高低 / 销售收入	明年气温高	明年气温低
暖气销售收入	10	30
空调销售收入	30	10

X 应如何选择呢？是选择代理销售空调，还是选择代理销售加热器，还是二者兼顾？

如果厂商只销售空调，或只销售加热气，那么，收入或为30万美元，或为10万美元。

假如厂商分别将一半的时间用于销售空调，另一半时间销售加热器：如果天气炎热，空调的销售收入为 $0.5 \times 30 = 15$ 万美元，加热器的销售收入为 $0.5 \times 10 = 5$ 万美元，预期收入为20万美元。如果天气较冷，空调的销售收入为 $0.5 \times 10 = 5$ 万美元，加热器的销售收入为 $0.5 \times 30 = 15$ 万美元，预期收入为20万美元。

因此，通过多样化经营，天气无论炎热或较冷，厂商均可获得20万美元的预期收入（固定收入），没有风险。

计算预期收益可见，不论是只销售空调，还是只销售加热器，预期收益都是

20 万美元，但这个净收入是不确定的，X 的最终净收入可能是 30 万美元，也可能只有 10 万美元。因此，不论只销售空调设备，还是只销售加热器，都是带有风险的。

但是，X 若采取多样化的行动，把一半放在销售空调设备上，另一半精力放在销售加热器上，则不论明年天冷天热，X 的销售净收入都为 20 万美元，于是原来的风险净收入 20 万美元变成了无风险的 20 万美元净收入。可见，多样化完全消除了不确定性，消除了风险。

值得注意的是在上例中，加热器与空调是完全负相关的，厂商通过多样化经营可以消除风险。另外，在通常的情况下，通过将投资分散在一些相关性较小的事件上，可以较大程度地消除一部分风险。

（二）购买保险

在消费者面临风险的情况下，风险回避者会愿意放弃一部分收入去购买保险。消费者通常是如何购买保险的呢？譬如说，他应该如何确定自己的保险购买支出量呢？一般来说，如果支付的保险金额刚好等于财产的期望损失，消费者就会购买保险，使得在遭受任何可能的损失时得到全部的补偿。

假定某消费者拥有的初始财富为 W，他可能遭受意外事件（如火灾）使得财产损失 L，意外事件发生的概率为 p，且令消费者购买保险的支出为 S。在这一问题中，该消费者的财产期望值为：

$$p \cdot (W-L) + (1-p) \cdot W \tag{3.40}$$

根据消费者支付的保险金额等于财产的期望损失，可得：

$$S = p \cdot L + (1-p) \cdot 0 = p \cdot L \tag{3.41}$$

根据以上两个式子，下式一定成立：

$$W - S = p \cdot (W-L) + (1-p) \cdot W \tag{3.42}$$

（3.42）式说明，消费者投保以后所拥有的稳定财产量 $W-S$ 等于风险条件下的财产的期望值 $p \cdot (W-L) + (1-p) \cdot W$。而对于风险回避者来说，确定的财产期望值的效用水平，肯定会大于风险条件下的财产的期望效用，所以，消费者愿意购买保险。或者，也可以这样理解：尽管投保并没有改变消费者的财产的期望值，但投保以后消除了风险，可以使消费者获得稳定的收入，从而达到一个更高的效用水平。

总之，只要消费者购买保险的支出等于财产的期望损失，消费者总是愿意购买保险，使自己在遭受损失时能获得全部的补偿，从而消除了风险。

（三）获取更多的信息

我们知道，不确定性是指经济行为者事先不能准确地知道自己某项决策的结果，或者说，经济行为者对自己将要作出的决策所涉及的所有经济变量缺乏足够的信息，由此而面临着风险。那么，如果经济行为者在作出决策时能掌握更多的、更确切的信息，就可以降低风险。而实际上，如果信息是完全的，不确定性和风险也就不存在了。

由于掌握更多的信息就可以降低风险，所以，信息是一种商品。要获得信息，就必须对信息进行支付。那么，信息的价值是如何确定的呢？一般地，完全信息的价值（Value of Complete Information）是经济行为人在完全信息条件下决策的所得期望值和信息不完全条件下决策的所得期望值之间的差额。

小　结

(1) 消费者行为理论就是要研究在收入既定的条件下，消费者如何用有限的收入购买适当的消费品，使自己的需求得到最大的满足，实现效用的最大化。对消费者行为的分析是以效用论为基础的。依据不同历史时期、不同研究角度和不同研究方法，效用论分为基数效用论与序数效用论。

(2) 基数效用论采用边际效用分析法分析消费者行为，认为效用是可以计量的并加总求和。效用分为总效用和边际效用。边际效用递减规律具有普遍性。在收入和价格既定时，消费者实现效用最大化的条件是消费者所消费的各种物品的边际效用与价格之比相等。

(3) 序数效用论认为，效用是消费者个人偏好，是一种心理活动，只能根据偏好程度用序数第一、第二、第三……加以排列说明。序数效用论采用无差异曲线分析法分析消费者行为，认为无差异曲线和预算线相切时，消费者消费两种物品的组合实现了效用最大化。

(4) 消费者剩余是指某消费者为购买某种商品而愿意付出的总价格与其实际购买该商品时所花费的总支出的差额。它是边际效用递减规律起作用的直接结果。

(5) 消费者行为决定了需求定理，即某种物品的需求量取决于价格，并与价格呈反方向变动是由消费者行为决定的。

(6) 商品的边际替代率是指在维持效用水平或满足程度不变的前提下，消费者增加一单位某种商品的消费所需放弃的另一种商品的消费量。在维持效用水平不变的前提下，随着一种商品消费量的连续增加，消费者为得到每一单位的这种商品所需放弃的另一种商品的消费量是递减的。

(7) 价格——消费曲线是在消费者的偏好、收入以及其他商品的价格不变的条件下，与某一种商品的不同价格水平相联系的消费者效用最大化的均衡点的轨迹。

(8) 收入——消费曲线是在消费者的偏好和商品价格不变的条件下，与消费者的不同收入水平相联系的效用最大化的不同点的轨迹。恩格尔曲线表示消费者在每一收入水平对某种商品的需求量。

(9) 一种商品价格的变化会引起该商品的需求量的变化，其变化的总效应可以被分解为替代效应和收入效应两个部分，即总效应 = 替代效应 + 收入效应。

(10) 在不确定情况下的行为分析要引入预期效用和预期收入的效用这两个概念。根据两者之间的关系可以将消费者分为风险爱好者、风险回避者和风险中立者。

复习思考题

一、名词解释

欲望　效用　基数效用　序数效用　总效用　边际效用　边际效用递减　消费者均衡　无差异曲线　边际替代率　消费者可能线　补偿预算线　消费者剩余　收入—消费曲线　恩格尔曲线　价格—消费曲线　替代效应　收入效应　不确定性　期望效用

二、简答题

1. 根据基数效用理论，边际效用与总效用的关系是怎样的？

2. 用实例说明边际效用递减规律。

3. 基数效用论如何论证消费者效用最大化均衡的实现？基数效用论是如何推导需求曲线的？

4. 序数效用论如何论证消费者效用最大化均衡的实现？序数效用论是如何推导需求曲线的？

5. 根据序数效用论的消费者均衡条件，在 $MRS_{12} > (P_1/P_2)$ 或 $MRS_{12} < (P_1/P_2)$ 时，消费者应如何调整两商品的购买量？为什么？

6. 序数效用论是如何说明价格—消费曲线的？

7. 什么是边际替代率？边际替代率为什么呈现递减趋势？

8. 用已学的经济学理论来解释投资谚语："不要把鸡蛋放在一个篮子里"。

三、计算题

1. 已知某消费者每月收入为 1 200 元，花费用于 X 和 Y 两种商品，他的效用函数为 $U = X + Y$，X 的价格 $P_X = 20$，Y 的价格 $P_Y = 30$，求：

(1) 为使他获得的效用最大，他所购买的 X 和 Y 商品的数量各应该是多少？

(2) 假设 X 的价格提高 44%，Y 的价格不变，为保持他原有的效用水平，收入必须增加多少？

(3) 假设该消费者的消费组合正好代表全社会的平均数，因而他原有的购买量可以作为消费品价格指数的加权数，当 X 的价格提高 44% 时，消费品价格指数提高多少？

2. 某人的效用总函数为：$TU=4X+Y$，如果消费者消费 16 个单位的 X 产品与 14 个单位的 Y 产品，试求：

① 消费者的总效用。

② 如果因某种原因消费者只能消费 4 个单位的 X 产品，在保持总效用不变的情况下，需要消费多少个单位的 Y 产品？

3. 某消费者的月收入为 500 元，可购买两种商品 X 和 Y 其价格分别为 $P_X=20$ 元，$P_Y=50$ 元，决定预算线方程式和斜率分别是多少？如果月收入从 500 元增加到 700 元，会不会改变预算线的方程式和斜率？

4. 已知某消费者每年用于商品 X 和商品 Y 的收入为 540 元，两商品的价格分别为 $P_X=20$ 元和 $P_Y=30$，该消费者的效用函数为 $U=3XY^2$，该消费者每年购买这两种商品的数量各应是多少？每年从中获得的总效用是多少？

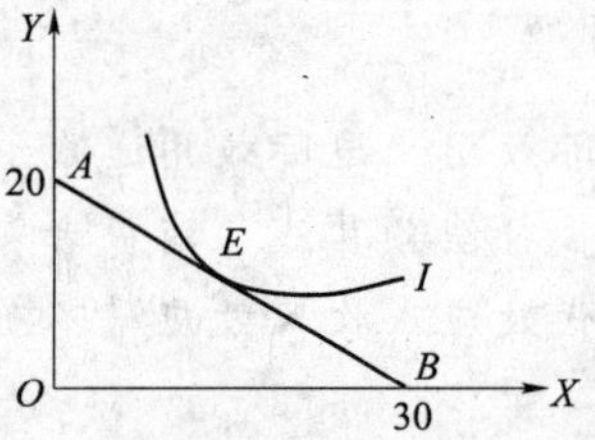

5. 假设某消费者的均衡如左图所示。其中，横轴表示商品 X 的数量，纵轴表示商品 Y 的数量，线段 AB 为消费者的预算线，曲线 I 为消费者的无差异曲线，E 点为效用最大化的均衡点。已知商品 X 的价格 $P_X=2$ 元。

（1）求消费者的收入；

（2）求商品 Y 的价格 P_Y；

（3）写出预算线方程；

（4）求出预算线斜率；

（5）求 E 点的 MRS_{XY} 的值。

6. 假设某商品市场上只有 A、B 两个消费者，他们的需求函数各自为 $Q_A^d=20-4P$ 和 $Q_B^d=30-5P$。

（1）列出这两个消费者的需求表和市场需求表。

（2）根据（1），画出这两个消费者的需求曲线和市场需求曲线。

7. 已知某消费者的效用函数为 $U=3Q_1Q_2$，两种商品的价格分别为 $P_1=1$，$P_2=2$，消费者的收入是 12，求均衡时消费者获得的最大效用。

8. 假定某消费者的效用函数为 $U=Q^{0.5}+3M$，其中，Q 为某商品的消费量，M 为收入。求：

（1）该消费者的需求函数；

（2）该消费者的反需求函数；

（3）当 $P=\frac{1}{12}$，$Q=4$ 时的消费者剩余。

9. 所有收入用于消费 X、Y 两种商品的某消费者的效用函数为 $U=XY+X$，当 $P_X=3$、$P_Y=2$ 时，对该消费者来说，X 是哪种类型的商品？

10. 已知某商品的个人需求曲线是 $P=-\frac{1}{6}Q+5$，若市场上有 100 个相同的消费者，求市场需求函数。

11. 设某人效用函数 $U = XY$，价格为 $P_X = 2$，$P_Y = 5$，收入 $I = 100$，求消费者均衡时的 X、Y 购买量各是多少？

四、论述题

1. 比较基数效用理论与序数效用理论的异同，谈谈你对效用论的看法。

2. 在三年自然灾害期间，一些农民将收入几乎全部用来购买红薯，而当红薯的价格降低时，其消费量却减少了，在这种情况下红薯是正常物品，还是低档物品？序数效用论如何论证消费者效用最大化均衡的实现？

阅读推荐与网络链接

1. （美）保罗，A. 萨缪尔逊，威廉，D 诺德豪斯．经济学．北京：中国发展出版社，1992.

2. 曼昆．经济学原理．北京：中国人民大学出版社，2000.

3. （美）斯蒂格利茨．经济学（下册）．北京：中国人民大学出版社，1998.

4. Makiw, N. G. and Romer, D. New Keynesian Economics. Cambridge, Massachusette: The MIT Press, 1991.

5. http://www.gjmy.com/ecbbs/index.asp.

6. http://www.hutc.zj.cn/jjxqy/.

7. http://forum.ccer.edu.cn/forum/.

8. http://old.cen.ccer.edu.cn/main.asp.

9. http://www.ec-study.cn.

10. http://www.ucl.ac.uk/Bentham-Projet/.

11. http://socerv.mcmaster.cn/~econ/ugcm/3113/wiser/index.html.

12. 实际生活中的消费者剩余：http://finance.sina.com.cn/view/market/2000-06-30/39069.html。梁小民的文章《消费者之声：我为什么不买报》。

第四章

生产者行为理论

学习目的

- 了解企业理论。
- 理解生产可能性边界的含义。
- 重点掌握生产要素最优投入与规模经济。
- 掌握两种生产要素的最优组合。

引导案例

亚当·斯密在其名著《国民财富的性质和原因的研究》中根据他对一个扣针厂的参观描述了一个例子。斯密所看到的工人之间的专业化和引起的规模经济给他留下了深刻的印象。他写道：

"一个人抽铁丝，另一个人拉直，第三个人截断，第四个人削尖，第五个人磨光顶端以便安装圆头；做圆头要求有两三道不同的操作；装圆头是一项专门的业务，把针涂白是另一项；甚至将扣针装进纸盒中也是一门职业。"

斯密说，由于这种专业化，扣针厂每个工人每天生产几千枚针。他得出的结论是，如果工人选择分开工作，而不是作为一个专业工作者团队，"那他们肯定不能每人每天制造出20枚扣针，或许连一枚也造不出来"。换句话说，由于专业化，大扣针厂可以比小扣针厂实现更高人均产量和每枚扣针更低的平均成本。

斯密在扣针厂观察到的专业化在现在经济中普遍存在。例如，如果你想盖一个房子，你可以自己努力去做每一件事。但大多数人找建筑商，建筑商又雇佣木匠、瓦匠、电工、油漆工和许多其他类型工人。这些工人专门从事某种工作，而且，这使他们比作为通用型工人时做得更好。实际上，运用专业化实现规模经济是现代社会像现在一样繁荣的一个原因。

资料来源：http：//jpkc. znufe. edu. cn/2005/wgjjx/files/file_149. Htm，2005.

案例导学

分工理论对于生产是非常重要的，毫无疑问，正确的分工会带来生产效率的快速增长。斯密的《国富论》就是从分工开始论述的。斯密认为，促进国民财富增长的第一个决定因素是分工，他把分工作为提高劳动生产率，从而增加国民财富的一个重要途径。分工之所以能够提高劳动生产率，是因为分工促使劳动专门化，提高工人的熟练程度；分工可以节省因工种转换而损失的时间；分工使专门从事某项作业的劳动者有利于改良工具和发明机械。

本章论证追求最大利润的厂商，怎样以最小成本和最大产量的最优要素组合进行生产，论证厂商根据哪些因素和什么原则确定要素投入的合理范围与数量。为此假定：

(1) 生产者都是具有完全理性的经济人。

(2) 生产者的目的都是实现利润最大化。

在这种假定之下，生产者的市场行为涉及三个方面的问题：

一是生产要素的投入量与产量的关系，即如何在生产要素的投入量既定时使产量最大，或者反过来说，在产量既定时使生产要素的投入量为最少。

二是成本与收益的关系。要使利润最大化，就要考虑如何使成本最小。这个问题与第一个问题是两回事。因为产量最大并不等于利润最大，投入最少并不等于成本最小。

三是市场问题。当厂商处于不同的市场时，应该如何确定自己产品的产量与价格。

第一节　厂商及其本质

上一章研究了消费者行为，阐述了构成市场需求曲线的基础。从本章起，我们转入对产品市场的供给方面的研究。由于生产是供给的源泉，且供给决策是由生产者作出的，因而供给问题也就是生产问题，是生产者行为问题。我们首先介绍厂商及其本质。

一、厂商及其组织形式

在西方经济学中，厂商也称作企业或生产者，是指专门从事商品生产、流通和服务性活动的经济组织，是购买生产要素、把这些要素组织起来进行生产并销售产品和劳务的机构。根据厂商的管理体制和向生产要素支付报酬的安排的不同，可以将厂商的组织形式划分为个人业主制企业、合伙制企业和公司制企业三种类型。

(一) 个人业主制企业

个人业主制企业也称为个人独资企业、单一业主制企业，是指由一个自然人投资，财产为投资者个人所有，投资人以其个人财产对企业债务承担无限责任的经营实体，是最早产生也是最简单的一种企业组织形式。例如街头的各种商店、个体经营者等。该组织形式的优点是：第一，所有权和经营权合一，经营灵活，决策效率高；第二，生产经营利润独享，个人业主动力充分；第三，规模小，易于经营管理。该组织形式的缺点是：第一，企业本身不是一个法人实体，没有独立的生命力；第二，规模较小，综合实力弱，不利于技术进步和生产规模的扩大；第三，企业要承担无限风险，所以经营者信誉程度较低。

(二) 合伙制企业

合伙制企业也称为合伙企业，是由两个或两个以上出资者共同出资、共同经营、共享利润和共担风险的企业。该组织形式的优点是：第一，资本来源途径比个人业主制企业广；第二，经营风险相对分散；第三，分工和专业化得到加强。该组织形式的缺点是：第一，合伙人之间的契约关系欠稳定；第二，多人所有和参与管理，不利于统一和协调；第二，仍是自然人企业，合伙人对企业债务承担无限连带责任。

(三) 公司制企业

公司制企业是指按公司法成立和经营的具有法人资格的厂商组织。它是现代企业最重要、最典型的组织形式。公司由股东所有，公司的控制权在董事监督下的总经理手中，主要分为有限责任公司和股份有限公司。该组织形式的优点是：第一，实行有限责任制度。出资者以其出资额为限对公司承担责任，公司以其全部资产对公司的债务承担责任。第二，所有权与经营权分离。所有权属于股东，经营权属于职业经理人。由职业经理人实行专业化的管理，有利于管理效率的提高。第三，所有权容易转移。所有者的股份或所有权可以出售给其他人，既不会影响企业的经营，也有利于企业融资，企业可以通过发行债券和股票进行筹资。该组织形式也存在一定的缺点：往往因为规模庞大而难于管理协调；所有权和经营权分离，会给管理监督等带来一系列问题。

二、厂商的本质

传统的微观经济学把厂商的生产过程看成是一个看不见的“黑箱”，将厂商抽象为一个由投入到产出的追求利润最大化的“黑箱”，忽视了厂商的本质是什么这个问题。1937 年，美国经济学家科斯（R. H. Coase）发表了《企业的本质》一文，被认为是对这一问题探讨的开始。

厂商即企业的本质到底是什么呢？科斯认为，企业作为生产的一种组织形式，一定程度上是对市场的一种替代。我们可以假设有这么两种极端的情况。一种极端的情况是每一种生产由单独个人完成，比如一个人生产一台机器。在这种情况下，为了顺利完成生产，这个生产者要和很多的中间产品供应商进行交易。同时，为了将产品卖出，也要和很多的产品需求者进行交易。在这种情况下，所有交易都是由市场来完成的。另一种极端的情况是所有生产都在一个庞大的企业内部进行，在这种情况下，所有中间产品的获得都可以在企业内部完成，而不需要在市场中进行中间产品的交易。可见，一笔交易可以通过市场组织形式来完成，也可以通过企业组织形式来完成。市场中之所以存在企业，是因为有的交易在企业中进行可以使交易成本更小，而有的交易在市场中进行可以使交易成本更小。

交易成本，是围绕交易契约所产生的各种成本。交易成本可以分成两类：一类是签约时交易双方面临的偶然性因素所带来的损失。这些因素可能因为难以预见而未写入契约，也可能预见了但难以写入契约。另一类是签订契约以及监督和执行契约所发生的成本。

厂商的优势主要有下面几点：（1）厂商在市场中购买中间产品是需要交易成本的：这个交易成本包括寻找合适的供应商、签订合同和监督合同的执行等的费用。厂商如果在内部自己生产一部分中间产品，就可以降低部分交易成本，同时还可以保证生产不受制于人，保证质量等。（2）如果企业需要某种特殊的专门化产品，供应商一般不会去投资只有一个买主的专门化产品，因为这样做风险太大了。所以，厂商就要在自己内部生产这种专门化产品。（3）厂商可以雇用一些专门人才，如设计人员、质量控制人员等，并与其建立长期的契约关系。这样比从其他厂商购买相应的服务更有利，从而降低交易成本。

市场的优势主要有下面几点：（1）一般都是大量的厂商向少数几个供应商购买中间产品，所以有利于供应商获得规模经济和降低成本。（2）中间产品供应商之间展开竞争，有利于供应商提高生产率和降低成本。（3）当少数几个供应商面对众多的中间产品需求者时，供应商可以避免因产品销路、销量有限而带来的损失，保持稳定的销售额。

导致市场和厂商交易成本不同的根本原因是信息不对称。由于信息不对称，契约双方都会设法获取自己没有掌握的信息，都会监督对方行为并设法事前预防和事后惩罚对方的违约行为，这些都会产生交易成本。但由于市场和厂商的做法不同，所以所产生的交易成本也不相同。在信息不对称的情况下，市场中的这种交易成本是非常高的，所以将一部分交易在企业内部进行可以降低交易成本。

虽然厂商可以降低市场交易成本，但厂商内部会产生管理成本。产生管理成本的原因依然是信息不对称。首先，厂商内部存在各种契约关系，如厂商跟工人之间的契约关系、厂商跟管理者之间的契约关系等。厂商对雇用的工人和管理者要进行监督，要激励他们努力工作，这些都要花费成本。其次，信息传递的失真导致企业效率的损失。一方面是随着厂商规模的增大而导致层次增多，上级向下级和下级向上级的信息传递都容易因为路径的增长而失真，从而导致企业效率的损失。另一方面，下级为了自己的利益，往往容易隐瞒或故意传递错误信息，使上级做出有利于下级的选择，或者只执行有利于自身利益的决策。这些都会导致企业效率的损失。所以，厂商的规模是有限度的，并不是越大越好，超过一定限度，其内部产生的这些特殊成本会迅速上升。科斯认为，企业规模应该扩张到这样一点，即在这一点上再增加多一次内部管理所花费的成本等于通过市场进行交易所花费的成本。

既然企业是投资者为了节约交易成本，将许多生产要素集合在一起，通过指令由上而下地组织生产并销售产品和劳务的机构，那么它为了组织生产经营，就要在企业内部和外部与许多个人和其他厂商发生广泛的关系。在企业内部，资本的所有者与经营者之间以及资本的经营者与一般雇员之间，在企业外部，企业与企业之间，都存在一种被西方经济学称为委托—代理的关系。在信息不完全、不对称的情况下，代理人往往受自身利益的驱使而偏离委托人的目标。因此，企业的生产经营就必须首先在产权关系上，明确各当事人的责、权、利的关系，构建激励与约束机制，将代理人的利益整合到委托人的利益之中，形成利益共享、风险共担的格局。所以，西方经济学把委托—代理关系以及交易成本的节约看成是企业的本质。

三、厂商的目标

在微观经济学中，一般总是假定厂商的目标是实现利润最大化。虽然，厂商的组织形式是不同的，但实现利润最大化的目标则是一致的。因为投资者的根本动机就是资本的增值，而且在市场竞争的外部压力下，投资者也不能不这样做。所以，这一假定是理性经济人假设在生产论中的具体化。但在现实经济生活中，厂商并不一定选择实现利润最大化的决策。

在信息不完全的条件下，厂商面临的市场需求可能是不确定的。厂商往往对产量变化引起的成本变化缺乏准确的了解，所以，厂商根据经验可能选择销售收入最大化或者市场占有份额最大化，而不是利润最大化。

在现代公司制企业中，所有权和经营权分开，企业所有者往往不是企业的经营者。企业所有者聘请有较高经营管理水平的经理班子，企业的日常经营管理决策是由经理班子做出的。企业所有者和经理之间是一种“委托—代理”关系：企业所有者是委托方，经理班子是代理方。由于信息的不对称，企业所有者不可能完全监督控制经理的行为。因此，经理做出的决策可能不是厂商利润最大化，而是更多地追求自身的利益。例如，经理追求销售收入最大化，不断扩大厂商规模，以此来扩大自己的权力和影响等，也有可能追求短期利益而牺牲了企业的长远利益。

正如前面所指出的，经理偏离利润最大化目标的行为会受到限制。在现代公司制企业中，如果经理经营不善，将导致公司股票价格下跌，投资者可能会抛售股票，公司也可能被其他人低价收购，经理也可能因此而被解雇。一个不善经营的经理人要想再找到适合的工作也将受到限制。所以，尽管经理的决策行为可能偏离利润最大化的目标，但这种偏离行为是要受到客观制约的。

在信息不完全的条件下，尽管实现利润最大化是困难的，但有一点是可以肯定的：长远来说，一个不以利润最大化为目标的企业终究会被市场淘汰；追求利润最大化是企业竞争生存的基本法则。

企业利润最大化行为是要受到各种限制的，主要来自两个方面：

第一是市场限制。这是企业在购买投入品和出售产品时所受到的限制。就购买投入品来讲，除完全垄断（独家垄断）例外，任何企业包括大企业都要在要素市场上与其他企业竞争，除了按相同的市场价格购买投入品外，别无他法。除非在极特殊的情况下，企业很难通过自己的行动来控制要素市场的市场价格。就销售产品来讲，人们对每种产品和劳务的需求都是有限的，在正常情况下，只有在价格降低时，人们才会增加购买量。这种需求的有限性限制了企业所能售出的产品和劳务的数量。小企业根本无法影响产品和劳务的市场价格；大企业即使可以在一定程度上操纵市场价格，但它必须接受一个事实：价格高，销售的量就少。

第二是技术限制。这是企业使用和配置生产要素时所受到的限制。从一般意义上讲，技术就是把投入变成产出的方法。各种技术之间的差别就在于使用的劳动和资本的数量与质量不同。有些是资本密集型，即使用较多资本和较少劳动的技术，如自动化生产技术；有些是劳动密集型，即使用较多劳动和较少资本的技术，如传统农业生产技术。为了实现利润最大化，企业要选择技术上有效率的生产方法。然而，技术上有效率，经济上不一定有效率。技术效率是指不增加要素投入量就不能再增加产量的状况。经济效率则是指企业的产量达到平均成本最低时的状况。所以，从这个意义上讲，企业为实现利润最大化，必须把技术效率和经济效率结合起来考虑。也就是说，企业在选择哪一种技术上有效率的生产方法时，要根据具体条件，考虑生产成本。另外，如果技术上没有效率，那么经济上就一定没有效率。因此，企业必须首先考虑在使用和配置生产要素时面临的技术限制。

第二节　生产函数

一、几个基本概念

1. 固定投入与变动投入

固定投入是指当市场条件的变化要求产出变化时不变的投入。例如，厂房、机器设备、土地等。

变动投入是指当市场条件的变化要求产出变化时，其投入量能立即随之变化的投入。例如，劳动量的投入。固定投入与变动投入的划分是建立在长期与短期划分的基础之上的。

2. 短期与长期

微观经济学一般将企业的生产过程分为短期和长期来考察。

短期是指生产者来不及调整全部生产要素的数量，至少有一种生产要素的数量是固定不变的时期。

长期是指所有投入的生产要素（L，K）等都是可以变动的。

微观经济学常以一种可变生产要素的生产函数考察短期生产理论，以两种可变生产要素的生产函数考察长期生产理论。

3. 技术的效率与经济的效率

技术的效率是指在既定的投入下产出最大，或者生产既定的产出所耗费的投入量最小。

经济的效率是指生产既定的产出所耗费的成本最小，或者在既定的成本下所获得的利润最大。技术的效率与经济的效率，这两种效率既有联系，又有区别。

二、生产函数

任何生产过程都需要投入一定的生产要素，例如劳动、资本、土地和企业家才能。在一定技术条件下，生产出来的产品数量取决于投入的生产要素数量的多少以及它们之间的组合状况。生产函数就是描述一定生产技术条件下，生产要素的投入量与产品的最大产出量之间的物质数量关系的函数。任何生产函数都是以一定技术条件为前提的，生产技术发生了变化，生产函数就要发生变化。

生产函数可以用一个数学式来表示：

$$Q=f(X_1,X_2,\cdots,X_n) \tag{4.1}$$

式（4.1）中，Q 表示产出量，X_1，X_2，…，X_n 代表各种投入的生产要素。一般说来，随着生产要素投入的增加，它们所能生产出来的最大产量也是增加的。

如果生产出来的产品不是一种，而是许多种，则生产函数可以表示为：

$$Q(Y_1,Y_2,\cdots,Y_n)=f(X_1,X_2,\cdots,X_n) \tag{4.2}$$

式中（4.2），投入的要素为：X_1，X_2，…，X_n；生产出来的产品是：Y_1，Y_2，…，Y_n。

关于生产函数这一概念，应注意以下三个问题：第一，生产函数是从某个特定时期考察投入与产出之间的关系，如果时期不同，生产函数也可能发生变化。第二，生产函数取决于技术水平，如果技术水平变化了，生产函数将随之发生变化。每一种既定的技术条件下，都存在一个生产函数。第三，要生产出一定数量的产品，生产要素投入量的比例通常是可以变动的。

在经济学分析中，为了简化分析，通常假定生产中只是使用劳动和资本两种生产要素。假设 L 表示劳动投入的数量，K 表示资本投入的数量，则生产函数可以简写为：

$$Q=f(L,K) \tag{4.3}$$

生产函数的概念有两点基本性质：

（1）在一定技术水平条件下，投入的生产要素增加了。产出量也会随之增加。产出量是各生产要素的增函数。如果技术水平发生了变化，则生产函数本身也要发生变化。假设技术水平提高了劳动生产率，则意味着相同的投入可以有更多的产出，或者要得到同样的产出可以节省部分生产要素的投入。

（2）生产函数表示的产出量是最大的。在生产函数中，产量 Q 表示投入的各种要素 X_1，X_2，…，X_n 所能生产的最大产量。

三、技术系数

生产不同产品时，厂商所投入各种生产要素的配合比例是不同的。生产一定数量某种产品所需要的各种生产要素的配合比例，一般被称为技术系数。如果生产某种产品所需要的各种生产要素的配合比例是不能改变的，这种技术系数称为固定技术系数。固定技术系数表明，生产过程中各种生产要素之间是不可以相互替代的。这种固定技术系数的生产函数，又可称为固定配合比例生产函数。如果生产某种产品所需要的各种生产要素的配合比例是可以改变的，这种技术系数称为可变技术系数。可变技术系数表明，生产过程中各种生产要素之间是可以相互替代的。这种可变技术系数的生产函数，又可称为可变配合比例生产函数。

一般而言，技术系数是可变的，例如，在农业中可以多用劳动，少用土地进行集约式经营，也可以少用劳动，多用土地进行粗放式经营。在工业中也有劳动密集型、技术与资本密集型之分。在本章生产理论中所研究的主要是技术系数可变的情况。

四、几种类型的生产函数

生产函数的具体形式有多种多样，但它的类型却仅有几个，这里主要介绍常见的三种类型。

（一）固定投入比例生产函数（也称为“里昂惕夫”生产函数）

任何生产过程中各种要素的投入量之间都存在一定的比例关系。固定投入比例生产函数是指每一个产量水平上的任何一对生产要素投入量之间的比例都是固定的生产函数。假设生产过程中投入的生产要素只有劳动和资本，则固定投入比例生产函数通常表示成：

$$Q=\min\left\{\frac{L}{u},\frac{K}{v}\right\} \tag{4.4}$$

式（4.4）中，Q 表示一种产品的产量，L 和 K 分别表示劳动和资本的投入量，常数 u 和 v 分别是固定的劳动和资本的生产技术系数，分别表示生产一单位产品所需要的固定的劳动投入量和固定的资本投入量。（4.4）式表示：产量 Q 取决于 L/u 和 K/u 的值中较小的那个，即使另一个比例的数值较大，也不会提高产量 Q。因为，在这里，Q 的生产被假定为必须按照 L 和 K 之间的固定比例，当一种生产要素的数量不能变动时，另一种生产要素的数量怎么增加也不可能增加产量。在该生产函数中，通常假定生产要素投入量 L、K 都满足最小的要素投入组合要求，所以：

$$Q = \frac{L}{u} = \frac{K}{v} \tag{4.5}$$

上式可进一步得出：

$$\frac{K}{L} = \frac{v}{u} \tag{4.6}$$

从（4.6）式中可以清楚地体现出该生产函数的固定投入比例的性质，在这里，它等于两种生产要素的固定的生产技术系数之比。对一个固定投入比例生产函数，各生产要素的投入量必须以相同的比例发生变化，才能使产量发生变化。所以，各要素的投入量之间的比例保持不变。固定投入比例生产函数的这一性质可通过几何图形分析。

在图 4-1 中，横轴表示劳动的投入数量，纵轴表示资本的投入数量，三条分别以 a、b、c 为顶点的直角实线表示生产既定产量 Q_1、Q_2、Q_3 的各种要素组合。以生产产量 Q_2 为例，b 点的要素组合（L_2，K_2）是生产产量 Q_2 的最小要素投入量组合。以 b 为顶点的两条直角边上的任何一点（不包括 b 点），都不是生产产量 Q_2 的最小要素投入量组合。在 g 点，表示资本投入量过多；f 点则表示劳动投入量过多。产量从 Q_2，增加到 Q_3 或者从 Q_2 减少到 Q_1，则最小要素投入组合相应地由 b 点移到 c 点，或由 b 点移到 a 点。此时，两要素投入量以相同的比例增减，但两要素投入比例保持不变，即

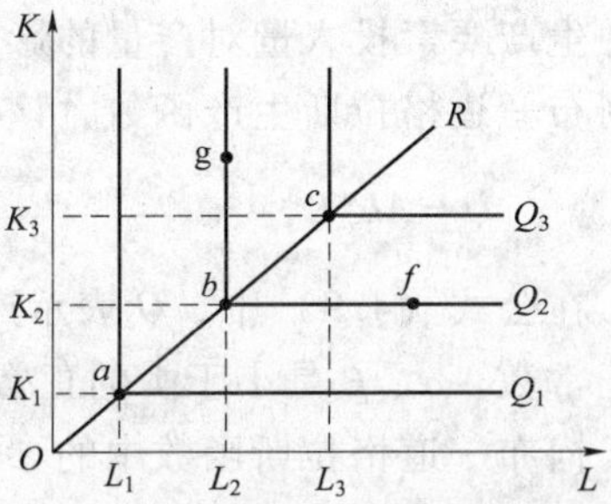

图 4-1　固定投入比例的生产函数

$$\frac{K_1}{L_1} = \frac{K_2}{L_2} = \frac{K_3}{L_3}\frac{v}{u} \tag{4.7}$$

在图 4-1 中，从原点出发经过 a、b、c 点的射线 OR 表示这一固定比例生产函数的所有产量水平的最小要素投入量的组合。

（二）固定替代比例的生产函数（也被称为线性生产函数）

固定替代比例生产函数是指在每一产量水平上任何两种要素之间的替代比例都是固定的。假定生产过程中只使用劳动和资本两种要素，则固定替代比例的生产函数的通常形式为：

$$Q = aL + bK \tag{4.8}$$

式（4.8）中，Q 是产量，L、K 分别表示劳动和资本，常数 a、$b>0$。显然，与这一线性生产函数相对应的等产量曲线是一条直线。假定劳动和资本之间的固

定替代比例为2:1，则相应的等产量曲线如图4－2所示。①

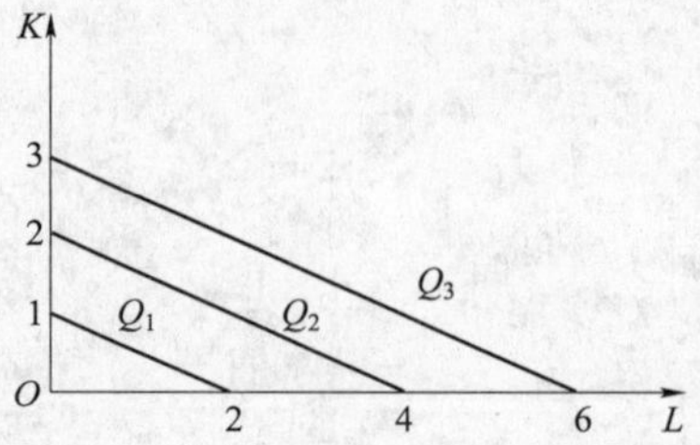

图4－2　固定替代比例的生产函数

（三）柯布—道格拉斯生产函数

20世纪30年代，美国数学家柯布（Charles W. Cobb）和经济学家道格拉斯（Paul H. Douglas）根据历史统计资料，研究1899—1922年美国的资本和劳动这两种生产要素投入量对产量的影响，得出了该时期美国的生产函数，该函数被称为柯布—道格拉斯生产函数，该生产函数的一般形式为：

$$Q = AL^{\alpha}K^{\beta} \tag{4.9}$$

在公式（4.9）中，Q表示产量，L表示劳动投入量，K表示资本投入量，A是正常数。α、β是小于1的正常数。

柯布—道格拉斯函数中的参数α、β的经济含义是：当$\alpha+\beta=1$时，α和β分别表示劳动和资本在生产过程中的相对重要性，α为劳动所得在总产量中所占的份额，β为资本所得在总产量中所占的份额。柯布和道格拉斯根据美国1899—1922年经济资料估算出α的值约为0.75，β的值约为0.25。这说明在这一期间的总产量中，劳动所得的相对份额为75%，资本所得的相对份额为25%，也说明每增加1%的劳动所引起的产量增长是每增加1%的资本所引起的产量增长的3倍。

通过参数α和β还可以判断规模报酬的情况。当$\alpha+\beta>1$时，规模报酬递增；当$\alpha+\beta=1$时，规模报酬不变；当$\alpha+\beta<1$时，规模报酬递减。②

第三节　一种可变要素的生产函数

短期生产函数假定只有一种要素的投入是变动的，其余的生产要素的投入是

① 关于等产量曲线将在本章第四节中详细介绍，读者在此只需对相关内容有个初步的了解即可。

② 关于规模报酬问题将在本章第五节中详细介绍。

固定的。这种情况在农业生产中最为典型。

一、一种可变生产要素的生产函数

在生产函数 $Q=f(L, K)$ 中，假定资本投入量是固定的，用 $\overline{K}$ 表示，劳动投入量是可变的，用 L 表示，则生产函数可以写成：

$$Q=f(L,\overline{K}) \tag{4.10}$$

也可以表示为：

$$Q=f(L) \tag{4.11}$$

这就是通常采用的一种投入要素可变的生产函数的形式，它也被称为短期生产函数。这是一种用来考察短期生产理论，即考察厂商在短期内对可变生产要素进行调整的生产理论。

二、总产量、平均产量和边际产量

（一）总产量、平均产量和边际产量的概念

根据短期生产函数 $Q=f(L, \overline{K})=f(L)$ 可以得出，在资本投入量固定时，由劳动投入量变化所带来的最大产量的变化。由此，我们可以得到劳动的总产量（Total Product，TP）、劳动的平均产量（Average Product，AP）、劳动的边际产量（Marginal Product，MP）的概念。

劳动的总产量（TP_L）是指与一定的可变要素劳动的投入量相对应的最大产量。它的公式为：

$$TP_L=f(L,\overline{K}) \tag{4.12}$$

平均产量（AP_L）是指总产量与所使用的可变要素劳动的投入量之比。它的公式为：

$$AP_L=\frac{TP_L(L,\overline{K})}{L} \tag{4.13}$$

边际产量（MP_L）是在技术和其他投入的数量保持不变的前提下，每增加一个单位变动投入量所得到的总产量的增量。它的公式为：

$$MP_L=\frac{\Delta TP_L(L,\overline{K})}{\Delta L} \tag{4.14}$$

或者

$$MP_L=\lim_{\Delta L\to 0}\frac{\Delta TP_L(L,\overline{K})}{\Delta L}=\frac{\mathrm{d}TP_L(L,\overline{K})}{\mathrm{d}L} \tag{4.15}$$

类似地，如果在生产函数 $f(L, K)$ 中，我们假设劳动投入量是固定的，资本投入量是可变的，我们同样可以得到资本的总产量、资本的平均产量和资本的

边际产量，其公式分别是：

$$TP_K = f(\bar{L}, K) \tag{4.16}$$

$$AP_K = \frac{TP_K(\bar{L}, K)}{K} \tag{4.17}$$

$$MP_K = \frac{\Delta TP_K\ (\bar{L},\ K)}{\Delta K} \tag{4.18}$$

或者

$$MP_K = \lim_{\Delta K \to 0} \frac{\Delta TP_K(\bar{L}, K)}{\Delta K} = \frac{\mathrm{d}TP_K(\bar{L}, K)}{\mathrm{d}K} \tag{4.19}$$

（二）总产量、平均产量和边际产量曲线

假设生产某种产品投入的生产要素包括资本和劳动，资本的投入量不变，劳动的投入量是可变的，则总产量、平均产量与边际产量的变动如表 4－1 所示。

表 4－1　　总产量、平均产量和边际产量

劳动投入量 L	劳动的总产量 TP_L	劳动的平均产量 AP_L	劳动的边际产量 MP_L
0	0	0	—
1	8	8	8
2	20	10	12
3	36	12	16
4	48	12	12
5	55	11	7
6	60	10	5
7	60	8.6	0
8	56	7	－4

由表 4－1，我们就可以绘制出一种可变生产要素的生产函数的产量曲线图（如图 4－3 所示）。

在图 4－3 中，横轴表示可变因素劳动的投入数量 L，纵轴表示产量 Q，TP_L 为总产量曲线，AP_L 为平均产量曲线，MP_L 为边际产量曲线。这三条曲线都是先呈上升趋势，而后达到各自的最高点后，再呈下降趋势。

三、边际报酬递减规律

边际报酬递减规律，又称边际收益递减规律，是指在生产技术水平不变和其他生产要素数量保持不变的条件下，连续地投入某一种可变生产要素，当这种可变投入量小于某一特定值时，增加该要素投入所带来的边际产量是递增的；当这种可变投入量超过这一特定值时，增加该要素投入所带来的边际产量是递减的。

在理解这一规律时要注意几点：

第一，这一规律发生作用的前提是技术水平不变。

第二，这一规律是指生产中使用的生产要素分为可变的与不变的两类，即技术系数是可变的。

第三，随着变动要素投入的连续增加，边际报酬的变动要经历递增和递减两个阶段。

这是因为技术系数可变的生产函数在一定的技术条件下，各种要素投入客观上存在一个最优比例关系。当固定要素投入过多而变动要素投入过少时，增加变动投入就能充分发挥固定要素投入的潜在效率，导致变动要素投入的边际报酬递增。一旦固定要素投入的潜在效率随着变动要素投入的连续增加而充分发挥出来以后，再增加变动要素投入，边际报酬就开始递减。

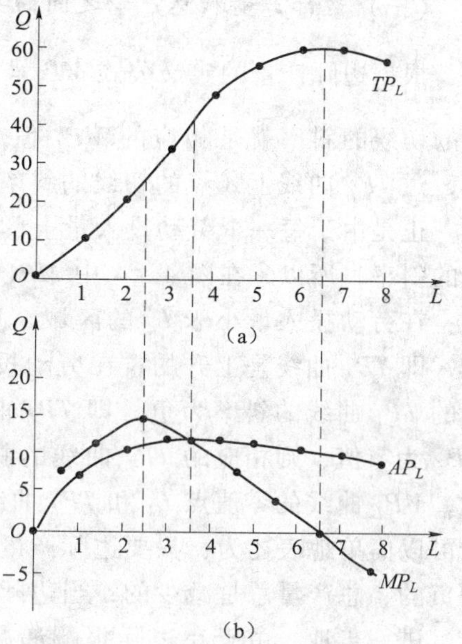

图4-3　总产量、平均产量与边际产量曲线

第四，边际报酬递减规律同边际效用递减规律一样，无需提出理论证明，它是人们在生产实践中得到的基本生产规律，在任何社会形式的生产中都普遍适用。

四、总产量、平均产量和边际产量相互之间的关系

西方经济学家通常将总产量曲线、平均产量曲线和边际产量曲线置于同一张坐标图中，来分析这三个产量之间的相互关系。图4-4就是一种可变生产要素的生产函数的产量曲线图，它反映了在资本等其他条件不变的情况下，连续追加劳动一种生产要素时，总产量、平均产量和边际产量的变动趋势及其相互关系。

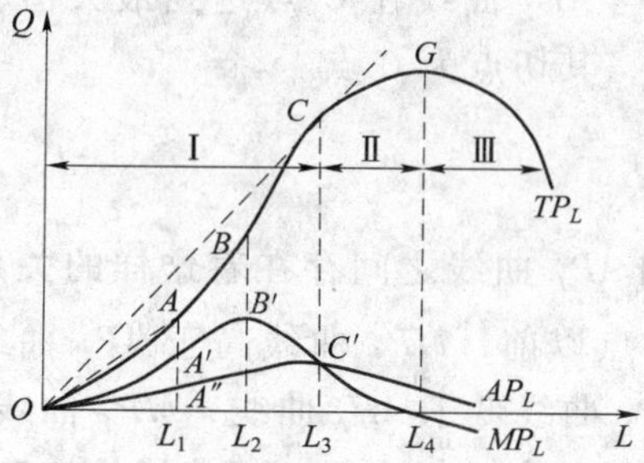

图4-4　总产量、平均产量和边际产量的变动趋势

由图4-4可以看出，由边际报酬递减规律决定的劳动的边际产量 MP_L 曲线先是上升的，并在 B' 点达到最高点，然后再下降。根据短期生产的这一基本特征，我们从以下三个方面来分析总产量、平均产量和边际产量相互之间的关系。

(一) 边际产量和总产量之间的关系

根据边际产量的定义公式 $MP_L=\frac{\mathrm{d}TP_L\ (L,\ \overline{K})}{\mathrm{d}L}$ 可以推知，过 TP_L 曲线任何一点的切线的斜率就是相应的 MP_L 值。例如，在图 4－4 中，当劳动投入量为 L_1 时，过 TP_L 曲线上 A 点的切线的斜率，就是相应的 MP_L 值，它等于 $A'L_1$ 的高度。

正是由于每一个劳动投入量上的边际产量 MP_L 值就是相应的总产量 TP_L 曲线的斜率，所以，在图 4－4 中 MP_L 曲线和 TP_L 曲线之间存在着这样的对应关系：在劳动投入量小于 L_4 的区域，MP_L 均为正值，则相应的 TP_L 曲线的斜率为正，即 TP_L 曲线是上升的；在劳动投入量大于 L_4 的区域，MP_L 均为负值，则相应的 TP_L 曲线的斜率为负，即 TP_L 曲线是下降的。当劳动投入量恰好为 L_4 时，MP_L 为零值，则相应的 TP_L 曲线的斜率为零，即 TP_L 曲线达极大值点。也就是说，MP_L 曲线的零值点 L_4 和 TP_L 曲线的最大值点 G 是相互对应的。以上这种关系可以简单地表述为：只要边际产量是正的，总产量总是增加的；只要边际产量是负的，总产量总是减少的；当边际产量为零时，总产量达最大值点。

进一步地，由于在边际报酬递减规律作用下的边际产量 MP_L 曲线先上升，在 B' 点达到最大值，然后再下降，所以，相应的总产量 TP_L 曲线的斜率先是递增的，在 B 点达到拐点，然后再递减。也就是说，MP_L 曲线的最大值点 B' 和 TP_L 曲线的拐点 B 是相互对应的。

(二) 平均产量和总产量之间的关系

根据平均产量的定义公式 $AP_L=\frac{TP_L\ (L,\ \overline{K})}{L}$ 可以推知，连接 TP_L 曲线上任何一点和坐标原点的线段的斜率，就是相应的 AP_L 值。例如，在图 4－4 中，当劳动投入量为 L_1 时，连接 TP_L 曲线上 A 点和坐标原点的线段 OA 的斜率即 AL_1/OL_1，就是相应的 AP_L 值，它等于 $A''L_1$ 的高度。

正是由于这种关系，所以，在图 4－4 中当 AP_L 曲线在 C' 点达到最大值时，TP_L 曲线必然有一条从原点出发的最陡的切线，其切点为 C 点。

(三) 边际产量和平均产量之间的关系

在图 4－4 中，我们可以看到 MP_L 曲线和 AP_L 曲线之间存在着这样的关系：两条曲线相交于 AP_L 曲线的最高点 C'。在 C' 点以前，MP_L 曲线高于 AP_L 曲线，MP_L 曲线将 AP_L 曲线拉上；在 C' 点以后，MP_L 曲线低于 AP_L 曲线，MP_L 曲线将 AP_L 曲线拉下。不管是上升还是下降，MP_L 曲线的变动都快于 AP_L 曲线的变动。

因为，就任何一对边际量和平均量而言，只要边际量大于平均量，边际量就把平均量拉上；只要边际量小于平均量，边际量就把平均量拉下。因此，就平均产量 AP_L 和边际产量 MP_L 来说，当 $MP_L > AP_L$ 时，AP_L 曲线是上升的，当 $MP_L < AP_L$ 时，AP_L 曲线是下降的。又由于边际报酬递减规律作用下的 MP_L 曲线

是先升后降的，所以，当 MP_L 曲线和 AP_L 曲线相交时，AP_L 曲线必达最大值。[1]

此外，由于在可变要素劳动投入量的变化过程中，边际产量的变动相对平均产量的变动而言要更敏感一些，所以，不管是增加还是减少，边际产量的变动都快于平均产量的变动。

五、生产要素投入的合理区间

为了分析生产要素投入的效率，根据短期生产的总产量曲线、平均产量曲线和边际产量曲线之间的关系，可将要素投入区间划分为三个，因此相应地可将短期生产划分为三个阶段，如图 4-4 所示。下面对每个区间进行分析。

（1）Ⅰ区间。如图 4-4 所示，可变要素投入从 $O—L_3$ 的区间，即平均产量递增，总产量也递增，边际产量大于平均产量的区间。在短期生产的这一阶段，劳动的平均产量始终是上升的，且达到最大值；劳动的边际产量上升达最大值，且劳动的边际产量始终大于劳动的平均产量；劳动的总产量始终是增加的，这说明不变要素投入过多，可变要素投入相对过少，增加可变要素投入是有利的。在该区间，增加可变要素投入可以大幅增加总产量，也可以提高平均产量。

所以，任何理性的生产者都不会将生产停留在这个阶段，而是会不断追加可变要素的投入量，并将生产扩大到第二阶段。

（2）Ⅲ区间。如图 4-4 所示，可变要素投入大于 L_4 的区间，即边际产量为负、总产量和平均产量递减的区间。在短期生产的这一阶段，劳动的平均产量继续下降，劳动的边际产量降为负值，劳动的总产量也呈现下降趋势，这说明可变要素投入量相对过多，减少可变要素投入对生产是有利的。这时即使可变要素是免费供给的，理性的生产者也会通过减少劳动投入量来增加总产量，以摆脱劳动的边际产量为负值和总产量下降的局面，并退回到第二阶段。

由此可见，任何理性的生产者既不会将生产停留在第一阶段，也不会将生产扩张到第三阶段，所以，生产只能在第二阶段进行。

（3）Ⅱ区间。如图 4-4 所示，可变要素投入从 L_3 至 L_4 的区间，即平均产量递减、总产量递增的区间。在短期生产的第二阶段的起点处，劳动的平均产量曲线和劳动的边际产量曲线相交，即劳动的平均产量达最高点。在短期生产的第二阶段的终点处，劳动的边际产量曲线与水平轴相交，即劳动的边际产量等于零。

在Ⅰ区间，生产者将通过增加可变要素的投入量来获得更多的好处；在Ⅲ区

---

① 该结论可以通过数学方法证明。AP_L 曲线的斜率可以表示为：

$$\frac{d}{dL}AP_L=\frac{d}{dL}\left(\frac{TP_L}{L}\right)=\frac{\frac{dTP_L}{dL}\times L-TP_L}{L^2}=\frac{1}{L}\left(\frac{dTP_L}{dL}-\frac{TP_L}{L}\right)=\frac{1}{L}(MP_L-AP_L)$$

因为 $L>0$，所以，（1）当 $MP_L>AP_L$ 时，AP_L 曲线斜率为正，即 AP_L 曲线是上升的；

（2）当 $MP_L<AP_L$ 时，AP_L 曲线斜率为负，AP_L 曲线是下降的；

（3）当 $MP_L=AP_L$ 时，AP_L 曲线斜率为零，AP_L 曲线达到最大值。

间，生产者将通过减少可变要素的投入量来避免不利影响。所以，可变要素的投入量在 L_3 至 L_4 的区间，这是生产者进行短期生产的决策区间。至于在Ⅱ区间，生产者选择的利润最大化的最佳投入量在哪一点上，还要结合成本、收益和利润综合分析。

值得指出的是，可变要素投入区间的划分和选择，实际上是对资源配置比例的划分和选择。假定资本（固定生产要素）投入量为 K 单位，则从图 4-4 中可以得出：当 $L<L_3$ 时，劳动（可变生产要素）与资本的结合比例就介于 $0\sim L_3/K$ 之间，资源配置是不合理的，劳动投入偏少，标志是平均产量没有达到最大；当 $L>L_4$ 时，劳动与资本的结合比例就大于 L_4/K，资源配置也是不合理的，劳动投入偏大，标志是边际产量为负，总产量开始递减。只有当 $L_3\leqslant L\leqslant L_4$ 时，劳动与资本的结合比例在 $L_3/K\sim L_4/K$ 之间，资源配置才处于合理范围，其标志是平均产量已达到最大，处于递减阶段，而总产量处于接近最大产量的递增阶段。当然，这里是从技术效率的角度分析资源配置的合理性，还不全面。要全面认识资源配置的合理性，还要从经济效率的角度，结合平均成本和边际成本的情况，进行分析。这一点将在后面展开分析。

第四节　两种可变生产要素的生产函数

长期生产函数是考察厂商在可以调整其一切生产要素投入的情况下，要素的投入组合与产出之间的关系。在长期内，厂商的生产要素不再分为可变投入和不变投入，所有的投入要素的数量都是可变的。

一、两种可变生产要素的生产函数

为了使研究的问题简化，经济学家根据投入生产的要素种类的多少，把长期生产函数分为许多类别，如两种投入要素可变的长期生产函数，三种投入要素可变的长期生产函数……。如果结合生产的产品种类，可以列出无数长期生产函数来，比如，根据投入和产出的部门及产品的多少，列出多种相应的投入产出表来，它们就代表了各种长期生产函数。

在各种长期生产函数中，最简单的一种是两种投入要素可变，只生产一种产品的生产函数。微观经济学通常把它作为长期生产函数的代表来进行研究。这两种可变投入要素通常被假定为资本和劳动。并且，这两种生产要素可以互相替代，它的一般形式为：

$$Q=f(L,K) \tag{4.20}$$

式（4.20）中，L 表示可变量要素劳动的投入量，K 表示可变要素资本的投入量，Q 表示产量。

二、等产量曲线

两种可变投入要素的生产，仍然反映着投入要素的结合比例与之得到的最大产量的关系，用生产函数表示为 $Q=f(L, K)$。研究这种生产函数，就是从技术效率的角度研究厂商是如何调整投入要素的配置，以实现资源的最优组合，为此，可以采用等产量曲线和等成本曲线作为分析工具。

（一）等产量曲线的概念

等产量曲线和无差异曲线非常相似。等产量曲线（Isoquants Curve），也称“等生产线”或“生产无差异曲线”，是在既定的技术水平下生产等量产品的各种投入的最有效率的组合，如图 4－5 所示。

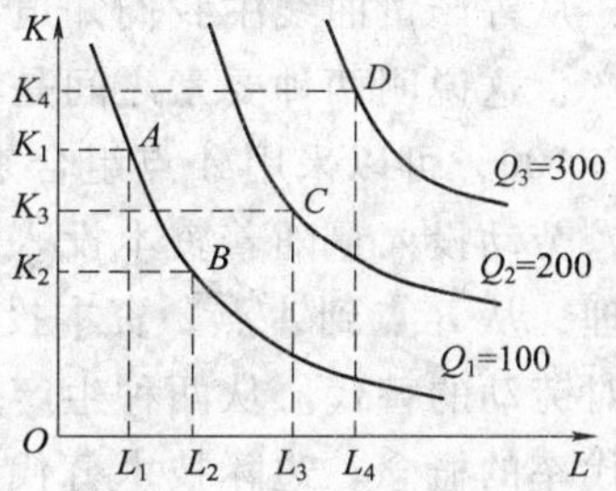

图 4－5　等产量曲线

在图 4－5 中，横轴代表劳动投入量，纵轴代表资本投入量。为了生产同一数量的产品，L 和 K 两种要素投入可以按照无数种不同的组合。例如，为了生产 $Q_1=100$ 单位的产量，可以使用 A 点的要素组合（劳动投入量 L_1，资本投入量 K_1），也可以使用 B 点的要素组合（劳动投入量 L_2，资本投入量 K_2）。

（二）等产量曲线的特点

（1）等产量曲线是向右下方倾斜的。在同一等产量曲线上的要素组合的改变，是以要素之间数量的此消彼长、一增一减的方式进行的，要素之间存在一定的替代关系。如果要素组合的调整方式是在一种生产要素不变的条件下，增加或减少另一种生产要素的数量，或者是同时增加或减少另一种生产要素的数量，那么，调整前后的产量必然会发生变化，要素组合一定在不同的两条等产量曲线上。

（2）等产量曲线是凸向原点的也是向右下方倾斜的，这说明等产量曲线上劳动与资本两种生产要素之间存在替代关系。等产量曲线凸向原点的弯曲程度，完全取决于两种要素的替代性的大小，即取决于边际技术替代率递减的速度。在经济学上，为保持等产量水平，生产者增加单位劳动量时所必须减少的资本量，就是劳动对资本的边际技术替代率。边际技术替代率就是等产量曲线的斜率。边际技术替代率递减缓慢，表明两种可变要素替代性强，等产量曲线弯曲程度就小；反之，边际技术替代率递减较快，表明两种可变要素替代性弱，等产量曲线弯曲程度就大；如果两种要素是可以完全替代的，等产量曲线就是一条直线；如果两种要素根本不能替代，而是完全互补的，边际技术替代率为 0，等产量曲线就是向原点呈 90 度角凸出的折线。

(3) 等产量曲线与坐标原点的距离大小表示产量水平的高低。离原点越近的等产量曲线代表的产量水平越低，离原点越远的等产量曲线代表的产量水平越高。

(4) 在同一平面图上，任意两条等产量曲线不可能相交。如果两条等产量曲线相交，交点的要素组合就同时在两条等产量曲线上，该要素组合能提供两种不同的产量水平，这与一种确定的要素组合只能提供一种产量相矛盾。

三、边际技术替代率

（一）边际技术替代率的概念

从等产量曲线中我们知道，既定数量的产品可以通过不同的要素投入组合来生产，这说明两种要素之间是存在一定替代关系的，如图 4－5 所示，为了生产 $Q_1=100$，可以采用 A 点组合来生产，也可以采用 B 点组合来生产。从 A 点到 B 点，劳动投入量随着资本投入量的减少而增加，可以看成是劳动对资本的替代；同理，从 B 点到 A 点，资本投入量随着劳动投入量的减少而增加，可以看成是资本对劳动的替代。从两种生产要素之间的这种相互替代关系，可以得出边际技术替代率的概念。边际技术替代率（Marginal Rate of Technical Substitution，简写为 $MRTS$ 或 RTS）是指在维持产量水平不变的条件下，增加一单位某种生产要素投入量时所减少的另一种生产要素的投入量，即在同一产量水平下一种投入要素与另一种投入要素相交换的比率。劳动对资本的边际技术替代率写作 $MRTS_{LK}$，其公式为：

$$MRTS_{LK}=-\frac{\Delta K}{\Delta L} \tag{4.21}$$

在式（4.21）中，ΔK 和 ΔL 分别表示资本投入量的变化量和劳动投入量的变化量。例如，在图 4－5 中，当产量 $Q_1=100$，要素组合从 A 到 B 时，劳动对资本的边际技术替代率为：

$$MRTS_{LK}=-\frac{\Delta K}{\Delta L}=-\frac{K_2-K_1}{L_2-L_1} \tag{4.22}$$

当 A 点沿着等产量曲线的变动趋向无穷小时，即 $\Delta L\to 0$ 的时候有：

$$MRTS_{LK}=\lim_{\Delta L\to 0}-\frac{\Delta K}{\Delta L}=-\frac{dK}{\mathrm{d}L} \tag{4.23}$$

即等产量曲线上某一点的边际技术替代率为等产量曲线在该点斜率的绝对值。

劳动 L 对资本 K 的边际技术替代率也可以用两种投入的边际产量之比来表示，即

$$MRTS_{LK} = \frac{MP_L}{MP_K} \text{①} \tag{4.24}$$

（二）边际技术替代率递减规律

边际技术替代率是递减的，即为了保持相同的产量水平，随着某一要素投入量的增加，增加每一单位该要素投入所能替代的另一种要素的量是逐渐减少的。例如，在图 4－6 中，在两要素的投入组合沿着既定的等产量曲线 Q^0 由 a 点顺次运动到 b、c 和 g 点的过程中，劳动投入量等量地由 L_1 增加到 L_2，再增加到 L_3 和 L_4，即有 $OL_2 - OL_1 = OL_3 - OL_2 = OL_4 - OL_3$，而相应的资本投入量的减少量为 $OK_1 - OK_2 > OK_2 - OK_3 > OK_3 - OK_4$。这说明在产量不变的条件下，在劳动投入量不断增加和资本投入量不断减少的替代过程中，边际技术替代率是递减的。

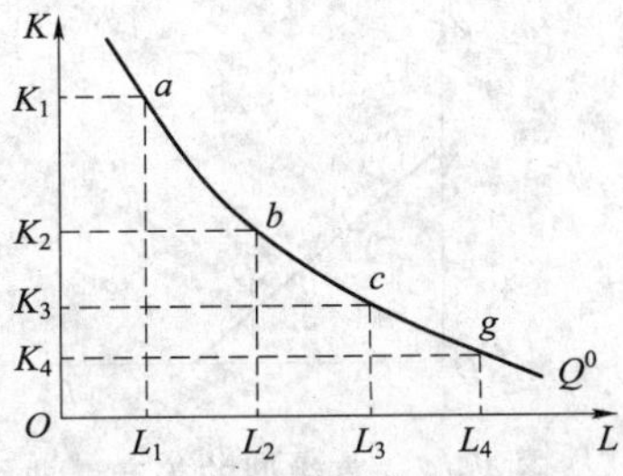

图 4－6　边际技术替代率递减

边际技术替代率之所以是递减的，主要原因在于：一定技术条件下，任何一种生产过程都要求各要素之间有适当的比例，所以要素之间的替代是有限的，不可能无限地替代下去。例如，某一生产需投入劳动和资本两种要素，在资本投入量很多、劳动投入量很少的情况下，为了保持一定的产量，减少一些资本投入量可以很容易通过增加劳动量的投入来弥补，即劳动对资本的替代是容易的。随着劳动投入量的增加，当劳动投入量很多而资本投入量很少的时候，再用劳动去替代资本将变得越来越困难。

边际技术替代率实际上就是等产量线的斜率的绝对值，所以计算等产量线上某一点的边际技术替代率，只要求出等产量线上该点的切线斜率值的绝对值即可。由于边际技术替代率是递减的，等产量线的斜率也是递减的，所以等产量曲线一般是凸向原点的曲线。但是，等产量曲线也存在着如下特殊情况：

1. 投入要素之间完全替代的等产量曲线

投入要素之间完全替代是指两种生产要素之间完全可以替代，边际技术替代率不变，即边际技术替代率为常数。这种等产量曲线的形状为一条直线。如图 4－7 所示。

例如，乐器的制造，可以完全由机器制作，也可以由技艺高超的工匠借助少量的工具完成。

---

① 该结论可以通过数学方法证明。假设生产函数为 $Q = f(L, K)$，则 $dQ = \frac{\partial Q}{\partial L}dL + \frac{\partial Q}{\partial K}dK = MP_L \times dL + MP_K \times dK$，由于在同一条等产量曲线上产量是不变的，即 $dQ = 0$，则有 $MP_L \times dL + MP_K \times dK = 0$，因此，$-\frac{dK}{dL} = \frac{MP_L}{MP_K}$，由边际技术替代率定义公式可得：$MRTS_{LK} = \frac{MP_L}{MP_K}$。

2. 投入要素之间完全不能替代的等产量曲线

投入要素之间完全不能替代指两种生产要素之间的比例是固定的，不存在替代关系，即固定投入比例生产函数。等产量曲线为一条直角形折线。如图 4－8 所示。

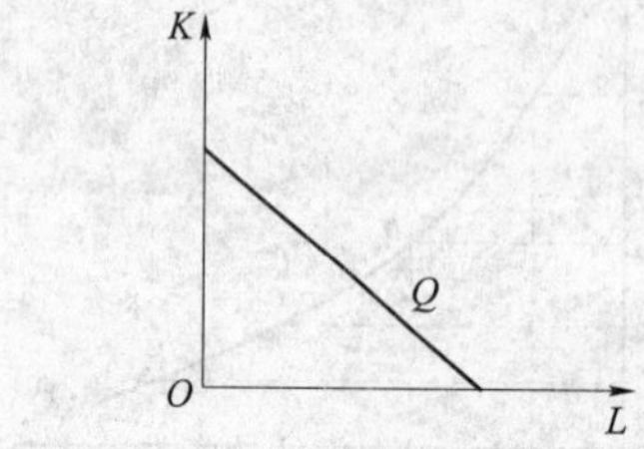

图 4－7 直线型的等产量曲线

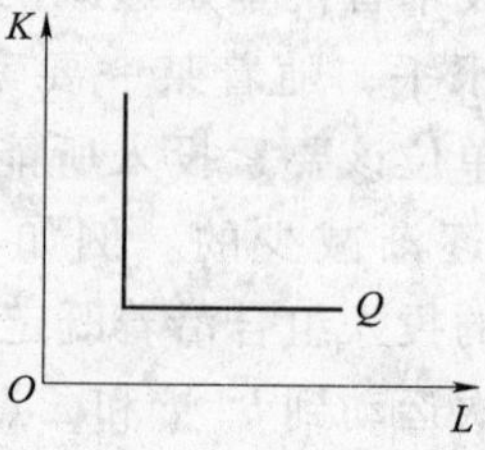

图 4－8 直角折线型的等产量曲线

例如，用风镐对人行道进行翻建，一个工人用一台风镐，一台风镐也只能由一人操作。多人一台风镐或一人多台风镐都不能增加产量。

四、等成本曲线

厂商追求利润最大化的投入抉择是受约束的，即受到成本支出和要素价格的约束。这种生产约束可以用等成本线来描述。

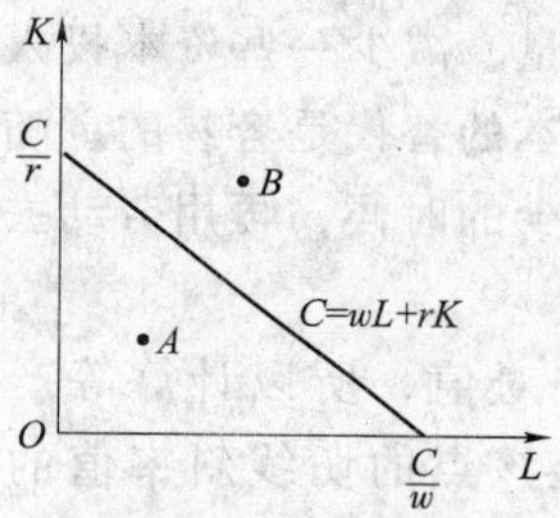

图 4－9 等成本线

等成本线和预算线非常相似。等成本线（Isocost Curve）也称为“等支出线”，是指在既定的要素价格下，生产者花费一定的成本所能购买到的各种生产要素的组合。

如图 4－9 所示，横轴表示劳动投入量，纵轴表示资本投入量，生产者购买要素的总成本是 C，市场上劳动的价格即工资率为 w，资本的价格即利息率为 r，成本线方程为：

$$C = wL + rK \tag{4.25}$$

由方程（4.25）可得：

$$K = -\frac{w}{r}L + \frac{C}{r} \tag{4.26}$$

方程（4.26）反映出 K 与 L 是线性的关系，由此方程可知，等成本线的斜率为 $-w/r$，C/r 为纵轴上的截距，即所有成本都用来购买资本时所能买到的资本数量，C/w 为横轴上的截距，即所有成本都用来购买劳动时所能买到的劳动数量。

在图 4－9 中，等成本线内区域的任何一点，表示总成本用来购买资本和劳动后还有剩余，如 A 点。等成本线外区域的任何一点，表示总成本用来购买该组合的资本和劳动是不够的，如 B 点。等成本线上的任何一点表示用既定的成本刚好能买到的要素组合。当总成本和要素价格发生变化，等成本线也会发生变化。

等成本线的特点：

(1) 等成本线都是向右下方倾斜的，其斜率为 $-w/r$。

(2) 如果两种要素的价格按同一幅度上升或下降，等成本线将向右或向左水平移动；如果一种要素的价格不变，另一种要素价格上升或下降，等成本线将旋转，即以横轴上的劳动价格点为圆心，沿纵轴上下移动；或以纵轴上的资本价格点为圆心，沿横轴左右移动；如果两种要素价格非同比例变化，等成本线将上下左右旋转。

(3) 等成本线是相互平行的。

五、最优的生产要素组合

厂商的最优生产要素组合，一方面取决于技术上是否可能，另一方面还取决于经济上是否合理，即要考虑成本因素。厂商的理性决策，必须同时考虑技术上和经济上两个方面的因素。选择一种投入要素的组合，使得企业能够在既定成本条件下产量最大化，或者既定产量条件下成本最小化。无论是既定成本条件下产量最大化，还是既定产量条件下成本最小化，最优的生产要素组合点，在图形上都是等产量线和等成本线相切的点，即最优的生产要素组合点就是等产量线和等成本线的切点所代表的组合。下面分别讨论这两种情况。

(一) 总成本既定产量最大的生产要素组合

假定企业用两种可变生产要素劳动 L 和资本 K 生产一种产品，劳动价格 P_L 已知，企业用于购买这两种要素的全部成本 C 既定，由此则可以确定一条等成本曲线 K_0L_0。如图 4 - 10 所示，在这个坐标图上，我们可以画出无数条代表不同产量的等产量线，在这无数条等产量线中，总会有一条等产量线正好和这条等成本线相切。图 4 - 10 上只画出了有代表性的三条等产量线 Q_1、Q_2 和 Q_3，其中 Q_1 和等成本线 K_0L_0 相交，交点为 A、B。Q_2 和等成本线相切，切点是 E。而 Q_3 和等成本线 K_0L_0 没有共同点。在图 4 - 10 中切点 E 就是最优要素组合点，即生产的均衡点。它表示，在既定成本条件下，企业应该按照 E 点的要素组合进行生产，即劳动投入和资本投入分别为 L^* 和 K^*，这样，厂商就会取得最大的产量。

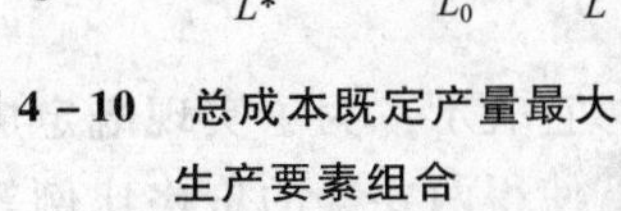

图 4 - 10　总成本既定产量最大的生产要素组合

为什么 E 点就是最优的要素组合点呢？这就需要分析代表既定成本的唯一的等成本线 K_0L_0 与三条等产量线 Q_1、Q_2、Q_3 之间的关系。先看等产量线 Q_3，

虽然等产量线 Q_3 所代表的产量大于 Q_2，但所需总成本大于既定成本，Q_3 代表的产量是无法实现的产量，因为企业利用既定成本只能购买到位于等成本线 K_0L_0 上或等成本线 K_0L_0 以内区域的要素组合。再看等产量线 Q_1，虽然与唯一的等成本线 K_0L_0 相交于 A 和 B 两点，A 和 B 两点所代表的产量在技术上是可行的，总成本也不增加，但其代表的产量 Q_1 比 E 代表的产量 Q_2 低，因为越靠近原点的等产量线所代表的产量越低。A 和 B 两点的差别在于 A 点是资本密集型技术，B 点是劳动密集型技术。生产要素的组合从 K_0 沿着等成本线逐渐向 E 点靠近，它们分别和产量增大的等产量线相交，过了 E 点后，等成本线上的各种生产要素组合，开始和产量较低的等产量线相交。所以，只有在唯一的等成本线 K_0L_0 和等产量线 Q_2 的相切点 E，才是实现既定成本条件下的最大产量的要素组合，E 点的生产技术就是产量最大的技术，或者说是经济上有效率的技术，这时的劳动资本的组合就实现了最适合生产要素的组合。任何更高的产量既定的成本条件都是无法实现的，任何更低的产量都是低效率的。

再进一步具体分析等成本线 K_0L_0 和等产量线 Q_1 的两个交点 A、B 和等成本线 K_0L_0 与等产量线 Q_2 的切点 E，E 点是等成本线和等产量线的切点，因此，在 E 点，等成本线的斜率和等产量线的斜率相等。等成本线的斜率等于两种生产要素的价格比率，而等产量线的斜率等于两种要素的边际产量比率，则有：$\frac{P_L}{P_K}=\frac{MP_L}{MP_K}$。在 B 点，$\frac{P_L}{P_K}>\frac{MP_L}{MP_K}$，这意味着此时等产量线的斜率的绝对值小于等成本线的斜率的绝对值，此时在总成本不变的条件下，减少劳动的使用量，增加资本的使用量能使产量水平上升；在 A 点，$\frac{P_L}{P_K}<\frac{MP_L}{MP_K}$，厂商可以在总成本不变的情况下，减少资本的使用量，增加劳动的使用量，使产量水平上升，即沿着等成本线从 A 点向 E 点靠拢。在 E 点，厂商就达到均衡状态，生产要素得到最优组合，此时有：

$$MRTS_{LK}=\frac{P_L}{P_K} \tag{4.27}$$

它表示：为了实现既定成本条件下的最大产量，企业必须选择最优的要素组合，使得两要素的价格比例等于两要素的边际技术替代率。这就是两种生产要素的最优组合的原则。

因为边际技术替代率可以表示为两要素的边际产量之比，所以（4.27）式可以写为：

$$MRTS_{LK}=\frac{MP_L}{MP_K}=\frac{P_L}{P_K}\text{①} \tag{4.28}$$

由式（4.28）得：

$$\frac{MP_L}{P_L}=\frac{MP_K}{P_K} \tag{4.29}$$

（4.29）式表示，厂商可以通过对两要素的投入量的不断调整，使得最后一单位的货币成本无论用来购买哪一种生产要素所获得的边际产量都相等，从而实现既定成本条件下的最大产量。

（二）产量既定总成本最小的生产要素组合

假定企业用两种生产要素劳动 L 和资本 K 生产一种产品，劳动价格 P_L 和资本价格 P_K 已知，企业要生产的产量既定，由此可确定一条等产量线 Q_0，如图 4－11 所示。企业在产量既定的条件下，设定多少生产要素投入比例，可以使它的生产成本为最小呢？在图 4－11 上，可以画出无数条等成本线。在众多的等成本线中，必有一条（也只有一条）等成本线与既定的等产量线 Q_0 相切。在图 4－11上画出有代表性的三条等成本线。等成本线 K_0L_0 正好和等产量线 Q_0 相切，切点是 E。在图 4－11 上可以看出，$C_2>C_0>C_1$，所有和等产量线 Q_0 有共同点的等成本线中，和等产量线 Q_0 相切的 K_0L_0 的总成本 C_0 为最小，因此，任何总成本小于 C_0 的生产要素投入，都不可能生产出 Q_0 产量。由此，$C_1<C_0$，但不能生产出 Q_0 的产量，也就是说生产技术还达不到用 C_1 的成本生产出 Q_0 产量的水平，虽然技术的提高可以在一定程度上节约成本，提高产量。等成本曲线 K_2L_2 和等产量线 Q_0 相交于 A、B 两点，这表明 A 点和 B 点所代表的生产要素组合能够生产出 Q_0 产量，但这些生产要素的组合的成本 C_2 要比 E 点所代表的总成

① 可以通过数学方法求得实现既定成本条件下最大产量的要素组合的条件，即在 $C^0=P_L\times L+P_K\times K$ 的限制条件下，求使得 $Q=f(L,K)$ 具有最大值的最优要素组合解。首先建立拉格朗日方程：

$$Z=f(L,K)+\lambda(C^0-P_L\times L-P_K\times K) \tag{1}$$

产量最大化的一阶条件为：

$$\frac{\partial Z}{\partial L}=\frac{\partial f}{\partial L}-\lambda P_L=0 \tag{2}$$

$$\frac{\partial Z}{\partial K}=\frac{\partial f}{\partial K}-\lambda P_K=0 \tag{3}$$

$$\frac{\partial Z}{\partial \lambda}=C^0-P_L\times L-P_K\times K=0 \tag{4}$$

由（2）、（3）式得：

$$MRTS_{LK}=\frac{\partial f}{\partial L}/\frac{\partial f}{\partial K}=\frac{MP_L}{MP_K}=\frac{P_L}{P_K} \tag{5}$$

（5）式便是既定成本条件下实现最大产量的要素组合原则。

根据（2）、（3）、（4）式，可以求出最优的两要素的投入组合解：$L^*=L(P_L,P_K,C^0)$，$K^*=K(P_L,P_K,C^0)$。

本 C_0 大。A、B 两点的差别在于，A 点是资本密集型技术，B 点是劳动密集型技术，但其总成本都为 C_2。

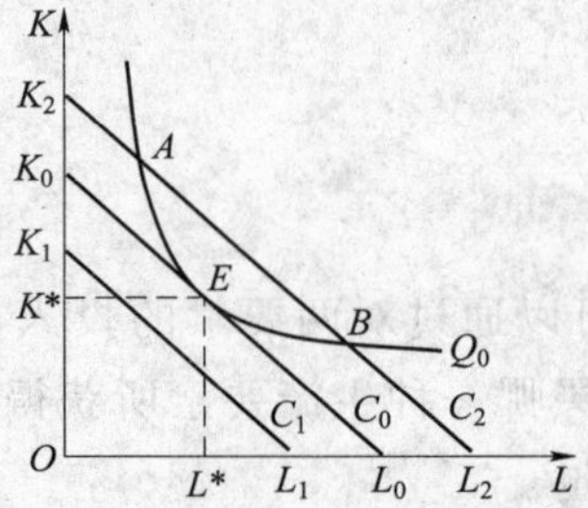

图 4－11　产量既定成本最小的生产要素组合

只有等成本线 K_0L_0 和等产量线相切的 E 点，才是在产量既定条件下，成本最小的生产要素组合，从技术的角度说，用 E 点的生产技术就是成本最低的技术，或者说是经济上有效率的技术，这时的劳动与资本的组合就实现了最适当的生产要素组合。因为 E 点是等成本线 K_0L_0 和等产量线 Q_0 的切点，所以等产量线 Q_0 的斜率和等成本曲线 K_0L_0 的斜率相等，即 $\frac{P_L}{P_K}=\frac{MP_L}{MP_K}$，也就是 $\frac{MP_L}{P_L}=\frac{MP_K}{P_K}$。如果不满足以上条件，就表示可以通过调整生产要素组合比例，在维持产量不变的前提下，使成本减少，若 $\frac{P_L}{P_K}<\frac{MP_L}{MP_K}$，即 $\frac{MP_K}{P_K}<\frac{MP_L}{P_L}$，它表明在劳动投入上多花一元钱所产生的产量减少量，即厂商可以通过增加劳动投入，减少资本投入就能在维持产量不变的条件下使总成本减少。这种情况，相当于图 4－11 中从 A 点沿着等产量线 Q_0 向 E 点移动。反过来，若 $\frac{P_L}{P_K}>\frac{MP_L}{MP_K}$，即 $\frac{MP_K}{P_K}>\frac{MP_L}{P_L}$，厂商就可以通过减少劳动投入，增加资本投入在维持产量不变条件下使总成本减少，相当于图 4－11 中从 B 点沿着等产量线 Q_0 向 E 点移动。在 E 点，厂商就达到均衡状态，生产要素得到最优组合，此时有：

$$MRTS_{LK}=\frac{P_L}{P_K} \tag{4.30}$$

它表示：为了实现既定产量条件下的最小成本，企业必须选择最优的要素组合，使得两要素的价格比例等于两要素的边际技术替代率。这就是两种生产要素的最优组合的原则。

因为边际技术替代率可以表示为两要素的边际产量之比，所以（4.30）式可以写为：

$$MRTS_{LK}=\frac{MP_L}{MP_K}=\frac{P_L}{P_K}①\tag{4.31}$$

由式（4.31）得：

$$\frac{MP_L}{P_L}=\frac{MP_K}{P_K}\tag{4.32}$$

（4.32）式表示，厂商可以通过对两要素的投入量的不断调整，使得最后一单位的货币成本无论用来购买哪一种生产要素所获得的边际产量都相等，从而实现既定成本条件下的最大产量。

六、扩展线

由于成本和要素价格的变化会引起等成本曲线的移动，生产技术的进步也会引起等产量曲线的移动，而等成本曲线和等产量曲线的移动又会使最佳要素组合点发生变动。这些组合点的变动轨迹就是厂商产量的扩展线。扩展线又是一条等斜线。

（一）等科线

等斜线是一组等产量曲线中，两要素的边际技术替代率相等的点的轨迹。如图 4－12 所示，等产量线 Q_1、Q_2、Q_3 分别与三条平行的切线 T_1、T_2、T_3 相切于 A、B、C 三点。则三条等产量线在各自的切点 A、B、C 上的两要素的边际技术替代率是相等的，连接这些点跟原点的曲线 OS 称为等斜线。

（二）扩展线

在其他条件不变的情况下，如果厂商的总成本发生变化，会使等成本线发生

---

① 可以通过数学方法求得实现既定产量条件下最小成本的要素组合的条件，即在 $Q^0=f(L,K)$ 的限制条件下，求使得 $C=P_L\times L+P_K\times K$ 具有最小值的最优要素组合解。首先建立拉格朗日方程：

$$Z=P_L\times L-P_K\times K+\lambda[Q^0-f(L,K)]\tag{1}$$

成本最小化的一阶条件为：

$$\frac{\partial Z}{\partial L}=P_L-\lambda\frac{\partial f}{\partial L}=0\tag{2}$$

$$\frac{\partial Z}{\partial K}=P_K-\lambda\frac{\partial f}{\partial K}=0\tag{3}$$

$$\frac{\partial Z}{\partial \lambda}=Q^0-f(L,K)=0\tag{4}$$

由（2）、（3）式得：

$$MRTS_{LK}=\frac{\partial f}{\partial L}/\frac{\partial f}{\partial K}=\frac{MP_L}{MP_K}=\frac{P_L}{P_K}\tag{5}$$

（5）式便是既定产量条件下实现最小成本的要素组合原则。

根据（2）、（3）、（4）式，可以求出最优的两要素的投入组合解：$L^*=L(P_L,P_K,Q^0)$，$K^*=K(P_L,P_K,Q^0)$。

平移。不同的等成本线与不同的等产量线相切，可以得到不同成本条件下不同的生产要素最优组合点，这些点的轨迹就是扩展线，如图 4－13 所示。

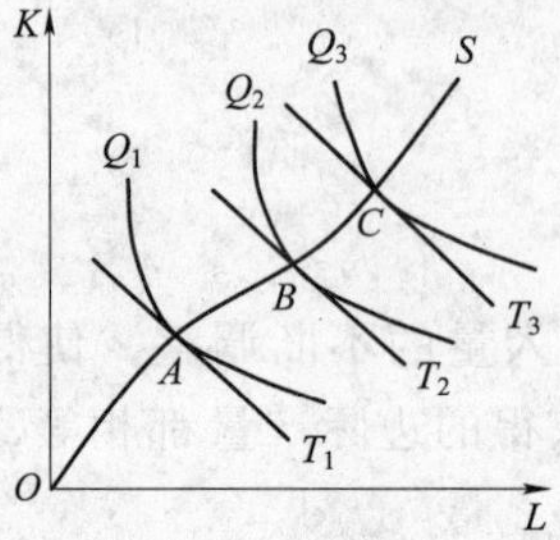

图 4－12　等斜线

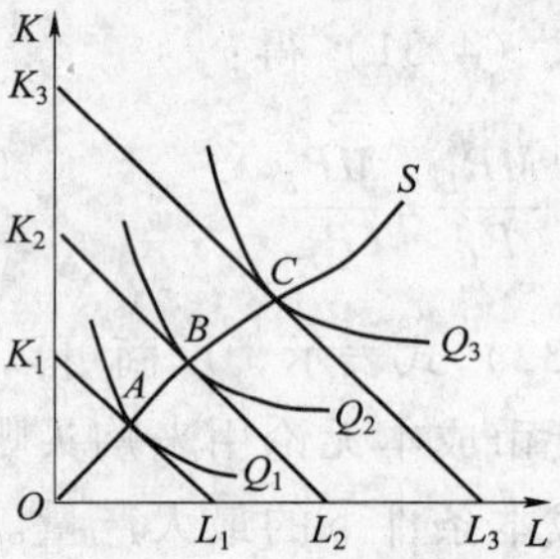

图 4－13　扩展线

在其他条件不变的前提下，等成本线 L_1K_1、L_2K_2、L_3K_3 分别与不同的三条等产量线 Q_1、Q_2、Q_3 相切于 A、B、C 点，这些点是不同成本条件下不同的生产要素最优组合点，连接这些点的轨迹 OS 即为扩展线。由于要素价格不变，所以两要素价格的比例保持不变，又由于生产要素最优组合点上两要素的边际技术替代率等于两要素的价格比，所以，扩展线上的这些点的边际技术替代率都是相等的。这意味着扩展线一定是一条等斜线。

扩展线表示：在其他条件不变的前提下，当总成本或产量发生变化的时候，厂商将沿着扩展线来选择最优生产要素组合点，以实现既定成本条件下的产量最大化或既定产量下的成本最小化。扩展线是厂商长期扩张或收缩生产所必须遵循的路线。

第五节　厂商规模

厂商的生产规模可大可小，但是，在一定的技术条件和市场条件下，只有一种生产规模能使规模报酬或规模收益最大化。厂商怎样才能实现生产规模的收益最大化呢？这个问题属于长期生产决策问题。厂商要实现生产规模的收益最大化，必须了解规模变动与产量变动之间的关系，即了解规模报酬或规模收益的变动规律。

一、规模报酬及其变化的三种情况

规模报酬也称为规模收益，是指在其他条件不变的前提下，各种生产要素投入量按比例变化所引起的产量变化。规模报酬的变动有三种情况：规模报酬不变、规模报酬递增和规模报酬递减。

（一）规模报酬不变

规模报酬不变，即随生产规模的扩张，产量增加的比例等于各种生产要素增加的比例，从而单位产品的成本不变。例如，当全部生产要素资本和劳动的投入量增加 2 倍时，产量也增加 2 倍。

图 4－14 表示的是规模报酬不变，由 A 点到 B 点，资本和劳动两种要素的增加比例：$\frac{L_1L_2}{OL_1}=\frac{K_1K_2}{OK_1}=1$（即各种要素增加的比例为 100%），产量由 $Q_1=100$ 到 $Q_2=200$ 增加的比例为 100%，产量增加的比例等于两种生产要素增加的比例。在规模报酬不变的情况下有 $OA=AB=BC$。

（二）规模报酬递增

规模报酬递增，即随生产规模的扩张，产量增加的比例大于各种生产要素增加的比例，从而单位产品的成本递减。例如，当全部生产要素资本和劳动的投入量增加 2 倍时，产量增加超过 2 倍。

图 4－15 表示的是规模报酬递增，由 A 点到 B 点，资本和劳动两种要素的增加比例$\frac{L_1L_2}{OL_1}=\frac{K_1K_2}{OK_1}<1$（即各种要素增加的比例不到 100%），产量由 $Q_1=100$ 到 $Q_2=200$ 增加的比例为 100%，产量增加的比例大于两种生产要素增加的比例。在规模报酬递增的情况下有 $OA>AB>BC$。

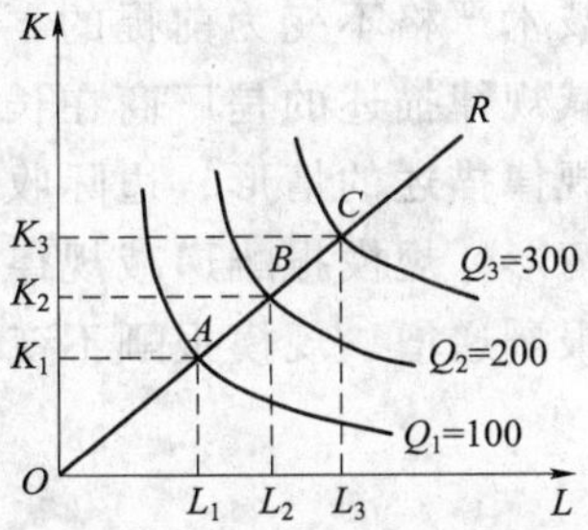

图 4－14 规模报酬不变

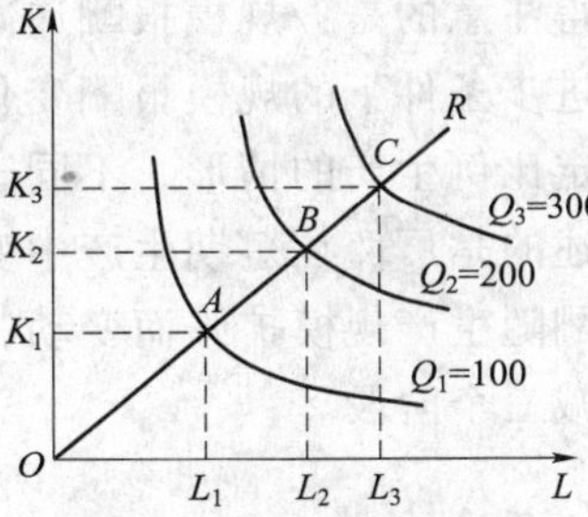

图 4－15 规模报酬递增

（三）规模报酬递减

规模报酬递减，即随生产规模的扩张，产量增加的比例小于各种生产要素增加的比例，从而单位产品的成本递增。例如，当全部生产要素资本和劳动的投入量增加 2 倍时，产量增加不到 2 倍。

图 4－16 表示的是规模报酬递减，由 A 点到 B 点，资本和劳动两种要素的增加比例$\frac{L_1L_2}{OL_1}=\frac{K_1K_2}{OK_1}>1$（即各种要素增加的比例超过 100%），

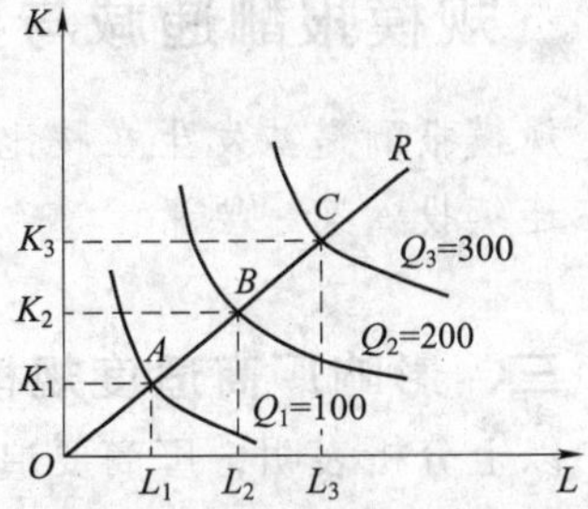

图 4－16 规模报酬递减

产量由 $Q_1=100$ 到 $Q_2=200$ 增加的比例为 100%，产量增加的比例小于两种生产要素增加的比例。在规模报酬递减的情况下有 $OA<AB<BC$。

规模报酬的三种情况也可以用数学公式来定义。给定生产函数 $Q=f(L, K)$。

如果 $f(\lambda L, \lambda K)=\lambda f(L, K)$，其中，常数 $\lambda>0$，则生产函数 $Q=f(L, K)$ 具有规模报酬不变的性质。

如果 $f(\lambda L, \lambda K)>\lambda f(L, K)$，其中，常数 $\lambda>0$，则生产函数 $Q=f(L, K)$ 具有规模报酬递增的性质。

如果 $f(\lambda L, \lambda K)<\lambda f(L, K)$，其中，常数 $\lambda>0$，则生产函数 $Q=f(L, K)$ 具有规模报酬递减的性质。

二、规模报酬递减规律

一般情况下，在长期生产过程中，企业的规模报酬变化的规律是这样的：企业从最初的很小的生产规模开始逐渐扩大时，首先面临的是规模报酬递增阶段。随着生产规模的不断扩大，规模报酬递增的幅度逐渐减小，进而进入规模报酬不变阶段，企业会将生产保持在规模报酬不变阶段。如果企业继续扩大生产规模，就会进入规模报酬递减阶段。西方经济学将这种由于生产规模不断扩大所带来的产量递增幅度不断减少的趋势，称为规模报酬递减规律。

值得注意的是：规模报酬递减规律是以生产技术严格不变为前提的，它不适合技术进步条件下的规模报酬变化；规模报酬递减规律描述的是厂商在长期生产中按固定比例生产的情形，不同于边际收益递减规律描述的情形，边际收益递减规律描述的是厂商在短期生产中变动比例生产的情形；规模报酬递减规律揭示了规模报酬随生产规模扩张而变动，依次经过规模报酬递增、规模报酬不变和规模报酬递减三个阶段。

重要问题

规模报酬递减与要素边际报酬递减的区别是什么？

规模报酬递减发生在按比例连续增加各种生产要素，要素边际报酬递减则发生在连续投入某一要素。

三、影响厂商适度规模的因素

以上分析表明，厂商要追求长期生产的最大收益，其生产规模有一个最佳规模或适度规模的问题。厂商的最佳规模或适度规模是指两种生产要素的增加所引起的生产规模的扩张刚好使规模报酬递增达到最大点，即单位产品的平均成本达到最低点的规模。影响厂商适度规模的因素主要有下面几个：

（1）行业。不同行业的适度规模是不同的，有的行业属于资本密集型，其适度规模较大，例如钢铁、汽车、重型机械等；而有的行业的适度规模相对较小，例如服装、食品等。

(2) 技术水平。企业运用了先进的技术，适度规模会增大，因为运用先进技术要耗费更多的资金，所以要求规模更大以分摊成本。

(3) 经营管理水平。一个企业如果经营管理水平提高，适度规模也会增大。经营管理水平提高了，则企业可以管理协调更大规模的企业，使其顺利运转。

(4) 分工和专业化程度。分工和专业化程度的提高，可以提高厂商的生产效率，同时，也使厂商的适度规模增大。

重要问题

规模报酬递减与边际收益递减、边际技术替代率递减概念的区别是什么?

规模报酬递减发生在各种要素按比例增加到一定阶段，而边际收益递减、边际技术替代率递减则发生在某一种要素增加，而其他要素保持不变的情况。由于边际收益递减，才使得增加一种要素所能替代的另一种要素越来越少，出现边际技术替代率递减现象。

小　结

(1) 厂商是指专门从事商品生产、流通和服务性活动的经济组织。可以将厂商的组织形式划分为个人业主制企业、合伙制企业和公司制企业三种类型。公司制企业是现代企业最重要、最典型的组织形式。西方经济学把委托—代理关系以及交易成本的节约看成是企业的本质。厂商的目标是实现利润最大化。

(2) 企业是一种组织交易、配置资源的方式，与市场存在替代关系。当市场交易成本高于企业内部的管理协调成本时，企业便产生了；当市场交易的边际成本等于企业内部的管理协调的边际成本时，就是企业规模扩张的界限。

(3) 资源稀缺的条件下，生产者行为总是受到资源条件的约束，生产者只能在给定的条件下进行选择，因此生产者面临着一个生产可能性边界。

(4) 生产函数描述任意特定的投入品组合下，一家企业所能生产的最大产出。等产量曲线描述在一定产量水平下，投入品的各种组合。与不同产出水平相连的等产量曲线可以反映生产函数。

（5）企业的生产有短期和长期之分，短期和长期的划分不是以时间的长短，而是以生产者能否调整所有要素的投入数量为标准。生产函数表示在一定时期内，在一定的技术条件下，生产要素的投入量与它所能生产出来的最大产量之间的一种函数关系。

（6）边际报酬递减规律的基本内容是：在技术水平不变的情况下，当把一种可变的生产要素投入到一种或几种不变的生产要素中时，最初这种生产要素投入所带来的边际产量是递增的；但是当这种可变要素的投入量连续投入并超过一定限度时，增加该要素投入所带来的边际产量是递减的。

（7）等产量线表示任一给定产量所需两种投入要素的各种可能的组合，等成本线则表示任一给定总成本企业能够获得的两种投入要素的组合。等产量线和等成本线的切点实现了生产要素的最优组合。在切点上，边际技术替代率和两要素的价格之比相等。

（8）规模报酬是指在其他条件不变的前提下，各种生产要素投入量按比例变化所引起的产量变化。规模报酬的变动有三种情况：规模报酬不变、规模报酬递增、规模报酬递减。由于生产规模不断扩大所带来的产量递增幅度不断减少的趋势，称为规模报酬递减规律。

复习思考题

一、名词解释

生产函数　总产量　平均产量　边际产量　边际报酬递减规律　等产量线　边际技术替代率　等成本线　生产者均衡　扩展线　规模报酬

二、简答题

1. 什么是生产函数？短期生产函数与长期生产函数有何区别？

2. 用图说明短期生产函数 $Q=f(L,\overline{K})$ 的 TP_L 曲线、AP_L 曲线和 MP_L 曲线的特征及其相互之间的关系，并解释在生产的三个阶段中，为何理性的厂商会选择将生产保持在第二阶段。

3. 生产规模扩大导致收益的变动可分为哪些阶段？它说明了什么问题？

4. 当企业家考虑再雇用一名工人时，他更关心的是劳动的平均产量还是边际产量？为什么？

5. 为什么随着劳动数量的增加，劳动对资本的边际技术替代率会递减？

6. 简述实现生产要素最佳投入组合的条件。

7. 如何理解边际报酬递减规律？试用该规律简要说明我国企业剩余劳动力

转移的必要性。

8. 比较消费者行为理论与生产者行为理论。

三、计算题

1. 短期生产函数为 $Q=-L^3+24L^2+240L$，试确定 L 的合理投入区间。

2. 已知生产函数 $Q=LK-0.5L^2-0.32K^2$，Q 表示产量，K 表示资本，L 表示劳动。若 $K=10$：

（1）写出劳动的平均产量和边际产量函数；

（2）分别计算当总产量和平均产量达到极大值时，企业雇佣的劳动量；

（3）证明当 AP_L 达到极大时，$AP_L=MP_L=2$。

3. 已知某厂商的生产函数为 $Q=L^{\frac{3}{8}}K^{\frac{5}{8}}$，又 $P_L=3$ 元，$P_K=5$ 元。求：

（1）产量 $Q=10$ 时的最低成本支出和使用的 L 与 K 的数量。

（2）产量 $Q=25$ 时的最低成本支出和使用的 L 与 K 的数量。

（3）总成本为 160 元时厂商均衡的 Q，L 与 K 的值。

4. 某企业生产一种产品，劳动为唯一可变要素，固定成本既定。短期生产函数为 $Q=-0.1L^3+6L^2+12L$。求：

（1）劳动的平均产量函数和边际产量函数。

（2）企业雇佣工人的合理范围是多少？

（3）若已知劳动的价格为 $w=480$，产品 Q 的价格为 40，则当利润最大时，企业生产多少产品 Q？

5. 已知某企业的生产函数为 $Q=L^{2/3}K^{1/3}$，劳动的价格 w 为 2，资本的价格 r 为 1，求：

（1）当成本 $C=6\ 000$，企业实现最大产量时的 L、K、Q 的均衡值。

（2）当产量 $C=1\ 000$ 时，企业实现最小成本的 L、K、Q 的均衡值。

6. 某行业的生产函数为 $Y=L^{\frac{2}{3}}K^{\frac{1}{3}}$，$Y$ 为产出，L 为劳动投入，K 为资本投入。

（1）求劳动的边际生产率和资本的边际生产率；

（2）求资本对劳动的边际替代率 $MRTS_{KL}$；

（3）求劳动和资本的要素收入分配率；

（4）求替代弹性。

7. 已知生产函数为 $Q=L^{0.5}K^{0.5}$。试证明：

（1）该生产过程是规模报酬不变的；

（2）该生产过程受报酬递减规律的支配。

四、论述题

1. 论述规模收益变动规律及其成因。

2. 试阐明资源最佳配置的含义及其实现条件。

阅读推荐与网络链接

1. （美）保罗，A. 萨缪尔逊，威廉，D 诺德豪斯．经济学．北京：中国发展出版社，1992.

2. 曼昆．经济学原理．北京：中国人民大学出版社，2000.

3. （美）斯蒂格利茨．经济学（下册）．北京：中国人民大学出版社，1998.

4. Makiw, N. G. and Romer, D. New Keynesian Economics. Cambridge, Massachusette: The MIT Press, 1991.

5. http: //www. gjmy. com/ecbbs/index. asp.

6. http: //www. hutc. zj. cn/jjxqy/.

7. http: //forum. ccer. edu. cn/forum/.

8. http: //old. cen. ccer. edu. cn/main. asp.

9. http: //www. ec-study. cn.

10. http: //vm. uconn. edu/ ~ LANGLOIS/e386syl. HTML 美国康涅狄格大学经济学教授 R. N. Langlois 开设的组织经济学课程。有关于企业组织的经典研究论文。

11.《世界经理人》杂志。http: //www. cec. globalwources. com 提供现实经济中的 管理决策案例，在里面可以找到厂商短期生产决策的案例。

12.《财富》杂志：http: //www. fortune. com。《福布斯》杂志：http: //www. forbes. com。这是美国最权威的两本商业杂志，从它们的网站可以了解大量世界500强企业的生产决策案例。

第五章

成本理论

学习目的

- 理解成本的含义、类型及其变化规律。
- 掌握长期成本概念。
- 重点掌握短期成本的概念与分类和利润最大化原则。
- 了解机会成本在企业决策中的作用。

引导案例

在现实中，我们经常会看到一些保龄球场门庭冷落，但仍然在营业。这时打保龄球的价格相当低，甚至低于成本，他们为什么这样做呢？对企业短期成本的分析有助于解释这一现象，同时也可以说明短期成本分析对企业短期经营决策的意义。

在短期中，保龄球场经营的成本包括固定成本与可变成本。保龄球场的场地、设备、管理人员是短期中无法改变的固定投入，用于场地租金、设备折旧和管理人员工资的支出是固定成本。固定成本已经支出无法收回，也称为沉没成本。保龄球场营业所支出的各种费用是可变成本，如电费、服务员的工资等。如果不营业，这种成本就不存在，营业量增加，这种成本增加。由于固定成本已经支出，无法收回，所以，保龄球场在决定短期是否营业时，考虑的是可变成本。

假设每场保龄球的平均成本为20元，其中固定成本为15元，可变成本为5元。当每场保龄球价格为20元以上时，收益大于平均成本，经营当然有利。当价格为20元时，收益等于成本，这时称为收支相抵点，仍然可以经营。当价格低于20元时，收益低于成本。乍一看，保龄球场应该停止营业。但当我们知道短期中的成本有不可收回的固定成本和可变成本时，决策就不同了。

假设现在每场保龄球价格为10元，是否应该经营呢？可变成本为5元，当价格为10元时，在弥补可变成本5元之后，仍可剩下5元，这5元可用于弥补固定成本。固定成本15元是无论经管与否都要支出的，能弥补5元，当然比一点也弥补不了好。因此，这时仍然要坚持营业。这时企业考虑的不是利润最大化，而是损失最小化——能弥补多少固定成本算多少。

当价格下降到与可变成本相等的5元时，保龄球场经营不经营是一样的。经营正好弥补可变成本，不经营这笔可变成本不用支出。因此，价格等于平均可变成本之点称为停止营业点，意思是在这一点时，经营与不经营是一样的。在这一点之上，只要价格高于平均可变成本就要经营，在这一点之下，价格低于平均可变成本，无论如何不能经营。

资料来源：梁小民．西方经济学［M］．北京：中国广播电视大学出版社，2002：146.

案例导学

门庭冷落的保龄球场仍在营业，说明这时价格仍高于平均可变成本。这就是这种保龄球场不停业的原因。

有许多行业是固定成本高而可变成本低，例如，旅游、饭店、游乐场所等。所以，在现实中这些行业的价格可以降得相当低。但这种低价格实际上仍然高于平均可变成本，因此，经营仍然比不经营有利——至少可以弥补部分固定成本，实现损失最小化。

第一节　成本的概念

生产者为了实现利润最大化，不仅要考虑物质技术关系，还要考虑成本与收益之间的经济关系。因为产量最大并不等于利润最大，投入最少并不等于成本最小。成本等于两要素投入乘以价格再加总。要实现利润最大化，就要进行成本收益分析，并确定一个利润最大化的原则。

一、成本的概念

（一）成本、显性成本与隐性成本

成本是指厂商为提供一定量的某种产品或服务所实际花费的生产要素的价值，等于投入的各种要素量与其价格之乘积的总和。它包括显性成本和隐性成本两个部分。

显性成本是指厂商购买或租用要素所花的费用。如支付给员工的工资，机器设备和原材料的购置费等。这些费用都清清楚楚地记录在企业的会计账簿上，故叫显性成本，又叫会计成本。

厂商投入到生产中的要素，除了从要素市场购买得到的以外，还有自身拥有的要素，如企业家才能、土地、房屋和资金等这些要素也参加了生产过程。无论生产要素归谁所有，在生产中所耗费的所有生产要素的价值，无论以何种方式得到补偿，都构成企业的生产成本。它们都是为生产付出的代价。我们把厂商自身拥有的并投入到生产中的要素量与其相应的市场价格的乘积的总和叫做隐性成本。例如，厂商投入到生产中去的、自己拥有的资金按市场利率计算的利息、作为企业家才能得到的“正常利润”等就属于隐性成本的范畴。这部分成本在会计账簿上没有记录，故称之为隐性成本。

（二）机会成本

机会成本是决策者在资源既定条件下，为获得某种收入所放弃的其他机会的最高收入。由于资源是稀缺的，当人们将稀缺资源用于某种用途时，就必然要放弃将该资源用于其他用途而获取收益的机会。

例如，某人有 10 万元资金，可供选择的投资及收益情况如下：开小卖店，年获利 1 万元；开小餐馆，年获利 1.5 万元；炒股票，年获利 2 万元；存银行，年获利 0.5 万元。如果此人是一个风险规避性的投资者，他会选择将 10 万元资金存入银行，同时放弃了其他几种有一定风险的投资机会。那么，此人利用 10 万元获利 0.5 万元的机会成本就是炒股票的 2 万元。

在理解机会成本时要注意以下几点：

（1）机会成本不是实际需要支付的成本，只是一种观念上的损失，是本来有可能选择的获利机会。

（2）机会成本是做出某种选择时所放弃的其他若干选择中获利最大的一种。

（3）机会成本不仅存在于生产领域，在其他领域同样存在。

重要问题

如何理解经济学上的成本概念？

经济学是一门关于选择的学问，选择了某种方案就意味着放弃其他方案，在放弃的方案中可能获取的最大收益就是选择当前方案的代价，经济学上称之为机会成本。机会成本是指与决策有关的所有成本，包括显性成本和隐性成本。与决策无关的沉没成本不包含在其中。另外，机会成本与会计成本也是有区别的。会计成本是对已经发生的货币支付的记录，是事后成本；而机会成本是一种与事前决策相关的成本。

二、利润

在考察企业成本时，还必须区别经济利润和正常利润。经济利润就是指企业的总收益和总成本之间的差额。经济利润也被称为超额利润。企业追求的最大利润指的就是最大的经济利润。正常利润指厂商对自己所提供的企业家才能的报酬的支付。比如说一年 2 万元，如果他得不到这笔利润，他会改行或去当一个拿薪水的经理。它是把一个企业家留在一个特定行业中的最起码的报酬。从上面分析可知，这部分正常利润包括在隐性成本之中。因此，企业经济利润中不包括正常利润，当企业的经济利润为零时，厂商仍然获得了正常利润。

需要注意的是，由于会计师忽略了隐性成本，所以，会计利润大于经济利润。经济学家认为，要使企业有利可图，总收益必须弥补全部机会成本，包括显性成本与隐性成本。

第二节　短期成本理论

由于成本理论是建立在生产理论的基础之上。我们已经知道，生产理论分为短期生产理论和长期生产理论，则相应地，成本理论也分为短期成本理论和长期成本理论。

一、短期总成本（Short-run Total Cost，*STC*）

假定生产要素的价格不变，只把成本看作是产出的函数。短期总成本（STC）就是厂商在短期内为生产一定数量的产品所耗费的全部成本，其中包括固定成本和可变成本两部分。短期生产中，假定只有劳动和资本两种生产要素投入，并且资本投入量是固定的，只有劳动投入量是可变的，此时，厂商可以通过对劳动投入量的调整来变动产量水平。也可以说，厂商可以根据不同的产量水平的要求，来确定可变要素劳动的投入量。根据这种关系，在劳动价格 w 和资本价格 r 已知的条件下，用 STC 代表短期总成本，则可以用下式来表示厂商在每一产量水平上的短期总成本：

$$STC(Q)=w\cdot L(Q)+r\cdot K \tag{5.1}$$

式中，$w\cdot L(Q)$为可变成本部分，$r\cdot K$为不变成本部分，两部分之和构成短期总成本。若以 $\varphi(Q)$ 表示可变成本 $w\cdot L(Q)$，以 b 表示不变成本 $r\cdot K$，则短期总成本函数可以写成以下形式：

$$STC(Q)=\varphi(Q)+b \tag{5.2}$$

式中，$\varphi(Q)$为可变成本（Variable Cost），它是厂商花费在所有变动投入上的费用，随产量的变化而变化；b 是不变成本（Fixed Cost），它是厂商花费在所有固定投入上的费用，不随产量的变化而变化。显然，短期总成本是产量 Q 的函数。

二、短期总成本和扩展线的图形

在短期内，假设厂商仍只使用劳动和资本两种生产要素，其中，劳动投入量是可变的，资本投入量是固定的，那么，厂商的产量和相应的投入要素组合，进而产量和相应的成本组合，也可以用扩展线的图形来说明（如图 5－1 所示）。

在图 5－1 中，三条等产量曲线 Q_1，Q_2，Q_3 分别与三条等成本线 AB，CD，MN 相切于 F，E，G 三点，连接这三点的 OT 线为厂商长期生产的扩展线。现假定在短期内厂商的资本投入量固定为 K_0，它用与横轴平行的直线 K_0H 来表示。在这种短期生产的情况下，厂商只能沿着水平线 K_0H 来调整可变要素劳动的投入量，以适应产量的变化。

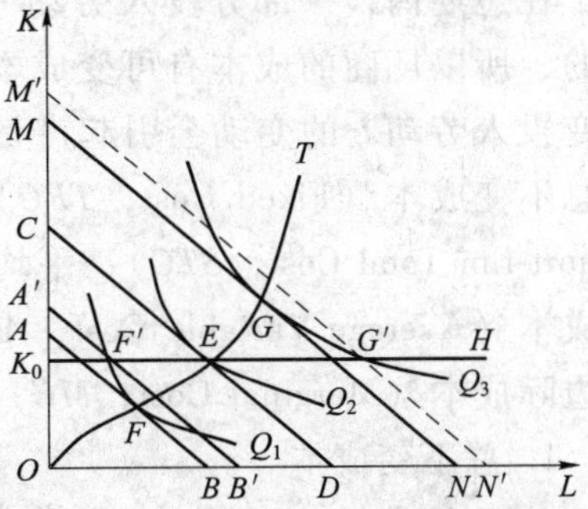

图 5－1 短期总成本与扩展线

如果厂商生产的产量为 Q_2，那么，厂商选择的最优要素组合为 E 点。E 点不仅是等产量曲线 Q_2 和水平线 K_0H 的交点，而且也恰好是等产量曲线 Q_2 和等成本线 CD 的切点。因此，E 点既是厂商的短期生产要素的最优组合点，又是厂商的长期生产要素的最优组合点。在 E 点上，生产 Q_2 产量的短期总成本和长期总成本是相等的，都由过 E 点的等成本线 CD 所代表。

如果厂商将产量由 Q_2 增加到 Q_3，在长期内，厂商可以达到扩展线上的均衡点 G。但是，在短期内，厂商做不到这一点。由于资本投入量是固定的，厂商所能做出的最好选择是达到等产量曲线 Q_3 和水平线 K_0H 的交点 G，G'点表示生产 Q_3 产量的短期的最优要素组合。显然，对于生产同一个产量 Q_3 来说，短期总成本大于长期总成本。

同理如果厂商将产量由 Q_2 减少到 Q_1，由于受到固定的资本投入量的约束，在短期内，厂商不能达到扩展线上的长期均衡点 F，而只能达到等产量曲线 Q_1 和水平线 K_0H 的交点 F'，此时，短期总成本同样大于长期总成本。

由此可以看出水平线 K_0H 与三条等产量曲线存在三个交点 F'，E，G'，过这三点的等成本线 $A'B'$，CD，MN'分别表示短期内生产 Q_1，Q_2 和 Q_3 产量的短期总成本。如果假定产量的变化是连续的，则可以在 K_0H 上得到无数个产量与相应的短期总成本的组合。可见，厂商的短期总成本可以在扩展线的图形中得到说明。

三、短期成本曲线

在短期，一部分要素如机器、厂房、资本等的投入量是固定的，不随产量的变动而变动，这部分要素称为固定要素。购买固定要素的费用就是固定成本。固定成本按一定比例分摊计入成本。另一部分要素如劳动、原材料、燃料等的投入量随着产量的变动而变动，这部分要素称为可变要素。支付可变要素的费用就是可变成本。要素价格既定的条件下，在短期，固定成本不变，可变成本随着产量的变动而变动。这是短期成本最显著的特点。

短期成本描述的是：在生产规模不变的条件下，随着产量的变动，成本会有怎样的变化。

（一）短期成本的分类

在短期内，一部分投入劳动（L）是可变的，另一部分投入资本（K）是固定的，所以厂商的成本有可变成本（变动成本）和不变成本（固定成本）之分。可变投入劳动 L 的变动会引起产量 Q 变动，也会引起成本 C 变动，由此可以引申出总不变成本（Fixed Cost，*TFC*）、总可变成本（Variable Cost，*TVC*）、总成本（Short-run Total Cost，*STC*）、平均不变成本（Average Fixed Cost，*AFC*）、平均可变成本（Average Variable Cost，*AVC*）、平均成本（Shortrun Average Aost，*SAC*）和边际成本（Marginal Cost，*MC*）七个概念。

1. 总不变成本

总不变成本（*TFC*）也称为固定成本（Fixed Cost），是指厂商在短期内为生产一定数量的产品对不变生产要素所支付的总成本，这种成本不随产量的变动而变动，它是固定不变的。其中包括厂房、机器设备的折旧费，以及管理人员的工资等。因为固定投入的数量是固定不变的（根据其定义），所以，无论厂商生产多少产量，其 *TFC* 将总是相同的，即使产量为零时，总不变成本 *TFC* 仍然存在。如图 5－2 所示，图中横轴 Q 表示产量，纵轴 C 表示成本，总不变成本 *TFC* 曲线是一条水平线。它表示在短期内，无论产量如何变化，总不变成本 *TFC* 是固定不变的。

2. 总可变成本

总可变成本（*TVC*）也称为可变成本（Variable Cost），是厂商在短期内生产一定量的产品对可变生产要素所支付的总成本。这种成本是可变的，随产量的变动而变动。其中主要包括原材料、燃料的支付以及生产工人的工资等。这是由于厂商在短期内要生产更大的产量，就必须雇佣较多的工人，使用较多的电力，购买更多的原材料，所有这些都使成本随产量的提高而增加。当产量为零时，总可变成本也为零。它的函数形式为：

$$TVC = TVC(Q) \tag{5.3}$$

总可变成本 TVC 曲线如图 5－3 所示，它是一条由原点出发向右上方倾斜的曲线。

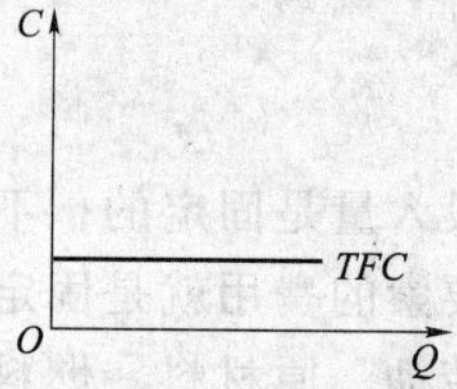

图 5－2　总不变成本曲线

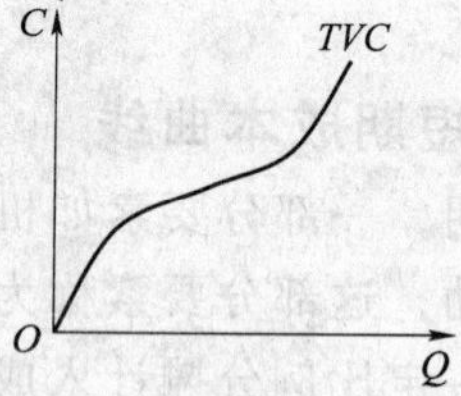

图 5－3　总可变成本曲线

总可变成本曲线如图 5－3 所示。从图中可以看出，*TVC* 曲线从原点出发，向右上方倾斜，表示随着产量的增加，总可变成本也增加。但同时，总可变成本曲线在产出的不同阶段呈现不同的变化特征，随着可变要素投入量的增加，*TVC*

曲线先以递减的速率增加，后以递增的速率增加。

总可变成本曲线之所以有如此的变化特性，是由于短期生产中的边际报酬递减规律在起作用。在产量处于较低水平阶段时，与不变要素相比，可变要素投入量太少，二者比例极不合理。这样，增加可变要素的投入，可以使要素比例迅速改善，从而使产量以更大的比例增加。在要素价格既定的条件下，这就表现为总可变成本递减地增加。随着可变要素投入量的增加，可变要素与不变要素的搭配比例逐渐合理。以后，随着可变要素投入量的继续增加，从经济角度看，可变要素相对过多，要素比例又逐渐趋向不合理。这使得产量随着可变要素投入量的不断增加，只以越来越小的比例增加。在要素价格既定的条件下，就表现为总可变成本递增地增加。

3. 短期总成本

短期总成本（STC）是厂商在短期内为生产一定数量的产品对全部生产要素所支出的总成本。它是总不变成本与总可变成本之和。由于总不变成本不会等于零，因而短期总成本必然大于零。而且，短期总成本的变动规律与总可变成本相同。它的函数形式为：

$$STC(Q)=TFC+TVC(Q) \tag{5.4}$$

短期总成本 STC 曲线如图 5－4 所示，它是从纵轴上相当于固定成本 TFC 高度的点出发的一条向右上方倾斜的曲线。短期总成本 STC 曲线表示：在每一个产量上的总成本由总固定成本和总可变成本共同构成。由于总不变成本 TFC 不随产量的变化而变化，所以短期总成本曲线的特性完全取决于总可变成本曲线的特性，由于边际报酬递减规律的作用，随着产量的增加，短期总成本曲线也是先递减地增加，后递增地增加。

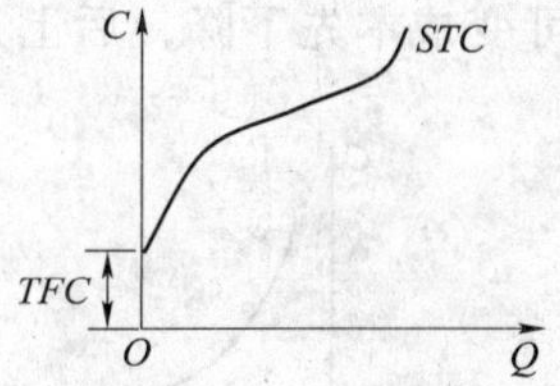

图 5－4　短期成本曲线

重要问题

短期总成本的变动特征有何经济含义？

短期总成本是由固定成本和可变成本构成的，由于固定成本不随产量的变动而变动，因此，短期总成本的变动特征是由可变成本的变化规律决定的。可变成本 VC 之所以先以递减的速度增加，后以递增的速度增加，是由于可变要素的边际产量先递增后递减，即我们前面强调的边际报酬递减。所以，短期总成本的变动特征反映了要素的边际报酬递减这个经济规律。

4. 平均不变成本

平均不变成本（Average Fixed Cost，*AFC*）是指厂商在短期内平均每生产一单位产品所消耗的不变成本。用公式表示为：

$$AFC(Q)=\frac{TFC}{Q} \tag{5.5}$$

平均不变成本表示平均每一单位产品负担的不变成本。在短期中，总不变成本是常数，因此，随着产量的增加单位产品负担的不变成本逐渐减少，也就是说，平均不变成本曲线向右下方倾斜，逐渐向横轴靠拢，平均不变成本 *AFC* 曲线如图 5-5 所示，它是一条向两轴渐近的双曲线。

5. 平均可变成本

平均可变成本（Average Variable Cost，*AVC*）是指厂商在短期内平均每生产一单位产品所消耗的可变成本。用公式表示为：

$$AVC(Q)=\frac{TVC(Q)}{Q} \tag{5.6}$$

平均可变成本表示单位产品负担的可变成本，它随着产量变动而变动。从图 5-6 中可以看出，平均可变成本 *AVC* 曲线形状为 U 型，随着产量的增加，平均可变成本先下降，后上升。平均可变成本曲线的这种特性取决于总可变成本。

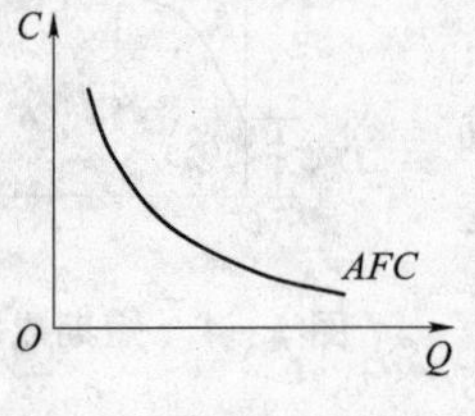

图 5-5　平均不变成本曲线

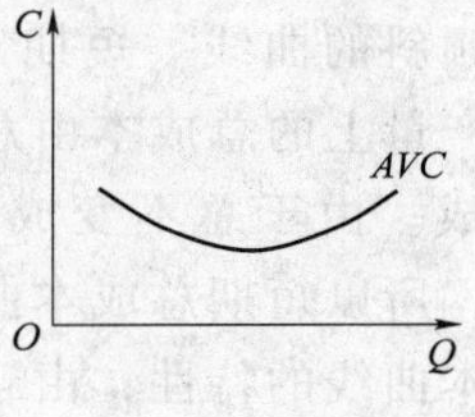

图 5-6　平均可变成本曲线

6. 平均总成本

平均总成本（Average Cost，*AC*）是厂商在短期内平均每生产一单位产品所需要支付的成本。短期平均成本等于平均不变成本和平均可变成本之和。用公式表示为：

$$AC(Q)=\frac{TC(Q)}{Q}=AFC(Q)+AVC(Q) \tag{5.7}$$

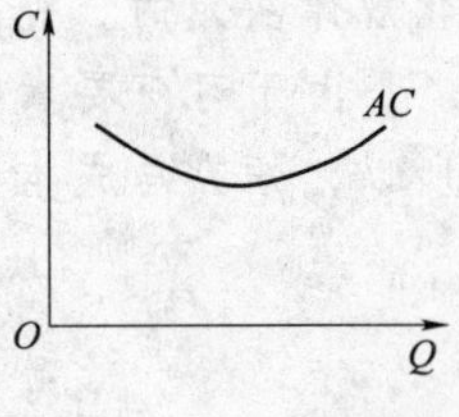

图 5-7　平均总成本曲线

由于平均成本 *AC* 直接由平均不变成本 *AFC* 和平均可变成本 *AVC* 而形成，因而短期平均成本的变动规律也是由平均固定成本与平均可变成本决定的。由于随着产量的增加，平均不变成本逐渐减小，而平均可变成本先递减后递增，因此，平均成本曲线也体现出先下降后上升的 U 形特征，如图 5-7 所示。

7. 边际成本

边际成本（MC）是厂商在短期内增加一单位产品时所增加的成本，用公式表示为：

$$MC(Q) = \frac{\Delta TC(Q)}{\Delta Q} \tag{5.8}$$

或者

$$MC(Q) = \lim_{\Delta Q \to 0} \frac{\Delta TC(Q)}{\Delta Q} = \frac{dTC}{dQ} \tag{5.9}$$

边际成本表示当产量增加 1 个单位时，总成本增加多少。在理论上，假定产量变化极小，边际成本就是总成本的一阶导数。由于边际报酬递减规律的作用，随着产量的增加，总成本先是递减地增加，此时，边际成本下降；然后总成本递增地增加，此时，边际成本上升。因此，边际成本曲线也表现为先降后升的 U 形特征，如图 5－8 所示。

（二）短期成本曲线之间的关系

在了解了各类成本的定义和曲线后，我们就可以来分析曲线之间的关系了。

1. *STC* 曲线、*TVC* 曲线与 *TFC* 曲线之间的关系

由于总可变成本 *TVC* 与总不变成本 *TFC* 之和即为短期总成本 *STC*，*TFC* 不随产量的变动而变动，所以 *STC* 曲线的形状完全由 *TVC* 曲线的特性所决定。从图形上看，短期总成本曲线在总可变成本曲线之上，是从纵轴上相当于总不变成本 *TFC* 高度的点出发的一条向右上方倾斜的曲线，两曲线之间的垂直距离恰好等于总不变成本的数值。在每产量水平上，*STC* 曲线与 *TVC* 曲线的斜率是相等的，如图 5－9 所示。

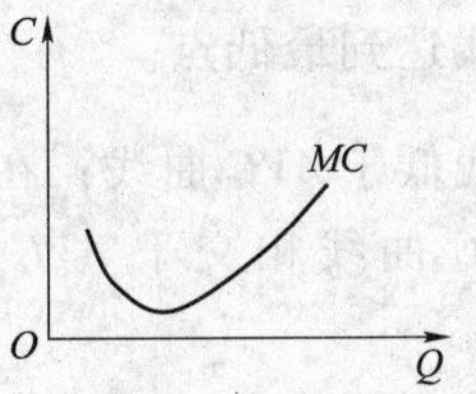

图 5－8 边际成本曲线

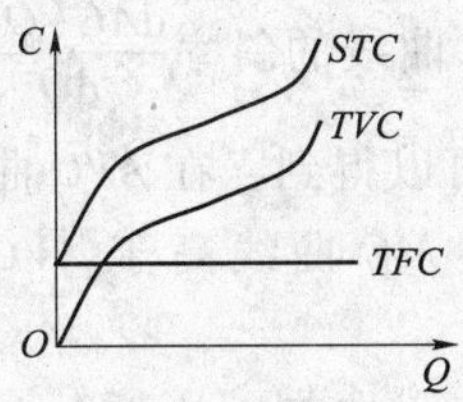

图 5－9 *STC* 曲线、*TVC* 曲线与 *TFC* 曲线之间的关系

2. *STC* 曲线、*TVC* 曲线与 *MC* 曲线之间的关系

在每一产量水平上的 *MC* 的值就是相应的 *STC* 曲线或 *TVC* 曲线的斜率。在边际报酬递减规律的作用下，*MC* 曲线表现为先下降后上升的特征，并且，*STC* 与 *TVC* 曲线的拐点对应于 *MC* 曲线的最低点。从图 5－10 中可以看出，在产量增加到 Q_0 之前，*STC* 与 *TVC* 曲线以递减的速率上升，此时，*MC* 曲线处于下降阶段；在产量增加到 Q_0 之后，*STC* 与 *TVC* 曲线以递增的速率上升，此时，*MC* 曲线处

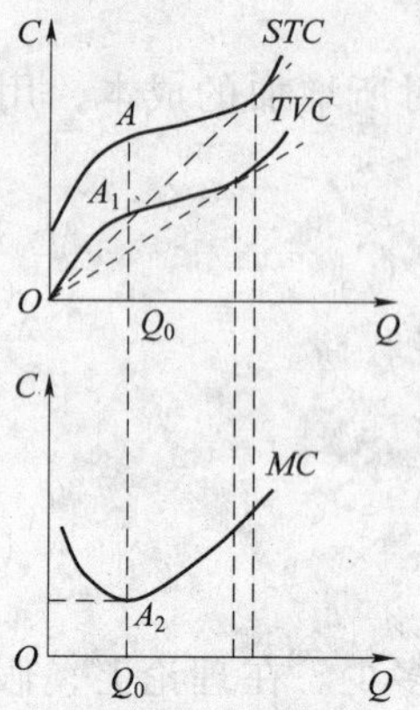

图 5-10　***STC* 曲线、*TVC* 曲线与 *MC* 曲线之间的关系**

于上升阶段；在 Q_0 的产量水平上，*STC* 曲线的拐点 A、*TVC* 曲线的拐点 A_1 与 *MC* 曲线的最低点 A_2 相对应。

3. *AC* 曲线、*AVC* 曲线与 *MC* 曲线之间的关系

对于任何一对边际量和平均量而言，只要边际量小于平均量，边际量就会把平均量拉下；只要边际量大于平均量，边际量就会把平均量拉上；当边际量等于平均量时，平均量必定达到本身的极值点。由此可以推知，由于边际报酬递减规律的作用，在 *MC* 曲线的下降阶段，*AC* 曲线肯定是下降的，而且，*AC* 肯定大于 *MC*。也就是说，在产量变化的这一阶段，*AC* 曲线在 *MC* 曲线之上。在 *MC* 曲线的上升阶段，只要 *MC* 仍然低于 *AC*，*AC* 曲线就继续下降，直至 *AC* 等于 *MC* 为止。之后，*MC* 曲线高于 *AC* 曲线，从而使 *AC* 提高。也就是说，在 *AC* 曲线的下降段，*MC* 曲线低于 *AC* 曲线；在 *AC* 曲线的上升段，*MC* 曲线高于 *AC* 曲线；*MC* 曲线与 *AC* 曲线相交于 *AC* 曲线的最低点。

关于这一点，我们也可以用数学方法证明如下。

$$\frac{\mathrm{d}AC}{\mathrm{d}Q}=\frac{\frac{\mathrm{d}TC(Q)}{\mathrm{d}Q}\cdot Q-TC(Q)}{Q^2}=\frac{1}{Q}\left[\frac{\mathrm{d}TC(Q)}{\mathrm{d}Q}-\frac{TC(Q)}{Q}\right]=\frac{1}{Q}(MC-AC)$$

由于 $Q>0$，因此当 $MC<AC$ 时，*AC* 曲线的斜率 $\frac{\mathrm{d}AC(Q)}{\mathrm{d}Q}$ 为负，*AC* 曲线是下降的；当 $MC>AC$ 时，*AC* 曲线的斜率 $\frac{\mathrm{d}AC(Q)}{\mathrm{d}Q}$ 为正，*AC* 曲线是上升的；当 $MC=AC$ 时，*AC* 曲线的斜率 $\frac{\mathrm{d}AC(Q)}{\mathrm{d}Q}$ 为零，此时，*AC* 曲线达到最低点。

同理可以得到，在 *AVC* 曲线的下降段，*MC* 曲线低于 *AVC* 曲线；在 *AVC* 曲线的上升段，*MC* 曲线高于 *AVC* 曲线 *MC* 曲线与 *AVC* 曲线相交于 *AVC* 曲线的最低点。

此外，由于平均总成本中不仅包括平均可变成本，还包括平均不变成本。由于平均不变成本的作用，使得 *AC* 曲线要高于 *AVC* 曲线，并且，*AC* 曲线最低点所对应的产量水平 Q_2 要高于 *AVC* 曲线最低点所对应的产量水平 Q_1。也就是说，*MC* 曲线先降后升，依次通过 *AVC* 曲线和 *AC* 曲线的最低点，如图 5-11 所示。

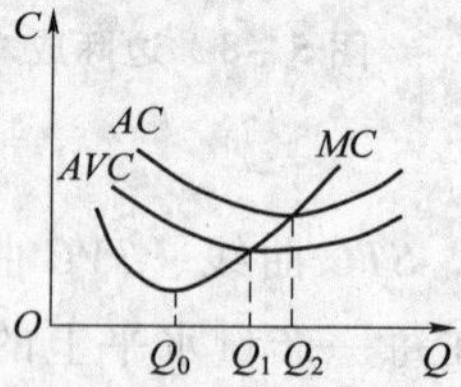

图 5-11　***AC* 曲线、*AVC* 曲线与 *MC* 曲线之间的关系**

4. *TFC* 曲线与 *AFC* 曲线之间的关系

因为任何产量水平上的 *AFC* 的值就是连接原点到 *TFC* 曲线上相应的点的线

段的斜率，而 TFC 是不变的，所以随着产量的增加，线段的斜率逐渐减小，即 AFC 的值不断变小，表现在图形上，AFC 曲线向右下方倾斜并与横轴逐渐接近，但不会与横轴相交。

如图 5－12 所示，在产量为 Q_1 时，相应的 TFC 上的点为 A_1，此时，AFC 的值为线段 OA_1 的斜率，即 $AFC_1=\frac{A_1Q_1}{OQ_1}$；同样地，在产量水平 Q_2，有 $AFC_2=\frac{A_2Q_2}{OQ_2}$；在产量水平 Q_3，有 $AFC_3=\frac{A_3Q_3}{OQ_3}$；由此，我们可以得到 AFC 曲线上与 Q_1 产量水平相对应的点 A_1'，可以得到 AFC 曲线上与 Q_2 产量水平相对应的点 A_2' 和与 Q_3 产量水平相对应的点 A_3'。由于总不变成本是固定的，即 $A_1Q_1=A_2Q_2=A_3Q_3$，而产量 $OQ_1<OQ_2<OQ_3$，因此，$AFC_1>AFC_2>AFC_3$。这说明，随着产量水平的增加，平均不变成本 AFC 是递减的。连接 A_1'、A_2'、A_3' 三点使可以画出递减的 AFC 曲线。

5. STC 与 AC 曲线之间的关系

因为 $AC(Q)=\frac{STC(Q)}{Q}$，所以，在任何产量水平上的 AC 的值可以由连接原点到 STC 曲线上相应的点的线段的斜率所给出。在图 5－13 中，产量水平 Q_1、Q_2 和 Q_3 上的 AC 值分别由线段 OA_1、OA_2 和 OA_3 的斜率给出。

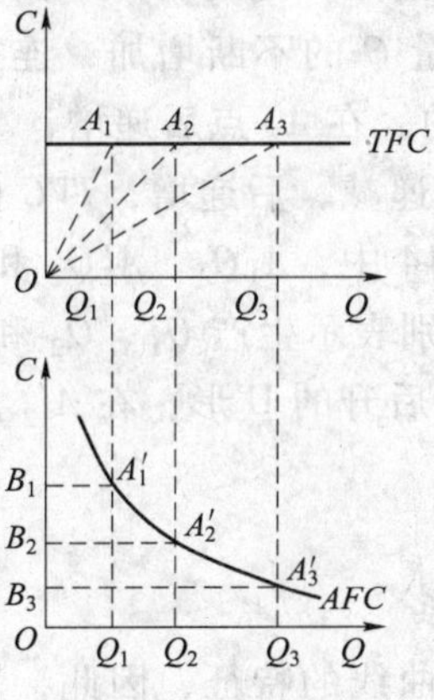

图 5－12 TFC 曲线与 AFC 曲线的关系

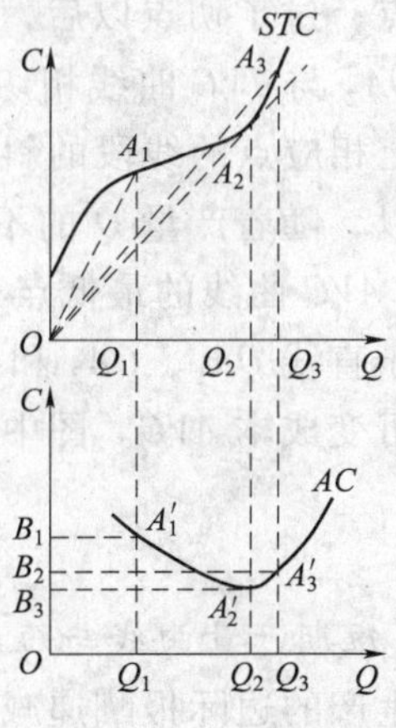

图 5－13 STC 曲线与 AC 曲线之间的关系

其中，在 Q_2 的产量上，一条直线与 STC 曲线相切于 A_2 点，而且，在原点与 STC 曲线上的点的所有连线中，这条直线是最平坦的一条。即最初的时候，随着产量的增加，连接线段的斜率不断减小，相应的 AC 的值也不断减小，此时，AC 处于下降阶段；当连接线段与 STC 曲线相切的时候，斜率达到最小值，此时 AC 曲线处于最低点；过了切点以后，连接线段的斜率逐渐变大，此时，AC 曲线处于上升阶段。OA_2 与 STC 曲线相切于 A_2 点，即随着产量 Q 的不断增加，连结原点到 STC 曲线上相应点的线段的斜率在 A_2 点前是递减的，在 A_2 点后递增，A_2 点是最小的，所以，随着产量 Q 的不断增加，AC 曲线先递减，后递增，STC 曲

线上的切点 A_2 与 AC 曲线的最低点 A_2' 相对应。

在图 5－13 中，我们是根据 STC 曲线绘制的 AC 曲线。A'_1Q_1、$A_2'Q_2$ 和 $A_3'Q_3$ 的值分别等于直线 OA_1、OA_2 和 OA_3 的斜率，它们分别表示生产 Q_1、Q_2 和 Q_3 产量时的平均成本 AC。图中的 AC 曲线呈现先降后升的 U 形，在 A'_2 点达到最小值。

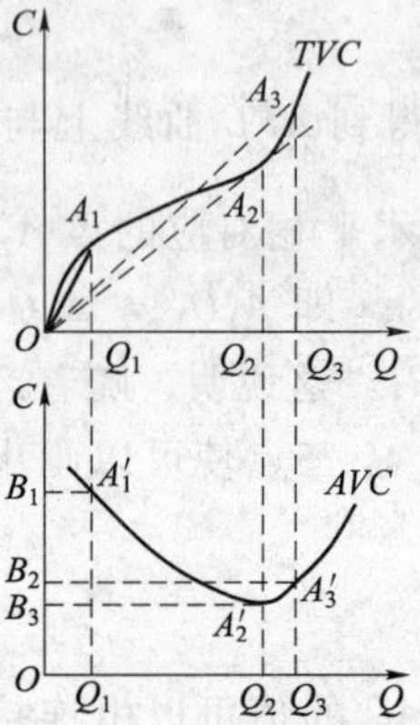

图 5－14　TVC 曲线与 AVC 曲线之间的关系

6. TVC 曲线与 AVC 曲线之间的关系

由 TVC 曲线推导出 AVC 曲线可用图 5－14 说明。因为 $AVC(Q)=\frac{TVC(Q)}{Q}$，所以，在任何产量水平上的 AVC 的值可以由连接原点到 TVC 曲线上相应的点的线段的斜率所给出。在图 5－14 中，产量水平 Q_1、Q_2 和 Q_3 上的 AVC 值分别由线段 OA_1、OA_2 和 OA_3 的斜率给出。其中，在 Q_2 的产量上，一条直线与 TVC 曲线相切于 A_2 点，而且，在原点与 TVC 曲线上的点的所有连线中，这条直线是最平坦的一条。即最初的时候，随着产量的增加，连接线段的斜率不断减小，相应的 AVC 的值也不断减小，此时，AVC 处于下降阶段；当连接线段与 TVC 曲线相切的时候，斜率达到最小值，此时 AVC 曲线处于最低点；过了切点以后，连接线段的斜率逐渐变大，此时，AVC 曲线处于上升阶段。OA_2 与 TVC 曲线相切于 A_2 点，即随着产量 Q 的不断增加，连接原点到 TVC 曲线上相应点的线段的斜率在 A_2 点前是递减的，在 A_2 点后递增，A_2 点是最小的，所以，随着产量 Q 的不断增加，AVC 曲线先递减，后递增，TVC 曲线上的切点 A_2 与 AVC 曲线的最低点 A_2' 相对应。在图 5－14 中，$A_1'Q_1$、$A_2'Q_2$ 和 $A_3'Q_3$ 的值分别等于直线 OA_1、OA_2 和 OA_3 的斜率，它们分别表示生产 Q_1、Q_2 和 Q_3 产量时的平均可变成本 AVC。图中的 AVC 曲线呈现先降后升的 U 形，在 A'_2 点达到最小值。

（三）短期产量曲线与短期成本曲线之间的关系

短期生产的边际报酬递减规律决定了短期成本曲线的特征，因此，短期产量曲线与短期成本曲线之间必定存在联系，在此，我们将进一步加以分析。

假定短期内资本投入固定（以 $\overline{K}$ 表示），劳动投入 L 可变，劳动的价格 w 既定。假定短期生产函数为：

$$Q=f(L,\overline{K}) \tag{5.10}$$

短期成本函数为：

$$STC(Q)=TVC(Q)+TFC=w\cdot L(Q)+TFC \tag{5.11}$$

1. 边际产量曲线和边际成本曲线之间的关系

由式（5.11）可得

$$MC=\frac{dTC(Q)}{dQ}=\frac{d}{dQ}[w\cdot L(Q)+TFC]=w\cdot\frac{dL(Q)}{dQ}+0$$

即

$$MC=w\cdot\frac{1}{MP_L} \tag{5.12}$$

由此可以得出结论如下：

（1）边际成本 MC 曲线与边际产量 MP_L 曲线两者的变动方向相反。具体而言，由于边际报酬递减规律的作用，MP_L 曲线先上升，达到最大值后下降，所以，MC 曲线先下降，达到最小值后再上升。这种对应关系如图 5－15 所示：MP_L 曲线的上升段对应 MC 曲线的下降段；MP_L 曲线的下降段对应 MC 曲线的上升段；MP_L 曲线的最高点对应 MC 曲线的最低点。

（2）与此相对应，如图 5－15 所示：当总产量 TP_L 曲线下凸时，总成本 TC 曲线和总可变成本 TVC 曲线下凹；当总产量 TP_L 曲线下凹时，总成本 TC 曲线和总可变成本 TVC 曲线上凸；当 TP_L 曲线存在一个拐点时，TC 曲线、TVC 曲线也各存在一个拐点。

2. 平均产量和平均可变成本曲线之间的关系

从 $TVC(Q)=w\cdot L(Q)$ 中可以得到：

$$AVC=\frac{TVC(Q)}{Q}=w\cdot\frac{L(Q)}{Q}=w\cdot\frac{1}{AP_L} \tag{5.13}$$

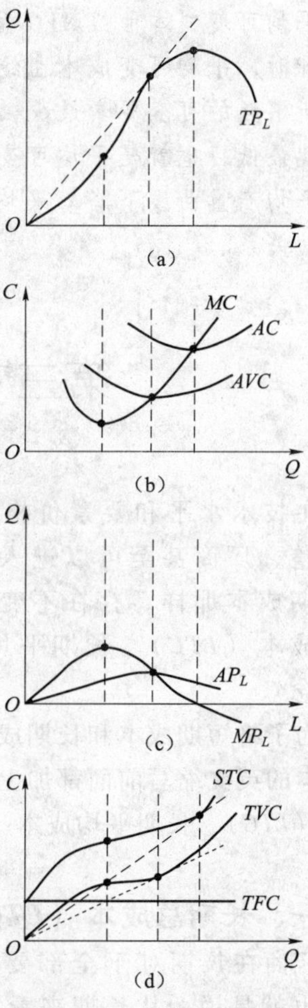

图 5－15　短期生产函数和短期成本函数之间的对应关系

由此可以得到以下两点结论：

（1）平均产量 AP_L 曲线与平均可变成本 AVC 曲线两者的变动方向相反。这种对应关系如图 5－15 所示：AP_L 曲线的上升段对应 AVC 曲线的下降段；AP_L 曲线的下降段对应 AVC 曲线的上升段；AP_L 曲线的最高点对应 AVC 曲线的最低点。

（2）由于 MP_L 曲线与 AP_L 曲线交于 AP_L 曲线的最高点，MC 曲线与 AVC 曲线交于 AVC 曲线的最低点，所以 MP_L 曲线与 AP_L 曲线的交点和 MC 曲线与 AVC 曲线的交点也是对应的，如图 5－15 所示。

重要问题

如何理解平均可变成本曲线 *AVC* 与平均产量曲线 *AP* 的关系？

平均可变成本曲线 *AVC* 呈 U 型，平均产量曲线 *AP* 呈倒 U 型；当平均产量曲线上升时，平均可变成本曲线下降；当平均产量曲线位于最高点时，意味着单位产品所消耗的可变要素最少，在要素价格不变的情况下，单位产品所分担的可变成本就最低，也就是平均可变成本最低，平均可变成本曲线位于最低点；而后，随着平均产量曲线下降，平均可变成本曲线上升。因此，*AVC* 与 *AP* 曲线存在反向变动关系。

第三节　长期成本理论

在技术水平和要素价格不变的条件下，长期中所有投入要素的数量都能调整，厂商甚至可以进入或退出一个行业，长期成本都是可变的，不再像短期成本那样，存在不变成本与可变成本之分，所以，长期中只涉及长期总成本（*LTC*）、长期平均成本（*LAC*）和长期边际成本（*LMC*）三个成本概念。

为了将短期成本和长期成本加以区别，短期总成本、短期平均成本、短期边际成本的英文缩写前面都加上字母“*S*”，即 *STC*、*SAC* 和 *SMC*，以区别于长期总成本（*LTC*）、长期平均成本（*LAC*）和长期边际成本（*LMC*）。

一、长期总成本（*LTC*）

厂商在长期对于全部要素投入量的调整意味着对于企业生产规模的选择，也就是说，从长期来看，厂商总是可以在每一个产量水平上选择最优的生产规模进行生产。所以说，长期总成本是指厂商在长期中在每一个产量水平上通过选择最优的生产规模所能达到的最低总成本。长期生产成本的函数形式为：

$$LTC = LTC(Q) \tag{5.14}$$

根据长期总成本的含义，我们可以来推导长期总成本曲线。

（一）从扩展线出发推导长期总成本曲线

我们知道，对于长期生产函数 $Q=f(L,K)$ 来说，扩展线上的每一个均衡点都表示厂商在长期内通过选择最优的生产要素组合所实现的生产每一既定产量时的最小总成本。如图 5－16（a）所示，三条等产量曲线 Q_1，Q_2，Q_3 分别与三条等成本线 C_1，C_2，C_3 相切于 F，E，G 三点，连接这三点的 OT 线为厂商生产的扩展线。由扩展线的含义可知，OT 上的每一点都表示企业通过选择最优的生产要素组合所实现的每一既定产量的最小总成本。因此，在均衡点 F，生产 Q_1 产量的最小总成本由等成本线 C_1 所代表，即 $LTC_1=C_1$。同理，生产 Q_2 产量的最小总成本由等成本线 C_2 所代表，即 $LTC_2=C_2$；生产 Q_3 产量的最小总成本由等成本线 C_3 所代表，即 $LTC_3=C_3$。重复上述过程，可以由扩展线得到每一产量水平上的最小总成本。将所有与各个产量水平相对应的最小总成本绘制在直角坐标系中，如图 5－16（b）所示，便可以得到长期总成本 LTC 曲线。

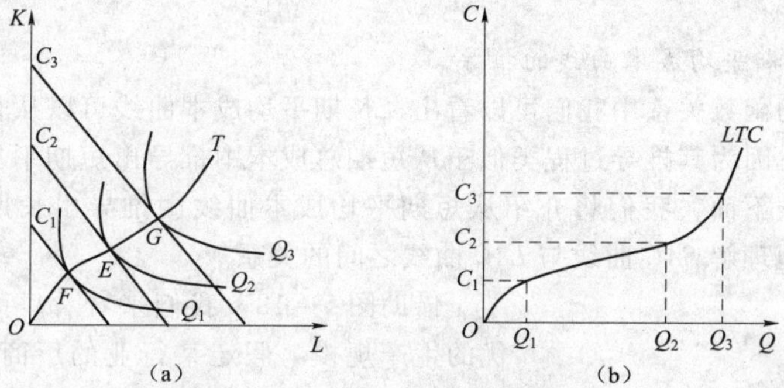

图 5－16　扩展线与长期总成本曲线

（二）从短期总成本曲线出发推导出长期总成本曲线

长期总成本是由众多的短期总成本构成。长期总成本曲线是短期总成本曲线的包络线（Envelope Curve），如图 5－17 所示。

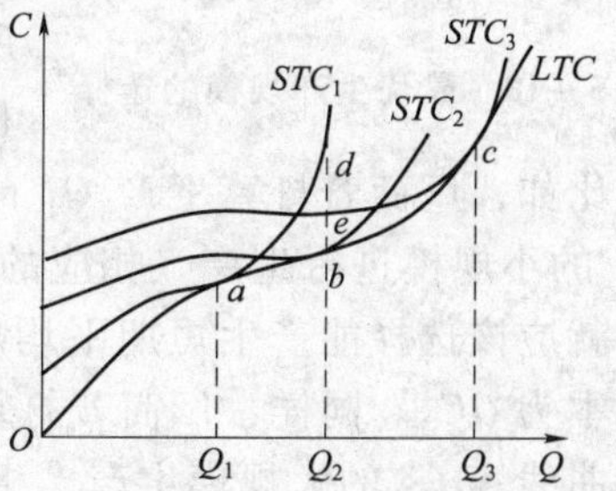

图 5－17　长期成本曲线 *LTC* 的形式

图 5－17 中，长期总成本曲线从短期总成本曲线的下方包络众多条短期总成本曲线（由 STC_1，STC_2，STC_3 等表示）。长期总成本曲线从原点开始，表示长期总成本是完全随产量的变化而变化的。每一条短期总成本曲线都不是从原点开始，表示在短期中，存在一些固定成本，这一部分成本不随产量的变化而变化。短期总成本曲线在纵坐标上的截距越大，代表的企业规模越大，因为大的企业规模总是产生较高的固定成本。

长期总成本曲线是由每一种产出水平下产生最低短期总成本的点构成，例如图 5－17 中的 a，b，c 等点，是对应的产量水平 Q_1，Q_2，Q_3 下产生最低短期总成本的点。所以说，LTC 曲线是无数条 STC 曲线的包络线，其中每一点都是 LTC 曲线和一条 STC 曲线的切点，代表着在每一产量下由最优生产规模所带来的最小总成本。

从图中可以看出，LTC 曲线是从原点出发向右上方倾斜的，表示在产量为零时，LTC 也为零，随着产量的逐渐增大，LTC 也是不断增加的。同时，LTC 曲线的斜率先递减，经过拐点之后再递增，这一点，将在以下的内容中加以说明。

二、长期平均成本函数和长期平均成本曲线

长期平均成本 LAC 表示厂商在长期内按产量平均计算的最低总成本。其函数形式为：

$$LAC(Q)=\frac{LTC(Q)}{Q} \tag{5.15}$$

（一）长期平均成本曲线的推导

从上述的函数关系中我们可以看出，长期平均成本曲线可以从长期总成本曲线中推导出。因为其推导过程类似于从短期总成本中推导出短期平均成本，此处便不再赘述。下面，我们将介绍从短期平均成本曲线中推导出长期平均成本曲线，以更好地理解 SAC 曲线与 LAC 曲线之间的关系。

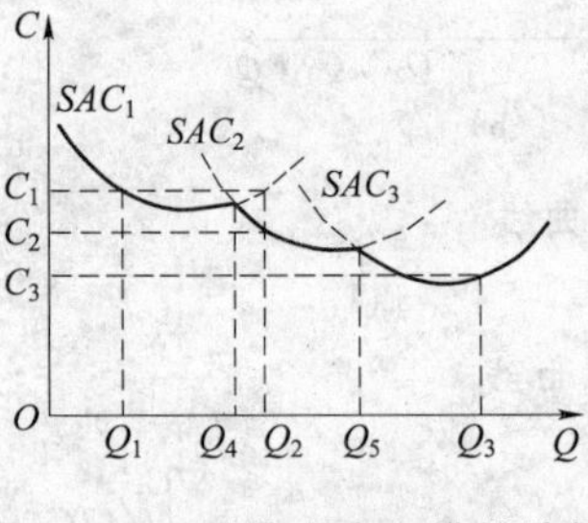

图 5-18　最优生产规模的选择

借助图 5-18，我们来看看厂商如何选择最优的生产规模。假定某行业的厂商只能利用大、中、小三种规模进行生产。每一种生产规模都产生相应的短期平均成本曲线。小规模生产所产生的短期平均成本曲线为 SAC_1，中等规模生产所产生的短期平均成本曲线为 SAC_2，大规模生产所产生的短期平均成本曲线为 SAC_3。厂商可以根据自己计划生产的产量水平选择最优的生产规模。比如，厂商若打算生产 Q_1 的产量，就应该选择能产生短期平均成本曲线 SAC_1 的小规模进行生产，相应的最小平均成本为 OC_1。厂商若打算生产 Q_2 的产量，就应该选择能产生短期平均成本曲线 SAC_2 的中等规模生产，相应的最小平均成本为 OC_2。同样，厂商若打算生产 Q_3 的产量，就应该选择能产生短期平均成本曲线 SAC_3 的大规模生产，相应的最小平均成本为 OC_3。

有时某一种产量水平可以用两种规模中的任一种规模生产，而产生相同的平均成本。例如，Q_4 的产量水平既可以用小规模生产，也可以用中等规模生产，二者产生相同的平均成本。厂商究竟选择用哪一种规模生产，要看厂商的长期发展规划。若想进行扩张，则应该选择中等生产规模；若考虑到企业的发展，长期的规划是收缩，则应该选择小的生产规模。

从上面的分析中我们可以看出，厂商的长期决策与短期决策不同。短期内，由于生产规模不能变动，因此厂商要做到在既定的规模下使平均成本降到最低。

长期决策则要在相应的产量下使成本最低。假定生产规模可以无限细分，即存在无数条 SAC 曲线，那么便可以得到长期平均成本 LAC 曲线（如图 5－19 所示）。

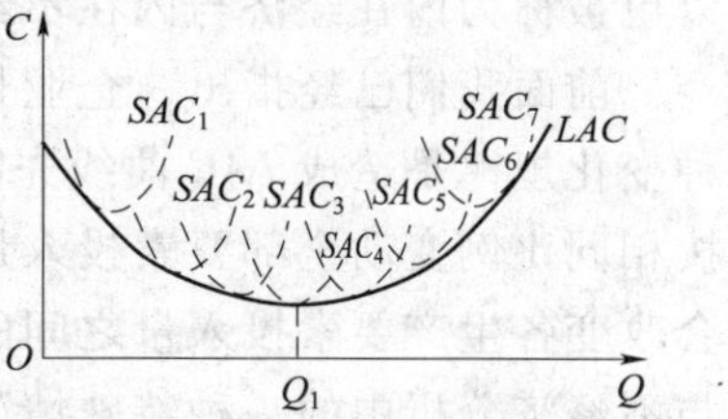

图 5－19　长期平均成本曲线

显然，长期平均成本曲线是短期平均成本曲线的包络线。在这条包络线上，在连续变化的每一个产量水平，都存在 LAC 曲线和一条 SAC 曲线的相切点。该 SAC 曲线所代表的生产规模就是生产该产量的最优生产规模，该切点所对应的平均成本就是相应的最低平均成本。LAC 曲线表示厂商长期在每一产量水平上，通过选择最优生产规模所实现的最小的平均成本。

需要特别注意的是，尽管 LAC 曲线是无数条 SAC 曲线的包络线，代表着每一产量上的最小平均成本，但 LAC 曲线并不是与所有的 SAC 曲线都相切在 SAC 曲线的最低点。从图 5－19 中可以看出，在 LAC 曲线的下降段，LAC 曲线相切于所有相应的 SAC 曲线最低点的左边；在 LAC 曲线的上升段，LAC 曲线相切于所有相应的 SAC 曲线最低点的右边；在 LAC 曲线的最低点，LAC 曲线相切于相应的 SAC 曲线的最低点。这是因为，LAC 曲线呈先降后升的特征，而 LAC 曲线是 SAC 曲线的包络线，因此，在 LAC 曲线的下降段，LAC 曲线的斜率为负，与之相切的 SAC 曲线在这一点的斜率也必定为负，也就意味着，此时，切点处于 SAC 曲线的左边；同理，在 LAC 曲线的上升段，LAC 曲线的斜率为正，与之相切的 SAC 曲线在这一点的斜率也必定为正，也就意味着，此时，切点处于 SAC 曲线的右边；在 LAC 曲线的最低点，LAC 曲线的斜率为零，与之相切的 SAC 曲线在这一点的斜率也必定为零，也就意味着，此时，切点处于 SAC 曲线的最低点。

（二）长期平均成本曲线的形状

从图 5－19 中可以看出，LAC 曲线呈现出先下降后上升的 U 型特征，这是由长期生产中的规模经济和规模不经济决定的。

规模经济（Economies of Scale）是指由于生产规模扩大而导致长期平均成本下降、经济效益提高的情况。规模经济与规模报酬不是同一概念。规模报酬是所有要素投入都扩大相同的倍数所引起的产出的变化情况，所涉及的是投入与产出的关系。规模经济涉及规模大小与成本的关系。不过规模报酬递增是产生规模经济的原因之一。

产生规模经济的主要原因是劳动分工与专业化，以及技术因素。企业规模扩大后使得劳动分工更细，专业化程度更高，技术因素使生产要素得到更充分的利用，这将大大地提高劳动生产率，降低企业的长期平均成本。

规模不经济对长期平均成本所起的作用与规模经济所起的作用完全相反。规模不经济（Diseconomies of Scale）是指企业由于规模扩大使得管理无效而导致长期平均成本上升、经济效益下降的情况。规模过大会造成管理人员信息不通、决策失误等，这都会造成企业长期平均成本上升。

由于规模经济和规模不经济都是由厂商变动自己企业生产规模所引起的，所以也被称为内在经济与内在不经济。

前面我们已经指出，企业长期生产中规模报酬先递增后递减。规模报酬的这种变化规律是造成 *LAC* 曲线先降后升的一种原因。但是，规模报酬分析是以厂商按相同比例变动全部要素投入量为前提的。事实上，厂商改变生产规模时，通常会改变各生产要素投入量之间的比例。更确切地说，规模报酬变化只是规模经济与不经济分析中的一种特殊情况。从更普遍的意义上说，长期生产技术的规模经济和规模不经济是 *LAC* 曲线呈 U 型特征的决定因素。

（三）长期平均成本曲线的位置变化

长期成本曲线的位置变化的原因，需要利用企业生产的外在经济和外在不经济加以解释。所谓外在经济，是指由于企业的生产活动所依赖的外部环境得到改善而使企业的经济利益得到改善。例如，整个行业的发展，可能使得新技术得到更广泛的研究和应用，可能为企业提供更高素质的劳动力，也可能使厂商的销售成本下降，所有这一切，都会使得行业内的单个厂商从中受益。相反，外在不经济是指由于企业的生产活动所依赖的外部环境恶化而使企业的经济利益受到损失。例如，整个行业的过度发展，可能使得生产要素的价格上升，也可能使得交通紧张等等，从而给行业内单个厂商的生产带来一定的困难。

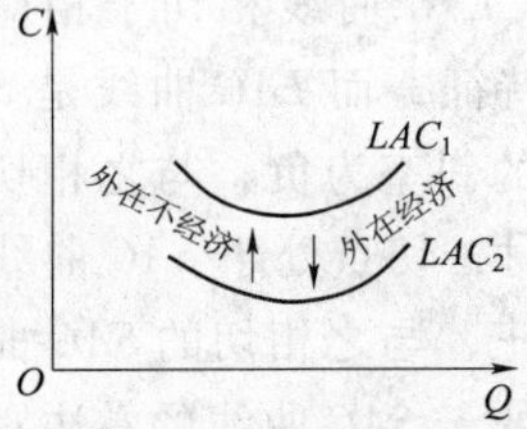

图 5－20　长期平均成本曲线的位置移动

外在经济与不经济影响企业长期成本曲线的位置。如图 5－20 所示，外在经济使企业的长期成本曲线由 LAC_1 的位置下移到 LAC_2；相反，外在不经济使企业的长期成本曲线由 LAC_2 的位置上移到 LAC_1。

三、长期边际成本函数和长期边际成本曲线

长期边际成本 *LMC* 表示厂商在长期内增加一单位产量所引起的最低总成本的增量，其函数形式为：

$$LMC(Q)=\frac{\Delta LTC(Q)}{\Delta Q} \tag{5.16}$$

或

$$LMC(Q)=\lim_{\Delta Q\to 0}\frac{\Delta LTC(Q)}{\Delta Q}=\frac{\mathrm{d}LTC(Q)}{\mathrm{d}Q} \tag{5.17}$$

显然，每一产量水平上的 *LMC* 值都是相应的 *LTC* 曲线的斜率。

（一）长期边际成本曲线的推导

从上述 *LMC* 函数表达式中我们可以知道，每一产量水平上的 *LMC* 值都是相应的 *LTC* 曲线的斜率，因此，从 *LTC* 曲线中我们可以得到 *LMC* 曲线。

由于 $LMC=\dfrac{\mathrm{d}LTC}{\mathrm{d}Q}$，$SMC=\dfrac{\mathrm{d}STC}{\mathrm{d}Q}$，而 LTC 曲线是无数条 STC 曲线的包络线，即在每一产量水平上，LTC 曲线与和它相切的 STC 曲线有相同的斜率，这也就意味着，在每一个产量水平上，LMC 的值都与代表最优生产规模的 SMC 的值相等。所以，我们就可以由 SMC 曲线来推导出 LMC 曲线（如图 5－21 所示）。

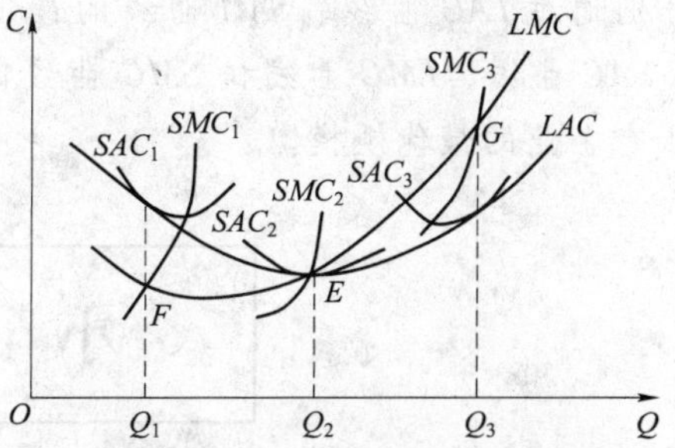

图 5－21　长期边际成本曲线

从图 5－21 中可以看出，在 Q_1 的产量水平上，生产该产量的最优生产规模由 SAC_1 和 SMC_1 所代表，相应的短期边际成本的值由 F 点给出，根据上面的分析可知，EQ_1 既是短期边际成本的值，又是长期边际成本的值，即 $LMC_1=SMC_1=FQ_1$。同理，在 Q_2 的产量上，$LMC_2=SMC_2=GQ_2$。在 Q_3 的产量上，$LMC_3=SMC_3=GQ_3$。于是在每一产量水平上，都存在一个 LMC 曲线和相应的代表最优生产规模的 SMC 曲线的交点，在生产规模无限细分的条件下，可以得到无数个类似于 F、E 和 G 的点，将所有的这些点连接起来，就得到了 LMC 曲线。

（二）长期边际成本曲线的形状

就像前面所分析过的总量、平均量和边际量之间的关系一样，LTC 曲线以递减的速率上升时，LMC 曲线处于下降阶段，LTC 曲线以递增的速率上升时，LMC 曲线处于上升阶段；LTC 曲线的拐点对应于 LMC 曲线的最低点；同时当 LAC 曲线处于下降段时，LMC 曲线一定位于 LAC 曲线的下方；当 LAC 曲线处于上升段时，LMC 曲线一定位于 LAC 曲线的上方。因为 LAC 曲线在规模经济和不经济的作用下呈先降后升的 U 型，再根据平均量和边际量的关系，所以 LMC 曲线也必然呈先降后升的 U 型，并且，LMC 曲线交 LAC 曲线于 LAC 曲线的最低点。

进一步地，根据 LMC 曲线的形状特征，可以解释 LTC 曲线的形状特征。因为 LMC 曲线呈先降后升的 U 型，且 LMC 值又是 LTC 曲线上相应的点的斜率，所以，LTC 曲线的斜率必定要随着产量等增加表现出先递减，经过拐点以后再递增的特征（如图 5－21 所示）。

重要问题

LAC 曲线的最低点是哪些曲线的交点，有何经济意义？

首先，LAC 曲线是众多 SAC 曲线的包络线，在其最低点处必有一条 SAC 曲线与其相切，并且切点仍然是 SAC 曲线的最低点。我们知道，LMC 曲线、SMC 曲

线分别通过 *LAC* 曲线、*SAC* 曲线的最低点，所以，*LAC* 曲线的最低点是 *LAC* 曲线、*SAC* 曲线、*LMC* 曲线和 *SMC* 曲线的交点。这个点的经济意义是代表了该行业所有企业的最优规模。

小 结

(1) 在微观经济学中，企业的生产成本应该从机会成本的角度来理解，这才有利于实现资源的最优配置。生产一单位的某种商品的机会成本是指生产者所放弃的使用相同的生产要素在其他生产用途中所能得到的最高收入。

(2) 显成本是企业支付给外部生产要素所有者的报酬，隐成本则是企业自己所拥有的且被用于该企业生产过程的那一部分生产要素的机会成本。

(3) 利润有会计利润、正常利润和经济利润之分。会计利润是指将企业的总收益减去会计成本（显性成本）后的余额。正常利润是厂商对自己所提供的企业家才能的报酬的支付，属于隐性成本。经济利润是指将企业的总收益减去总成本（即成本和隐性成本之和）后的余额，也称为超额利润。企业所追求的利润最大化指的是经济利润的最大化。

(4) 对一个典型企业来说，边际成本随着产量增加而增加。平均总成本随着产量增加先减少，然后随着产量进一步增加而增加。边际成本曲线总是与平均总成本曲线相交于平均总成本曲线的最低点。

(5) 一个企业的成本取决于所考虑的时间长短。许多成本在短期是固定的，但在长期是可变的。在长期，随着规模经济效应的出现，长期平均成本有可能到达一个最低点。这个最低点就是企业的规模选择。

(6) 长期中一切成本都是可变的。成本分为总成本、平均成本和边际成本。

(7) 长期中，平均成本先随产量增加而递减，当平均成本达到最低后又随产量增加而递增。平均成本最低时的产量是企业的适度规模。

复习思考题

一、名词解释

经济成本　会计成本　机会成本　显性成本　隐性成本　私人成本　社会成本　沉淀成本　成本函数　短期总成本　总固定成本　总变动成本　长期成本　经济利润　边际成本　正常利润

二、简答题

1. 怎样理解经济学中的机会成本？

2. 若某企业在达到一定产出水平前规模报酬递增，然后规模报酬不变，那么你能说出该企业的长期平均成本曲线的形状吗？

3. 如果某厂商雇佣目前正处于失业的工人，试问在使用中劳动的机会成本是否为零？

4. 若产品的边际成本递增，这是否意味着平均可变成本递增或递减？请解释。

5. 简述短期生产函数和短期成本函数之间的关系。

6. 叙述 AC 曲线、AVC 曲线与 MC 曲线的关系。

7. 画图并解释短期边际成本曲线 SMC、短期平均成本曲线 SAC、平均可变成本曲线 AVC 的形状以及它们之间的关系。

三、计算题

1. 假设某产品的边际成本函数为 $MC=3Q^2+5Q+80$，当生产 3 单位产品时，总成本为 292，试求总成本函数、平均成本函数和可变成本函数。

2. 一个完全竞争的厂商每天利润最大化的收益为 5 000 美元，此时，厂商的平均成本是 8 美元，边际成本是 10 美元，平均可变成本是 5 美元，试求厂商每天的产量和固定成本。

3. 对于生产函数 $Q=10KL/(K+L)$，在短期中令 $P_L=1$，$P_K=4$，$K=4$，请推导出短期总成本、平均成本、平均可变成本及边际成本函数。

4. 某企业生产一种产品，没有固定成本，劳动是唯一的投入要素。生产函数为 $Q=-0.1L^3+6L^2+12L$，问：

(1) 劳动的平均产量最大时，需要雇用多少工人？

(2) 平均成本最小时应生产多少产量？

(3) 当产品的价格为 30 元/单位，工资为 360 元，求利润最大时的产量。

5. 已知某企业的短期成本函数为：$STC=0.04Q^3-0.8Q^2+10Q+5$，求最小的平均可变成本值及相应的边际成本值。

6. 假定一成本函数为 $TC=Q^3-10Q^2+17Q+66$。

(1) 指出该短期成本函数中的可变成本部分和不变成本部分。

(2) 写出 TVC、AC、AVC、AFC、MC 的相应的成本函数。

7. 已知短期总成本函数为 $STC=Q^3-5Q^2+20Q+1$，求 $Q=1$ 时的短期边际成本值。

8. 假设某厂商的短期边际成本函数 $MC=3Q^2-12Q+10$，当 $Q=5$ 时，总成本 $TC=55$，求解：

(1) TC，TVC，AC，AVC。

(2) 当企业的边际产量最大时，企业的平均成本为多少？

9. 如果某企业短期总成本函数为 $STC(Q)=1\,200+240Q-4Q^2+1/3Q^3$，试问：

（1）当 SMC 达到最小值时，它的产量是多少？

（2）当 AVC 达到最小值时，它的产量是多少？

四、论述题

1. 试论述边际成本等于边际收益是企业利润最大化的条件。

2. 试用图从短期平均成本曲线推导长期平均成本曲线，并说明长期平均成本曲线的经济含义。

阅读推荐与网络链接

1. （美）保罗，A. 萨缪尔逊，威廉，D 诺德豪斯．经济学．北京：中国发展出版社，1992.

2. 曼昆．经济学原理．北京：中国人民大学出版社，2000.

3. （美）斯蒂格利茨．经济学（下册）．北京：中国人民大学出版社，1998.

4. Makiw, N. G. and Romer, D. New Keynesian Economics. Cambridge, Massachusette: The MIT Press, 1991.

5. http://www. gjmy. com/ecbbs/index. asp.

6. http://www. hutc. zj. cn/jjxqy/.

7. http://forum. ccer. edu. cn/forum/.

8. http://old. cen. ccer. edu. cn/main. asp.

9. http://www. ec-study. cn.

10. 短期中何时停止营业．http://www. cet. com. cn/20040405/CAIJING/200404054. html. 梁小民在《中国经济时报》上发表的经济学小品文章，对短期成本分析作了通俗易懂的介绍。

11. 信息经济学中的范围经济．http://www. blogchina. com/display/11023. html.

12. 银行业中的规模经济．http://www. bank-of-china. com/info/99 - 4/6 - 1. shtml.

第六章

完全竞争市场

学习目的

- 理解完全竞争市场的四个假设条件。
- 熟悉完全竞争厂商短期均衡的三种情况。
- 掌握完全竞争厂商长期调整过程。
- 重点掌握完全竞争厂商长期均衡条件。

引导案例

中国已经成为世界啤酒第一产销大国，啤酒市场进入成长型。入世之后，越来越多的国际资本正势不可挡地涌入中国，与急需增强资本优势开拓国际、国内市场的中国啤酒企业展开合作，互相形成优势互补，共同开拓中国啤酒市场。外资第一次大规模进入中国啤酒市场是在 20 世纪 90 年代初期，50 多家外资啤酒品牌全面进军中国，当时国内大多数大中型啤酒企业被外资控股或收购，市场上出现大量外资啤酒品牌。20 世纪 90 年代中后期，由于中国啤酒市场地方保护严重、价格战等一系列恶性竞争，绝大多数外资啤酒企业水土不服，大规模撤出中国市场。中国加入 WTO 后，外资又纷纷重新抢滩中国啤酒市场。现在，外资在策略上已经比较成熟和现实，找到更为可行的介入方式——“改用资本说话”，绝大部分采用参股控股国内强势企业的策略。目前，我国三大啤酒品牌（青岛、燕京和珠江）都有外资参股控股。这样，在外资推动下，啤酒市场新一轮的品牌整合将渐次展开，寡头垄断竞争格局有可能出现。分析人士指出，就啤酒业而言，国际啤酒市场趋于饱和，近 10 年增长缓慢。中国啤酒市场有很大潜力，每年有 5% ~ 10% 的增长。中国人均消费量约 19 升，如果要达到国际中等人均消费水平（30 余升），我国啤酒产量将达到 4 000 万吨的规模，市场空间巨大。随着啤酒产品结构的改善和西部、农村地区消费需求的进一步挖掘，啤酒市场，尤其是中低档啤酒市场的春天会再次来临。

资料来源：http：//www. docin. com/p - 153669725. html. 2012.

案例导学

啤酒市场竞争可以看作是完全市场竞争，这是因为：目前啤酒行业进入门槛相对较低，市场上的生产厂家众多，普通大众都是消费者；如果没有品牌的差异，啤酒这种产品可以看作是无差异的，市场信息传播也基本是无障碍的。正是由于市场的完全竞争，导致一些恶性的竞争结果，如竞相降价、产品质量下降、地方保护主义等，外资在这种恶性竞争下无利可图，所以大规模撤出中国。中国加入 WTO 后，随着市场制度的完善，啤酒市场的竞争逐渐规范，同时，中国的资本市场也不断发展壮大。外国投资者不仅对中国潜力巨大的啤酒市场充满信心，而且外资可以利用资本市场的运作，进入条件和进入方式更加方便，使得国际资本更多地涌入中国，追求中国啤酒市场的利润。

第一节 市场的类型

一、市场的概念

在微观经济学中，市场专指从事某种商品买卖的交易场所，也可理解成是相互作用、使交换成为可能的买方和卖方的集合。与市场相对应的概念是行业（Industry）。行业是出售相同或紧密相关产品的厂商的集合，应将其理解为市场上的卖方，如轻工业产品市场（买、卖方），家电行业（电视、冰箱、空调等）。每个市场的结构（Structure）不尽相同：有多少生产者，有多少消费者，生产者在价格上是不是一致，等等。我们常从生产者方面来观察市场，这是因为生产者比消费者数量少，规模大，并且他们的决策具有主导性。

市场可以有多种划分标准。按交易的对象划分，有产品市场、劳动市场和资本市场三类市场。厂商出售物品给家庭或消费者的市场统称为产品市场。许多厂商也出售物品给其他厂商，这样，前者的产出品就成为后者的投入品。这种投入品的交易被归属于产品市场，因为它与产品的交易并无实质性的不同。厂商在劳动市场上购买工人的劳务，在资本市场上取得资金。本章所涉及的市场主要是产品市场。任何一种产品，都有其相应的市场，有多少种产品，就有多少种市场。

二、市场的类型

在微观经济学中，划分市场类型的标准是商品的供求态势。它具体体现在商品市场竞争的强与弱。而影响市场竞争程度的具体因素主要有以下四点：

（1）市场上厂商的数目。

（2）厂商之间各自提供的产品的差别程度。

产品差别是同一种产品在质量、牌号、形式、包装等方面的差别。一种产品不仅要满足人们的实际需要，还要满足人们的心理需要。由于民族传统、文化教育、收入水平、社会地位、宗教信仰等方面的不同，因此，每个人偏好也不同。他们对同一种产品的细微差别都有一定的要求。例如，同样是戴手表，收入高的人要求戴名牌，以显示自己尊贵的社会身份；而收入低的则要求经济实惠，以追求物美价廉。产品差别正是为了满足消费者的不同偏好，形成不同的细分市场。每种产品都以自己的某种特色吸引了不同的消费者。这样，一些有特色的产品就在喜爱这一特色的消费者群中形成了自己的垄断地位。

（3）单个厂商对市场价格控制的程度。

（4）厂商进入或退出一个行业的易难程度。

一个行业的进入壁垒越高，企业就越难进入，从而垄断程度越高；反之，则竞争程度越高。进入壁垒主要来自自然和立法两个方面。自然方面是指资源控制与规模经济。如果某个企业控制了该行业的关键资源，其他企业得不到这种资源，就无法进入该行业。例如，南非德比尔斯公司控制了全世界钻石资源的80%，其他企业就很难进入钻石行业。在一些行业中，规模经济特别重要，只有产量极大，平均成本才能最低。例如，自来水行业只有一家企业时，平均成本才能最低，若其他企业进入，那平均成本将升高，不合算也不经济。

立法方面是指法律限制进入某些行业。这种立法限制主要采用三种形式：一是特许经营，政府通过立法把某个行业的经营权交给某个企业，其他企业不得从事这个行业，如邮政和烟草。二是许可证制度，有一些行业由政府发许可证，没有许可证不得进入。如出租车要有运营牌照才能经营，律师要有律师资格证书等。三是专利制，专利是给予某种产品在一定时期的排他性垄断权，企业未获取专利许可权就无法进入该行业从事这种产品的生产，如美国微软公司的视窗操作系统受专利法保护。

关于这四个类型的市场和相应的厂商的区分及其特点可以用表 6－1 来说明。

表 6－1　　市场和厂商类型的划分和特征

市场和厂商的类型	厂商数目	产品的差别长度	对价格的控制程度	进出一个行业的难易程度	接近那种市场情况
完全竞争	很多	完全无差别	没有	很容易	一些农产品
垄断竞争	很多	有差别	有一些	比较容易	香烟、糖果
寡头垄断	几个	有差别或无差别	相当程度	比较困难	钢铁、汽车
完全垄断	一个	唯一的产品，没有接近的替代产品	很大程度，但经常受到管制	很困难，几乎不可能	公用事业，如水、电

本章的目的是探究在完全竞争下会发生什么。这种情形，很典型地涉及了很多生产者，很多消费者，涉及自由进入市场的问题，没有固定价格，没有其他的合谋行动。由于产品是同质的，单个厂商没有市场力量，所以竞争是自由的。

第二节 完全竞争市场的特征

完全竞争市场是一个理想化的市场，所有的企业和消费者的影响都太小，以至于无法影响到市场的价格。完全竞争市场有哪些基本特征，完全竞争市场上企业如何做出生产决策。在掌握了完全竞争的核心理论之后，在接下去的章节中，我们将转而分析不完全竞争的其他形式。作为这种分析的背景，需要从了解什么是完全竞争市场开始。

完全竞争（Perfect Competition）市场，又称为纯粹竞争，是指市场不存在任何垄断因素，竞争可以充分展开，市场机制对资源配置的作用不受到任何阻碍和干扰的市场结构。完全竞争市场是完全非个性化的市场。消费者意识不到相互之间的竞争。厂商之间也意识不到相互间的竞争，只要符合完全竞争的条件，谁都可以加入供给的行列。因此，经济运行主体之间不存在直接的、真正意义上的竞争，这些经济运行主体在确定自己产品的价格与产量时不需要采取任何竞争性的策略。一般来说，完全竞争市场具有下列几个基本特征：

一、买卖双方都是价格接受者

所谓价格接受者（Price Taker）是指任何单个消费者或者厂商都不影响商品的市场价格，商品的市场价格是由众多消费者所形成的需求和众多厂商所形成的供给所决定的。由于市场上同一行业中存在为数众多的厂商，每个厂商出售的产量在全部行业总产量中所占比重很小，因而其决策不会对市场价格形成产生任何影响。每个厂商只能按照市场上已经形成的价格出售产品。所以完全竞争市场上的厂商为价格接受者。同样，市场上存在为数众多的消费者，单个消费者由于其购买数量在市场总量中所占的份额很小，从而也不可能对市场价格产生影响。因此在完全竞争市场上，相对于整个市场的总供给量和总需求量而言，每一个厂商的供给量和每一个消费者的需求量都是微不足道的，单个厂商和消费者可以按照既定的市场价格卖出或者买进他们愿意接受的任何数量的商品，单个厂商和消费者都是价格的接受者，他们的决策对市场价格不会产生任何影响。

二、产品同质、无差别

产品同质是指所有的厂商所生产的产品是完全相同的，它不仅指商品的质量、规格、商标、外观、性能等方面完全没有差别，甚至在销售地点、售后服务等方面也完全没有差别。由于产品是完全同质的，对于消费者来说，各个厂商间的产品可以完全替代，购买任何一家厂商的产品都是一样的。对于厂商来说，厂商无法利用产品的特征，通过销售方面的策略，比如通过做广告影响消费者。在这种情况下，任何一个厂商如果想将其产品的价格提高到市场价格之上必然丧失其顾客。当然，单个厂商也没有必要单独降价。因为，在一般情况下，单个厂商总是可以按照既定的市场价格实现属于自己的那一份相对来说很小的销售份额。所以，厂商既不会单独提价，也不会单独降价。可见，产品同质、无差别这一条件，进一步强化了在完全竞争市场上每一个消费者和厂商都是被动的既定市场价格的接受者的说法，并保证了单一市场价格的存在，使市场供求的分析变得有意义。

三、买卖双方具有完全信息

信息是完全的，买卖双方对商品的质量和价格信息有充分的把握，即市场上的消费者和厂商等经济运行主体都具有完全的知识。市场上不存在不确定性。进入市场的每一个消费者、每一个厂商对于价格、对于未来都具有完全的知识。这样，每一个消费者和每一个厂商可以根据自己所掌握的完全的信息，做出自己的最优的经济决策，从而获得最大的经济利益。消费者不会以高于市场的价格购买商品，厂商也不会以低于市场的价格进行销售，从而保证商品按照市场均衡价格成交，这也就排除了由于信息不通畅而可能导致的一个市场同时按照不同的价格进行交易的情况。

四、资源完全自由流动

在长期中，完全竞争市场上的资源都能够完全自由流动。这意味着厂商进入或退出一个行业是完全自由和毫无困难的。在短期内，虽然企业规模和厂商数量不变，但劳动力、原材料等可变要素都可以自由转移，资本也可以自由地流入或流出某个行业。这样，任何一种资源都可以及时地投向能获得最大利润的生产，并及时地从亏损的生产中退出。所有的资源具有完全的流动性的假设对于竞争的有效性非常重要。对于消费者来讲，如果现有的厂商提高价格，他可以很容易地选择其他厂商。而对于厂商来讲，缺乏效率的厂商将被市场淘汰，取而代之的是具有效率的厂商。

从上述完全竞争市场的基本特征不难看出，在现实的经济生活中完全符合这几个特征的完全竞争市场是不存在的，一般认为，规范运作的股票市场或者某些农产品市场有些类似或者接近完全竞争市场。在这里，每种特定股票价格都是由供需双方的市场力量决定的。单个买者和卖者都无法对价格施加足够大的影响(也就是说他们都是价格的接受者)。同一个公司所有的股票都是同质的。股票经常被买进和卖出，频率很高，说明在这个市场中，资源在行业和地区间的流动和转移是很容易的。特别在目前信息技术很发达的时代，有关股票价格和公司信息的传递和获得是很方便的。因而在这样的市场中，股票价格就能比较充分地反映企业的价值，它能够对人们在国民经济中有效地分配投资，起到一定的引导作用。但是，在现实生活中，在股票市场中，大户的存在和不同程度的欺骗和操纵行为，使得完全竞争意义上的股票市场也是不存在的。但这并不表明对完全竞争市场的研究就没有意义。相反，完全竞争市场的研究的重要性在于提供一个对现实市场进行研究的抽象的理想市场的“参照系”，把它作为一个判断资源配置效率最优的标准。可见，完全竞争市场理论是其他类型市场结构理论的基础。

重要问题

什么样的市场是完全竞争市场？

完全竞争市场是我们将要分析的四种市场结构中的一种，也是最基础的一种。在这个市场上，有众多的买者和卖者，并且他们中的每一个都是既定价格的接受者；市场上的产品是同质的；生产产品的各种要素可以自由流动；所有的顾客和厂商都有充分的信息。同时具备这四个特征的市场就是完全竞争市场。完全竞争市场在现实中很少见，但它是我们市场理论分析的标准参照系，具有重要的理论意义。

第三节　完全竞争厂商的短期均衡

一、需求曲线

在完全竞争市场上，单个厂商是市场既定价格的接受者，所以，完全竞争厂商所面对的需求曲线是一条由既定市场价格出发的水平线。水平的需求曲线意味着每个厂商按照市场决定的价格出售他愿意出售的任何数量的商品，而厂商既不会也没有必要去改变这一价格水平，即市场对该厂商的产品需求具有完全弹性。但这并不意味着完全竞争市场的价格是固定不变的。

在完全竞争市场上，价格是由市场上所有消费者的需求量和所有厂商的供给量共同决定的。从供给来看，所有的厂商组成了整个行业，整个行业的供给等于组成该行业的各个厂商的供给之和。因此，单个厂商销售量的变化不会对市场价格产生影响。但是如果所有的厂商同时调整产量，必然会导致市场供求关系的变化，从而影响市场的价格。行业的需求曲线是一条自左上方向右下方倾斜的曲线。单个厂商水平的需求曲线表示的是整个行业需求曲线上的某一点，在整个市场中单个厂商无论如何调整产量都不会对价格产生任何影响，厂商面对的是水平的需求曲线。如果整个行业中所有的厂商同时增加或者减少其销售量，市场价格会发生变化，但是每次变动后的市场价格对单个厂商来说，仍然表现为一种既定价格。具体如图 6－1 所示，在图中，开始时市场的需求曲线 D_1 和供给曲线 S_1 相交于 E_1 点，E_1 点所决定的市场均衡价格为 P_1，相应的厂商的需求曲线为价格

水平 P_1 出发的一条水平线 d_1。当需求曲线的位置由 D_1 移至 D_2，同时供给曲线的位置由 S_1 移至 S_2 时，需求曲线 D_2 和供给曲线为 S_2 相交于 E_2 点，E_2 点所决定的市场均衡价格较之 P_1 上升到 P_2，于是相应的厂商的需求曲线是由新的价格水平 P_2 出发的另一条水平线 d_2。不难看出，厂商的需求曲线可以出自各个不同的给定的市场的均衡价格水平，但它们总是呈水平线的形状。

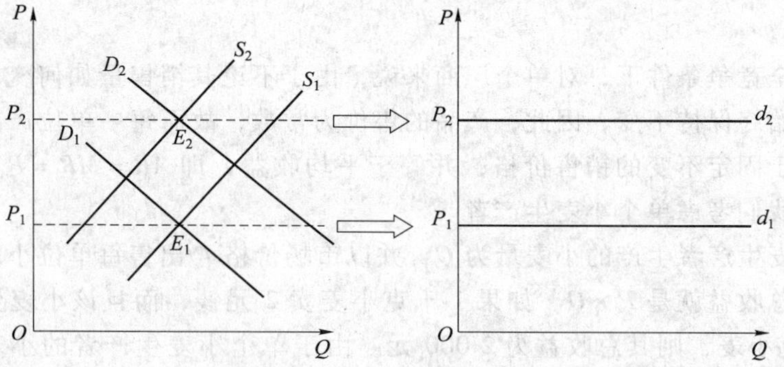

图 6－1　完全竞争市场价格变动及厂商需求曲线

重要问题

完全竞争市场的需求曲线如何？

在讨论完全竞争市场的需求曲线时，应该区分行业和厂商两种情况。对行业而言，需求曲线是所有家庭的需求曲线的加总，它是向右下方倾斜的，斜率为负；对厂商而言，在既定的市场价格下，它们可以出售任意数量商品，面临着一条水平的需求曲线。厂商面临水平的需求曲线也是完全竞争市场的重要特征。

二、完全竞争厂商的收益曲线

厂商的收益就是厂商的销售收入。厂商的收益可以分为总收益（Total Revenue）、平均收益（Average Revenue）和边际收益（Marginal Revenue），用英文简写分别表示为 TR、AR 和 MR。

总收益指厂商按一定价格出售一定量产品时所获得的全部收入。以 P 表示既定的市场价格，以 Q 表示销售总量，总收益的定义公式为：

$$TR(Q) = P \times Q \tag{6.1}$$

平均收益指厂商在平均每一单位产品销售上所获得的收入。平均收益的定义公式为：

$$AR(Q) = \frac{TR(Q)}{Q} \tag{6.2}$$

边际收益指厂商增加一单位产品销售所获得的总收入的增量。边际收益的定义公式为：

$$MR(Q)=\frac{\Delta TR(Q)}{\Delta Q}\text{或者}MR(Q)=\frac{\mathrm{d}TR(Q)}{\mathrm{d}Q} \tag{6.3}$$

由（6.3）式可知，每一销售水平上的边际收益值就是相应的总收益曲线的斜率。

在完全竞争条件下，对单个厂商来说，由于不论其销售量如何变化，单位产品的价格始终保持不变，因此，产品的售价为常数，故而每一单位产品的边际收益始终等于固定不变的销售价格，并等于平均收益，即 $AR=MR=P$。为使问题具体化，我们考虑单个小麦生产者。

某小麦生产者生产的小麦量为 Q，并以市场价格 P 出售每单位小麦。该小麦生产者的总收益就是 $P\times Q$。如果 1 千克小麦卖 2 元钱，而且该小麦生产者出售 1 000 千克小麦，则其总收益为 2 000 元。由于单个小麦生产者的小麦产量和世界市场相比是微不足道的，所以，它接受市场条件给定的价格。具体而言，这意味着，小麦的价格并不取决于该小麦生产者的生产及销售的产量。如果该小麦生产者自己生产的小麦产量翻一番，达到 2 000 千克，小麦价格仍然是相同的，而且，他的总收益翻了一番，达到 4 000 元。因此，总收益与产量同比例变动。

表 6-2 为该小麦生产者的收益表。由表中可见，所有的销售量水平，产品的市场价格是固定的，均为 $P=2$。该小麦生产者每销售一单位产品的平均收益也是不变的，它等于价格 $P=2$，而且，每增加一单位产品销售所增加的收益即边际收益也是不变的，也等于价格 $P=2$，即有 $AR=MR=P=2$。通过这个例子说明，在完全竞争条件下，需求曲线，平均收益曲线和边际收益曲线是完全重合的。

表 6-2　某小麦生产者的总收益、平均收益、边际收益

产量（千克）(Q)	价格（元）(P)	总收益（元）($TR=P\times Q$)	平均收益（元）($AR=TR/Q$)	边际收益（元）($MR=\Delta TR/\Delta Q$)
1 000	2	2 000	2	2
2 000	2	4 000	2	2
3 000	2	6 000	2	2
4 000	2	8 000	2	2
5 000	2	10 000	2	2
6 000	2	12 000	2	2
7 000	2	14 000	2	2
8 000	2	16 000	2	2

三、完全竞争厂商实现利润最大化的原则

市场的短期均衡是为了解决价格和产量决定的问题，而厂商的短期均衡则是要解决厂商在短期内如何选择最佳产量以实现利润最大化。厂商实现利润最大化的均衡条件是什么？这正是我们下面所要分析说明的。

我们利用图 6－2 来寻找厂商实现利润最大化的生产均衡点。在图 6－2 中，有某完全竞争厂商的一条短期生产的边际成本 SMC 曲线及一条从既定价格水平 P_e 出发的需求曲线 d，这两条线相交于 E 点。E 点就是厂商实现利润最大化的生产均衡点，相应的产量 Q_e 就是厂商实现最大化利润时的均衡产量。这是因为，在达到 Q_e 产量之前，厂商增加产量是有利的，因为每增加一单位产量，$MR > SMC$，增加产量会使总利润增加，厂商当然会扩大产量。在 Q_e 之后，每增加一单位产量，$MR < SMC$，这表明厂商增加一单位产量所带来的总收益的增加量小于所付出的总成本的增加量，也就是说，厂商扩大产量会导致总利润减少。以获取利润最大化为目标的厂商绝不会使产量大于 Q_e。从图 6－2 看，在 Q_e 之后，MR 曲线在 SMC 曲线下方，说明厂商的边际收益小于边际成本，只有产量为 Q_e 时，$MR = SMC$。

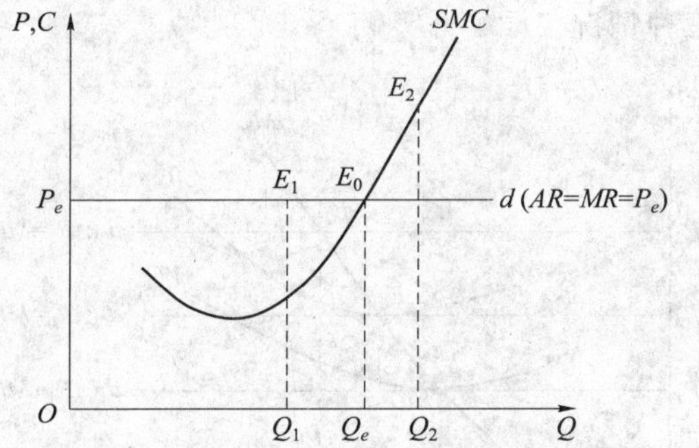

图 6－2　完全竞争厂商的利润最大化

由此可见，厂商只有将产量调整到使得 $MR = SMC$ 的产量时，才能获得利润最大化。所以说，边际收益 MR 等于边际成本 MC 是厂商实现利润最大化的均衡条件。

厂商均衡条件也可以利用数学方法加以证明，令 π 为总利润，则厂商的利润函数为：

$$\pi(Q) = TR(Q) - TC(Q)$$

满足上式的利润最大化的一阶条件为：

$$\frac{d\pi(Q)}{dQ} = \frac{dTR(Q)}{dQ} - \frac{dTC(Q)}{dQ} = MR(Q) - MC(Q) = 0$$

即　$MR(Q) = MC(Q)$

为满足利润最大化的充分条件（即二阶条件），必须有：

$$\frac{d^2\pi(Q)}{dQ^2} = MR'(Q) - MC'(Q) < 0\text{，即 } MR'(Q) < MC'(Q)$$

由利润最大化的一阶条件和二阶条件可以得到这样的结论：厂商应该选择最优的产量使边际收益等于边际成本，即 $MR=MC$，且边际收益的斜率小于边际成本的斜率，即 $MR'(Q) < MC'(Q)$，这样，厂商才能获得最大利润。

需指出的是，虽然以上分析的是完全竞争厂商短期均衡条件，但是这一均衡条件不仅对于非完全竞争市场的厂商，而且对于长期生产也是适用的。总之，一般来说，边际收益等于边际成本是厂商实现利润最大化的均衡条件，通常写为 $MR=MC$。完全竞争厂商的短期均衡条件是 $MR=SMC$。

四、不同情况下的完全竞争厂商的短期均衡

一般来说，厂商根据 $MR=MC$ 的原则确定其产量。为了进一步分析完全竞争厂商的行为，还应该分析价格和平均成本的关系。由于各个厂商在经营和管理以及技术水平等方面的差异，个别厂商的平均成本 AC 可能低于价格，这样他就可能获得超额利润；反之，如果某个厂商的 $AC>P$，该厂商就会发生亏损。图 6－3 描述了可能出现的三种情况。

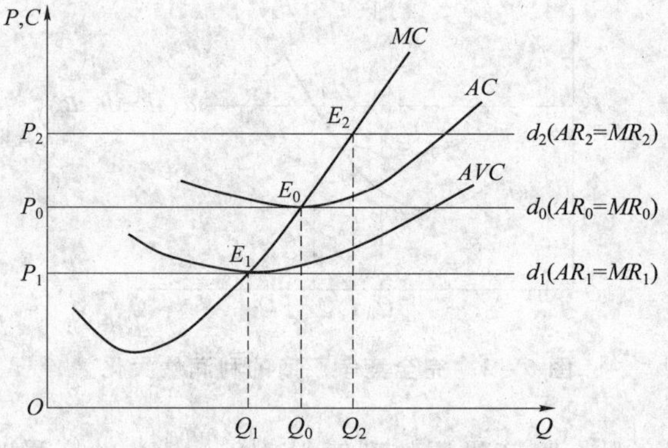

图 6－3　短期均衡的三种情况

第一，厂商的需求曲线高于平均成本曲线最低点，即 $AR>AC$。如图 6－3 所示，当需求曲线位于 d_2 时，MR_2 曲线与 MC 曲线相交于 E_2 点，E_2 点在 AC 曲线的上方，$MR_2=MC$ 所确定的产量为 Q_2。由于 AR_2 即价格 P_2 高于 AC 的最低点，所以厂商获得超额利润。它等于平均收益与平均成本的差乘以产量，即 $(AR_2-AC)\times Q_2$。

第二，厂商的需求曲线与平均成本曲线相切。如图 6－3，当需求曲线为 d_0 时，它与平均成本曲线 AC 相切于 E_0，这一点是 $MR_0=MC$ 的利润最大化的均衡点，这时 $AR_0=MR_0=P_0$（d_0 曲线、AR_0 曲线和 MR_0 曲线为同一条线），均衡产量为 Q_0。这时厂商既不亏损也没有获取超额利润。这一点同时也是 AC 曲线和 MC 曲线的交点，即平均成本最低点，这个点也被称为厂商的收支相

抵点。

第三，厂商的需求曲线位于平均成本曲线最低点以下，与平均可变成本曲线 AVC 相切。如图 6－3 所示，当需求曲线为 d_1 时，MR_1 曲线与 MC 曲线相交于 E_1 点，E_1 点也是 MR_1 曲线与 AVC 曲线的切点，在 E_1 点，$MR_1=MC$，这时，厂商利润最大的均衡产量为 Q_1。由于 AR_1 即价格 P_1 等于 AVC，厂商出现亏损，亏损额为（$AC-AVC$）$\times Q_1$，即平均成本与平均可变成本的差乘以产量，也是平均不变成本与产量的乘积。由于在 E_1 点厂商经营与否都会出现亏损，所以，E_1 点称为停止营业点。如前所述，在短期内，成本分为可变成本和不变成本，厂商生产或不生产都必须支出不变成本，这时厂商停止还是继续生产主要看价格能不能补偿平均可变成本。如果 $P>AVC$，厂商可以继续生产，因为此时 AR 能部分或全部补偿 AVC；反之，如果 $P<AVC$，厂商可以停止生产，因为此时任何产量水平上的 AR 都不能补偿 AVC，这时停止生产可以减少厂商的亏损额。

重要问题

短期均衡时，厂商一定有经济利润吗？

短期均衡时厂商的盈亏状况可能有三种情况：若市场价格大于平均成本，厂商获得经济利润；若市场价格等于平均成本，厂商处于盈亏临界点，经济利润为零；当市场价格低于平均成本但又大于平均变动成本时，厂商在短期仍然会继续经营，但此时总收益不足以弥补总成本，厂商处于亏损状态。可见，在短期均衡时，厂商不一定有经济利润。

五、完全竞争厂商的短期供给曲线

在完全竞争市场上，厂商的短期边际成本曲线也是其短期供给曲线，关于这一点具体分析如下。

所谓供给曲线是用来表示在每一个价格水平厂商愿意而且能够提供的产品的数量的。按照此定义我们只要导出了价格与厂商所愿意供给的商品数量之间的关系就可以得到完全竞争市场上厂商的短期供给曲线。根据前文所述，在市场是完全竞争的情况下，厂商的需求曲线是水平的。此时，厂商的边际收益等于厂商所面临的市场价格。按照利润最大化的假定，厂商价格（等于边际收益）等于边际成本时达到利润最大化。如果市场价格连续发生变动，那么我们就会得到许多条厂商在不同价格下的水平的需求曲线，并得到许多个价格与边际成本相等的点，如图 6－4（a）中 E_1、E_0、E_2 点。与这些点对应的产品数量为 Q_1、Q_0、Q_2。因此，图 6－4（a）中厂商的短期边际成本曲线恰好准确地表明了这种商品的价格和厂商的最优产量（即厂商愿意而且能够提供的产量）之间的关系。

进一步地把图 6－4（a）中边际成本曲线上所体现的价格与数量的关系转换到图 6－4（b）中，便得到供给曲线 $S(P)$。图 6－4（b）中供给曲线上的 E_1、E_0、E_2 点与图 6－4（a）中边际成本曲线上的 E_1、E_0、E_2 点之间存在着一一对应的关系。由于厂商短期生产必须在工厂停工点即 *AVC* 曲线最低点以上进行，而 *MC* 曲线在 *AVC* 曲线最低点以上部分是递增的，因此，由此导出的厂商短期供给曲线是向右上方倾斜的。

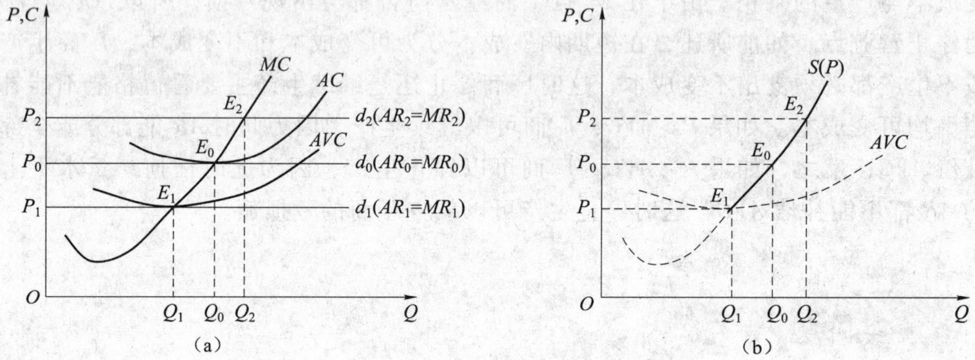

图 6－4　完全竞争厂商成本曲线到短期供给曲线

六、生产者剩余

根据厂商的短期供给曲线，可以引申出生产者剩余的概念。

生产者剩余指的是厂商在提供一定数量的某种产品时实际接受的总支付和愿意接受的最小总支付之间的差额（如图 6－5 中阴影面积所示）。它通常用市场价格线以下，厂商的供给曲线（即 *SMC* 曲线的相应部分）以上的面积来表示，其原因在于：我们知道，在生产中，只要每一单位产品的价格大于边际成本，厂商进行生产总是有利的。这时，厂商就可以得到产出者剩余。因此，在图 6－5 中，就可以用在生产零到 Q_0 之间的价格线以下和供给曲线（即短期边际成本曲线）以上的阴影部分面积来表示生产者剩余。图 6－5 中，价格线以下的矩形面积 OP_0EQ_0 表示总收益，即厂商实际接受的总支付，供给曲线（即短期边际成本曲线）以下的面积 $OHEQ_0$ 表示厂商愿意接受的最小总支付，这两部分面积之间的差额构成生产者剩余。

由此，生产者剩余也可以用数学公式定义。令反供给函数 $P^S=f(Q)$，且价格为 P_0 时厂商的供给量为 Q_0，则生产者剩余为：

$$PS = P_0Q_0 - \int_0^{Q_0} f(Q)\,\mathrm{d}Q \tag{6.3}$$

式（6.3）中，*PS* 为生产者剩余的英文简写，式（6.3）右边的第一项表示总收益，即厂商实际接受的总支付，第二项表示厂商愿意接受的最小总支付。

此外，在短期中，由于固定成本是无法改变的，所以，所有产量的边际成本之和必然等于总可变成本。这样一来，生产者剩余也可以用厂商的收益和总可变成本的差额来定义。在图 6－5 中，生产者剩余也可以用矩形 GP_0EF 给出，它等于总收益（OP_0EQ_0）减去总可变成本（$OGFQ_0$）。其实，从本质上讲，在短期中，由于固定成本不变，所以，只要总收益大于总可变成本，厂商进行生产就有利可图，就能得到生产者剩余。

以上，我们分析了单个厂商生产者剩余，类似的分析对于市场的生产者剩余也是适用的。

生产者剩余和我们前面讨论的消费者剩余这两个概念通常被结合在一起使用，它们被广泛运用于有关经济效率和社会福利问题的分析之中。

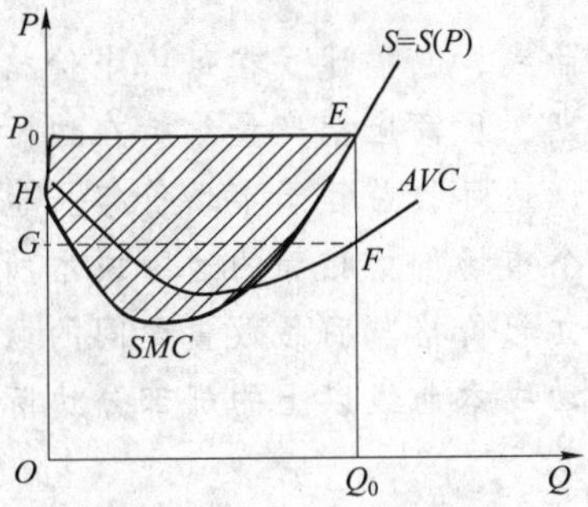

图 6－5　生产者剩余

七、完全竞争行业的短期供给曲线

根据消费者需求理论，通过对单个消费者需求曲线的加总可以得到市场需求曲线。在讨论完单个厂商的短期供给曲线以后，是否可以通过对单个厂商短期供给曲线的加总得出市场供给曲线？一般而言，如若假定生产要素的价格不变，在任何价格水平上，一个行业的供给量等于行业内所有厂商的供给量的总和。据此，则一个行业的短期供给曲线由该行业内所有厂商的短期供给曲线的水平加总而得到。但是若所有的厂商都扩大产量，则生产要素的价格将会发生变化。厂商投入要素价格的上涨将会导致单个厂商边际成本曲线向上移动，因而导致短期供给曲线变动，其变动的量难以确定，在这种情况下，要通过对单个厂商短期供给曲线的加总而得到短期产业供给曲线是困难的。

尽管在一般情况下我们不能像通过对个人需求曲线的简单加总得到市场需求曲线那样，通过对单个厂商供给曲线的简单加总而得到行业供给曲线，但是由对单个厂商短期供给曲线的分析，我们可以推知短期完全竞争行业供给曲线的特征。显然，完全竞争行业的短期供给曲线保持了完全竞争厂商的短期供给曲线的基本特征。由于边际成本递增的性质，行业的短期供给曲线也是向右上方倾斜的，它表示市场的产品价格和市场的短期供给量呈同方向的变动。而且，行业的短期供给曲线上与每一价格水平相对应的供给量都是可以使全体厂商在该价格水平获得最大利润或最小亏损的最优产量。

行业的短期供给曲线一旦导出以后，便可以结合市场需求曲线确定商品的市场均衡价格与均衡数量，市场均衡价格确定后，单个厂商只能接受这一价格，按照利润最大化的原则调整自己的产出水平。所以在短期，完全竞争的厂商是价格的接受者，产量的调节者。

重要问题

如何得到短期内厂商和行业的供给曲线？

供给曲线是这样一条曲线，它描述了在每一个价格水平下厂商所愿意并能够提供的商品的数量。在短期，厂商应把产量维持在边际成本等于边际收益的水平上，而在完全竞争情况下，边际收益等于市场价格。也就是说，对应每一个市场价格，厂商愿意提供与这个市场价格相等的边际成本所对应的产量。于是，通过边际成本曲线，我们就建立起价格与商品数量之间的联系，而这正是供给曲线的特征。所以，位于平均变动成本曲线以上的那部分边际成本曲线就是厂商的短期供给曲线。

短期行业供给曲线是在加总厂商供给曲线的基础上调整得到的。一方面，行业供给曲线是个别厂商供给之和，因而具有较小的斜率，比厂商的供给曲线平坦一些；另一方面，由于所有厂商同时扩大产量，很可能引起投入要素价格上涨，又会使行业供给曲线的斜率更大一些。综合这两方面的因素，我们就可得到行业的短期供给曲线。

第四节　完全竞争厂商的长期均衡

西方经济学中的长期，是指在这段时间内，各厂商不仅可以调整产品产量，而且可以调整生产规模，厂商能够进入或退出某一行业。因此，长期分析既要考虑厂商生产规模的变动，又要考虑厂商数目的变动。本节我们将分别讨论厂商的长期调整与产业的长期调整以及由此形成的厂商的长期均衡。在此基础上我们讨论不变成本产业、递增成本产业与递减成本产业的长期供给曲线。

一、厂商的长期调整

在完全竞争厂商的长期生产中，所有的生产要素都是可变的，厂商是通过对全部生产要素的调整，来实现利润最大化。在完全竞争市场价格给定的条件下，厂商在长期生产中对全部生产要素的调整可以表现为两个方面：一方面表现为对最优的生产规模的选择；另一方面表现为进入或退出一个行业的决策。

首先，分析厂商在长期生产中对最优生产规模的选择。图 6-6 表示单个厂商在长期中生产规模的调整过程。假如市场价格为 P_1，以短期平均成本代表的工厂规模为 SAC_1，边际成本曲线为 SMC_1。由于在短期内厂商只能在现有的生产规模下进行生产，所以，根据 $MR = SMC$ 短期利润最大化的均衡条件，厂商选择的最优产量为 Q_1。显然，这时 $P_1 < SAC_1$，厂商存在亏损。而在长期内，情况就不相同了，厂商可以建立一个规模更大而平均成本更低的工厂。他可以建立与图 6-6 中任一短期成本曲线相对应的工厂规模。例如，他可以建立与短期成本曲线 SAC_2 和边际成本曲线 SMC_2 相对应的较大规模的工厂，生产最优产量 Q_2；该厂商也可以建立与短期成本曲线 SAC_3 和边际成本曲线 SMC_3 相对应的更大规模的工厂，生产最优产量 Q_3。在这两种情况下，由于此时价格 P_1（平均收益）大于平均成本（SAC_2，SAC_3），厂商能够获得相当多的超额利润。

一般来说，在短期情况下，只要厂商出售产品的平均收益大于平均变动成本就可以开工生产。但是，在长期情况下，厂商进行调整时需要遵循两个原则，第一，要使自己出售产品的平均收益不小于自己在生产中所耗费的长期平均成本，即 $AR \geqslant LAC$；第二，要使边际收益等于长期边际成本，即 $MR = LMC$。只有遵循第一个原则，厂商才不会发生亏损；只有遵循第二个原则，厂商才能获得最大化的利润。显然，在图 6-6 中，只有与 SAC_3 和 SMC_3 相对应的工厂规模在产量 Q_3 的水平上能满足这两个原则。在这一水平上，其平均收益（价格 P_1）不小于其长期平均成本 LAC，同时厂商的长期边际成本 LMC 等于边际收益 MR_1（价格 P_1），即 $LMC = MR_1 = P_1$。因此，在长期，厂商可通过对最优生产规模的选择，改善自己的状况，从而获得了比短期更大的利润。

图 6-6　完全竞争厂商的长期调整

如果行业内所有厂商都以上述方式调整规模并建立最佳规模的工厂，这时，由于价格 P_1 高于产量 Q_3 时的平均成本，所有厂商都将获得超额利润，这种盈利情况会吸引新的厂商进入该行业，当新厂商进入时，调整过程会继续下去。

下面我们分析厂商进入或者退出一个行业即厂商数量的调整过程。

如果某行业的厂商都向最优规模产量扩张，同时其他厂商看到这个行业有利可图，也将纷纷进入此行业，使得该行业产量进一步扩张，这将会使供给曲线向右移动，如图 6－7 所示。

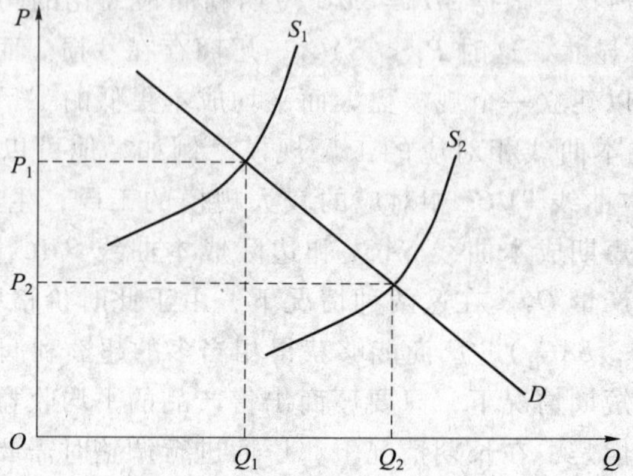

图 6－7　长期产业调整

如果行业供给曲线由 S_1 移动到 S_2，则价格会由 P_1 下降到 P_2，行业产量则由 Q_1 增加到 Q_2。虽然由于新厂商的进入使行业总产量增加了，但每个厂商的产量则比以前减少了。这也可以从图 6－7 来说明。当价格下降到 P_2 时，最优生产规模为 SAC_2 和 SMC_2 相对应的工厂规模，最优产量为 Q_2，因为此时符合长期最大利润的两个原则。这时之前建立 SAC_3 和 SMC_3 相对应的生产规模的厂商将会出现亏损。发生亏损的厂商将会退出该产业，从而最终又会使产业的供给曲线回复到 S_1。

二、完全竞争厂商的长期均衡条件

长期的调整过程一直持续到行业内的每个厂商既无超额利润，也不亏损，但都实现了正常利润时为止。这时所有的厂商既无扩大或者缩小生产规模的诱因，又无进入或者退出该行业的诱因，厂商达到了均衡。厂商的长期均衡是在其长期平均总成本和价格（平均收益）相等的那一点实现的。之所以在这一点达到均衡，原因在于如果价格超过了厂商的平均成本，该厂商就会获得超额利润，这将吸引新厂商进入该行业，如果价格低于厂商的平均总成本，该厂商将最终退出该行业。

换言之，不管是新厂商的进入，还是原有厂商的退出，最后，在厂商达到长期均衡时，厂商将在市场价格达到等于长期平均成本的最低点的水平进行生产。前文曾经指出，边际成本曲线总是在平均成本曲线的最低点与其相交，所以根据边际收益等于边际成本的利润最大化原则，厂商还必须在价格等于长期边际成本的那一点（*LAC* 曲线的最低点）进行生产。只有在这一点上，*LMC* 才与 *LAC* 相等。因此，长期平均成本曲线的最低点一定是市场的长期均衡点。

完全竞争厂商长期均衡可以用图 6 – 8 来说明。在图 6 – 8 中，市场价格为 P_0，需求曲线与边际收益曲线及平均收益曲线重合成水平状。此时厂商的均衡产量为 Q_0，与其生产规模相对应的短期平均成本和边际成本曲线分别为 SAC 和 SMC，在这一生产规模和产量水平上，$LMC = SMC = MR = AR = P_0$，这保证厂商能够实现利润最大化。另一方面，在同一产量水平上，$LAC = SAC = MR = AR = P_0$，这又使得厂商的超额利润为零，最后，我们得到完全竞争厂商的长期均衡条件为：$LMC = SMC = LAC = SAC = MR = AR = P_0$。

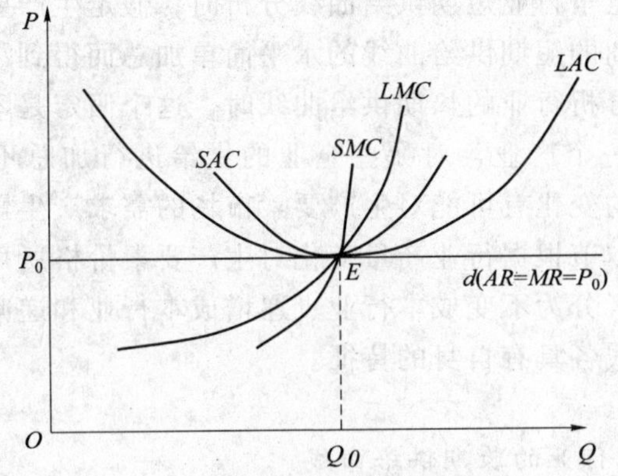

图 6 – 8　完全竞争厂商长期均衡

图 6 – 8 中的 E 点是厂商长期利润最大化的均衡点。由于在这一点厂商获得了自己应该获得的正常利润，所有的厂商在长期不存在超额利润，这恰恰是资源在全社会范围内有效配置的表现。资源有效配置的条件是商品的价格等于生产商品的边际成本，即 $P = MC$。价格代表社会对于商品的边际评价，边际成本代表社会生产商品的边际耗费，商品的社会边际耗费等于社会边际评价时，表明社会资源达到了有效的配置。

重要问题

厂商长期均衡是如何形成的？为什么长期均衡时，厂商只能获得正常利润？

在完全竞争市场中，当厂商在长期达到均衡时，其边际成本等于边际收益，并且市场价格和平均成本也相等。我们知道，在长期，厂商可以调整自身规模，甚至改变经营行业。因此，可以通过两个方面的调整来达到长期的均衡状态：一是行业中厂商的个数；二是行业中每个厂商的规模。比如说，当市场价格高于平均成本时（可能是由需求增加引起，也可能是有重大技术突破），厂商会获得经济利润，这一方面会导致新厂商加入该行业；另一方面会导致该行业的原有厂商扩大生产规模。这两方面的措施都会带来供给的增加，于是市场价格下降。这个调整过程直到市场价格与平均成本相等时为止。

在短期，只要价格高于平均变动成本，厂商在短期就会选择继续经营，然而在长期就不一样。如果存在经济利润，新的厂商就会加入；如果存在亏损，亏损的厂商会选择退出该行业。最终的结果都是厂商只能获得正常利润。

三、完全竞争行业的长期供给曲线

前文在对完全竞争行业短期供给曲线分析时，假定生产要素的价格是不变的情况下，通过对厂商的短期供给曲线的水平简单加总而得到了行业的短期供给曲线。显然，当我们分析行业的长期供给曲线时，这个假定是不合理的。因为长期内，厂商自由进出一个产业，对哪些企业的供给进行加总不确定。何况在长期内，整个行业产量的变化有可能对生产要素市场的需求产生影响，生产要素的价格变化也不确定。本节根据行业产量变化对生产要素价格所可能产生的影响，我们将完全竞争行业区分为不变成本行业、递增成本行业和递减成本行业。这三类行业的长期供给曲线各具有自身的特征。

（一）不变成本行业的长期供给曲线

不变成本行业（Constant Cost Industry）是指随着行业的扩张或收缩，不会引起厂商成本变化，因而行业长期供给价格不变，行业长期供给曲线为一水平线的产业。所谓行业长期供给价格是指该行业厂商经过最优调整后，生产该行业每一种产量水平所需的最低价格。即该行业的产量变化引起的生产要素需求的变化不对生产要素的价格发生影响。下面借助于图 6－9 进行分析。

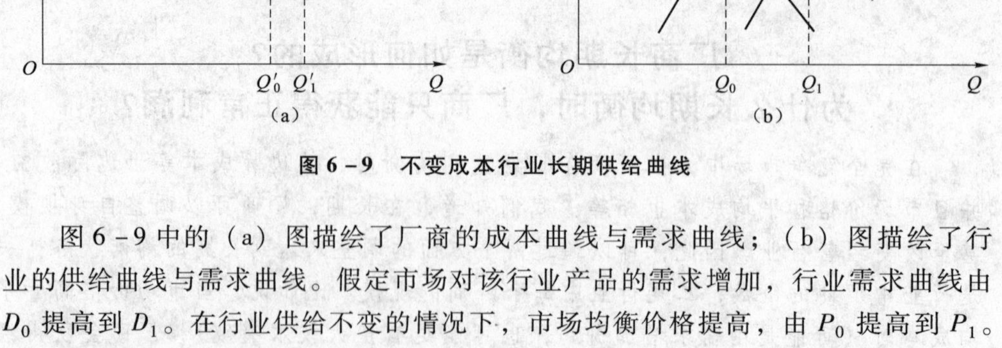

图 6－9　不变成本行业长期供给曲线

图 6－9 中的（a）图描绘了厂商的成本曲线与需求曲线；（b）图描绘了行业的供给曲线与需求曲线。假定市场对该行业产品的需求增加，行业需求曲线由 D_0 提高到 D_1。在行业供给不变的情况下，市场均衡价格提高，由 P_0 提高到 P_1。

厂商的需求曲线由 d_0 提高到 d_1。在新的均衡价格下单个厂商在短期内沿着既定生产规模的 *SMC* 曲线，将产量由 Q'_0 提高到 Q'_1，并获得超额利润。超额利润的存在将会吸引新厂商进入该行业，使得行业的供给增加。由于行业的扩张不会引起生产要素价格的上升，因此行业的扩张不会造成厂商成本的变化，厂商仍然以图 6－9 中（a）图所显示的成本状况进行生产。

新厂商的加入使该行业的产品供给量增加，图 6－9（b）中供给曲线右移，由 S_0 移动到了 S_1。新的供给曲线 S_1 与需求曲线 D_1 交于 E_1 点。这一交点所形成的均衡价格必须等于最初的均衡价格 P_0，因为只有这一价格才能既弥补了厂商的长期平均成本，又使厂商不具有超额利润，从而达到长期均衡。否则，供给调整将会继续下去，直到形成均衡价格 P_0 为止。假定需求不断地由 D_1 提高到 D_2，再提高到 D_3 等等，供给也将由 S_1 提高到 S_2，再提高到 S_3 等等，形成多个均衡点 E_2、E_3 等等。这些均衡点的均衡价格都是 P_0。连接这些均衡点，我们在图 6－9 中得到一条水平的供给曲线 *S*，它表明不变成本行业是在不变的均衡价格水平提供产量，该均衡价格水平等于厂商的不变的长期平均成本的最低点。市场需求变化，会引起行业长期均衡产量的同方向的变化，但长期均衡价格不会发生变化。

（二）递增成本行业的长期供给曲线

递增成本行业（Increasing Cost Industry）是指随着行业的扩张，由于生产要素价格提高，造成厂商成本增加，从而导致行业供给曲线向右上方倾斜的产业。图 6－10 中的（a）与（b）图描述了递增成本行业厂商成本曲线及其行业长期供给曲线。

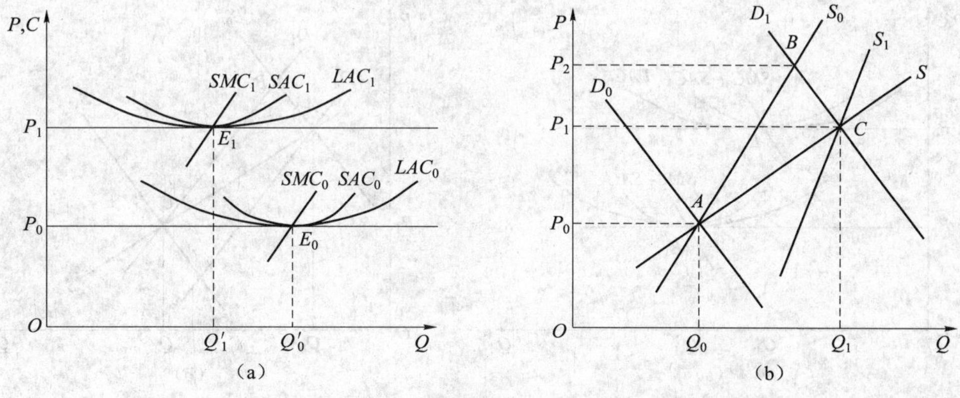

图 6－10　递增成本行业长期供给曲线

在图 6－10 中，行业的最初均衡点是在图（b）的需求曲线 D_0 与供给曲线 S_0 的交点 *A* 点，最初的市场均衡价格是 P_0。厂商的最初均衡点是在图（a）的长期平均成本曲线 LAC_0，与短期平均成本曲线 SAC_0 的交点 E_0 点。假定由于消费者收入增加或其他原因使得市场对于该行业产品的需求增加。需求曲线由 D_0 提

高到 D_1。在供给曲线不变的条件下，新的需求曲线 D_1 与原供给曲线 S_0 交于图（b）中的 B 点，形成新的市场均衡价格 P_2。在 P_2 的价格下，使该行业的厂商获得超额利润。该行业超额利润的存在将吸引大量的新厂商进入该产业。该行业产品供给增加，供给曲线向右移动。由于行业的扩张所引起的生产要素价格的提高会提高厂商的成本，因此，（a）图中，厂商的长期平均成本曲线与短期平均成本曲线都将朝左上方移动。成本的提高将会降低厂商的超额利润，这会引起厂商生产规模的调整以及行业供给的调整，最终调整到新的市场均衡价格能够弥补每个企业上升的成本。从图形看，最终产业的均衡是在新的需求曲线 D_1 与新的供给曲线 S_1 的交点 C 点，最终的市场均衡价格是 P_1。在行业的需求曲线与供给曲线由 D_0、S_0 提高到 D_1、S_1 的情况下，厂商的均衡点由 E_0 移动到 E_1 点，厂商的长期平均成本曲线与短期平均成本曲线分别由 LAC_0、SAC_0 提高到 LAC_1、SAC_1。

如果市场对于该行业产品的需求连续发生变动，厂商以及整个行业也将连续进行调整，我们将会得到类似于（b）图中最终均衡点 A 点到 C 点移动的轨迹，这一轨迹便是递增成本行业的长期供给曲线，图 6－10 的（b）图中我们用 S 表示。可以看出，递增成本行业的长期供给曲线是向右上方倾斜的。它表明在长期内，行业的产品价格和供给量是同向变动的。市场需求的变动不仅会引起行业长期均衡价格的同向变动，还同时引起行业长期均衡产量的同向变动。

（三）递减成本行业的长期供给曲线

递减成本行业（Decreasing Cost Industry）是指随着行业的扩张，由于生产要素价格降低，造成厂商成本下降，从而导致行业供给曲线向右下方倾斜。图 6－11 中的（a）与（b）图描述了递减成本行业厂商成本曲线及其行业长期供给曲线。

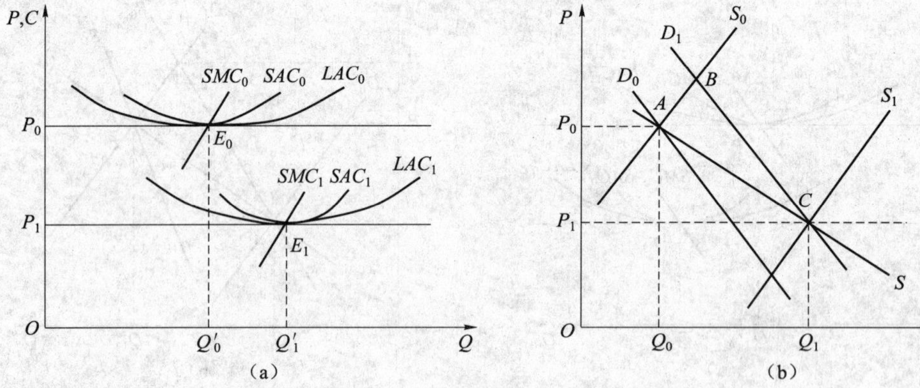

图 6－11 递减成本行业长期供给曲线

与对图 6－11 的分析相似，行业的最初均衡点是在图（b）的需求曲线 D_0 与供给曲线 S_0 的交点 A 点，最初的市场均衡价格是 P_0。厂商的最初均衡点是在图（a）的长期平均成本曲线 LAC_0，与短期平均成本曲线 SAC_0 的交点 E_0 点。所不同的是，当市场价格上升，新厂商由于利润吸引而加入到该行业中来的时候，一方面，在递减成本的前提下，行业供给增加所导致的对生产要素需求的增加，却使得生产要素的市场价格下降，它使得图中原来的 LAC_0 曲线和 SAC_0 曲线的位置向下移动。另一方面，行业供给增加仍直接表现为 S_0 曲线的位置向右移动。这两种变动一直要持续到厂商在 E_1 点实现长期均衡和行业在 C 点实现长期均衡为止。此时，在由 D_1 曲线和 S_1 曲线所决定的新价格水平 P_1，厂商在 LAC_1 曲线的最低点实现长期均衡，每个厂商的利润又恢复为零。

如果市场对于该行业产品的需求连续发生变动，厂商以及整个行业也将连续进行调整，我们将会得到类似于（b）图中最终均衡点 A 点到 C 点移动的轨迹，这一轨迹便是递减成本行业的长期供给曲线，图 6-10 的（b）图中我们用 S 表示。可以看出，递减成本行业的长期供给曲线是向右下方倾斜的。它表明在长期，行业的产品价格和供给量呈反向变动。市场需求的增加会引起行业长期均衡价格的反向变动，同时还会引起行业长期均衡产量的同向变动。

需要指出，这里所讨论的不变成本行业、递增成本行业与递减成本行业与生产理论中所讨论的常数规模报酬、递增规模报酬以及递减规模报酬属于不同的概念范畴。不变成本行业、递增成本行业或递减成本行业是就整个行业进行讨论的，而常数规模报酬、递增规模报酬以及递减规模报酬则往往是就某个厂商进行讨论的。况且，即使把行业与厂商结合起来分析，常数规模报酬山并不意味着不变成本，递减规模报酬也不一定产生递增成本；递增规模报酬也并不总是导致递减成本。就常数规模报酬与不变成本这两个概念来讲，即使厂商的生产是在常数规模报酬下进行，只要行业规模的调整会引起生产要素价格的变化，也会引起厂商长期平均成本的变化。从而导致行业长期供给价格的变化。此种情况下行业长期供给曲线不是水平的。相反，即使厂商的长期平均成本曲线是 U 型曲线，但是只要行业的扩张不会引起生产要素的价格发生变化，厂商的长期平均成本就不会发生变化，行业的长期供给价格将是一个常数，长期供给曲线是水平的。

小　结

（1）在经济研究中，划分市场结构的标准主要有：市场上厂商的数量、产品的差异程度、单个厂商对市场价格的控制程度以及厂商进入或退出一个行业的难易程度。根据这些标准，市场结构可以分为四类，它们是完全竞争市场、垄断竞争市场、寡头市场和垄断市场。

（2）在一个完全竞争市场中，有无数个卖者和买者，市场上每一个厂商提供的商品是无差异的，厂商的生产要素可以自由流动，购买者和生产者对市场信息完全了解。因此，在完全竞争市场上的每一个消费者和每一个生产者都是既定市场价格的接受者。

(3) 在完全竞争市场上，厂商所面临的对其产品的需求曲线，即厂商的需求曲线，是从既定的市场价格出发的一条水平线。由此，厂商的平均收益曲线、边际收益曲线和厂商的需求曲线三线是重合的。

(4) 完全竞争厂商实现利润最大化或亏损最小化的原则是：边际收益等于边际成本，即 $MR=MC$。此原则对于所有不同市场结构条件下的厂商的短期生产和长期生产都是适用的。

(5) 完全竞争市场中一个厂商的产出在整个行业中占有一个很小的份额，这使得它的产出选择是基于生产决策对产品价格没有影响的假设，在这种情况下，需求曲线和边际收入曲线是一致的。

(6) 在完全竞争市场上，短期内厂商按照边际收益等于边际成本的原则实现利润最大化。若市场价格大于厂商的平均成本，厂商赚取经济利润；低于平均成本且低于平均变动成本时厂商将停止生产；市场价格介于平均成本和平均变动成本之间，厂商亏损但会继续生产。

(7) 假定在生产要素的价格不变的情况下，短期市场供给曲线是一个行业中所有厂商的供给曲线的水平加总。

(8) 在长期，追求利润最大化的竞争厂商选择价格等于长期边际成本时的产出。

(9) 长期竞争性均衡在满足以下条件时产生：① 厂商利润最大化；② 所有厂商的经济利润为零，以致它们没有动力进入或退出行业；③ 产品需求量等于供给量。

(10) 当行业成本不变时，即投入要素需求的增加（伴随产品需求增加）对投入要素价格没有影响，厂商的长期供给曲线是水平的。在成本递增的行业，厂商的长期供给曲线是向上倾斜的，因为投入要素需求的增加使部分或所有投入要素价格上升。在成本递减的行业，厂商的长期供给曲线是向下倾斜的，因为投入要素需求的增加使部分或所有投入要素价格下降。

复习思考题

一、名词解释

完全竞争市场　价格接受者　边际收益　收支相抵点　停止营业点

二、简答题

1. 为什么完全竞争的厂商不愿为产品做广告而花费任何金钱？

2. 完全竞争市场有哪些特征？

3“虽然很高的固定成本会是厂商亏损的原因，但永远不会是厂商关门的原因。”你同意这一说法吗？

4. 既然厂商知道在长期内他们的经济利润将为零，他们为什么还会进入一个行业呢？

5. 家电行业的制造商发现，为了占有市场份额，他们不得不采取一些竞争激烈策略，包括广告、售后服务、产品外形设计等。因此，家电行业被认为是完全竞争行业。这种说法对吗？

6. 说明完全竞争厂商的两条需求曲线的含义及其相互关系。

7. “当行业处于长期均衡状态时，同一行业的所有厂商必须具有相同的成本曲线，且各厂商只能获得正常利润。”对吗？

8. “在长期均衡点，完全竞争市场中每个厂商的利润都为零。因而，当价格下降时，所有这些厂商就无法继续经营。”这句话对吗？

三、计算题

1. 某完全竞争行业中单个厂商的短期成本函数为 $STC=0.1Q^3-2Q^2+15Q+10$，求市场价格降为多少时，厂商必须停产？

2. 当 $STC=0.1Q^3-2Q^2+15Q+10$，$P=55$，求短期均衡产量。

3. 已知完全竞争厂商的长期成本函数为 $LTC=Q^3-12Q^2+40Q$，计算当市场价格 $P=100$ 时，厂商实现最大利润的产量、利润为多少？平均成本是多少？

4. 某完全竞争、成本不变的单个厂商长期总成本函数 $LTC=Q^3-12Q^2+40Q$。试求长期均衡时的价格和单个厂商的产量？

5. 已知某完全竞争市场的需求函数为 $D=6\,300-400P$，短期市场供给函数为 $S=3\,000+150P$，求该市场的短期均衡价格和均衡产量。

6. 已知完全竞争市场中单个厂商的长期成本函数为 $LTC=Q^3-200Q^2+200Q$，市场的产品价格为 $P=600$。求：

（1）该厂商实现利润最大化时的产量、平均成本和利润各是多少？

（2）该行业是否处于长期均衡？为什么？

（3）该行业处于长期均衡时每个厂商的产量、平均成本和利润各是多少？

（4）判断（1）中的厂商是处于规模经济阶段，还是处于规模不经济阶段？

四、论述题

1. 分析完全竞争厂商的短期均衡。

2. 根据完全竞争厂商短期均衡的分析说明完全竞争厂商的短期供给曲线。

3. 试述厂商实现最大利润的原则，并谈谈你的看法。

4. 论述完全竞争行业的长期供给曲线。

阅读推荐与网络链接

1.（美）保罗，A. 萨缪尔逊，威廉，D 诺德豪斯．经济学．北京：中国发展出版社，1992.

2. 曼昆．经济学原理．北京：中国人民大学出版社，2000.

3.（美）斯蒂格利茨．经济学（下册）．北京：中国人民大学出版社，1998.

4.（美）平狄克（Robert S. Pindyck），（美）鲁宾费尔德（Daniel L. Rubinfeld）．微观经济学［M］．高远，等，译．第七版．北京：中国人民大学出版社，2009.

5. 迈克尔·帕金．微观经济学［M］．张军，等，译．第八版．北京：人民邮电出版社，2009.

6. Makiw, N. G. and Romer, D. New Keynesian Economics Cambridge, Massachusette: The MIT Press, 1991.

7. http://www.gjmy.com/ecbbs/index.asp.

8. http://www.hutc.zj.cn/jjxqy/.

9. http://forum.ccer.edu.cn/forum/.

10. http://old.cen.ccer.edu.cn/main.asp.

11. http://www.ec-study.cn.

12. http://netec.wustl.edu/NetEc.html.

13. http://forum.ccer.edu.cn/forum/.

14. http://bbs.pinggu.org/forum-47-1.html.

15. http://bbs.jjxj.org/forum-365-1.html.

第七章

不完全竞争市场

学习目的

- 了解三类不完全竞争市场组织形式的特点、厂商的行为、市场均衡和经济效率等。
- 掌握垄断厂商的定价策略。
- 掌握各类不完全竞争厂商的均衡分析和效率分析。
- 掌握各类寡头垄断模型之间的联系和差异。

引导案例

近20多年的中国季节性大迁徙——“春运”，已成为中国特色。“春运”市场提供了世界上罕见的爆发性最大的商机。国家铁路部门为了缓解春运的高峰，在春运期间上涨火车票的价格。有关人士解释，涨价是为了“削峰平谷”，以达到“均衡运输”的目的，但我们看到的是涨价后，铁路并没有减少乘客，达到“均衡运输”的目的。因为，对于中国大多数老百姓而言，出门坐火车是首选交通工具，无论火车票涨不涨价，该回家的还得回家，涨价根本无法削峰平谷，只能是让铁路部门狠狠赚一笔。据北京一家报纸报道，节前15天，北京西站和北京东站客票收入增长了50%，收入近3亿，只是在15天取得的。春节给了铁路部门一个极为厚重的大礼包。有舆论指责，这是“垄断行业大发横财”。我们的政府意识到了这个问题，对垄断性企业的垄断利润进行干预，我们可喜地看到，在2007年的春运，铁路部门已经明确春运期间不涨价。

资料来源：http：//blog. sina. com. cn/s/blog_44ed82fd0100keej. html，2010.

案例导学

垄断又叫独占，是指整个行业中只有一个生产者垄断市场的结构。我国的铁路运输是典型的完全垄断行业。在春运期间出外工作的老百姓要回家过年，无论火车票涨不涨价，该回家的还得回家（其他的交通工具：飞机等票价更贵，无法与火车形成替代关系），也就是说这个市场缺乏弹性，不因为火车票定价高，老百姓就不回家过年。这样一来，铁路部门就获取了最大的利润。垄断的铁路为此获得高额的垄断利润。

垄断也有存在的合理性，因为铁路运输、电力、自来水、邮电等部门，其生产设备与管网铺设需要一次性的大笔投资，固定成本很高，但增加一个电话或多发一度电的边际成本却相对很低，于是用户越多、产量越大，平均到每一户或每一件产品上的成本才会越小，而这些大都是政府垄断。如果有两家以上厂商经营，不仅造成浪费，也容易引起混乱。

不完全竞争市场是相对于完全竞争市场而言的，除了完全竞争市场以外的市场都被称为不完全竞争市场。不完全竞争市场分为三种类型，它们是完全垄断市场、垄断竞争市场和寡头垄断市场。本章是对不完全竞争市场结构条件下，产量和价格决定问题的研究，主要介绍不完全竞争的各种市场的结构特征、均衡形成过程及厂商的定价策略，并将各市场的效率作对比分析。

第一节　完全垄断市场

完全垄断（Perfect Monopoly）指一家厂商控制某种产品全部市场供给的市场结构。在完全垄断市场上竞争被垄断所取代，资源难以流动，市场机制在资源配置方面的作用受到垄断的阻碍而难以发挥。

一、完全垄断市场概述

（一）完全垄断的条件及原因

如同完全竞争市场一样，垄断市场的假设条件也很严格。如果说完全竞争的市场是市场组织的一种极端形式，那么完全垄断的市场则是市场组织的另一种极端形式：在完全竞争的市场上，一种产品有多个厂商生产；在完全垄断市场上一种产品只有一个厂商生产。由于一种产品市场上只有一个卖主，对于垄断者所出售的产品，市场上不存在相近的替代品。这使得其他任何厂商进入该行业都极为困难或不可能。在这样的市场中，排除了任何的竞争因素，独家垄断厂商控制了整个行业的生产和市场的销售，垄断厂商可以控制和操纵市场价格，而不像完全竞争的厂商那样，是价格的接受者。但是垄断者也不能盲目定价，在定价时必须考虑市场需求状况。

完全垄断存在的原因主要有以下几种：

第一，控制了原料的来源。如果一个厂商控制了某个产业用于生产某种产品的全部原料或者基本原料的来源，而其他厂商无法获得这种原料，那么该厂商就成了该产业的垄断者。例如，第二次世界大战以前美国制铝公司（Aluminum

Company of America）在相当长一段时间内占据制铝业的垄断地位，原因是该公司垄断了铝土矿。第二次世界大战后，美国联邦法院有效地打破了美国制铝公司对于制铝业的垄断。

第二，规模经济。某些行业可能始终呈现规模报酬递增的特征。企业生产的规模经济需要在一个很大的产量范围和相应的巨大的资本设备的生产运行水平上才能得到充分的体现，以至于整个行业的产量只有由一个企业来生产时才有可能达到这样的生产规模。而且，只要发挥这一企业在这一生产规模上的生产能力，就可以满足整个市场对该种产品的需求。若由两家或两家以上厂商生产将产生较高的平均成本，造成社会资源的浪费。在这类产品的生产中，行业内总会有某个厂商凭借雄厚的经济实力和其他优势，最先达到这一生产规模，从而垄断了整个行业的生产和销售。这在一些公用事业，如供水、供电、地铁中最为普遍。

第三，专利权。为促进新的发明创造，发展新产品和新技术，法律以专利的形式赋予某厂商使用某种生产技术或生产一定产品的唯一权力而成为垄断者。这只是说获得某项专利保护的厂商有可能成为垄断者，但是并非一定成为垄断者，专利权并不必然导致垄断，因为专利权并不能阻止替代品的产生。

第四，市场特许权。在某种条件下，由于厂商同意政府对某些行为和经营活动进行调节，作为交换，厂商可以得到政府给予的在一定地区生产某种物品或提供某种劳务的特许权。比如，一些国家的邮政业、某些公用事业都是由政府给予某个厂商特许的垄断经营权。

（二）垄断厂商的需求曲线和收益曲线

在完全垄断条件下，某个厂商控制了某种产品的市场供给，厂商和行业合二为一。因此，垄断厂商所面临的需求曲线就是该产品市场的需求曲线。

垄断厂商的需求曲线是一条向右下方倾斜的曲线，斜率为负，厂商的销售量与市场价格按照相反的方向变动。假设厂商的销售量等于市场的需求量，垄断厂商可以用减少销售量的办法来提高市场价格，也可以用增加销售量的办法来压低市场价格，即垄断厂商可以通过销售量的改变来控制市场价格，这一点与完全竞争厂商有极大的差别。

厂商所面临的需求状况直接影响厂商的收益，这意味着厂商的需求曲线的特征将决定厂商的收益曲线的特征。图 7－1 描述了垄断厂商的需求曲线 D、平均收益曲线 AR、边际收益曲线 MR 和总收益曲线 TR 及其相应的特征。一般来说，都假定厂商的卖价，即平均收益等于消费者的买价，所以，在图中，垄断厂商的平均收益曲线 AR 在任何情况下都与需求曲线 D 重合，是同一条向右下方倾斜的曲线。由于垄断厂商的平均收益和边际收益都随着销售量变化而变化，根据平均量和边际量之间的相互关系可以推知，垄断厂商的边际收益比平均收益下降得更快，因此，图中 MR 曲线位于 AR 曲线的左下方，且 MR 曲线也向右下方倾斜。由于边际收益 MR 值就是相应的总收益 TR 曲线上任何产量水平相对应点的斜率，所以在图中，当 $MR>0$ 时，TR 曲线的斜率为正；当 $MR<0$ 时，TR 曲线的斜率

为负；当 $MR=0$ 时，TR 曲线达最大值点。

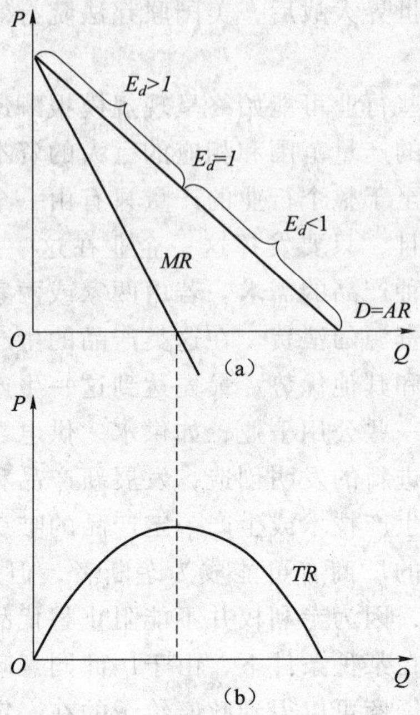

图 7－1　垄断厂商需求曲线、收益曲线

垄断厂商的需求曲线可以是线性的，也可以是非线性的。为了便于讨论，假定垄断者所面临的市场需求曲线是线性的，如图 7－1 中（a）图所示。根据 AR 曲线、MR 曲线和 TR 曲线相互之间的一般关系作进一步的分析如下：

首先，我们假定线性的反需求函数为：

$$P(Q)=a-bQ \tag{7.1}$$

式中（7.1）中 P 表示垄断厂商的产品价格，Q 表示垄断厂商的产品销售量，a、b 为常数，且 a、b 均大于 0。由上式可推导出总收益函数和边际收益函数分别为：

$$TR(Q)=PQ=(a-bQ)Q=aQ-bQ^2 \tag{7.2}$$

$$MR(Q)=\frac{dTR(Q)}{dQ}=a-2bQ \tag{7.3}$$

分别对（7.1）式和（7.3）式求价格和边际收益对 Q 的一阶导数，则可得到需求曲线和边际收益曲线的斜率分别为：

$$dP(Q)/dQ=d(a-bQ)/dQ=-b \tag{7.4}$$

$$dMR(Q)/dQ=d(a-2bQ)/dQ=-2b \tag{7.5}$$

根据式（7.4）和式（7.5）可得结论如下，当垄断厂商的需求曲线为线性时，边际收益 MR 曲线的斜率是需求曲线 D 的斜率的 2 倍，由于需求曲线 D 和边际收益 MR 曲线的纵截距是相等的，所以边际收益 MR 曲线平分由纵轴到需求曲

线 D 的任何一条水平线。

当垄断厂商的需求曲线向右下方倾斜时，假定反需求函数为 $P = P(Q)$，则总收益函数为 $TR(Q) = P(Q)Q$，用 E_d 表示需求价格弹性，且 $E_d = -\frac{dQ}{dP} \cdot \frac{P}{Q}$，进一步的可以推导出厂商的边际收益、价格和需求价格弹性三者之间的关系如下：

$$MR(Q) = \frac{dTR(Q)}{dQ} = P + Q\frac{dP(Q)}{dQ} = P\left(1 + \frac{dP}{dQ} \cdot \frac{Q}{P}\right) = P\left(1 - \frac{1}{E_d}\right) \tag{7.6}$$

由式（7.6）可以得到图 7－1 中 E_d 的三种情况：当需求曲线富有弹性（$E_d > 1$）时，边际收益是正的，意味着产量的增加将使总收益增加。当需求曲线具有单位弹性（$E_d = 1$）时，边际收益为 0，意味着垄断厂商的总收益达到极大值点。当需求曲线缺乏弹性（$E_d < 1$）时，边际收益为负，销售量的增加会使总收益减少。

最后，需要说明的是，以上对垄断厂商的需求曲线和收益曲线所作的分析，对于其他非完全竞争市场条件下的厂商也同样适用。只要非完全竞争市场条件下厂商所面临的需求曲线是向右下方倾斜的，相应的厂商的各种收益曲线就具有以上所分析的基本特征。

二、完全垄断厂商的短期均衡

为了讨论方便，依然假定垄断厂商的市场需求曲线是线性的。在短期内，垄断厂商无法改变固定要素投入量，垄断厂商是在既定的生产规模下通过对产量和价格的调整来实现利润最大化。与完全竞争条件下的厂商一样，垄断厂商的最优化的产量是由需求状况和成本状况共同决定的。垄断厂商在短期均衡情况下要遵循两条准则：一是使得出售产品的平均收益大于或等于平均变动成本；二是调整产出水平在边际成本等于边际收益点生产。第一条准则可以使垄断厂商的生产至少可以弥补平均变动成本；第二条准则可以使垄断厂商利润最大化，或者使其亏损最小化。

垄断厂商短期能否获得利润要看产品市场价格的高低与垄断者平均成本的高低。在均衡产出水平的前提下，若产品价格高于平均成本，则垄断厂商短期可以获得经济利润；若产品价格低于平均成本，则垄断厂商短期发生亏损。所以，垄断厂商并非必然能够获得垄断利润。下面将对垄断厂商短期内获得超额利润、获得正常利润和蒙受亏损的三种情况做具体分析。

（一）存在超额利润时的短期均衡

垄断厂商短期内获得超额利润，如图 7－2 所示，此时垄断厂商的价格或平均收益大于平均成本。

在图 7－2（b）中 SMC 曲线和 SAC 曲线代表垄断厂商的既定的生产规模，D 曲线和 MR 曲线代表垄断厂商的需求和收益状况。垄断厂商根据边际收益 MR 等

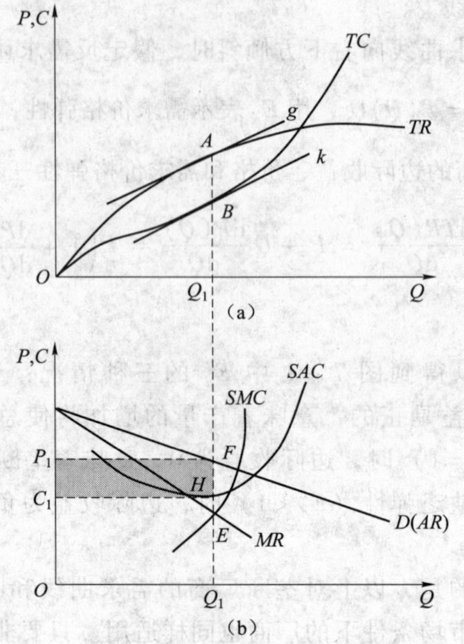

图 7－2　垄断厂商获得超额利润时的短期均衡

于短期边际成本 SMC 的利润最大化的均衡条件，将产量和价格分别调整到 Q_1 和 P_1 的水平。在短期均衡点 E 上，垄断厂商的平均收益为 FQ_1，平均成本为 HQ_1，显然，由于平均收益（即价格）高于平均成本，垄断厂商获得超额利润。从图 7－2（b）中可以看出，厂商的总收益为 OP_1FQ_1 矩形面积，总成本为 OC_1HQ_1 矩形面积，超额利润为总收益与总成本的差值，即为图中 C_1P_1FH 的矩形面积。

在图 7－2（a）中是以总收益曲线 TR 和总成本曲线 TC 来表示厂商的均衡。在 Q_1 的产量水平上，TR 的切线斜率等于 TC 的切线斜率，切线 g 与切线 k 平行，这意味着 $MR=SMC$，这时 TR 与 TC 的垂直距离最大，或者说总收益以最大的可能超过总成本。所以，Q_1 是使利润最大化的均衡产量。

（二）存在正常利润时的短期均衡

当价格（平均收益）等于平均成本时，厂商获得正常利润，如图 7－3 所示。

在图 7－3（b）中 SMC 曲线和 SAC 曲线代表垄断厂商的既定的生产规模，D 曲线和 MR 曲线代表垄断厂商的需求和收益状况。需求曲线 D 与短期平均成本曲线 SAC 相切于点 A，垄断厂商根据边际收益 MR 等于短期边际成本 SMC 的利润最大化的均衡条件，将产量和价格分别调整到 Q_2 和 P_2 的水平。从 Q_2 这一产量水平出发，相交于 A 点，即需求曲线 D 及短期平均成本曲线 SAC 的切点。A 点确定的价格水平为 P_2，此时，垄断厂商的平均收益为 AQ_2，平均成本也为 AQ_2，显然，在这一产量水平上，平均收益等于短期平均成本，因而垄断厂商的总收益

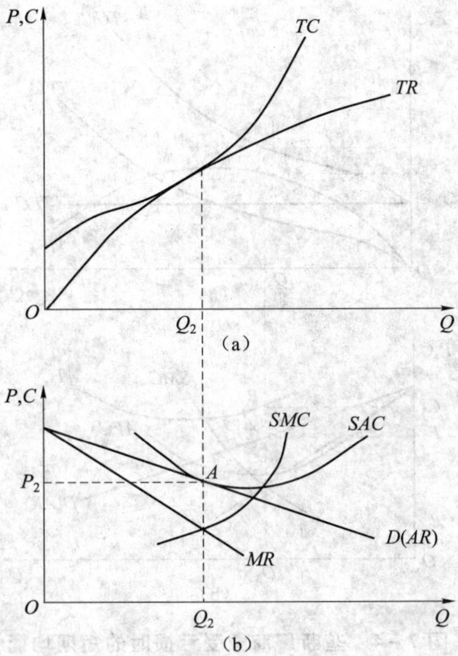

图7-3　垄断厂商获得正常利润时的短期均衡

TR 等于总成本 *TC*，没有盈利，厂商处于收支相抵点，只能获得正常利润。

从图7-3（a）中也可以发现，当产量为 Q_2 时，总收益曲线 *TR* 与总成本曲线 *TC* 相切，这时 $MR = SMC$，$AR = SAC$，$TR = TC$，所以，Q_2 是使正常利润最大化的产量。

（三）垄断厂商亏损时的短期均衡

当价格即平均收益小于平均总成本 *ATC*，但是大于平均可变成本 *AVC* 时，垄断厂商会蒙受亏损，如图7-4所示。

在图7-4（b）中，为使亏损降低到最低限度，垄断厂商仍然根据边际收益等于短期边际成本即 $MR = SMC$ 利润最大化的均衡条件，将产量和价格分别调整到 Q_3 和 P_3 的水平。从 Q_3 的产量水平出发，分别与需求曲线 *D* 相交于点 *A*，与平均总成本曲线 *ATC* 的相交于点 *B*，由 *A* 点则可以确定价格轴上的价格 P_3，由 *B* 点则可以确定成本为 C_3，垄断厂商的平均收益为 AQ_3，平均成本为 BQ_3。显然，平均总成本 *ATC* 大于平均收益 *AR*，厂商蒙受亏损。亏损额为 P_3C_3BA，它是厂商的总收益 OP_3AQ_3 与总成本 OC_3BQ_3 之差。显然，当产量小于 Q_3 时，$MR > SMC$，每增加一单位销售量使总收益的增加大于总成本的增加，从而使亏损减少；当产量大于 Q_3 时，$MR < SMC$，每减少一单位销售量可使总成本减少大于总收益的减少。因此，只有当产量为 Q_3 时，$MR = SMC$，亏损额减少。

图7-4（a）同样以 *TC* 与 *TR* 曲线说明了垄断厂商在亏损状态下的短期均衡。当产量为 Q_3 时，总收益曲线 *TR* 与总可变成本曲线 *TVC* 之间的垂直距离最

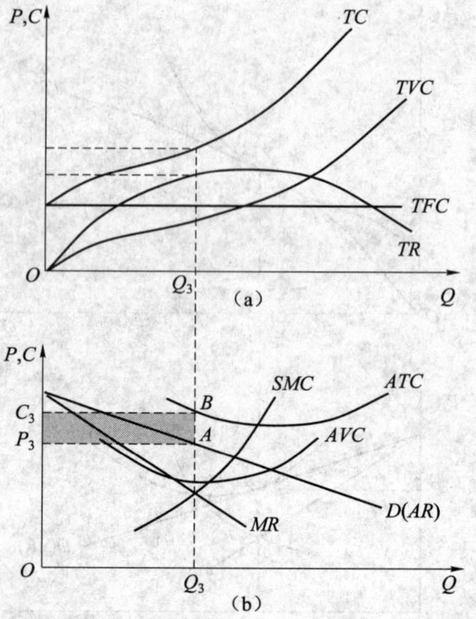

图 7-4　垄断厂商蒙受亏损时的短期均衡

大，即 *TR* 最大可能地超过 *TVC*，而图中 *TC* 曲线与 *TVC* 曲线之间的垂直距离即为总不变成本，这意味着与 Q_3 产量相对应的总收益不仅补偿了全部可变成本，而且最大限度地补偿了部分固定成本，使固定成本亏损减少到最低限度，所以，Q_3 是使亏损最小的均衡产量。

如果价格太低，以致 $TR < TVC$，垄断者将停止生产。总之，垄断厂商为了使利润最大或亏损最小，必须按照 $MR = SMC$ 的原则进行生产。

重要问题

完全垄断市场厂商的短期均衡条件？

垄断厂商短期均衡条件为：$MR = SMC$。垄断厂商在短期均衡点上可以获得超额利润，可以获得正常利润，也可以蒙受最小亏损。

（四）垄断厂商的供给曲线

在完全竞争市场理论中，完全竞争厂商的短期供给曲线是由完全竞争厂商的短期边际成本曲线推导出，并进一步得到行业的短期供给曲线。在垄断市场条件下，厂商的供给曲线是否如同完全竞争市场条件下一样具有一定的规律性呢？产量和价格之间是否存在一一对应的关系呢？下面将利用图 7-5 来回答这个问题。

在图 7-5（a）中，边际成本曲线 *MC* 是固定的。当垄断厂商的需求曲线为

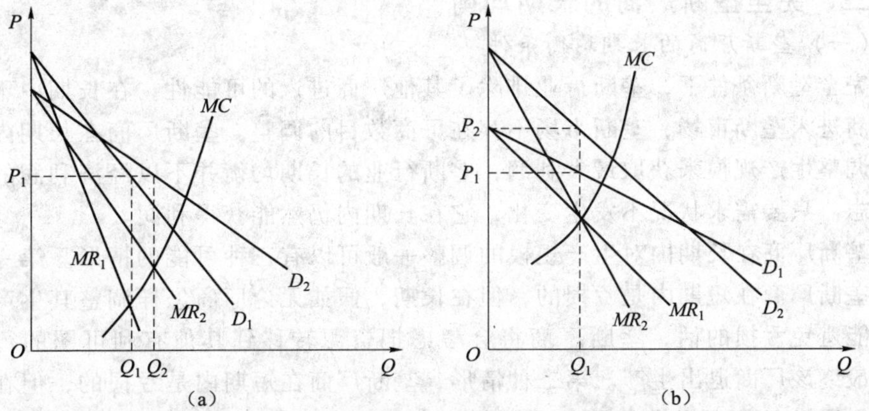

图 7-5　垄断厂商供给产量与价格

D_1 和边际收益曲线为 MR_1 时，垄断厂商根据边际收益等于边际成本，即 $MR_1 = MC$ 利润最大化的均衡条件，将产量和价格分别调整到 Q_1 和 P_1 的水平。当需求曲线移动到 D_2 和边际收益曲线移动到 MR_2 时，垄断厂商仍然根据边际收益等于边际成本，即 $MR_2 = MC$ 利润最大化的均衡条件，将产量和价格分别调整到 Q_2 和 P_1 的水平。于是，同一个价格 P_1 对应两个不同的产量 Q_1 和 Q_2。

在图 7-5（b）中，边际成本曲线 MC 仍是固定的，当垄断厂商的需求曲线为 D_1、边际收益曲线为 MR_1 时，厂商根据利润最大化的均衡条件 $MR_1 = MC$ 确定均衡产量和价格水平为 Q_1 和 P_1。当需求曲线由 D_1 移到 D_2，边际收益曲线由 MR_1 移到 MR_2 时，厂商根据利润最大化的均衡条件 $MR_2 = MC$ 重新确定均衡产量和价格水平为 Q_1 和 P_2。可以发现，同一个产量 Q_1，对应的是两个不同的价格 P_1 和 P_2。

通过上述分析，我们知道垄断厂商是通过对产量和价格的同时调整，以 $MR = MC$ 来实现利润最大化的，并且，需求曲线总在边际收益曲线上方，价格总是大于边际收益。随着厂商所面临的向右下方倾斜的需求曲线的位置移动，厂商的价格和产量之间不再必然存在如同完全竞争条件下的那种一一对应的关系，而是有可能出现一个价格水平对应几个不同的产量水平，或者一个产量水平对应几个不同的价格水平的情形。因此，在完全垄断市场条件下，无法得到如同完全竞争市场条件下的具有规律性的可以表示产量和价格之间一一对应关系的厂商和行业的短期供给曲线。

由此，则可以得到更加一般的结论，即凡是在某种程度上或多或少的带有垄断因素的不完全竞争市场中，或者说，凡是在单个厂商对市场价格具有一定的控制力量，相应地，单个厂商的需求曲线向右下方倾斜的市场中，是不存在具有规律性的厂商和行业的短期和长期供给曲线的。其理由跟上面对垄断厂商不存在短期供给曲线的分析相同。这一结论也同样适用于后面两节所要分析的垄断竞争市场和寡头垄断市场。

三、完全垄断厂商的长期均衡

（一）垄断厂商的长期均衡条件

完全垄断条件下，垄断行业排除了其他厂商进入的可能性，在长期中不会有新厂商进入垄断市场，垄断市场不存在厂商数目的调整。垄断厂商在长期内可以通过调整生产规模来获取最大利润，垄断行业的长期均衡并不以经济利润的消失为标志。只要需求状况不发生变化，它在长期内仍然能获得利润。

垄断厂商在长期内对生产规模的调整一般可以有三种可能的情形。第一种情形，垄断厂商在短期内是亏损的，但在长期，假如无论厂商怎样调整其生产规模都不能避免亏损的话，垄断厂商将会考虑把资源转移到其他有利可图的行业中去，最终该厂商退出生产。第二种情形，垄断厂商在短期内是亏损的，但在长期内，它通过对生产规模的调整，摆脱了亏损的状况，甚至获得利润。第三种情形，垄断厂商在短期内，在既定的生产规模下获得了利润，但在长期中，这并不是最优的生产规模，它通过对生产规模的调整，可以使自己获得最大的利润。至于第一种情况，不需要分析。至于第二种情况和第三种情况，如果垄断厂商在短期内只能获得正常利润，在长期内，它可以通过调整生产规模可能继续处在收支相抵点，或者获取超额利润，这取决于它面对的需求曲线的位置和形状。因此，第二种情况和第三种情况的分析是相似的，下面利用图 7－6 重点分析第三种情况。

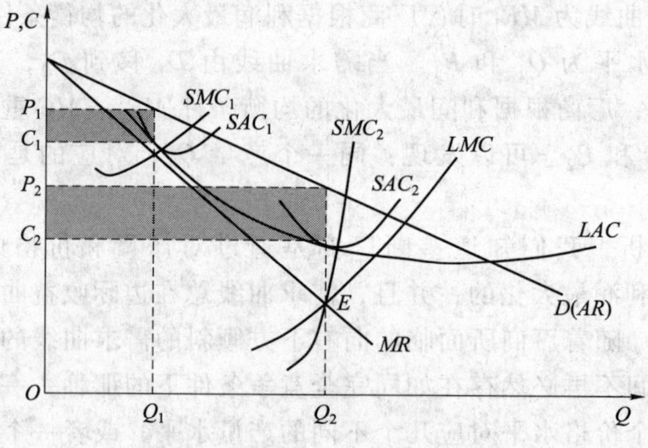

图 7－6　垄断厂商的长期均衡

图 7－6 中的 D 曲线和 MR 曲线分别表示垄断厂商所面临的市场需求曲线和边际收益曲线，LAC 曲线和 LMC 曲线分别为垄断厂商的长期平均成本曲线和长期边际成本曲线。假定垄断厂商与目前生产规模相对的短期平均成本和短期边际成本分别为 SAC_1 和 SMC_1。在短期内，垄断厂商只能按照 $MR = SMC_1$ 的原则，在现有的生产规模上将均衡产量和均衡价格分别调整到 Q_1 和 P_1。在这一产量水平上，由于短期平均成本为 OC_1，所以垄断厂商获得的利润为 $(OP_1 - OC_1) \cdot OQ_1$。

但是，从长期来看，这并不是最优的生产规模，垄断厂商可以调整其生产规

模获得大于 Q_1 产量水平下的利润。长期中，按照 $MR = LMC$ 的长期均衡原则，垄断厂商的长期均衡点为 E，长期均衡产量和均衡价格分别为 Q_2 和 P_2，垄断厂商所选择的相应的最优生产规模由 SAC_2 曲线和 SMC_2 曲线所代表。此时，产量 Q_2 所对应的长期平均成本为 OC_2，垄断厂商获得了比短期更大的利润，其利润量为（$OP_2 - OC_2$）·OQ_2。

由此可见，垄断厂商之所以能在长期内获得更大的利润，其原因在于长期内垄断厂商的生产规模是可调整的，并且垄断市场完全阻止了新厂商的加入。

从图 7-6 可以看出，在垄断厂商的边际收益等于长期边际成本的长期均衡产量 Q_2 上，长期均衡点为 E 不仅是边际收益曲线与长期边际成本曲线的交点，也是边际收益曲线与短期边际成本曲线的交点，即 MR 曲线与 LMC 曲线、SMC 曲线相交于 E 点。在这一均衡产量上，短期平均成本必等于长期平均成本，在图形上，代表最优生产规模的 SAC 曲线和 LAC 曲线相切。这表明垄断厂商利润最大化的条件 $MR = MC$，不仅在短期内得到满足，在长期内也得到满足。所以，垄断厂商的长期均衡条件为：$MR = LMC = SMC$。

在完全垄断市场条件下，由于垄断厂商所面临的需求曲线就是市场的需求曲线，垄断厂商的供给量就是整个行业的供给量，所以，本节所分析的垄断厂商的短期和长期均衡价格与均衡产量的决定，就是垄断市场的短期和长期的均衡价格与均衡产量的决定。

重要问题

完全垄断的市场均衡有什么特点?

由于垄断企业是市场上唯一的生产者，因此它面临的是市场需求曲线，是向右下方倾斜的。当垄断企业增加一单位产量时，就引起产品价格的下降，这就减少了原来所生产的所有产品的总收益，因而垄断的边际收益总是低于最后产量水平上的价格，也即边际收益曲线总是在需求曲线下方。

与竞争企业一样，垄断企业也是根据边际成本等于边际收益的原则来实现利润最大化。这时垄断企业根据需求量来选择价格。与竞争企业不一样，垄断企业的价格高于它的边际收益，因此它的价格高于边际成本，可以获得超额利润。

（二）垄断厂商的定价原则及价格歧视

1. 垄断厂商的定价原则

在研究厂商行为时一开始就假定厂商的目标是追求利润的最大化。厂商确定自己产品的价格不能脱离这一目标。由于利润最大化的必要条件是使边际成本等于边际收益。因此，为实现利润最大化的目标，垄断厂商在定价时要对边际成本与边际收益进行比较。但是在实践中垄断者并不能够很好地把握边际收益，垄断厂商应该根据什么原则定价？经济学中根据利润最大化的必要条件概括出一条在实践中便于把握的垄断厂商定价原则，即边际成本加价原则（Markup Over Marginal Cost）。边际成本加价公式表示如下：

$$P = MC\bigg/\left(1 - \frac{1}{E_d}\right) \tag{7.7}$$

式（7.7）中 P 是垄断厂商需要为自己产品确定的价格，MC 为产品的边际成本，E_d 为产品需求的价格弹性。由于垄断厂商一般将生产推进到对于其产品需求价格弹性大于1的阶段，所以根据（7.7）式可推导出厂商对自己产品的定价高于边际成本，因此称为边际成本加价。比如，某垄断厂商产品的边际成本是4元，如该垄断厂商产品需求价格弹性是2，则垄断厂商应该将自己产品的价格定为8元，定价时在边际成本上加价多少取决于垄断厂商产品需求价格弹性的大小。垄断厂商产品需求价格弹性越大，加价越低。如果需求价格弹性为无穷大，则无须在边际成本上加价，此时，价格近似等于边际成本。价格等于边际成本的定价原则是完全竞争厂商的定价原则。因此，在垄断厂商产品需求价格弹性为无穷大的情况下，垄断是没有必要的。

垄断厂商按照（7.7）式对产品定价是满足利润最大化条件的。我们可以通过对（7.7）式的推导证明这一点。

在本节讨论边际收益时曾经用（7.6）式揭示了边际收益与价格、需求价格弹性之间的关系。这一关系为 $MR = P\left(1 - \frac{1}{E_d}\right)$，由于厂商只有在 $MR = MC$ 时才能获得最大利润，于是有：

$$P\left(1 - \frac{1}{E_d}\right) = MC \tag{7.8}$$

整理（7.8）式便可以得到（7.7）式。

（7.7）式不仅是完全垄断市场垄断厂商定价的准则，也是任何带有某种垄断力量的厂商定价的准则。实际上，（7.7）式还有助于理解、测度任一厂商对于市场垄断程度的勒纳指数（Lerner Index of Monopoly Power）L，勒纳指数 L 表示为：

$$L = \frac{1}{E_d} = \frac{(P - MC)}{P} \tag{7.9}$$

由需求价格弹性知 $0 \leqslant L \leqslant 1$。用（7.9）式来衡量市场垄断度是很自然的。在完全竞争的情况下，价格 P 等于边际成本 MC，市场垄断程度为0。在市场完全垄断情况下，价格高出边际成本很多，以致勒纳指数接近于1。此外，由于对于任意厂商而言，需求价格弹性不可能小于1，因而厂商对于市场的垄断程度与自己产品需求价格弹性呈反方向变化：厂商产品需求价格弹性越大，它对于市场的垄断程度越小；反之就越大。

2. 价格歧视的市场条件

（1）一级价格歧视

一级价格歧视，又称完全价格歧视，是垄断厂商对每一单位产品都按每个消费者所愿意支付的最高价格出售，从而为每单位产品制定的不同的销售价格。一级价格歧视可以再分为完全一级价格歧视与不完全一级价格歧视。不完全一级价格歧视是指价格与销售量离散变动。完全一级价格歧视，又称为纯一级价格歧视，是指价格与销售量连续变动。

一级价格歧视如图 7－7 所示。其中图 7－7（a）表示的是不完全一级价格歧视。当厂商销售第一单位产品 Q_1 时，消费者愿意支付的最高价格为 P_1；当厂商销售第二单位产品 Q_2 时，消费者愿意支付的最高价格为 P_2；假定垄断厂商出售 n 单位产品时，在通常情况下，垄断厂商的售价为 P_n，收益为 OP_nBQ_n，三角形 ABP_n 的面积为消费者剩余。不完全一级价格歧视即表示垄断厂商对第一单位产品 Q_l 索取价格 P_1，对第二单位产品 Q_2 索取价格 P_2，对最后一单位产品索取价格 P_n，这样，本来应有的 ABP_n 将所剩无几。

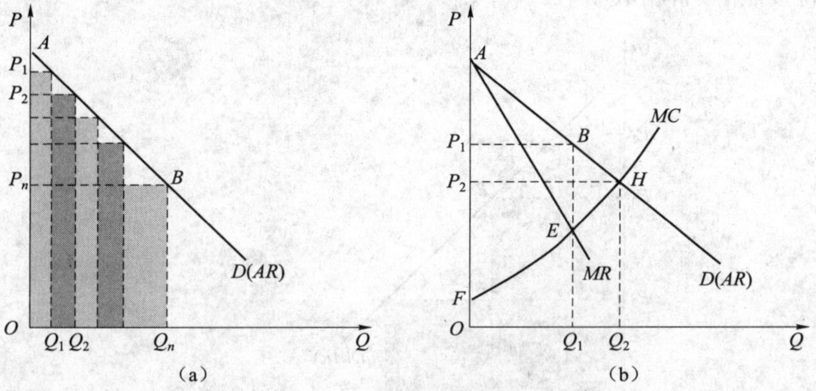

图 7－7　一级价格歧视

如果价格和数量是连续函数，则消费者剩余将会被全部榨光。这种情况就是完全一级价格歧视。理论上来讲，如果垄断者能够对每一个微小的销售增量都收取不同的价格，是可以满足资源有效配置的条件的，即所出售的产品的价格等于产品的边际成本。下面将用图 7－7（b）对此加以说明。

为了讨论方便，假定不存在边际成本递减阶段。图 7－7（b）表明，如果不实行价格歧视，垄断厂商利润最大化的均衡产量是 Q_1，产品的单价为 P_1。垄断厂商获得的利润是扇形 AFE 的面积，消费者剩余为三角形 AP_1B 的面积。如果垄断厂商对每一微小的销售增量都按照消费者的支出意愿收取价格，则垄断厂商的边际收益曲线与其平均收益曲线重合，垄断厂商获得的利润总额是扇形 AFH 的面积。在实际一级价格歧视的情况下，消费者剩余被生产者完全剥夺了，但生产是有效率的，因为在边际点上，价格 P 等于边际成本 MC，说明此时的价格和产量等于完全竞争时的均衡价格和均衡产量。所以，完全一级价格歧视下的资源配置是有效率的，尽管此时垄断厂商剥夺了全部的消费者剩余。但是，完全一级价格歧视仅是一种理论讨论，现实中很少见。

(2) 二级价格歧视

二级价格歧视是垄断厂商根据不同的购买量或消费量而确定的不同价格，这样就可以榨取相当一部分消费者的剩余。一级价格歧视要求垄断者对每一单位的产品都制定一个价格，而二级价格歧视只要求对不同的消费数量段规定不同的价格。比如当消费者购买 3 单位产品时，其每单位产品价格为 5 元；当消费者再购买 2 单位产品时，这新增 2 单位产品每单位的价格便下降为 4 元，如此等等。

在图 7－8 中，假定垄断厂商所面临的需求曲线为 D，垄断厂商对自己的产品规定了三个不同的价格水平。如果消费者的消费量低于 Q_1 单位，垄断厂商将对产品按照 P_1 价格向消费者收费；当消费量从 Q_1 增加到 Q_2 时，垄断厂商将对增加部分的消费按照 P_2 价格收费；如果消费量从 Q_2 增加到 Q_3 时，新增加部分的消费将按照 P_3 价格收费。

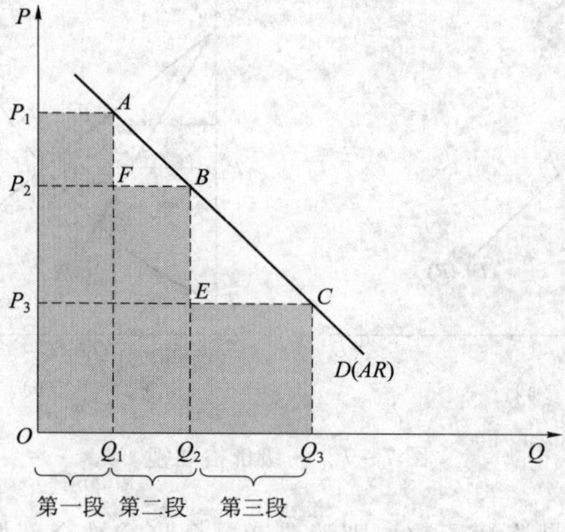

图 7－8　二级价格歧视

如果该垄断厂商只索取一种价格，即不存在价格歧视，如果销售量为 Q_3，则每单位产品的销售价格只能是 P_3，按照这个价格，则垄断厂商的总收益相当于矩形 OP_3CQ_3 的面积。如果实行二级价格歧视，则垄断厂商的总收益的增加量（即利润的增加量）相当于多边形 P_3P_1AFBE 的面积，这一面积恰好就是消费者剩余的损失量。

由此可见，实行二级价格歧视的垄断厂商利润会增加，部分消费者剩余被垄断者占有。此外，垄断厂商有可能达到或接近价格等于边际成本的有效率的资源配置的产量。

(3) 三级价格歧视

三级价格歧视是指垄断厂商对同一产品在不同的市场上收取不同的价格，或者对不同的人收取不同的价格，但使得每一市场上出售产品的边际收益相等。例如，对同种产品，城市市场和乡村市场的价格不一样，国内市场和国外市场的价格不一样，在富人区与在贫民区的价格不一样；对成年人与未成年人收取的价格不一样等。

下面利用图 7-9 具体分析三级价格歧视的做法。分析中假定垄断厂商要在市场 A 与市场 B 两个市场上出售同种产品。

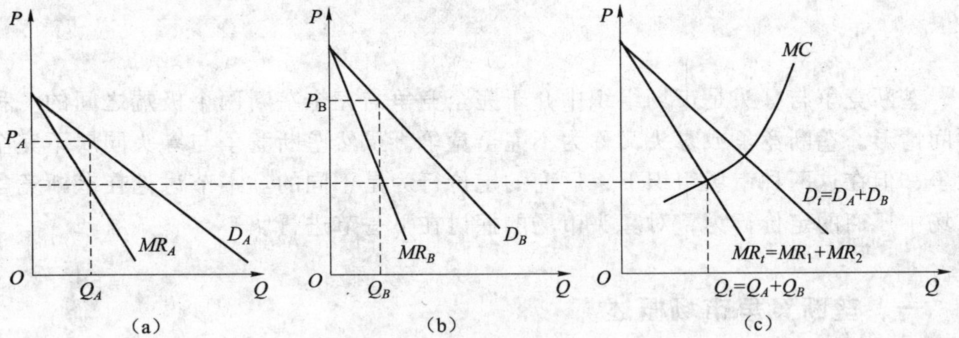

图 7-9　三级价格歧视

在图 7-9 中，市场 A 的需求曲线是 D_A，垄断厂商在市场 A 出售产品的边际收益是 MR_A，市场 B 的需求曲线是 D_B，垄断厂商在市场 B 出售产品的边际收益是 MR_B，MC 是垄断者的边际成本曲线。垄断厂商应该根据 $MR_A = MR_A = MC$ 的原则来确定产量和价格。因为对不同的市场而言，垄断厂商应该使各个市场的边际收益相等。首先，如果各市场之间的边际收益不相等，垄断厂商则会通过不同市场之间销售量的调整，来获取更大的利益。比如，当 $MR_A > MR_B$ 时，厂商自然会减少市场 B 的销售量而增加市场 A 的销售量，以获得更大的利益。这种调整一直会持续到 $MR_A = MR_B$ 为止。其次，如果垄断厂商生产的边际成本不等于各市场的边际收益。垄断厂商就可以通过增加或减少产量来获取更大的利益，直至实现 $MR_A = MR_B = MC$ 的条件。此外，MC 依赖于垄断厂商的总产量 Q_t，而这一总产量被分为两个部分分别在市场 A 与市场 B 出售，产生的边际收益分别是 MR_A、MR_B，垄断厂商在达到利润最大化时，在两个市场上出售的产品数量加总等于其产出总量，即 $Q_t = Q_A + Q_B$。因此通过对 MR_A 与 MR_B 的加总得到 MR_t。

实际上，根据（7.6）式，在市场 A 有 $MR_A = P_A\left(1 - \frac{1}{E_{d_A}}\right)$，在市场 B 有 $MR_B = P_B\left(1 - \frac{1}{E_{d_B}}\right)$，再根据 $MR_1 = MR_2$ 的原则，可得：

$$P_A\left(1 - \frac{1}{E_{d_A}}\right) = P_B\left(1 - \frac{1}{E_{d_B}}\right) \tag{7.10}$$

由（7.10）式可知，三级价格歧视要求垄断厂商在需求的价格弹性小的市场上制定较高的产品价格，在需求的价格弹性大的市场上制定较低的产品价格。实际中，对价格变化反应不敏感的消费者制定较高的价格，而对价格变化反应敏感的消费者制定较低的价格，是有利于垄断者获得更大的利润的。

第二节 垄断竞争市场

垄断竞争与寡头是市场组织中介于完全竞争与完全垄断两个极端之间的一种中间情形。垄断竞争或寡头又称为不完全竞争。虽然垄断竞争与寡头同属不完全竞争，但在这两种市场组织下，厂商的定价行为是不同的。本节讨论在垄断竞争市场中厂商的定价行为，对寡头市场的探讨在下一节进行。

一、垄断竞争市场概述

垄断竞争市场是一种既有垄断因素又有竞争因素，既不是完全垄断又不是完全竞争的市场结构，是处于完全竞争与完全垄断之间，但更接近于前者的一种市场。

自从20世纪30年代美国经济学家张伯伦和英国经济学家琼·罗宾逊夫人相继提出垄断竞争理论后，西方经济学认为垄断竞争与实际经济生活最为接近。美国经济学家萨缪尔森曾说：“现实世界是竞争与不完全竞争的混合物——这就是说，受适当限制的竞争分析，对于理解现实，仍然是一个不可缺少的工具。”① 现实中的大多数市场都接近于这种市场类型，如加油站、服装店、饭店和药店等。这些行业中，每个厂商都尽力使自己的产品与其他厂商的有所不同，于是每个厂商都拥有一些垄断力量，但这种力量通常是很小的，因为其他厂商的产品与之非常相像，产品间的可替代性又导致了厂商间的竞争，因而，这些行业都可视为垄断竞争的市场。

（一）垄断竞争市场条件

在完全竞争或完全垄断的条件下都可以定义一个行业，但是严格地讲，我们不能在垄断竞争的条件下定义一个行业。行业是指生产同一种无差别的产品的厂商的总和。在完全竞争的条件下，所有的厂商生产的产品是同质的，可以通过对全部竞争厂商产量的加总得到行业的产品总量，行业的供给曲线才有意义。而在完全垄断条件下，一个行业只有一个厂商，行业的定义也是很明确的。但是，在垄断竞争条件下，每个厂商所生产的产品虽然相近，但并不相同，产品间有差别，严格地讲是不能通过对这些差别产品的相加得到行业供给曲线的。产品差别这一重要特点使得上述意义上的行业不存在。为此，在垄断竞争市场理论中，把市场上大量的生产非常接近的同种产品的厂商的总和称作生产集团（Product Group），例如，汽车加油站集团、快餐食品集团、理发店集团等。

具体地说，形成垄断竞争市场的条件主要有以下几点：

---

① ［美］萨缪尔森．经济学（上册）．北京：商务印书馆，1979：100.

第一，厂商的生产规模比较小，资源流动比较自由，厂商进入或退出某个生产集团比较容易，不存在严重的进入壁垒。

第二，同一个生产集团中的厂商数量非常多，以至于每个厂商都认为自己的行为不会产生广泛的影响，不会引起竞争对手的注意和反应，因而每个厂商都预期其行为不会受到对手的制裁或报复。

第三，众多的厂商生产有差别的产品，这些产品是同类的可以相互替代的产品。这里所说的差别不是指不同产品之间的差别，而是同种商品之间在质量、性能、品牌、包装等之间的差别。这些差别使每个厂商都享有一部分顾客的偏爱和信任，从而使它们对产品的价格有一定的影响力。垄断竞争厂商尽量追求自己的产品的差异性，从而获得更强的垄断力量。产品差别是导致垄断的直接原因。一般来说，产品差别越大，生产该产品的厂商的垄断程度越高。另一方面，由于有差别的产品之间可以相互替代，而且生产厂商的数目很多，每一种产品都面对着其他类似的同类产品的竞争，这种竞争有时是非常激烈的。

第四，为了便于分析，垄断竞争理论假定生产集团内所有的厂商的成本曲线和需求曲线都具有相同的形状，并以讨论某个代表性厂商来概括对生产集团的分析。事实上，由于同一生产集团内各个厂商所生产的同种产品是有差别的，厂商的成本曲线和需求曲线不一定是相同的，所以，这样的假定只有方法论的意义。

在垄断竞争的条件下，每个厂商所生产的产品虽然相近，但并不相同，产品间存在差别，严格地说是不能通过对这些差别产品的相加得到行业供给曲线 S，因而也不可能构造整个行业的需求曲线 D。但是，为了方便分析，仍然假定生产集团内所有的厂商的成本曲线和需求曲线都具有相同的形状，仍然使用行业一词分析垄断竞争市场，只不过是在不太严格的意义上使用这一词。事实上，理解了代表性厂商的行为，也就等于理解了该行业所有厂商的行为。

（二）垄断竞争市场的基本特征

垄断竞争市场的特征主要表现在以下四个方面：

第一，产品的“差别性”。产品的“差别性”不是指不同产品之间的基本性能差别，而是指同类性能产品之间的差别。这首先表现为产品的品质、包装、颜色、款式等产品本身的差别；其次是产品的销售条件的不同，如销货地址的便利、服务的一般风格和特点、做生意的方法、公平交易的信誉、待人接物的态度和工作效率等等；此外，还有由于购买者“想象”而存在的差别，如产品的商标、商店名称等等。产品实在的或者仅仅是消费者“假想”的“差别性”，使消费者相信各个厂商生产的产品是不同的，进而对于不同生产厂商或不同生产厂商的产品有着各自的偏好。由此，每一种有差别的产品都可以以自己的产品特色在一部分消费者心中形成垄断地位。可以说，只要有差别就会有垄断，差别的程度越大，垄断的程度也就越高。

既然产品有了差别，生产厂商就可以按质论价，有了某种程度的定价自由。只要生产厂商在消费者心目中创立了一种与众不同的形象，消费者就愿意以较高的价格来满足他们对于产品的特别偏好，那么，差别化价格就得以确立。从这个意义上说，垄断竞争市场上的厂商不完全是市场价格的接受者，也是市场价格的制定者——权力非常有限的制定者。这种定价权力之所以非常有限，是因为在垄断竞争市场中，产品的性能基本相同，产品之间的替代性较强，其需求的交叉价格弹性相当大，对于任何一个厂商的产品的需求的价格弹性也颇大。

第二，市场上有较多的厂商和消费者。在同一生产集团内存在着数目众多的厂商，每个厂商无论是绝对的规模，还是相对的规模，都属于小型。每个厂商的产品在整个市场上占的比例都很小，个别厂商无力对整个生产集团的市场产生影响。另外，由于同一生产集团内厂商数量非常多，以致每个厂商期望自身的行为不为其对手所注意，故其采取的行动也不会引起其对手的报复。此外，垄断竞争理论假定，同一生产集团内所有厂商的需求曲线和成本曲线是相同的。这一假定的局限性非常明显，因为一般来说，当产品不相同时，它们的需求曲线和成本曲线也应是不同的。但为了分析便利，假设生产集团内有 n 个厂商，总的供应量为 N，以下本章所分析的个别厂商为代表性厂商，其产量为 $1/N$。

第三，新厂商的进入和原有厂商的退出都比较容易。虽然不如完全竞争市场那样能自由进出，但由于生产中的厂商规模较小，其所需要的资金和技术不足以构成新企业进入的障碍，因而，新厂商为了追逐利润可以较容易进入该生产集团。反之，当生产集团内原有厂商遭受亏损时，也较容易退出。

第四，非价格竞争。在垄断竞争市场上，厂商虽是价格的“制定者”，但由于其产品存在着众多的替代品，故其价格的差异幅度毕竟是有限的。所以，厂商之间的竞争，一部分是基于价格，另一部分则是基于产品品质、服务、推销等条件。厂商除在价格上展开竞争外，还可以在非价格方面展开竞争。例如，厂商可以通过改进产品的品质来竞争，以品质优秀胜过竞争对手；可以开展广告活动来加强竞争，使消费者感到其产品与众不同，从而扩大销量。

垄断竞争与完全竞争的区别在于产品的替代性是否存在。在垄断竞争市场上，存在着大量的竞争，但它不是完全竞争市场上同质产品之间的竞争，而是大量的非完全的替代品之间的竞争。也就是说，垄断竞争是在一些基本性能相同，但又各有特色的产品之间进行的。结果，各个厂商生产的产品变成非常接近的替代品，而不是可以完全替代的产品。此外，与完全竞争厂商不同，垄断竞争厂商不是价格的接受者，而是价格的“制定者”，它有一定力量影响产品的价格。

垄断竞争与完全垄断、寡头垄断之区别在于厂商能否凭借其规模影响市场价格。在垄断竞争中，厂商的规模很小，不能凭借其规模影响市场价格，而是借助于产品差别来获得影响消费者的能力。

（三）垄断竞争厂商的需求曲线

垄断竞争生产中，垄断与竞争并存的基本特征决定和影响该市场中厂商需求曲线的形状。由于垄断竞争厂商凭借产品差别所形成的垄断地位，可以在一定程度上控制自己产品的价格，所以，如同垄断条件下的厂商的需求曲线一样，垄断竞争厂商所面临的需求曲线也是向右下方倾斜的。所不同的是，由于垄断竞争厂商所生产的产品相互之间是很接近的替代品，市场中的竞争因素又使得垄断竞争厂商的需求曲线具有较大的弹性。因此，垄断竞争厂商所面临的是一条向右下方倾斜的、斜率为负的、具有较大弹性的需求曲线。

根据对垄断竞争厂商行为的有关假定，垄断竞争厂商所面临的需求曲线有两种，它们通常被区分为需求曲线 d（也称为主观需求曲线）和需求曲线 D（也称为客观需求曲线）。如图 7－10 所示，图中需求曲线 d 表示在垄断竞争生产集团中的某个厂商改变产品价格，而其他厂商的产品价格都保持不变时，该厂商的产品价格和销售量之间的关系。假定图 7－10 中的 E 点为某厂商目前的均衡点，均衡价格为 P_1，均衡销量为 Q_1。

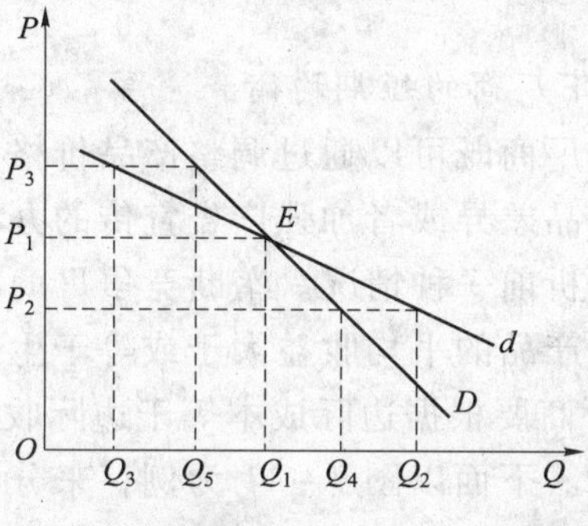

图 7－10　垄断竞争厂商的需求曲线

如果该厂商想通过降价来增加自己产品的销售量，该厂商相信其他厂商不会对它的降价行为作出任何反应。并认为，通过降价不仅能增加自己产品原有的销售量，而且还能把生产集团内的其他厂商的顾客吸引过来。假定该厂商将价格由 P_1 降到 P_2，该厂商是销售量则由 Q_1 增到 Q_2。反之，如果该厂商将价格由 P_1 提高到 P_3，而其他厂商价格保持不变，那么该厂商由于提价将损失掉一部分顾客，其销售量由 Q_1 减少到 Q_3。在垄断竞争条件下，如果生产集团内的每一个厂商都预期其行为不会引起其他厂商的注意，那么每个厂商都确信他所面对的需求曲线是富有弹性的，这就是需求曲线 d 比较平坦的原因。

图 7－10 中的需求曲线 D 表示的是另一种情形，它表示在垄断竞争生产集团的某个厂商改变产品价格，而且集团内的其他所有厂商也使产品价格发生相同变化时，率先变动价格垄断厂商的产品价格和销售量之间的关系。图中，当某个垄断竞争厂商将价格由 P_1 降到 P_2，其他厂商也将价格由 P_1 降到 P_2，于是，率先降价厂商的实际销售量是需求曲线上的 Q_4，而不是厂商预期的 Q_2。这是因为集团内其他厂商的顾客没有被率先降价的厂商吸引过来，每个厂商的销售量增加仅来自于整个市场的价格水平的下降。同样道理，如果该厂商将价格由 P_1 提高到 P_3，其他厂商也将价格作相同幅度的提高，率先提价厂商的实际销售量是需求曲线上的 Q_5，而不是厂商预期的 Q_3。

从以上的分析中可以看出，首先，需求曲线 d 弹性大于需求曲线 D，因此需

求曲线 d 更为平坦一些。其次，需求曲线 d 表示单个垄断竞争厂商单独改变价格时所预期的产品销售量，而需求曲线 D 表示每个垄断竞争厂商在每一市场价格水平下所面临的实际的销售量，所以，需求曲线 d 和需求曲线 D 相交意味着垄断竞争市场的供求相等状态。最后，当垄断竞争生产集团内的所有厂商都以相同方式改变产品价格时，整个市场价格的变化会使得单个垄断竞争厂商的需求曲线 d 的位置沿着需求曲线 D 发生平移，这一点将在垄断竞争条件下短期均衡中讨论。

二、垄断竞争条件下厂商的均衡

像讨论完全竞争与完全垄断条件下厂商的均衡一样，我们也分别就短期与长期两种情况讨论垄断竞争条件下的均衡。

（一）垄断竞争条件下厂商的短期均衡

在垄断竞争条件下，厂商既可以通过调整产品价格、增加销售量来实现最大利润，也可以通过扩大产品差异或者加强广告宣传的办法来加强垄断，实现利润最大化目标，这里主要分析前一种情况。垄断竞争厂商在短期均衡时要满足两个条件：一是厂商要使出售产品的平均收益大于或等于生产中所耗费的平均变动成本，即 $AR \geqslant AVC$；二是厂商要根据边际成本等于边际收益的原则来确定均衡价格和均衡产量，即 $MC = MR$。下面以图 7－11 为例，来分析垄断竞争厂商的短期均衡的形成过程。

在图 7－11 中，SAC 曲线和 SMC 曲线表示代表性厂商的现有生产规模，d 曲线和 D 曲线表示代表性厂商的两种需求曲线，MR_1 曲线是相对于 d_1 曲线的边际收益曲线，MR_2 曲线是相对于 d_2 曲线的边际收益曲线。

在图 7－11（a）中，现在假定代表性企业最初在 d_1 曲线和 D 曲线相交的 A 点上进行生产。与此对应的价格为 P_1，产量为 Q_1。显然这个产量不能实现利润最大化的目标。按照 $MR_1 = SMC$ 利润最大化的原则，均衡点所要求的价格为 P_2、产量为 Q_2。于是，该厂商决定将生产由 A 点沿着 d_1 需求曲线调整到 H 点，与此同时，该厂商将价格从 P_1 降到 P_2。如果生产集团内其他厂商对此不作出反应，那么该厂商的产量将增加到 Q_2，利润也将由此增加。但是，由于同一生产集团内所有厂商所面临的情况都是一样的，每个厂商都会在假定自己改变价格而其他厂商不会做出反应而采取一样的行动，即把价格都由 P_1 降到 P_2，都计划 Q_2 的产量。相应地，每个厂商的需求曲线 d_1 也都沿着需求曲线 D 运动到了需求曲线 d_2 的位置。在 P_2 价格下，每个厂商的实际销售量是 Q_3 而不是 Q_2。所以首次降价的结果使代表性厂商的经营位置由图 7－11（a）中的 A 点沿需求曲线 D 运动到 B 点。

在图 7－11（b）中，图（a）中的需求曲线 d_1 下移到 d_2 的位置，与需求曲线 D 相交于 B 点。这就是初始阶段生产集团内每个厂商都假定自己改变价格，而其他厂商不会改变价格的条件下采取相同行动的结果。在 B 点位置上，相应的边际效益曲线为 MR_2。很显然，B 点上的代表性厂商的产品价格 P_2 和产量 Q_3 仍

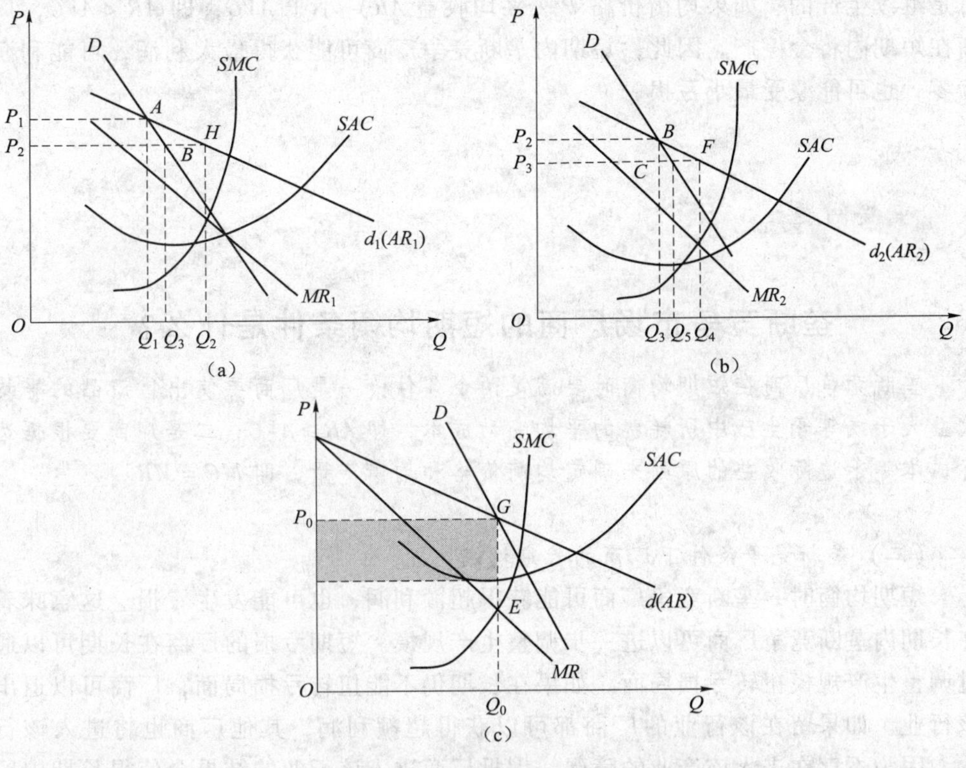

图 7－11　垄断竞争市场代表性厂商的短期均衡

然不符合在新的市场价格水平下的 $MR_2 = SMC$ 均衡点的价格 P_3 和产量 Q_4 的要求。为获得最大利润，代表性厂商将会再一次降价。与第一次降价相似，该厂商希望将产量沿 d_2 由 B 点调整到 F 点，价格由 P_2 降到 P_3，计划销售量为 Q_4。但其他厂商也会如此决策，结果每个厂商的实际销售量是 Q_5 而不是 Q_4，即图 7－11（b）中 C 点所示的状态。也就是说，第二次降价行动使需求曲线 d_2 沿着需求曲线 D 向下平移，并与需求曲线 D 相交于 C 点。在这种情况下，代表性厂商会再一次采取行动调整价格和产量，这样的过程一直要持续到代表性厂商没有理由再继续降价为止，即在 $MR = SMC$ 的原则下实现利润最大化。图 7－11（c）表示代表性厂商连续降价的行为的最终结果。

在图 7－11（c）中，需求曲线 d 与需求曲线 D 相交于点 G，G 点的产量和价格恰好是 $MR = SMC$ 时的均衡点 E 所要求的产量 Q_0 和价格 P_0。此时，垄断竞争厂商不仅实现了短期均衡，还获得了利润，其利润量相当于图中的阴影部分面积。但是，在短期均衡的产量上，必然存在一个需求曲线 d 和需求曲线 D 的交点，这意味市场上的供求是相等的。

事实上，垄断竞争厂商在短期均衡点上并非一定能获得最大的利润，也有可能发生最小的亏损，这取决于垄断竞争厂商在短期均衡时的第一个条件，即厂商要使出售产品的平均收益大于或等于还是小于生产中所耗费的平均变动成本。如果均衡价格 P（平均收益 AR）大于或者等于 AVC，即 $AR \geqslant AVC$，厂商在短期内总是继续生产的；如果均衡价格 P（平均收益 AR）小于 AVC，即 $AR<AVC$，厂商在短期内将会停产。因此，短期内垄断竞争厂商可能获得最大利润，可能利润为零，也可能蒙受最小亏损。

重要问题

垄断竞争市场厂商的短期均衡条件是什么？

垄断竞争厂商在短期均衡时要满足两个条件：一是厂商要使出售产品的平均收益大于或等于生产中所耗费的平均变动成本，即 $AR \geqslant AVC$；二是厂商要根据边际成本等于边际收益的原则来确定均衡价格和均衡产量，即 $MC=MR$。

（二）垄断竞争条件下厂商的长期均衡

短期均衡时，垄断竞争厂商可能获得超额利润，也可能发生亏损。这意味着在长期内垄断竞争厂商可以进一步调整生产规模。短期亏损的厂商在长期可以通过调整生产规模扭转亏损局面。如果在长期仍不能扭转亏损局面，厂商可以退出该行业。如果留在该行业的厂商都可以获得超额利润，其他厂商也将进入该行业，因为不存在进入该产业的障碍。大批厂商进入该行业的结果会使得长期内留在该行业的厂商超额利润消失，也就是说，垄断竞争厂商在长期内达到均衡时其超额利润必定为零，这意味着在垄断竞争厂商的长期均衡点上，需求曲线 d 一定是与长期平均成本曲线相切的，这就是垄断竞争厂商追逐利润进行竞争的结果。这同完全竞争的长期均衡时的情况很相似，但是由于垄断因素的存在，又使垄断竞争市场具有一些与完全竞争市场不同的特点，其中垄断竞争厂商所面对的两条斜率不同的需求曲线决定了其长期均衡的实现过程不同于完全竞争厂商，具有自身的一些特点。下面利用图 7－12，依然通过需求曲线 d 沿着需求曲线 D 的移动来分析代表性的垄断竞争厂商的长期均衡的实现过程。

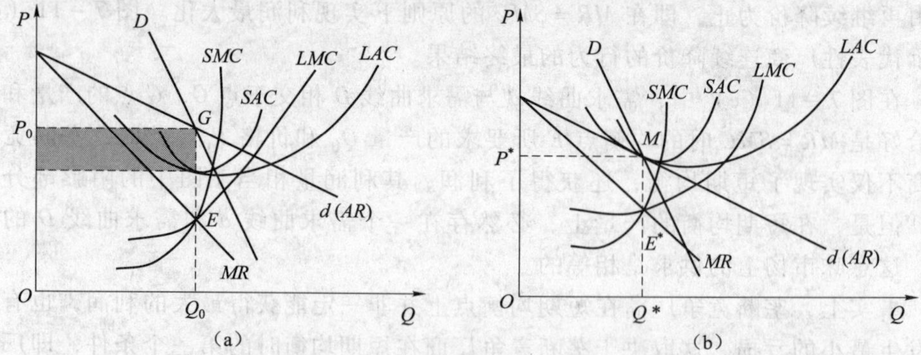

图 7－12　垄断竞争厂商的短期均衡（a）到长期均衡（b）

假定该行业的大部分垄断竞争厂商如同图7－12（a）所描述的那样，在短期内存在超额利润（阴影部分），因为图7－12（a）同图7－11（c）的意义，此处不再赘述。在下面我们来分析在长期，如何通过垄断厂商间的激烈竞争使厂商的超额利润消失。在长期内，生产集团内存在的超额利润必定吸引新厂商加入该集团。在市场需求规模不变的条件下，随着厂商数量的增加，每个厂商所占的市场份额减少，即代表性厂商将再次降价，调整继续进行，表现为图7－12（a）中的需求曲线 d 沿着需求曲线 D 向下平移，一直移动到需求曲线 d 与需求曲线 D 相交于 M 点，如图7－12（b）。在图7－12（b）中 M 点不仅是需求曲线 d 与长期平均成本曲线 LAC 的切点，更重要的是，M 点所对应的产量和价格恰好是 $MR=SMC=LMC$ 时的均衡点 E 所要求的产量 Q^* 和价格 P^*。此时，生产集团内每个厂商的超额利润为零，不再有新厂商进入，于是，垄断竞争厂商实现了长期均衡。所以，概括来说，垄断竞争厂商的长期均衡条件为：$AR=SAC=LAC$，$MR=SMC=LMC$。

在长期均衡产量上，垄断竞争厂商的超额利润为零，而且除了需求曲线 d 与长期平均成本曲线的切点 M 外，需求曲线（平均收益曲线）d 在任何产量水平上都低于长期平均成本曲线，所以，现有的垄断竞争厂商失去了通过改变价格和产量而增加利润的动力，他们将不再改变自己的行为。

重要问题

垄断竞争企业都有经济利润吗？

垄断竞争企业的获利情况需要分别讨论。在短期，企业不能调整生产规模，可能存在获利的情况，也可能存在亏损的情况；在长期，盈利行业会导致新企业的进入，亏损行业会导致原有企业的退出，最终市场上所有企业都只能获得正常利润，经济利润为零。

三、垄断竞争厂商之间的非价格竞争

在垄断竞争市场上，每个厂商除了调整价格和产量实现最大利润外，还可以通过改进产品的品质或者通过广告等促销活动来实现其最大利润。后两种途径都是通过影响消费者的需求来增加销售量，故被称之为非价格竞争。本节所要讨论的情况即非价格竞争。

（一）品质竞争

除了价格竞争以外，大部分垄断竞争厂商也会采取非价格竞争的手段来实现其利润最大化，比如产品品质的改进。改进产品的性能、式样、型号、颜色、包装与装潢，或者改进销售服务，如提高服务速度、改进服务态度、改变经营方式

和销售地点以及售卖单位等，以使该产品满足消费者的需求，从而形成产品的差别性。产品的差别性体现了厂商的垄断性，且产品差别程度愈大，垄断的成分也将愈多。当然，在垄断竞争市场上，还存在竞争性，无论产品差别有多大，其产品或多或少要遭遇到其他的一些替代品的竞争。

在垄断竞争条件下，生产有差别的产品，厂商可借以获取最大利润。不考虑其他因素，在彼此知情的情况下，假设生产集团内某代表性厂商的产品品质变化时，而生产集团内其他厂商的产品品质不做任何改变。在消费者愿意购买更多的改进品质的产品时，该厂商销路扩大，利润增加。事实上，该厂商在产品品质方面的变化可能会引起生产集团内其他厂商的产品品质的变化，而生产集团的其他厂商也有可能改变产品品质，最后达到均衡的位置。

（二）广告竞争

非价格竞争的另一种形式是通过广告竞争。在完全竞争条件下，各个厂商的产品是同质的，他们都能够销售自己愿意销售的任何数量的产品，没必要使用广告竞争。在完全垄断下，尽管广告对扩大销售量起一定作用，但因不存在竞争，广告对垄断厂商来说也不是很重要。但在垄断竞争市场上，由于各个厂商的产品存在差异性，广告便成为吸引消费者、影响消费者需求、扩大其销售量、获得最大利润的重要手段。厂商的广告竞争，其目的都是引诱消费者改变偏好，转移需求，以提高该厂商产品在市场上的销售量。但厂商从事广告活动，必然会增加产品的销售成本，所以，厂商必须在广告支出和产品销售量之间进行权衡，以保证获取最大利润。

实际上，当代表性厂商增加销售费用时，它并不一定能获得超额利润。这是因为生产集团的其他厂商同样也会增加销售费用，加强广告宣传，以便更多出售自己的产品。最终由于整个生产集团的产品需求量是有限的，各个厂商的销售量都不会较大增加，而整个生产集团的销售费用都增加了，使得各个厂商的总成本和总平均成本曲线相应地上升了，直至所有厂商的经济利润为零时为止。此时，只要同行业内其他厂商不改变销售支出，任何一个厂商都不会有任何变动，因为增加销售支出对其自身无任何好处，这种状态便是长期的均衡状态。

第三节　寡头垄断市场

寡头垄断市场是一种同时包含垄断因素和竞争因素的市场，但更接近于完全垄断的市场结构，被认为是一种较为普遍的市场组织。在世界许多国家中，很多重要的行业都存在寡头垄断市场。在这些行业中，四、五家公司的产量就可能占全行业产量的一半以上。那么，什么是寡头呢？寡头市场具有何种特征、寡头市场的优缺点，本节将对此做概括性的介绍。

一、寡头垄断市场概述

(一) 寡头的定义与特征

寡头（Oligopoly），也叫独占，它是指少数几家厂商控制整个市场的产品的生产和销售的这样一种市场组织。如果市场上每个寡头所生产出的产品是同质的，例如钢铁、水泥、铜等产品生产的寡头，则称为纯粹寡头垄断（Pure Oligopoly）。如果寡头厂商所生产的产品是有差别的，例如汽车、电脑产品生产的寡头，则称为差别寡头（Differentiated Oligopoly）。如果一个行业只存在两个卖主，就称为双寡头垄断（Duopoly）。类似的还有三头垄断、多头垄断等。

寡头垄断市场的厂商与完全竞争、完全垄断、垄断竞争市场上厂商的一个重要差别就是寡头间的行为是相互依存的。在完全竞争、完全垄断、垄断竞争三种市场上厂商的行为是相互独立的，每个厂商在作决策时都无须考虑其他厂商会作出什么反应。因为在寡头垄断市场上由少数几个厂商生产一个行业的全部或绝大部分产品，所以每一个厂商的行为都会对该市场发生举足轻重的影响。当一个厂商采取某种对策扩大自己的产量，可能会引起对方的反对策行为。当一个厂商通过降价来扩大自己的市场份额时，可能会导致对手如法炮制。当一个寡头通过广告战争夺市场时，也可能会引起对手用相同方法来遏制它的行为。由此，厂商之间的竞争行为表现出不确定性。此外，寡头垄断市场的厂商之间也可能不是通过竞争而是通过合作的方式来共同谋取好处。

由于寡头间对策不确定，因此要想建立一个理想的模型来解释寡头的行为是不可能的。实际上存在多种解释寡头行为的模型。模型的结论依赖于对寡头行为的假定。对寡头行为作出的假定不同，模型的结论也就不同。寡头模型是厂商定价理论中不定型的模型。模型的种类多，但是又找不到一种模型对于寡头的行为给出十分令人满意的解释。本章后面我们介绍几种常见的模型，并根据寡头厂商的行动方式，将其分为非勾结型和勾结型两部分来阐述。

重要问题

寡头垄断的特征是什么？现实中有什么例子？

寡头垄断具有以下几方面特征：(1) 市场上仅有少数几家企业；(2) 企业的行为相互影响；(3) 市场结果会受到人们的行为模式的影响。现实中的例子有：航空业、超市零售业和主流的报纸传媒等。

(二) 寡头市场的优缺点

在寡头垄断市场上只有少数几家厂商，这些厂商各自对价格和产量的决定有影响能力，少数几家厂商的竞争显然能给社会带来一定的好处。

第一，某些产品的生产必须在相当大的生产规模上运行才能达到最好的经济效益。在寡头市场上由几家厂商提供绝大多数的产品，厂商的生产规模一般较大，可以获得规模经济的好处。实现规模经济，厂商不仅可以充分利用投资昂贵、但可变成本较低的先进技术，而且还反映在厂商有能力利用和发展现有生产要素的潜力，经营多种相关产品。这样就可以向消费者提供更多的价格较低的产品，消费者可以消费较为丰富的产品品种，从而提高经济效率。

第二，在厂商较多的市场环境中，由于各个厂商规模小，竞争压力大，厂商的决策一般只注重于短期利润，很少有能力从事长期的技术革新和产品研发。而在少数厂商参与竞争的市场条件下，大型企业有决心和能力承担技术革新和产品研发。客观上这对社会的科学技术进步具有一定的促进作用。

第三，规模较大的厂商抵御风险的能力较强。这种能力可以通过多方面表现出来。规模较大的厂商可以采用多种方法使其投入供应内部化、销售内部化，从而一方面可以防止投入供应的波动，另一方面可以减少销售的风险。不仅有利于自身稳定生产，而且有利于厂商的正常经营。

第四，大型企业一般都具有先进的技术、设备、人才及管理经验。很多的大企业的内部生产和外部经营都建立在科学管理的基础上。企业内部生产的科学管理意味着企业生产对社会稀缺资源的合理调节和节省使用；企业外部经营的科学管理意味着企业对社会需求状况能吸收正确的信息并做出正确的反应。

但是，如果在寡头市场上企业间的关系不是相互竞争和促进，而是相互依赖，彼此竞争力度不够，那么企业产品价格就会有相对固定的倾向，这种倾向不仅使企业得益于消费者受损，而且对成本高、效率低的企业的生存起到一种保护作用。因此，要采取必要的措施规制垄断，增加竞争。

二、寡头市场的基本模型

（一）古诺模型

古诺模型（Cournot Model）是法国经济学家古诺（Augustin Cournot）1838年最先提出的一种双寡头垄断模型。模型分析了只有两个寡头，每个寡头生产同质产品，追求利润最大化。并且相互之间没有任何勾结行为，每个生产者都把对方的产出水平视为既定，并依此确定自己的产量，即寡头间进行的是产量竞争而非价格竞争。产品的价格依赖于二者所生产的产品总量。

古诺模型分析的是两个出售矿泉水的生产成本为零的寡头厂商的情况。模型假定：市场上只有甲乙两个厂商生产和销售相同的产品，它们的生产成本为零；它们共同面临的市场需求曲线是线性的，两个厂商都准确地了解市场的需求曲线；两个厂商都是在已知对方产量的情况下，各自确定能够给自己带来最大利润的产量，即每一个厂商都是消极地以自己的产量去适应对方已确定的产量。

如图 7－13 所示，AB 为甲乙两个厂商共同面临的产品的线性需求曲线，图中总产量为 OB。由于生产成本为零，故图中无成本曲线。

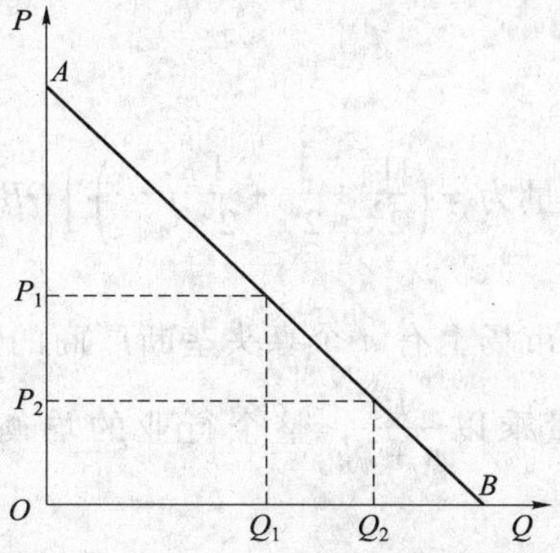

图 7－13　古诺模型

开始时甲厂商首先进入该行业，并假定甲厂商是该行业产品的唯一的生产者，甲厂商面临的是 AB 需求曲线，由于生产成本为零，所以，甲厂商的收益就等于利润。甲厂商将产量定为市场总产量的1/2，即 $Q_1=\frac{1}{2}OB$（假设 OB 的中点产量使得 $MR=MC=0$），将价格定为 P_1，从而实现了最大的利润。当乙厂商进入该行业时，乙厂商准确地知道甲厂商继续生产 Q_1 的产量，市场剩余产量为 $\frac{1}{2}OB$，乙厂商也按相同的方式行动，生产它所面临的市场产量的1/2，即乙厂商产量为 $\frac{1}{2}\times\frac{1}{2}OB=\frac{1}{4}OB$，此时，因乙厂商的加入，产量增加，从而价格下降到 P_2。乙厂商进入该行业后，甲厂商发现自己所面对的市场剩余产量只剩下 $OB-\frac{1}{4}OB=\frac{3}{4}OB$，为使得利润最大，甲厂商将产量调整到 $\frac{1}{2}\left(OB-\frac{1}{4}OB\right)=\frac{3}{8}OB$。甲厂商调整产量后，乙厂商将再把产量调整到 $\frac{1}{2}\left(OB-\frac{3}{8}OB\right)=\frac{5}{16}OB$。如此反复，两个寡头将不断地调整自己的产量，为使得自己利润最大，每次调整都将产量定为对方产量确定后剩余的市场产量的一半。

这样，甲厂商产量调整序列为 $\frac{1}{2}OB$，$\frac{1}{2}\left(OB-\frac{1}{4}OB\right)$，$\frac{1}{2}\left(OB-\frac{1}{4}OB-\frac{1}{16}OB\right)$，…，$\frac{1}{2}\left[1-\left(\frac{1}{2^2}+\frac{1}{2^4}+\cdots\cdots\right)\right]OB$。与甲厂商产量调整相对应，乙厂商的产量调整序列为 $\frac{1}{4}OB$，$\frac{1}{4}OB+\frac{1}{16}OB$，$\frac{1}{4}OB+\frac{1}{16}OB+\frac{1}{64}OB$，…，$\left(\frac{1}{2^2}+\frac{1}{2^4}+\frac{1}{2^6}\cdots\cdots\right)]OB$。根据无穷几何级数求和公式，我们得到：

$$甲厂商的最终均衡产量为=\frac{1}{2}\left[1-\left(\frac{1}{2^2}+\frac{1}{2^4}+\cdots\cdots\right)\right]OB=\frac{1}{2}\left(1-\frac{\frac{1}{2^2}}{1-\frac{1}{2^2}}\right)OB=$$

$\frac{1}{3}OB$

$$乙厂商的最终均衡产量为 = \left(\frac{1}{2^2}+\frac{1}{2^4}+\frac{1}{2^6}\cdots\cdots\right)]OB = \left(\frac{\frac{1}{2^2}}{1-\frac{1}{2^2}}\right)OB = \frac{1}{3}OB$$

上述结论可以推广到市场上有 n 个寡头垄断厂商的情况：每个寡头垄断厂商的均衡产量等于市场容量乘以$\frac{1}{n+1}$，整个行业的均衡总产量等于市场容量乘以$\frac{n}{n+1}$。

（二）伯川德模型

寡头之间除了进行数量竞争外，也进行价格竞争。伯川德模型（Bertrand Model）是继古诺模型之后，由另一位法国经济学家伯川德（Joseph Bertrand）在1883年提出的一种定价决策模型。

模型假设市场上只有两个寡头垄断厂商，生产相同的产品，企业成本函数相同，即边际成本等于单位成本，用 c 来表示，固定成本为零。

另设市场需求函数为线性函数，表示为：

$$Q = a - bP$$

其中 a，$b>0$，模型分三种情形分析了厂商的价格竞争策略。甲厂商定价为 P_1，乙厂商定价为 P_2。第一种情况，若甲厂商定价低于乙厂商定价，$0<P_1<P_2$。因为产品完全相同，消费者全部购买甲厂商的产品，甲厂商的利润为 $\pi_{甲}=(P_1-c)(a-bP_1)$。第二种情况，若甲厂商定价高于乙厂商定价，$P_1>P_2>0$。因为产品完全相同，消费者全部购买乙厂商的产品，甲厂商的销量和利润均为零。第三种情形就是若两寡头定价相等，$P_1=P_2>0$。甲厂商和乙厂商各自将获得一半的市场份额。二者的最大利润相等，即 $\pi_{甲}=\pi_{乙}=\frac{1}{2}(P_1-c)(a-bP_1)$。最终伯川德均衡为 $P_1=P_2=c$。

伯川德模型的结论：在双寡头垄断竞争的情况下，产品具有完全替代性，厂商之间相互压价争取市场份额，不降价的厂商将会失去市场。如果价格降至成本线以下，厂商亏损，降价竞争最终到成本线就停止了。

重要问题

古诺模型与伯川德模型的区别是什么？

比较古诺模型和伯川德模型的建立，只是决策变量的假设存在差异。前者，企业分别决定自己的产量；后者，企业分别制定自己的价格。

再比较两个模型的均衡结果。在古诺模型的均衡状态，价格高于边际成本，因此各企业都有利润，总供给量要低于完全竞争的产量水平；在伯川德模型中，价格等于边际成本，各企业都只有零利润，与完全竞争均衡一致。

（三）斯威齐模型

斯威齐模型（Sweezy Model）也被称为弯折的需求曲线模型。该模型由美国经济学家斯威齐（Paul Sweezy）于1939年提出。这一模型用来解释一些寡头市场上的价格刚性现象。

该模型的基本模型假定为：一旦某个寡头降低价格，试图夺取其竞争对手的市场份额，其竞争对手将如法炮制，降低自己产品的价格。如果该寡头提高其产品的价格，它的竞争对手则维持原价格不变，以便夺取其市场份额。

以上的假设条件下可推导出寡头厂商的弯折的需求曲线，现用图7-14加以说明。

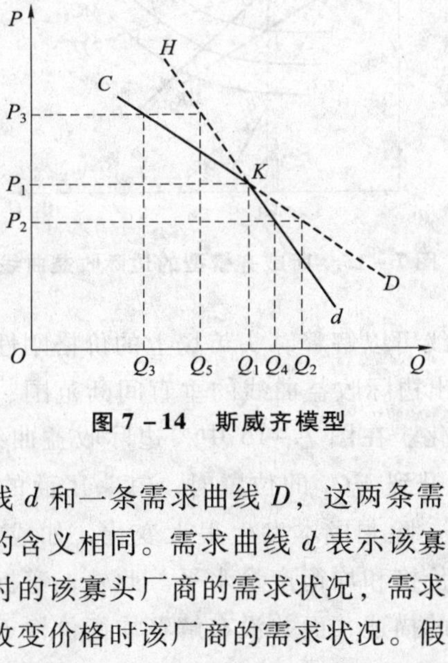

图7-14　斯威齐模型

图中有一条需求曲线 d 和一条需求曲线 D，这两条需求曲线与垄断竞争厂商所面临的两条需求曲线的含义相同。需求曲线 d 表示该寡头厂商变动价格而其他寡头厂商保持价格不变时的该寡头厂商的需求状况，需求曲线 D 表示行业内所有寡头厂商都以相同方式改变价格时该厂商的需求状况。假定市场上有甲、乙和丙三家寡头厂商，三家厂商出售基本相同但是各自变化的产品，每家厂商约占全部市场份额的三分之一。开始时假定厂商的市场价格均为 P_1，即需求曲线 d 和需求曲线 D 的交点 K 所决定的价格，在此价格上，甲厂商的销售量为 Q_1。如果甲厂商独自将价格降到 P_2，那么，根据该模型的基本假设条件，厂商乙和丙也会跟着将产品的出售价格降低到 P_2，甲厂商的销售量并不能像原来预想的那样增加到 Q_2，而是仅仅增加到 Q_4。如果甲厂商独自将价格提高到 P_3，厂商乙和丙则不会跟着变动产品的出售价格，此时，甲厂商的销售量并不能像原来预想的那样减少到 Q_5，而是减少的更多，一直到 Q_3。显然，甲厂商提价所面临的需求曲线为需求曲线 D 对应的 CK 段，降价所面临的需求曲线为需求曲线 d 对应的 Kd 段，于是，这两段共同构成的甲厂商的需求曲线 CKd，这是一条弯折的需求曲线，折点为 K。斯威齐认为，寡头垄断者对于竞争对手的行为方式的预期往往是悲观的。无论他做出怎样的价格决策，他往往会从不利的方面预期竞争对手可能做出的反应。这样，每个寡头都面临着一条有拐折的需求曲线 CKd，折点为 K，这条弯折的需求曲线表示各个寡头厂商从 K 点出发，在各个价格水平所面临的市场需求量。

由弯折的需求曲线可以得到间断的边际收益曲线。如图 7 – 15 所示，图中与需求曲线 CK 段所对应的边际收益曲线为 MR_2，与需求曲线 Kd 段所对应的边际收益曲线为 MR_1，两者合在一起，便构成了寡头厂商的间断的边际收益曲线，其间断部分为垂直虚线 AB。

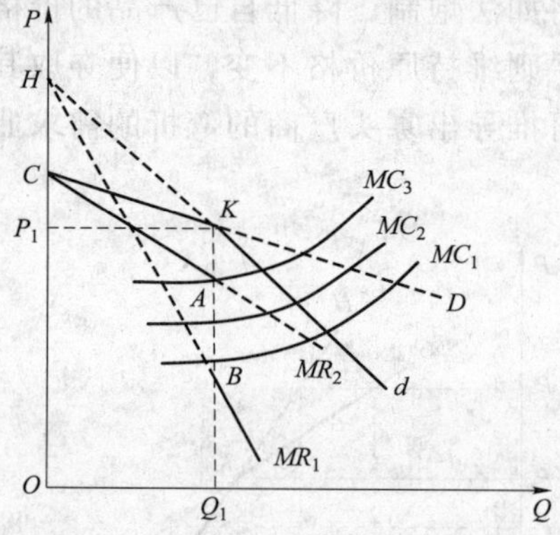

图 7 – 15　斯威齐模型的边际收益曲线

间断的边际收益曲线可以解释寡头市场上的价格刚性现象。只要边际成本曲线 MC 的位置变动不超出边际收益曲线的垂直间断范围，寡头厂商的均衡价格和均衡数量都不会发生变化。在图 7 – 15 中，边际收益曲线的间断部分为 AB，当边际成本曲线由 MC_1 上升到 MC_2 的位置时，寡头厂商的均衡价格和均衡产量仍保持在 P_1 和 Q_1 的水平。除非成本发生很大变化，如成本上升超过曲线 MC_3 的位置时，才会影响均衡价格和均衡产量水平。此外，弯折的需求曲线仅是对市场上已经存在的既定事实的描述，而并没有解释均衡价格 P_1 和均衡产量 Q_1 是如何决定的。

重要问题

为什么寡头垄断市场上价格水平比较稳定？

寡头垄断市场上的企业往往跟跌不跟涨，这导致企业面临的需求曲线在初始价格处发生折拐，对应的边际成本曲线发生间断，这使得在某一特定范围内的边际成本的波动不会导致利润最大化产量的变动，因此寡头垄断市场上的价格水平不易出现波动。

（四）斯泰克伯格模型

斯泰克伯格模型是一种先动优势（First Mover Advantage）模型，即首先行动者在竞争中取得优势。该模型由斯泰克伯格（H. von Stackelberg）创立。

在古诺模型中，两个寡头同时做决定，任一个寡头都没有反应的余地。这对于描述那些实力相当的寡头也许较为现实，但是对于描述那些实力悬殊的寡头却不够现实。实力大的寡头在竞争中具有优势，往往领先作出决定，其他小的寡头随后作出决定。斯泰克伯格模型所描述的就是这种情形。

我们以两个寡头的竞争为例进行讨论。假定寡头所面临的需求曲线与成本状况如下：

需求函数：$P = 1\,500 - 7Q = 1\,500 - 7(Q_1 + Q_2)$

平均成本和边际成本：$AC = MC = 100$

现在假定寡头一首先做出产量决策，寡头二观察寡头一的产出后随后作出产量决策。因此寡头一在决定自己产量的同时也要预先估计寡头二的可能决策。

我们首先从寡头二开始分析。因为寡头二是在寡头一之后进行决策，所以它要把寡头一的产出视为既定。根据前面给的需求函数、平均成本和边际成本，我们得到寡头一的收益函数：

$$\begin{aligned} R_1 &= P \cdot Q_1 = (1\,500 - 7Q) \cdot Q_1 \\ &= [1\,500 - 7(Q_1 + Q_2)] \cdot Q_1 \\ &= 1\,500Q_1 - 7Q_1^2 - 7Q_1Q_2 \end{aligned}$$

对收益函数 R_1 求导得边际收益 MR_1 如下：

$$MR_1 = 1\,500 - 14Q_1 - 7Q_2$$

根据利润最大化条件 $MR_1 = MC_1$，则有：

$$1\,500 - 14Q_1 - 7Q_2 = 100$$

推导出寡头一的产量函数：

$$Q_1 = 100 - \frac{1}{2}Q_2$$

同理，我们可以推导出寡头二的反应函数：

$$Q_2 = 100 - \frac{1}{2}Q_1$$

在给出寡头二的反应函数后，我们来分析寡头一的决策。寡头一为使利润达到最大，它将选择使边际成本等于边际收益的产出水平 Q_1。由于寡头一的收益 R_1 依赖于寡头二的产量 Q_2，所以寡头一必须对寡头二产量进行预测。把寡头二的反应函数代入寡头一的收益函数得：

$$\begin{aligned} R_1 &= 1\ 500Q_1 - 7Q_1^2 - 7Q_1Q_2 \\ &= 1\ 500Q_1 - 7Q_1^2 - 7Q_1\left(100 - \frac{1}{2}Q_1\right) \\ &= 800Q_1 - \frac{7}{2}Q_1^2 \end{aligned}$$

再求边际收益得：

$$MR_1 = 800 - 7Q_1$$

根据 $MR = MC$ 的利润最大化原则，当 $MC = 100$ 时，$MR_1 = 800 - 7Q_1 = MC_1 = 100$，得到寡头一的利润最大化产量：

$$Q_1 = 100, \text{又有 } Q_2 = 100 - \frac{1}{2}Q_1$$

可以得到寡头二的均衡产量：

$$Q_2 = 50$$

根据结果可以看出 Q_1 大于 Q_2，所以寡头一的利润大于寡头二的利润。寡头一因首先行动而获得了优势。首先行动者获得优势的结果似乎与人们的直觉相反，因为人们一般认为首先宣布其产出的厂商在竞争中是不利的。为什么会出现先动优势？原因在于，首先行动者造成一种既定的事实，不管其竞争对手如何行动，首先行动者都将生产较大的份额。为了达到利润最大化，竞争对手只有把首先行动者的较大产出视为既定，在此基础上决定自己的产出。

需要指出，并非在任何情况下首先行动者都会取得优势。在寡头进行产量竞争时首先行动者会取得优势，在价格竞争的情况下，首先作出决定的寡头不仅不会取得优势，还有可能处于劣势地位。这是我们后面要讨论的问题。

（五）价格领先模型

斯泰克伯格模型是一种产量领先模型。价格领先模型（Price Leadership Model）则是研究先行者价格对市场影响的模型。价格领先模型也不同于弯折需求曲线模型，它不是描述寡头市场的价格刚性，而是说明寡头市场价格的变化。但是这种变化不是寡头们竞相压价的结果，而是某个寡头充当价格领袖按照自身利润最大化原则不考虑其他厂商的反应首先变动价格，其他的寡头厂商实行价格跟随的战略。下面我们以主导厂商充当价格领袖为例，分析价格领先模型中寡头定价行为，如图 7－16 所示。

在图 7－16 中，市场需求曲线为 D，S_F 是除主导厂商以外该产业其余厂商的供给，D_L 为市场对主导厂商产品的需求曲线。D_L 等于市场需求 D 与该产业其余厂商供给数量的差额。在价格等于或高于 P_1 时，对主导厂商产品的需求量为 0，所以除主导厂商以外该产业其余厂商的供给等于市场供给。当价格等于或低于

P_2 时，除主导厂商以外该产业其余厂商的供给等于0，所以主导厂商所面临的需求曲线就是市场需求曲线。在 P_1、P_2 两种价格之间，主导厂商所面临的需求曲线为 D_L。与 D_L 相对应的边际收益曲线为 MR_L。MC_L 为主导厂商的边际成本曲线。

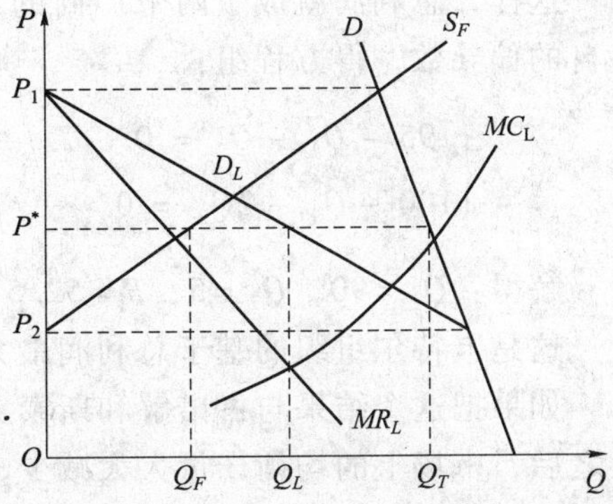

图 7－16　价格领先模型

显然，主导厂商要想充当制定价格的领袖，最佳定价策略是把价格定为 P^*，生产 Q_L 的产量。其余厂商生产 Q_F 的数量。这里 $Q_F + Q_L = Q_T$，Q_T 为价格 P^* 决定的市场总的需求量。

需要特别指出的是，主导厂商的价格领先并不一定意味着行业中厂商之间进行着积极主动的勾结。有些经济学家认为，小厂商之所以选择价格跟从策略是出于节约信息成本的目的。通过让有实力的寡头厂商研究市场以确定使利润最大化的价格和产量，这些较小的厂商实际上是在无偿地利用由主导厂商提供的信息。

（六）卡特尔模型

卡特尔（Cartel）是生产者通过明确的协议的约定而共同确定产品价格与产量，以获得超额利润的一种合作团体。卡特尔往往是一种国际性组织，因此，某一国反垄断法通常不能限制它的存在与发展，同时也很少有一种卡特尔组织能够把本行业的所有生产者网罗在这一组织中。卡特尔所生产的产量往往只占本行业总产量的一部分，尽管可能是一大部分。因此，卡特尔在进行市场定价的时候，不能不考虑非卡特尔生产者的供给。考虑到这一点，卡特尔的定价行为类似于价格领先模型中充当定价领袖的主导厂商的定价行为。这样在图 7－16 中的 P^* 就是卡特尔组织的市场定价。

卡特尔研究重点是成员厂商之间，特别是成本函数不同的厂商之间如何分配产量的问题。下面通过一个例题来作分析。

假设两家企业建立价格卡特尔联盟，两家企业生产相同的产品，有不同的成本函数，协议确定相同的定价，达到卡特尔组织总的利润最大化。市场的需求函数：$P = 100 - 0.5Q$，$Q = Q_1 + Q_2$，$P = P_1 + P_2$，$\pi = \pi_1 + \pi_2$，两个厂商的成本函数各自为：$C_1 = 5Q_1$，$C_2 = 0.5Q_2^2$，求解当卡特尔总利润最大时各自的产量以及此时的市场价格。

首先可求总利润为：

$$\begin{aligned}\pi &= \pi_1 + \pi_2 = P \cdot Q - C_1 - C_2 \\ &= P(Q_1 + Q_2) - C_1 - C_2 \\ &= [100 - 0.5(Q_1 + Q_2)](Q_1 + Q_2) - 5Q_1 - 0.5Q_2^2 \\ &= 95Q_1 + 100Q_2 - 0.5Q_1^2 - Q_2^2 - Q_1Q_2\end{aligned}$$

这样，总利润就成了两个厂商的产量的函数了。再对总利润函数求 Q_1、Q_2 各自的偏导数，得方程组：

$$\begin{cases} 95 - Q_1 - Q_2 = 0 \\ 100 - Q_1 - 2Q_2 = 0 \end{cases}$$

解得：$Q_1 = 90$，$Q_2 = 5$，$P = 52.5$

这是卡特尔组织的基于总利润最大化的价格和各自厂商的产量决定。

如果把这个结果与古诺解和斯泰克伯格模型的结论相比较，可以发现厂商串通之后，市场上的均衡产量大大减少，而均衡价格却提高了，同时厂商的总利润也提高了。

但是这仅仅是基于总利润最大化的假设，企业一的最终产量（协议配额）为 90，而企业二的产量仅为 5，从前面的分析来看，这是有利于两者共同利润的最大化。但是对于企业二来说，产量为 5 协议配额是否实现其自身的利润最大化呢？

当市场定格为 52.5 时，企业二的利润为：

$$\pi_2 = 52.5Q_2 - 0.5Q_2^2$$

求最大值得：$Q_2 = 52.5$

企业二在定价 $P = 52.5$ 的时候，只有实现了 $Q_2 = 52.5$ 的产量才能实现利润最大化，这和协议产量 $Q_2 = 5$ 发生冲突。这便是企业二有违约冲动或者说卡特尔具有不稳定的原因所在。通常价格卡特尔协议是一个行业的部分相关企业，按照共同的利益最大化原则确定的价格协议。但是，如果某个企业发现在价格卡特尔所规定的价格下私自生产超过配额产量会带来更多的利润，就会扩大其产量。如果这种背叛行为比较普遍，卡特尔最终就瓦解了。现实生活中，石油输出国组织常常会重新分配石油产量的配额，这说明在原有的卡特尔协议下已经出现了严重的背叛行为，需要新的协议来重新约束产量。

重要问题

形成卡特尔至少具备的三个条件？为什么说卡特尔是不稳定的？

第一，卡特尔必须具有提高行业价格的能力，面临的总需求的价格弹性不是很大。第二，卡特尔成员被政府惩罚的预期较低。第三，设定和执行卡特尔协定的组织成本必须较低。

因为从个体理性的角度来讲卡特尔的协议产量并不是最优的选择，个体的寡头会在个人利益的驱使下进行微量的增产或降价来获得更高的收益，当卡特尔的每个成员都违背诺言进行这种调整时，集体利益最大化的选择往往不能实现，因此卡特尔通常会以失败告终，即便是那些成功影响了价格水平的卡特尔组织也通常不能实现集体利益最大化的初衷。

第四节　不同市场之间的效率比较

经济效率通常是指经济资源利用的有效性。一般来说，资源有效利用的程度的高低，表明经济效率的高低。在比较不同市场结构的经济效率问题上，大多数是以在 *LAC* 最低点进行生产和定价为经济效率最优的标准。因为这一点市场不存在因垄断因素形成的超额利润，消费者在获得尽量低的价格的同时也获得尽量多的商品数量，此时的资源利用效率也是最高的。

在完全竞争条件下，所有厂商是既定价格的接受者，因此，单个厂商的需求曲线 d_1 是水平的，其供给曲线也是可以推导的。厂商在长期均衡时，厂商的需求曲线相切于平均成本曲线的最低点，产品的均衡价格等于生产的平均成本，收支相抵，厂商的长期利润为零，如图 7－17 所示。

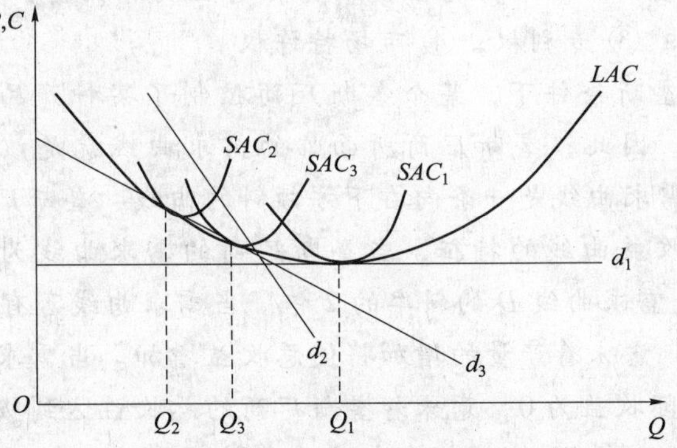

图 7－17　完全竞争、完全垄断、垄断竞争市场的比较

在完全垄断条件下，垄断厂商的需求曲线向右下方倾斜，并且比较陡峭，如图 7－17 中的需求曲线 d_2 所示。完全垄断厂商由于其他厂商无法进入该行业，可以制定垄断价格，在长期，完全垄断厂商的均衡价格高于平均成本，从而保持获得超额垄断利润。和完全竞争相比，其价格要高于完全竞争厂商的价格，产量却要低于完全竞争厂商的产量。

垄断竞争厂商所面对需求曲线也是一条向右下方倾斜的曲线，其形状比完全垄断厂商的需求曲线更为平坦，如图 7－17 中需求曲线 d_3 所示。由于竞争的存在，垄断竞争厂商的需求曲线只能在长期平均成本曲线的左侧与其相切，长期中，垄断竞争厂商的超额利润为零。

寡头垄断市场是一种同时包含垄断因素和竞争因素的市场，但更接近于完全垄断的市场结构。因此，其需求曲线的陡峭程度也介于垄断竞争市场和完全垄断市场之间，在上文图 7 - 14 斯威齐模型中为拐折的需求曲线。由于寡头垄断市场是少数几家厂商控制整个市场的产品的生产和销售，长期中，寡头垄断厂商的价格高于平均成本，从而保持获得超额垄断利润。

综上所述，长期来看，只有在完全竞争条件下才能实现较低的价格、理想的产量，理想的产量标志着资源配置合理、资源利用效率最高，完全垄断厂商较之其他三种市场结构，价格最高、产量最低，垄断竞争厂商和寡头垄断厂商的价格和产量介于完全竞争和完全垄断市场之间。由此不难看出，四种市场结构在资源利用效率方面的差异：完全竞争市场的经济效率最高，垄断竞争市场次之，寡头市场再次之，完全垄断市场效率最低。也就是说，竞争程度越高，效率越高；垄断程度越高，效率则越低。

小　结

（1）在完全垄断市场中，完全垄断存在的主要原因有：① 控制了原料的来源；② 规模经济；③ 专利权；④ 市场特许权。

（2）在完全垄断条件下，某个垄断厂商控制了某种产品的市场供给，厂商和行业合二为一。因此，垄断厂商所面临的需求曲线就是该产品市场的需求曲线。垄断厂商的需求曲线是一条向右下方倾斜的曲线，垄断厂商的需求曲线的特征将决定厂商的收益曲线的特征，当垄断厂商的需求曲线为线性时，边际收益 MR 曲线的斜率是需求曲线 D 的斜率的 2 倍。当需求曲线富有弹性（$E_d > 1$）时，边际收益是正的，意味着产量的增加将使总收益增加。当需求曲线具有单位弹性（$E_d = 1$）时，边际收益为 0，意味着垄断厂商的总收益达到极大值点。当需求曲线缺乏弹性（$E_d < 1$）时，边际收益为负，销售量的增加会使总收益减少。

（3）垄断厂商在短期均衡情况下要遵循两条准则。一是使得出售产品的平均收益大于或等于平均变动成本；二是调整产出水平在边际成本等于边际收益点生产。短期内，垄断厂商可能获得超额利润，可能获得正常利润，也可能蒙受亏损。

（4）在完全垄断市场条件下，有可能出现一个价格水平对应几个不同的产量水平，或者一个产量水平对应几个不同的价格水平的情形，无法得到如同完全竞争市场条件下的，具有规律性的，可以表示产量和价格之间一一对应关系的厂商和行业的短期供给曲线。

（5）完全垄断条件下，垄断行业排除了其他厂商进入的可能性，在长期中不会有新厂商进入垄断市场，垄断市场不存在厂商数目的调整。垄断厂商在长期内可以通过调整生产规模来获取最大利润。

（6）垄断者对其销售的同一种产品对不同的购买者索取不同的价格，一般分为三种类型，每一种类型代表的价格歧视和程度各不相同。按价格歧视程度的大小可以分为三种形式，分别为：一级价格歧视、二级价格歧视和三级价格歧视。

(7) 垄断竞争厂商所面临的需求曲线有两种，它们通常被区分为需求曲线 d 和需求曲线 D。需求曲线 d 表示在垄断竞争生产集团中的某个厂商改变产品价格，而其他厂商的产品价格都保持不变时，该厂商的产品价格和销售量之间的关系。需求曲线 D 表示的是另一种情形，它表示在垄断竞争生产集团的某个厂商改变产品价格，而且集团内的其他所有厂商也使产品价格发生相同变化时，率先变动价格垄断厂商的产品价格和销售量之间的关系。

(8) 垄断竞争厂商在短期均衡时要满足两个条件：一是厂商要使出售产品的平均收益大于或等于生产中所耗费的平均变动成本，即 $AR \geq AVC$；二是厂商要根据边际成本等于边际收益的原则来确定均衡价格和均衡产量，即 $MC = MR$。

(9) 短期内垄断竞争厂商可能获得最大利润，可能利润为零，也可能蒙受最小亏损。垄断竞争厂商的长期均衡条件为：$AR = SAC = LAC$，$MR = SMC = LMC$。

(10) 寡头垄断市场是一种只有少数几家厂商控制某个市场的一种市场结构，这种市场结构既包含垄断因素，又包含竞争因素，但更加接近于完全垄断的一种市场结构。

(11) 古诺模型分析了只有两个卖者，并且相互之间没有任何勾结行为，但相互都知道对方将怎样行动，从而各自确定自己的最优产量来实现利润最大化的过程。

(12) 伯川德模型分析了在双寡头垄断竞争的情况下，产品具有完全替代性，厂商之间相互压价，争取市场份额，降价的竞争最终到成本线停止。

(13) 斯威齐模型试图揭示寡头市场上价格趋于稳定的原因，是基本的分析模型。

(14) 斯泰克伯格模型分析了寡头市场上，寡头厂商产量先行优势。

(15) 价格领先模型则是研究先行者价格对市场定价和产量决定的影响，寡头之间是一种非公开的勾结。

(16) 卡特尔是生产者通过明确的协议所达成的共同确定产品价格与产量，以获得超额利润的一种合作团体。卡特尔的定价具有垄断厂商的特点，但是往往卡特尔的成员厂商具有背叛的动机。

(17) 在长期内，寡头垄断行业也可能出现厂商退出与进入的情形，并主要从市场上、价格上、其他方面分析进入寡头垄断行业的各种障碍。

(18) 完全竞争市场的经济效率最高，垄断竞争市场的经济效率较高，寡头市场的经济效率较低，完全垄断市场的经济效率最低。也就是说，竞争程度越高，效率越高；垄断程度越高，效率则越低。

复习思考题

一、名词解释

垄断竞争市场　自然垄断　完全垄断市场　产品差别　一级价格歧视　二级价格歧视　三级价格歧视

二、简答题

1. 试述垄断竞争厂商的两条需求曲线的含义及相互关系。
2. 短期均衡时，完全竞争厂商与完全垄断厂商有何不同?
3. 为什么垄断厂商的需求曲线是向右下方倾斜的? 说明相应的 AR 曲线和 MR 曲线的特征及关系。
4. 垄断厂商短期均衡时一定取得经济利润吗? 为什么?
5. 垄断如何导致低效率?

三、计算题

1. 某垄断厂商短期总成本函数为 $STC=0.3Q^3+6Q^2+140$，需求函数为 $Q=140-2P$，求短期均衡产量和均衡价格。
2. 已知某垄断厂商短期总成本函数为 $STC=0.1Q^3-6Q^2+140Q+3\,000$，其反需求函数为 $P=150-3.25Q$，求该厂商的短期均衡产量和均衡价格。
3. 已知一垄断厂商的成本函数为 $TC=5Q^3+20Q^2+10$，需求函数为 $Q=140-P$，试求该厂商利润最大化的产量、价格、利润。
4. 某垄断厂商面对的需求曲线上某一点的点弹性 $E_d=5$，商品的价格 $P=6$，假定在该点实现了短期均衡，求相应的边际收益 MR 与边际成本 MC 值。

四、论述题

1. 论述垄断竞争厂商短期均衡和长期均衡的实现过程和条件。
2. 分析为什么说垄断竞争兼有竞争和垄断的因素。
3. 说明完全垄断市场的条件以及成因。
4. 试说明垄断实行三级价格差别定价的条件是什么? 为什么?
5. 试比较不同市场组织的经济效率。

阅读推荐与网络链接

1.（美）曼昆．经济学原理：微观经济学分册．梁小民，等，译．第五版．北京：北京大学出版社，2009.

2. （美）保罗·萨缪尔森，威廉·诺德豪斯．微观经济学．于健，译．第十九版．北京：人民邮电出版社，2012.

3. （美）斯蒂格利茨．经济学（下册）．北京：中国人民大学出版社，1998.

4. （美）平狄克（Robert S. Pindyck），（美）鲁宾费尔德（Daniel L. Rubinfeld）．微观经济学．高远，等，译．第七版［M］．北京：中国人民大学出版社，2009.

5. 迈克尔·帕金．微观经济学．张军，等，译．第八版［M］．北京：人民邮电出版社，2009.

6. 平新乔．微观经济学十八讲．北京：北京大学出版社，2001.

7. Makiw, N. G. and Romer, D. New Keynesian Economics. Cambridge, Massachusette: The MIT Press, 1991.

8. http://www. gjmy. com/ecbbs/index. asp.

9. http://www. hutc. zj. cn/jjxqy/.

10. http://forum. ccer. edu. cn/forum/.

11. http://old. cen. ccer. edu. cn/main. asp.

12. http://forum. ccer. edu. cn/forum/.

13. http://bbs. pinggu. org/forum - 47 - 1. html.

第八章

博弈论初步

学习目的

- 掌握博弈的基本含义及其分类。
- 掌握囚徒的困境博弈的意义。
- 掌握严格下策反复消去法的分析思路；掌握纳什均衡的定义及其无限策略博弈和混合策略博弈中纳什均衡的解。
- 了解重复博弈中有限次重复博弈与无限次重复博弈概念及意义。

引导案例

在博弈论经济学中，“智猪博弈”是一个著名的纳什均衡例子。假设猪圈里有一头大猪，一头小猪。猪圈的一头有猪食槽，另一头安装着控制猪食供应的按钮，按一下按钮会有10个单位的猪食进槽，但是谁按按钮就会首先付出2个单位成本，若大猪先到槽边，大小猪吃到食物的收益比是9∶1；同时到槽边，收益比是7∶3；小猪先到槽边，收益比是6∶4。那么，在两头猪都有智慧的前提下，最终结果是小猪选择等待。

实际上小猪选择等待，让大猪去按控制按钮，而自己选择“坐船”（或称为搭便车）的原因很简单：在大猪选择行动的前提下，小猪也行动的话，小猪可得到1个单位的纯收益（吃到3个单位的食品同时也耗费2个单位的成本，以下纯收益计算相同）；而小猪等待的话，小猪则可以获得4个单位的纯收益，等待优于行动；在大猪选择等待的前提下，小猪如果行动的话，小猪的收入将不抵成本，纯收益为1单位；如果小猪也选择等待的话，那么小猪的收益为零。成本也为零。总之，等待还是要优于行动。

资料来源：http://news.idoican.com.cn/zhjzb/html/2012-03/20/content_3986729.htm?div=-1，2012.

案例导学

案例中小猪与大猪的博弈采取的是等待，获取了最大的利益。这个案例给我们的启示是：在小企业经营中，学会如何“搭便车”是一个精明的职业经理人最为基本的素质。在某些时候，如果能够注意等待，让其他大的企业首先开发市场，是一种明智的选择，这时候有所不为才能有所为。

比如，在某种新产品刚上市，其性能和功用还不为人所熟识的情况下，如果进行新产品生产的不仅仅是一家小企业，而且还有其他生产能力和销售能力更强的企业，那么，小企业完全没有必要首先去投入大量广告做产品宣传，以达到和其他企业品牌竞争并取得优势地位的目的。高明的管理者善于利用各种有利的条件来为自己服务。“搭便车”实际上是提供给职业经理人面对每一项花费的另一种选择，对它的留意和研究可以给企业节省很多不必要的费用，从而使企业的管理和发展走上一个新台阶。这种现象在经济生活中非常常见，却很少为小企业的经理人所熟识。

第一节　博弈论概述

博弈论（Game Theory），也称为对策论，是描述和研究经济行为者之间策略相互依存和相互作用的一种决策理论，现广泛应用于政治、军事战略、法律、计算机科学、甚至生物进化论等领域。尤其是在近二十多年来，博弈论在经济学中得到了广泛应用，在揭示经济行为相互制约性质方面取得了重大进展，对寡头行为、信息经济学等方面的发展做出了重要的贡献，已成为经济分析基础的必要组成部分。

博弈论是微观经济学的重要发展，本节将介绍博弈论的基础知识，并以此来分析一些寡头博弈的行为。

一、博弈论的基本概念

（一）博弈的一个非技术性的定义①

博弈就是一些个人、队组或其他组织，面对一定的环境条件，在一定的规则下，同时或先后，一次或多次，从各自允许选择的行为或策略中进行选择并加以实施，各自取得相应结果的过程。

从上述定义可以看出，在博弈中，至少有参与者，每个参与者都有一组可供选择的“策略”，每个参与者的收益都与各自选择的“策略”有直接的关系。也就是说，一个博弈包含四个关键方面：博弈的参加者即博弈方、各博弈方的策略或行为、博弈的次序和博弈方的得益。

---

① 谢识予．经济博弈论．第三版［M］．上海：复旦大学出版社，2007.

1. 博弈的参加者——博弈方

博弈方是指博弈中的每个独立参加方，也即博弈中独立决策、独立承担博弈结果的个人或组织。对于那些在博弈中只制定规则，自身不参与决策活动，以及在博弈中虽参与决策但不是独立决策且也不承担后果的这类个人或组织，都不能算是博弈方。并且，在博弈的规则确定之后，各博弈方都是平等的，各方都必须严格按照规则办事。

由于不同博弈方的策略之间可以有复杂的相互影响和作用，使得博弈问题具有一定的策略依存性，而且博弈方的数量越多，这种策略依存性就越复杂，分析就越难，所以博弈方的数量是一个博弈中的关键参数之一。因而也常常据此将博弈分为“单人博弈”、“两人博弈”和“多人博弈”。这里的“人”可以是个人或组织，即博弈方。

(1) 单人博弈

只有一个博弈方的博弈称之为单人博弈。由于不存在其他博弈方，因此比两人博弈和多人博弈要简单得多。严格来说，单人博弈已退化为一般的最优化问题，不属于博弈论研究的主要内容。不过分析单人博弈不仅可以为分析两人和多人博弈问题打下基础，例如多阶段动态博弈常要转化为多个、多层次的单人博弈进行分析，而且可以使博弈理论的结构更加完整。

(2) 两人博弈

两人博弈就是两个各自独立决策，但策略和利益具有相互依存关系的博弈方的决策问题。日常生活中的棋牌、球类比赛，以及经济活动中两个厂商之间的竞争、谈判、兼并收购、劳资纠纷等都是两人博弈问题。两人博弈是博弈问题中最常见，也是研究得最多的博弈类型。关于两人博弈的问题将在后面举例说明。

(3) 多人博弈

多人博弈是指三个或三个以上博弈方参加的博弈。在多人博弈中有比两人博弈更多的追求自身利益的独立决策者，因此多人博弈中策略和利益的相互依存关系也更为复杂，任意一个博弈方的决策及其所引起的反应比两人博弈中的要复杂得多。博弈中一方行动，其他方不仅会对其策略做出反应，而且其他方彼此之间还有作用和反应。但是多人博弈的基本性质和特征与两人博弈是相似的，因而可以用研究两人博弈同样的思路和方法来研究多人博弈。

2. 博弈中的策略

在博弈中各博弈方的决策内容称为“策略”。博弈中的策略通常是对行为取舍、经济活动水平等的选择，即博弈中各博弈方各自可选择的全部策略或行为的集合（也叫“策略空间”）。博弈中的策略是定义一个博弈时需要确定的最重要的基本方面之一。

由于研究问题的内容和性质不同，在不同博弈中，博弈方可选的策略或行为的数量也会很不相同；在同一博弈中，不同博弈方的可选策略或行为的内容和数量也常不同，有时只有一种，有时存在有限的几种，而有时又可能有许多种，甚至有无限多种可选策略或行为。

一般来说，如果一个博弈中每个博弈方的策略数都是有限的，则称为“有限博弈”，如果一个博弈中至少有某些博弈方的策略有无限多个，则称为“无限博弈”。有限博弈和无限博弈之间的差别较大。因为有限博弈只有有限种可能的结果（每一种结果就是每个博弈方各一种可选策略构成的一个组合，全部可能结果的数量等于各博弈方可选策略数的连乘积），所以在理论上，有限博弈可以用得益矩阵法、扩展形法或简单罗列的办法将所有的策略、结果及对应的得益列出，而无限策略博弈一般只能用数集或函数式来表示，不可能用这些列举方法表示出无限博弈的全部策略、结果或得益。从而使得这两类博弈的分析方法也常常表现出较大的区别。此外，策略数的有限和无限对各种均衡解的存在性也有非常关键的影响。因此注意有限博弈和无限博弈的区别，对于理解和掌握博弈分析方法是很有意义的。

3. 博弈的次序

博弈的次序也是博弈的一个重要方面。在许多博弈问题中，如果博弈方的决策选择有先后次序，那么其他博弈方就会针对性地进行决策选择或相应调整自己的策略，从而使自己获得更多的利益。这不能保证博弈的公平合理。为了博弈方之间的公平性，也为了使决策对抗更有意义，在现实的各种博弈中，当存在多个博弈方进行决策时，有时候常常要求需要这些博弈方同时决策，或者说各博弈方决策的时间不一定真正一致，但在他们做出决策之前不允许知道其他博弈方的策略，即使在知道其他博弈方的策略也不能改变自己的选择，这样各博弈方的决策仍然可以看作是同时做出的。这种博弈问题通常被称为“静态博弈”。

事实上，在社会经济活动中也有很多这样的博弈问题，博弈方的决策选择和行动有先后次序、反复或者重复，例如寡头削价竞争就完全可能是先后进行的而不是同时进行的。而且后选择、后行动的博弈方在自己选择、行动之前，可以看到其他博弈方的选择、行动，甚至还包括自己的选择和行动，这种博弈称为“动态博弈”，也叫“多阶段博弈”。比如弈棋、各种商业谈判、讨价还价等都属于动态博弈问题。

除了上述静态博弈和动态博弈以外，由同样一些博弈方，在完全同样的环境和规则下重复进行的博弈，称为“重复博弈”。如体育中的多局制竞赛、企业之间的长期合作或竞争等，如果不考虑某些条件方面的细小变化，都可以看作是重复博弈问题。有关重复博弈问题将在后文单独进行分析。

因此博弈中免不了有一个次序问题。规定一个博弈必须规定其中的次序，因为次序不同一般就是不同的博弈，需要注意它们的区别，分类进行研究。

4. 博弈方的得益

博弈方的得益，即参加博弈的各个博弈方在做出每一组可能的策略选择时都有相对应的结果。该结果对应于该策略组合下各博弈方的所得或所失。得益可以是本身就是数量的利润、收入、损失，也可以是量化的效用、社会效益、福利等。规定一个博弈必须对得益做出规定，得益可以是正值，也可以是负值。各个博弈方从博弈中所获得的利益是各博弈方追求的根本目标，也是分析博弈模型的标准和基础。

在许多博弈中，可将每个博弈方在每种策略组合下相应的得益相加算出所有博弈方得益的总得益，一般而言，博弈的策略组合不同，这种总得益也会不同。但也有一些博弈，无论博弈的结果是什么，所有博弈方的得益总和始终为零，或者始终为某一非零常数。总得益具有这两种特征的博弈分别称为“零和博弈”和“常和博弈”，不具有这两种特征的博弈则称为“变和博弈”。其中零和博弈和常和博弈是变和博弈的特例，变和博弈是最一般的博弈类型。由于变和博弈的结果存在社会总得益大小方面的区别，因此可以通过变和博弈的结果从社会利益的角度进行效率方面的评价。

总体而言，确定了上述四个方面就确定了一个博弈。用上述方法定义的各种博弈问题在博弈论中可以系统研究，在各博弈方具有充分或者有限理性能力的条件下，寻求合理的策略选择和合理选择策略时博弈的结果，并分析这些结果的经济意义、效率意义的理论和方法。

二、博弈的分类

关于博弈的分类方法并不唯一，例如可根据上文博弈的定义对博弈进行分类，比如根据博弈参与人的数量可分为单人博弈、两人博弈和多人博弈；根据博弈方策略的数量又可分为有限博弈和无限博弈；根据博弈先后次序、反复或者重复可分为静态博弈、动态博弈和重复博弈；根据博弈总得益情况则可分为零和博弈、常和博弈和变和博弈等等。有时这些分类彼此之间还相互交叉，并不存在严格的层次关系。一般来说，可以根据各种分类对博弈分析方法影响程度的大小大致可进行如下分类：一是根据博弈方是否合作分为合作博弈和非合作博弈；二是在非合作博弈基础上，根据博弈方的理性和行为逻辑差别分为完全理性博弈和有限理性博弈；三是根据博弈过程可分为静态博弈、动态博弈和重复博弈，并在此基础上根据信息的完全完美与否分为完全信息静态博弈和不完全信息静态博弈、完全且完美信息动态博弈、完全但不完美信息动态博弈、不完全信息动态博弈。

第二节　囚徒的困境

1950年，图克（Tuker）提出了“囚徒的困境”博弈模型，该模型虽然很简单，但可以说是非合作博弈中最著名和引用率最高的模型，能非常好地反映博弈问题的根本特征，而且可以根据该博弈模型解释众多经济现象，研究经济效率的问题，是非常有效的基本模型和范式。几乎是每本博弈论教材都必讲的，一个经典的博弈模型。

图8-1这一特殊的矩阵给出了囚徒困境博弈的一个标准型的描述。图中“囚徒A”、“囚徒B”两个罪犯代表博弈中的两个博弈方，他们各自可选的策略

有“坦白”和“不坦白”两种，矩阵中的每个元素都是由两个数字组成的数组，每行的第一个数字对应囚徒 A 所选策略的得益，每列的第二个数字对应囚徒 B 所选策略的得益。在这个矩阵中 -1、-3、和 -7 表示罪犯被判刑 1 年、3 年和 7 年的得益，0 表示罪犯被立即释放的得益，我们称这种矩阵为一个博弈的“得益矩阵”，这种矩阵是表示博弈问题的一种常用方法。

		囚徒B	
		坦白	不坦白
囚徒A	坦白	−3　−3	0　−7
	不坦白	−7　0	−1　−1

图 8-1　囚徒的困境

该“得益矩阵”背后的故事是：在一桩案件的调查中，警方逮捕了两名犯罪嫌疑人，但却缺乏足够的证据指证他们所犯的罪行。如果其中至少有一人坦白，就能确认罪名成立。为了得到所需的口供，警方将这两名犯罪嫌疑人分别关在不同的房间接受审讯，没有串供的机会，警方对他们的交代原则是：如果他们两人都不坦白，则他们会被除以较轻的罪行各判 1 年徒刑；如果两人中有一人坦白认罪，则坦白者从轻处理，立即释放，而另一人则将被判处 7 年徒刑；如果两人同时坦白认罪，则他们将各被判刑 3 年。

下面将对该博弈进行一些直接分析。在这个博弈中，囚徒 A 和囚徒 B 被隔离开，不管他们决策时间是否相同，可以把他们的选择看着是同时进行的。此外，两囚徒各自的利益不仅取决于自己的策略选择，而且也取决于对方的策略选择，因此，一方在作出自己的最佳策略选择时，会考虑到另一方两种可能的选择对自身利益的影响。例如对囚徒 A 来说，囚徒 B 有“坦白”和“不坦白”两种可能的选择，假设囚徒 B 选择的是“不坦白”，则对囚徒 A 而言，“不坦白”得益为 -1，“坦白”得益为 0，他应该会选择“坦白”；假设囚徒 B 选择的是“坦白”，则对囚徒 A 来说，“不坦白”得益为 -7，“坦白”得益为 -3，他依然会选择“坦白”。因此在这个博弈中，无论囚徒 B 采用何种策略，在个体理性和考虑自身利益最大的情况下，囚徒 A 都会选择“坦白”策略。反之，囚徒 B 的决策思路和选择将会与囚徒 A 一样，选择“坦白”作为其上策。所以该博弈的最终结果必然是两博弈方都选择“坦白”策略，都被判 3 年徒刑。

在这个博弈中，无论是对这两个囚徒的总体来说，还是对他们各自来说，最佳的结果显然是双方都选择“不坦白”，各被判 1 年，显然要比“坦白”了判 3 年好得多。但是，由于这两个囚徒之间不能串谋，在个体理性和追求自身最大利益的情形下，选择“坦白”是必然的，很难摆脱，因此这个博弈被称为“囚徒的困境”。当然，单就囚徒的困境本身来说，罪犯都受到了应有的惩罚，是一种理想的结果，虽说从博弈中两个决策者的立场上来看该结局属于个人最优策略，但从整体来说却是最差的结果，即个体理性和团体理性发生冲突，使得该结果既没有实现两人总体的最大利益，也没有真正实现自身的个体最大利益。

事实上，在市场竞争的各个领域和方面，在资源利用和环境保护，以及政治、军事和法律等各个领域中，都会存在类似囚徒的困境的现象。囚徒的困境博弈的重要意义在于类似的情况会发生在社会经济活动中，因而该博弈具有很大的普遍性。

第三节　纳什均衡

在本节将介绍博弈论的一个最基本同题：描述了一个博弈问题，如何求得该博弈问题的解。首先我们定义博弈的标准式表述和严格劣策略的概念，并在此基础上引出纳什均衡的概念并给出定义。

一、博弈的标准式表述

在前文博弈的基本概念中，对于什么是博弈做了大致的描述，在这里我们将对博弈的标准式做概念性的描述。博弈的标准式表述是指每一博弈方同时选择一个策略，所有博弈方选择策略的组合决定了各自的收益。我们借用第二节囚徒的困境这一经典的例子来说明博弈的标准式。通过上文分析，我们知道，在囚徒的困境博弈中，囚徒 A 和囚徒 B 作为两个博弈的参与者，因单独关押，无合作机会，各自有两种策略选择：坦白和不坦白，在一组特定的策略组合被选定后，囚徒 A 和囚徒 B 的得益由图 8－1 中矩阵中相应单元的数据所表示。由此博弈，我们可以发现，一个博弈其标准式表述一般包括三个部分：第一，博弈的参与者即博弈方；第二，每一博弈方可供选择的策略集合；第三，针对所有博弈方可能选择的策略组合，每一个博弈方的得益。

我们经常用 G 表示一个博弈，假设 G 有 n 个博弈方；每个博弈方的全部可选策略的集合我们称为“策略空间”，分别用 S_1，…，S_n 表示；$s_{ij} \in S_i$ 表示博弈方 i 的第 j 个策略，其中 j 可取有限个值（有限策略博弈），也可取无限个值（无限策略博弈）；博弈方 i 的得益则用 u_i 表示，u_i 是各博弈方策略的多元函数。在一个 n 个博弈方的标准式表述中，博弈 G 常写成 $G = \{S_1, \cdots, S_n; u_1, \cdots, u_n\}$。

此外，在博弈的标准式中博弈方是同时选择策略的，但这并不意味着各方的行动也必须是同时的，只要每一博弈方在选择行动时不知道其他博弈方的选择就可以。进一步地，本节博弈的标准式只用来表示博弈方行动时不清楚他人选择的静态博弈，事实上，博弈的标准式也可用来表示序贯行动的博弈，只是其变通的方式——博弈的扩展式表述更为常用，它在分析动态问题时也更为方便。

二、严格下策反复消去法

下面仍然以囚徒的困境博弈为例说明严格下策反复消去法的基本思路。对囚徒的困境博弈中的两个博弈方来说，不管对方的策略如何，各自两种可选策略中的“坦白”策略都要优于“不坦白”策略。这时我们称“不坦白”是两个博弈方的相对于“坦白”策略的“严格下策”。很显然，囚徒的困境博弈的两个博弈方都不会采用“不坦白”策略。因此，可以把“不坦白”策略依次从他们各自的策略空间中排除掉，最终，两博弈方可选策略的范围就都缩小到一个“坦白”策略，双方都“坦白”成为他们的必然选择。在这个博弈中，不管其他博弈方的策略如何变化，一个博弈方的某种策略给他带来的得益，总是比另一种策略给他带来的得益要小，那么称前一种策略为相对于后一种策略的一个“严格下策”。反复寻找博弈中各个博弈方在策略之间两厢比较意义上的“严格下策”，并把它们消去的方法，就称为“严格下策反复消去法”。

对一个博弈，若运用严格下策反复消去法后，若某博弈方只剩下唯一的策略，那么该策略将是此博弈方的唯一选择，如果该博弈只有唯一的一个策略组合幸存下来，那么这个策略组合就是该博弈的结果，比如囚徒的困境博弈中的（坦白，坦白）。

下面我们来看根据理性的博弈方不会选择严格下策这一原则解决博弈问题的例子。图 8－2 是一个抽象博弈的例子。

博弈方A \ 博弈方B	左	中	右
上	1　0	1　2	0　1
下	0　3	0　1	2　0

图 8－2　严格下策反复消去法例子

根据图 8－2 中得益矩阵可以判定，博弈方 A 的“上”、“下”两种策略中，不存在始终占优的上策：如果博弈方 B 选择“左”，则上优于下（因为 1 >0）；如果博弈方 B 选择“右”，则下优于上（因为 2 >0），因此两个策略都不是严格下策，无法用严格下策反复消去法排除其中任何一个策略。但是，如果分析博弈方 B 的三个策略，可以发现“右”与“中”之间存在严格的优劣关系，因此理性的博弈方 B 是不会选择“右”的。那么，根据理性的博弈方不会选择严格下策这一原则，可以先将“右”策从博弈方 B 的策略空间中去掉。这时博弈就简化为图 8－3 中得益矩阵表示的，两个博弈方各有两种策略的博弈。

博弈方A \ 博弈方B	左	中
上	1　0	1　2
下	0　3	0　1

图 8－3　消去博弈方 B“右”策后的博弈

在图 8－3 四种策略组合的博弈中，比较博弈方 A 的“上”、“下”两种策略，容易发现“上”策严格优于“下”策，因此可以将“下”策从博弈方 A 的策略空间中去掉。这样博弈进一步简化为图 8-4 的形式。

		博弈方B 左	博弈方B 中
博弈方A	上	1　0	1　2

图 8-4　消去博弈方 A“下”策后的博弈

最后在图 8-4 这个仅剩两个策略组合的博弈中，再比较博弈方 B 的两个策略。很显然“左”是相对于“中”的严格下策，也可以被消去。这样原来的博弈就被精简到只剩下唯一的一个策略组合（上，中）。因为所有被消去的策略都是两博弈方不可能采用的，因此两个博弈方最终的选择只能是这个唯一剩下的策略组合，这个策略组合就是博弈的“解”。

尽管严格下策反复消去法是建立在理性的博弈方不会选择严格下策这一原则上，它仍有两点不足：第一，每一步消去都需要更进一步假定博弈方之间是相互了解的，扩展到任意多步，需要假定“博弈方是理性的”是共同知识。第二，当不存在严格下策的博弈，则无法用该法进行分析，或者在策略数较多的博弈中，当该法只能消去其中的部分策略时，这时严格下策反复消去法往往无法对博弈作出准确的预测。

下面我们介绍纳什均衡，它是一种博弈的解的概念，可以对非常广泛类型的博弈作出严格得多的预测。我们通过博弈方纳什均衡确定的策略绝不会在用严格下策反复消去法的过程中被剔除掉，而严格下策反复消去法消去后所留策略组合并不经常会只剩下唯一的策略组合，所以不一定满足纳什均衡策略的条件。纳什均衡是一个比严格下策反复消去法要强的解的概念。

三、纳什均衡

非合作博弈理论中最重要的一个解概念，就是其中每个博弈方选择的策略都是针对其他博弈方选择策略的最优反应，具有这种性质的策略组合即博弈中的“纳什均衡”。下面将对这个解概念的定义、部分重要性质和它在博弈分析中的作用等，进行一些讨论。

（一）纳什均衡的定义

由博弈的标准式表述，可以给出纳什均衡的定义如下：

定义：在博弈 $G=\{S_1, \cdots, S_n; u_1, \cdots, u_n\}$ 中，如果由各个博弈方的各一个策略组成的某个策略组合（$s_1^*, \cdots, s_n^*$）中，任一博弈方 i 的策略 s_i^*，都是对其余博弈方策略的组合（$s_1^*, \cdots, s_{i-1}^*, s_{i+1}^*, \cdots, s_n^*$）的最佳对策，也即 $u_i(s_1^*, \cdots, s_{i-1}^*, s_i^*, s_{i+1}^*, \cdots, s_n^*) \geqslant u_i(s_1^*, \cdots, s_{i-1}^*, s_i, s_{i+1}^*, \cdots, s_n^*)$ 对任意 $s_i \in S_i$ 都成立，则称（$s_1^*, \cdots, s_n^*$）为 G 的一个“纳什均衡”。

根据上述纳什均衡定义可以判断，前面所述各博弈方都不愿单独改变策略的策略组合，比如囚徒的困境博弈中的（坦白，坦白）、图 8-2 博弈中的（上，中）策略都是纳什均衡。

重要问题

严格下策反复消去法和纳什均衡的关系①是什么？

1. 在 n 个博弈方的博弈 $G=\{S_1, \cdots, S_n; u_1, \cdots, u_n\}$ 中，如果严格下策反复消去法排除了除 $(s_1^*, \cdots, s_n^*)$ 之外的所有策略组合，那么 $(s_1^*, \cdots, s_n^*)$ 一定是该博弈唯一的纳什均衡。

2. 在 n 个博弈方的博弈 $G=\{S_1, \cdots, S_n; u_1, \cdots, u_n\}$ 中，如果 $(s_1^*, \cdots, s_n^*)$ 是 G 的一个纳什均衡，那么严格下策反复消去法一定不会将它消去。

（二）无限策略博弈的纳什均衡分析的典型例子

1. 古诺的寡头模型

这里以两厂商连续产量的古诺博弈为例。设某市场有两家厂商生产同样的产品。如果厂商 1 的产量为 q_1，厂商 2 的产量为 q_2，则市场总产量为 $Q=q_1+q_2$，设市场出清价格 P（可以将产品全部卖出去的价格）是市场总产量的函数 $P=P(Q)=14-2Q$。再设两厂商的生产都无固定成本，且每增加一单位产量的边际成本相等，$c_1=c_2=2$，即它们分别生产 q_1 和 q_2 单位产量的总成本分别为 $2q_1$ 和 $2q_2$。假定两厂商同时决定各自的产量，即他们在决策之前都不知道另一方的产量。

在上述问题构成的博弈中，博弈方为厂商 1 和厂商 2。两博弈方的策略空间就是他们可以选择的产量。因假设产量是连续可分的，所以两厂商都有无限多种可选策略。该博弈中两博弈方的得益是两厂商各自的利润，即各自的销售收益减去各自的成本，根据设定的情况，它们分别为：

$$\begin{aligned} u_1 &= q_1 P(Q) - c_1 q_1 = q_1[14-2(q_1+q_2)] - 2q_1 \\ &= 12q_1 - 2q_1 q_2 - 2q_1^2 \end{aligned}$$

和

$$\begin{aligned} u_2 &= q_2 P(Q) - c_2 q_2 = q_2[14-2(q_1+q_2)] - 2q_2 \\ &= 12q_2 - 2q_1 q_2 - 2q_2^2 \end{aligned}$$

容易看出，两博弈方的利润取决于双方的产量。

---

① 有关严格下策反复消去法和纳什均衡关系命题的证明见：谢识予．经济博弈论［M］．第三版．上海：复旦大学出版社，2007：55-58.

虽然此博弈中两厂商都有无限多种可选策略，无法用得益矩阵表示该博弈，但纳什均衡的概念还是适用的，即只要两博弈方的一个策略组合（q_1^*，q_2^*）满足是对对方的最佳策略，就构成一个纳什均衡。并且，如果我们证实它是该博弈唯一的纳什均衡，即可以预言理性的厂商将分别选择这两个产量。

因此该博弈的纳什均衡，就是（q_1^*，q_2^*）必须是最大值的问题。因此通过两厂商各自的利润对各自的产量求偏导，并令其等于0，求解方程组，即可求得 q_1^* 和 q_2^*。过程如下：

$$\frac{\partial u_1}{\partial q_1} = 12 - 2q_2^* - 4q_1^* = 0 \Rightarrow q_1^* = \frac{1}{2}(6 - q_2^*)$$

$$\frac{\partial u_2}{\partial q_2} = 12 - 2q_1^* - 4q_2^* = 0 \Rightarrow q_2^* = \frac{1}{2}(6 - q_1^*)$$

求得该方程组唯一解 $q_1^* = q_2^* = 2$。因此，策略组合（2，2）是此博弈唯一的纳什均衡，如图 8－5 所示。以自身最大利益为目标的两厂商，独立同时作产量决策，都会选择生产 2 单位产量，最终市场总产量为 2＋2＝4，市场价格为 14－2×4＝6，双方各自得益（利润）2×（14－2×4）－2×2＝8，两厂商利润总和为 8＋8＝16。

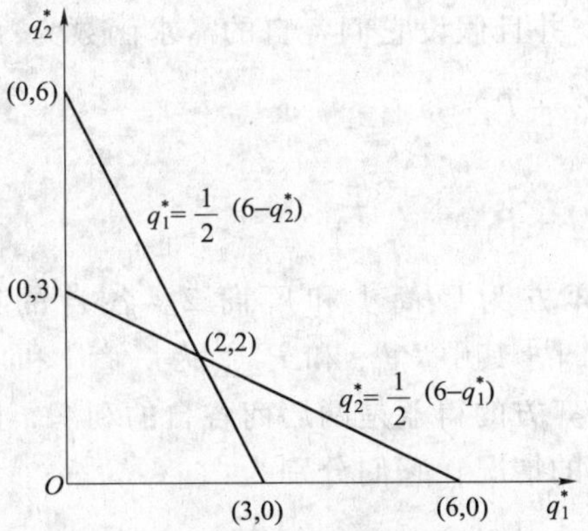

图 8－5　古诺模型的纳什均衡

如果两厂商寻求合作，总产量为 Q，总得益（利润）为 $U = PQ - cQ = Q(14 - 2Q) - 2Q = 12Q - 2Q^2$，很容易求得使总得益最大的总产量 $Q = 3$，总利润等于 18。不难发现，两厂商合作产量比不合作的产量要小，但是总利润却较高。若合作，则各自生产 1.5 单位，即可获得利润为 9 的收益，比只考虑自身利益的独立决策行为得到的利益要高。但是，这种合作很难实现或维持，一方面，两厂商之间缺乏协调机制；另一方面，两厂商实现最大总利润的产量组合（1.5，1.5）不是该博弈的纳什均衡策略组合。在这个策略组合下，双方都有独自改变（增加）自己的产量而得到更高利润的冲动，在缺乏强制有效的协调机制条件下，维持上述较低水平的产量组合是不可能的，最终两厂商都会增产，只有在达到纳什均衡的产量组合（2，2）时才会稳定下来，此时，任意一个厂商再单独改变产量于己不利，这实际上也是一种“囚徒的困境”，无法实现两厂商的总体最大利益和各自的最大利益。“合作”还是“不合作”是两个厂商面临的选择。

对于包括 n 个寡头的产量决策的更一般的古诺模型，分析的思路与上述两寡头古诺模型都是相似的，纳什均衡的产量组合无非变成 n 个偏导数为 0 的联立方程组的解。对一般的古诺模型，纳什均衡策略组合同样不是使各厂商实现最大利润的产量组合，不过是一种多个博弈方之间的囚徒的困境。这种结果对于市场经济的组织、管理，对于产业组织和社会经济制度的效率判断，都具有非常重要的意义。

2. 伯川德寡头模型

伯川德（Bertrartd）模型是另一种形式的寡占模型，这种模型与选择产量的古诺模型的差别在于，伯川德模型中各厂商所选择的是价格博弈而不是产量。下面依然用产品有一定差别的两厂商的伯川德价格博弈模型进行分析。

现假设某寡占市场上有两厂商生产同类产品，但是产品的设计、性能等方面有所不同，两产品之间有替代性，但又不是完全可替代，即当价格变化时，销售数量也将跟随变化。假设两厂商同时各自决定自己的价格，厂商 1 和厂商 2 价格分别为 P_1 和 P_2，它们的销售量为 q_1 和 q_2，假设两厂商都没有固定成本，但边际生产成本 $c_1=c_2=2$，并且假设它们各自的需求函数为：

$$q_1 = 14 - 2P_1 + P_2$$

和

$$q_2 = 14 - 2P_2 + P_1$$

在该博弈中，博弈方为厂商 1 和厂商 2。各自的策略空间为 $s_1=[0, P_{1\max}]$、$s_2=[0, P_{2\max}]$，其中 $P_{1\max}$ 和 $P_{2\max}$ 为厂商 1 和厂商 2 能卖出的产品最高价格，该博弈中两博弈方的得益是两厂商各自的利润，即各自的销售收益减去各自的成本，根据设定的情况，它们分别为：

$$\begin{aligned} u_1 &= u_1(P_1,P_2) = P_1q_1 - c_1q_1 = (P_1-2)(14-2P_1+P_2) \\ &= 18P_1 - 2P_1^2 + P_1P_2 - 2P_2 - 28 \end{aligned}$$

$$\begin{aligned} u_2 &= u_2(P_1,P_2) = P_2q_2 - c_2q_2 = (P_2-2)(14-2P_2+P_1) \\ &= 18P_2 - 2P_2^2 + P_1P_2 - 2P_1 - 28 \end{aligned}$$

根据上述得益函数在偏导数为 0 时有最大值，很容易求出两厂商对对方策略（价格）的反应函数分别为：

$$\frac{\partial u_1}{\partial P_1} = 18 - 4P_1 + P_2 = 0 \Rightarrow P_1 = \frac{1}{4}(18 + P_2)$$

和

$$\frac{\partial u_2}{\partial P_2} = 18 - 4P_2 + P_1 = 0 \Rightarrow P_2 = \frac{1}{4}(18 + P_1)$$

求解上述反应函数联立的方程组，可得 $P_1^* = P_2^* = 6$，如图 8－6 所示。（P_1^*，P_2^*）为该博弈唯一的纳什均衡。将 P_1^*、P_2^* 代入两得益函数则可得到两厂商的均衡得益为 $u_1^* = u_2^* = 32$。

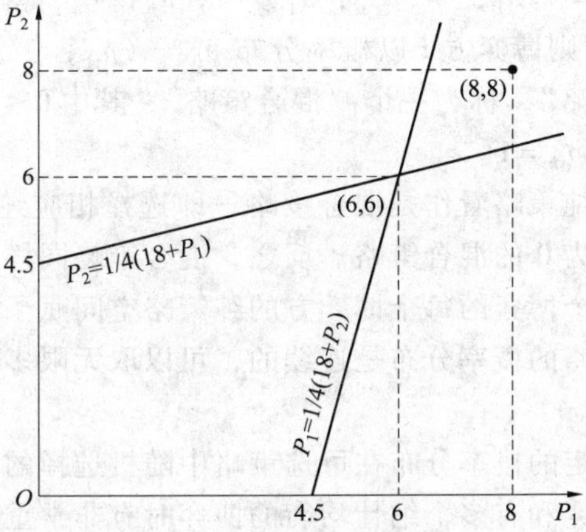

图 8－6　伯川德模型的纳什均衡

如果两厂商寻求合作定价，因为边际成本相同，假设定价也相同，它们的最大总收益为 $u_T = u_1 + u_2 = 32P - 2P^2 - 56$，最大总收益对价格 P 求一阶偏导数令其等于 0，可得 $P = 8$，$u_1 = u_2 = 36$，$u_T = 72$。两厂商合作则可以定较高的价格，共同获得更高的利润。但是这种价格决策与古诺模型中的产量决策一样，（8，8）定价并不是纳什均衡解，双方缺乏约束机制，将会各自降低自己的价格，直到（6，6）纳什均衡解，这其实也是囚徒的困境的一种，在现实生活中有很多这样的例子，比如以彩电为代表的家电企业之间的价格大战，还有电商之间的价格战等等。

更一般地有 n 个寡头的价格决策的伯川德模型，则是两寡头模型的简单推广，也即只需要求出每个厂商对其他各个厂商价格的反应函数，然后解出它们的交点即可。

重要问题

如何理解无限策略博弈的纳什均衡？

纳什均衡：在给定它的竞争者的行为以后，各厂商采取它能采取的最好的行为。

（三）混合策略及其混合策略纳什均衡的典型例子

1. 混合策略定义

通过前文定义，我们知道一个纳什均衡是这样的一个策略组合，在给定所有其他参与人的策略的情况下，没有任何一个参与人有动力改变自己的策略。上述纳什均衡的定义可以直接扩展到允许混合策略存在的情形。所谓混合策略，这里给出它的一个较正式的定义：

定义：在博弈 $G=\{S_1, \cdots, S_n; u_1, \cdots, u_n\}$ 中，博弈方 i 的策略空间为 $S_i=\{s_{i1}, \cdots, s_{ik}\}$，则博弈方 i 以概率分布 $p_i=(p_{i1}, \cdots, p_{ik})$ 随机在其 k 个可选策略中选择“策略”，称为一个“混合策略”，其中 $0\leqslant p_{ij}\leqslant 1$ 对 $j=1, \cdots, k$ 都成立，且 $p_{i1}+\cdots+p_{ik}=1$。

事实上，可以把纯策略看作是混合策略，即选择相应纯策略的概率为1，选择其余纯策略的概率为0的混合策略。反之，混合策略同样可以看作是纯策略的扩展，因为如果给一个博弈的每个博弈方的纯策略空间赋予不同的概率分布，构成各个博弈方混合策略的概率分布是连续的，可以取无限多组值，就形成了无限多的不同的混合策略。

这种博弈方以一定的概率分布在可选策略中随机选择的决策方式，在分析原来没有纳什均衡的博弈和有多个纳什均衡的博弈时有非常重要的意义。

2. 混合策略纳什均衡的典型例子

（1）猜硬币博弈

猜硬币博弈本身很简单，如图8－7所示。两人通过猜硬币的正反面赌输赢，其中一人用手盖住一枚硬币，由另一方猜是正面朝上还是反面朝上，如果猜对，那么猜者会赢1元，盖硬币者输1元；否则，猜者输1元，盖硬币者赢1元。若赢1元得益为1，输1元得益为－1。因此，双方此在博弈“正面”、“反面”两种策略的意义上，不存在纳什均衡策略组合。保持秘密，不让其他博弈方事先了解自己的选择，是该博弈中各博弈方首先必须遵循的原则。进一步地，在该博弈的多次重复中，博弈方一定要避免自己的选择带有规律性，即博弈方必须随机选择策略。

		猜硬币方			
		正面		反面	
盖硬币方	正面	−1	1	1	−1
	反面	1	−1	−1	1

图8－7　猜硬币博弈

假设盖硬币方以 α 的概率选择出正面，以 $(1-\alpha)$ 的概率选择出反面；而猜硬币方以 β 的概率选择出正面，以 $(1-\beta)$ 的概率选择出反面。则他们的支付函数分别为：

$$E_{u盖}=-1\times\alpha\times\beta+1\times\alpha\times(1-\beta)+1\times(1-\alpha)\times\beta+(-1)\times(1-\alpha)\times(1-\beta)=-1+2\alpha+2\beta-4\alpha\beta$$

$$E_{u猜}=1\times\alpha\times\beta+(-1)\times\alpha\times(1-\beta)+(-1)\times(1-\alpha)\times\beta+1\times(1-\alpha)\times(1-\beta)=1-2\alpha-2\beta+4\alpha\beta$$

$E_{u盖}$的极大化条件为：$\dfrac{\partial E_{u盖}}{\partial \alpha}=2-4\beta=0\Rightarrow\beta=0.5$

$E_{u猜}$的极大化条件为：$\dfrac{\partial E_{u猜}}{\partial \beta}=-2+4\alpha=0\Rightarrow\alpha=0.5$

这说明这个博弈的混合策略纳什均衡是盖硬币方和猜硬币方各 0.5 的概率随机选择出正面或出反面。其期望支付为：$E_{u盖}=E_{u猜}=0$。

（2）一个不存在纯策略纳什均衡的数值的例子

在图 8－8 中得益矩阵表示的博弈问题，容易发现它不存在纯策略纳什均衡，也即不存在哪个博弈方可通过单独改变策略而得到更好的得益。事实上，可以用猜硬币博弈中找出混合策略纳什均衡概率分布相同的方法，来找出这个博弈的混合策略纳什均衡。

		博弈方2	
		策略c	策略d
博弈方1	策略a	3　1	1　3
	策略b	0　5	4　2

图 8－8　一个数值例子的混合纳什均衡

在此博弈中，两博弈方一是决策时必须具有随机性，即不能让对方知道或猜到自己的选择；二是彼此选择每种策略的概率一定要恰好让对方无机可乘，即不能使得某一方有针对性地倾向某一策略而在博弈中占上风。假设博弈方 1 选策略 a 的概率为 P_a，选策略 b 的概率为 P_b，博弈方 2 选策略 c 的概率为 P_c，选策略 d 的概率为 P_d。因为博弈中谁也占不了上风，所以当博弈方 1 选策略 a 和策略 b 的概率 P_a 和 P_b，博弈方 2 选策略 c 的期望得益和选策略 d 的期望得益是相等的，即

$$P_a\times1+P_b\times5=P_a\times3+P_b\times2$$

化简可得 $P_a=3/2\,P_b$。由于 $P_a+P_b=1$，可求得 $P_a=0.6$，$P_b=0.4$，这就是博弈方 1 应该选择的混合策略。同理，博弈方 2 选择策略 c 和策略 d 的概率 P_c 和 P_d，也应使博弈方 1 选择 a 的期望得益和选择 b 的期望得益相等，即

$$P_c\times3+P_d\times1=P_c\times0+P_d\times4$$

化简可得 $P_c=P_d$。由于 $P_c+P_d=1$，可求得 $P_c=0.5$，$P_d=0.5$，这是博弈方 2 应该选择的混合策略。

当博弈方 1 以（0.6，0.4）的概率随机选择策略 a 和策略 b，博弈方 2 以（0.5，0.5）的概率随机选择策略 c 和策略 d 时，此时，由于谁都无法通过单独改变自己随机选择的概率分布改善自己的期望得益，所以这个混合策略组合是稳定的。这就是本博弈唯一的混合策略纳什均衡。当双方采用该策略组合时，虽然不能确定单独一次博弈的结果究竟会是四组得益中的哪一组，但双方进行多次独

立重复该博弈的平均结果，也就是该博弈的期望得益，应该分别为

$$
\begin{aligned}
E_{u_1} &= P_a \cdot P_c \cdot u_1(a,c) + P_a \cdot P_d \cdot u_1(a,d) + P_b \cdot P_c \cdot u_1(b,c) + \\
&\quad P_b \cdot P_d \cdot u_1(b,d) \\
&= 0.6 \times 0.5 \times 3 + 0.6 \times 0.5 \times 1 + 0.4 \times 0.5 \times 0 + 0.4 \times 0.5 \times 4 \\
&= 2.0
\end{aligned}
$$

$$
\begin{aligned}
E_{u_2} &= P_c \cdot P_a \cdot u_2(c,a) + P_c \cdot P_b \cdot u_2(c,b) + P_d \cdot P_a \cdot u_2(d,a) + \\
&\quad P_d \cdot P_b \cdot u_2(d,b) \\
&= 0.5 \times 0.6 \times 1 + 0.5 \times 0.4 \times 5 + 0.5 \times 0.6 \times 3 + 0.5 \times 0.4 \times 2 \\
&= 2.6
\end{aligned}
$$

无论是在猜硬币博弈还是在该数值例子的博弈中，其混合策略都具有这样的特征：如果博弈的一方执行它的均衡混合策略，则博弈的另一方从执行任何一个纯策略中获得的期望支付与执行均衡混合策略的期望支付相同。

这并不是偶然现象，实际上对任何混合策略均衡来说，情况都是这样。如果混合策略中有一部分纯策略比其他纯策略有更高的期望支付，参与人就会增加能带来更高期望支付的策略的概率，直到所有的纯策略的期望支付一致为止。

第四节　重复博弈

重复博弈是指基本博弈重复进行构成的博弈过程。虽然从形式上来看重复博弈是基本博弈的重复进行，但博弈方的行为和博弈结果却不一定是基本博弈的简单重复，由于博弈方对于博弈会重复进行的意识，会使他们对利益的判断发生变化，从而使他们在重复博弈过程不同阶段的行为选择受到影响。因此，不能把重复博弈名作基本博弈的简单叠加，而必须把整个重复博弈过程作为一个整体来进行研究。

通常大多数研究的重复博弈是静态博弈的重复，而重复博弈本身又是一个动态过程，属于动态博弈的范畴，因此重复博弈与静态博弈和动态博弈都有关系。这种博弈关系在现实中有普遍性，比如社会经济活动中短期一次性的合作或竞争关系或者长期反复的合作和竞争关系等。这种长短期关系使得人们的行为选择和博弈的结果就更复杂，可能性也就更多。

一、有限次重复博弈

有限次重复博弈要更普遍一些，比较常见的是基本博弈重复两三次或者其他有限的次数，因为即使是社会经济活动中的长期关系，通常长度也是很有限的，有预定的结束时间。我们称这种由基本博弈的有限次重复构成的重复博弈为“有限次重复博弈”。

比如双寡头价格竞争两厂商之间的有限次重复博弈（博弈重复有限次数，假设有限的 n 个月），并且假设厂商 1 和厂商 2 是理性的，厂商 2 会这样推理：“因为厂商 1 会采用报复策略，厂商 2 在最后一个月之前不能削价竞争，厂商 2 应该在最后一个月削价竞争，因为这样在那个月厂商 2 就能赚到较大的利润，并且接着博弈就结束了，故厂商 1 无法报复。”因此厂商 2 会打算，“在最后一个月之前一直定高价，而在最后一个月定低价。”

但是，厂商 1 也会打算在最后一个月定低价。此时，厂商 2 也能估计到这一点。所以，厂商 2 盘算它应该在倒数第二个月就定低价，因为最后一个月反正是不会有合作了。但是厂商 1 也会估计到这一点，因而厂商 1 也打算在倒数第二个月就定低价。同样的推理方法适用于所有的前一个月，唯一理性的结果是博弈双方每个月都定低价。

因此，在有限次重复博弈中，囚徒的困境博弈的纳什均衡是参与者不合作。

二、无限次重复博弈

无限次重复博弈也是基本博弈的重复进行，是有无限个阶段的动态博弈。虽然谁都无法验证某个重复博弈确实会一直进行下去，但从理论上来说，重复博弈可以无限次进行下去，因为如果某个重复博弈没有可以预见的结束时间，各博弈方主观上会认为博弈将不断进行下去，那么就可以把这样的博弈看作是无限次重复博弈。

虽说无限次重复博弈的基本博弈也称为原博弈，但与有限次重复博弈相比还是有重要区别的：一是无限次重复博弈没有结束重复的确定时间，也就是最后一次重复。二是无限次重复博弈需要考虑不同时间得益的价值差异和贴现问题，须考虑将后一期得益折算成前一期得益，对博弈方选择和博弈均衡的分析须以平均得益或总得益的现在值为根据。

无限次重复博弈由于假设该博弈是无限重复的，所以对于任何一博弈方的欺骗和违约行为，其他博弈方总会有机会报复。比如，在卡特尔组织中，成员之间都采取“以牙还牙”的策略：所有成员从一开始就合作，对于每一个成员来说，其他的成员是合作的，则他就会把这种合作进行下去。但是只要有一个成员违约，大家就都不跟他合作。这样，违约方就可能永远失去和别人合作的机会，这可以看做是以一种长期的损失作为惩罚。在无限次重复博弈中，试图“合作”和惩罚“不合作”是实现理想均衡的关键，所以，每一个博弈方都不会采取违约或者欺骗的行为，囚徒的困境得益矩阵中两者都合作的均衡解是存在的。

以上介绍的仅仅是博弈论的初步，随着研究的深入，博弈论和信息经济学已经逐步形成较为完善和庞大的理论体系，由于本书的难易程度和篇幅原因，进一步学习博弈论还请读者阅读相关文献和论著。

重要问题

无限次重复博弈和有限次重复博弈的相似之处在于哪？

无限次重复博弈与有限次重复博弈相似的地方：一则二者都是基本博弈的重复进行；二则是在博弈中试图“合作”和惩罚“不合作”是实现无限次重复博弈或者有限次重复博弈理想均衡的关键，是构造高效率均衡策略的核心构件。

小　结

(1) 博弈论是描述和研究经济行为者之间策略相互依存和相互作用的一种决策理论。一个博弈包含四个关键方面：博弈的参加者即博弈方、各博弈方的策略或行为、博弈的次序、博弈方的得益。

(2) 博弈大致可进行如下分类：一是根据博弈方是否合作分为合作博弈和非合作博弈；二是在非合作博弈基础上，根据博弈方的理性和行为逻辑差别分为完全理性博弈和有限理性博弈；三是根据博弈过程可分为静态博弈、动态博弈和重复博弈，并在此基础上根据信息的完全、完美与否分为完全信息静态博弈和不完全信息静态博弈、完全且完美信息动态博弈、完全但不完美信息动态博弈、不完全信息动态博弈。

(3)“囚徒的困境”从博弈中两个决策者的立场上来看该结局属于个人最优策略，但从整体来说却是最差的结果，即个体理性和团体理性发生冲突，使得该结果既没有实现两人总体的最大利益，也没有真正实现自身的个体最大利益。该博弈的重要意义在于类似的情况会发生在社会经济活动中，因而该博弈具有很大的普遍性。

(4) 严格下策反复消去法是建立在理性的博弈方不会选择严格下策这一原则上。它有两点不足：第一，每一步消去都需要更进一步假定博弈方之间是相互了解的，扩展到任意多步，需要假定“博弈方是理性的”这一共同知识。第二，当不存在严格下策的博弈，则无法用该法进行分析，或者在策略数较多的博弈中，当该法只能消去其中的部分策略时，这时严格下策反复消去法往往无法对博弈作出准确的预测。

(5) 如果参与者之间能够交谈并达成有约束力的合约，博弈就是合作的，否则就是非合作的。在任何一类博弈中，策略设计的最重要的方面就是理解你的对手的处境，并（如果你的对手是理性的）正确推导出其对你的行为会做出的反应。

(6) 一个纳什均衡就是各参与者所做的是在给定其他参与者的策略时所能做的最好的一组策略。占优策略的均衡是纳什均衡的一种特例，不管其他参与者如何做，占优策略总是最优的。纳什均衡依赖各参与者的理性。极大化极小策略是较保守的，因为它只是使最小的可能结果最大化。

(7) 有些博弈没有纯策略纳什均衡，但却有一个或更多个混合策略纳什均衡。一个混合策略就是一种参与者根据一组选定的概率在两种或更多种可能的行为中随机选择的策略。

(8) 混合策略博弈中，一是博弈方决策时必须具有随机性，即不能让对方知道或猜到自己的选择。二是彼此选择每种策略的概率一定要恰好让对方无机可乘，即不能使得某一方有针对性地倾向某一策略而在博弈中占上风。

(9) 在一次性博弈中不是最优的策略可能在一个重复博弈中是最优的。取决于重复次数的以牙还牙策略。其中一个参与者只要其竞争者合作就保持合作，可能对重复的囚徒困境博弈是最优的。

复习思考题

一、名词解释

博弈方　策略　单人博弈　两人博弈　多人博弈　策略空间　静态博弈　动态博弈　博弈方的得益　零和博弈　常和博弈　变和博弈　合作博弈和非合作博弈　博弈的标准式表述　囚徒的困境　严格下策反复消去法　纳什均衡　重复博弈

二、简答题

1. 什么是博弈？博弈有哪些分类方法，有哪些主要类型？
2. 设定一个博弈模型必须包含哪几个方面？
3. 举出现实中囚徒的困境的具体例子。
4. 合作博弈和非合作博弈之间的区别是什么？各举出一个例子。
5. 严格下策反复消去法和纳什均衡的关系是什么？
6. 有限次重复博弈和无限次重复博弈有什么区别？
7. 考虑一个重复10次，且两参与者都是理性的和有充分信息的囚徒困境博弈。在这个例子中以牙还牙策略是最优的吗？在什么条件下这种策略是最优的？
8. 如何理解以牙还牙策略是无限重复囚徒困境的理性策略？

三、计算题

1. 设古诺模型中有厂商1和厂商2共两家厂商，q_1、q_2分别为厂商1和厂商

2 的产量，$Q=q_1+q_2$ 为市场总产量。P 为市场出清价格，且已知 $P=P(Q)=a-Q$（当 $Q<a$ 时，否则 $P=0$）。假设两厂商的边际成本分别为 c_1 和 c_2。如果 $0<c_i<a/2$（$i=1$，2），求纳什均衡产量各为多少？如果 $c_1<c_2<a$，但 $2c_2>a+c_1$，则纳什均衡产量又为多少？

2. 求出下图中得益矩阵所表示的博弈中的混合策略纳什均衡。

		博弈方2 左	博弈方2 右
博弈方1	上	3 1	1 3
	下	0 5	4 2

四、论述题

1. 试述博弈的标准式表述。

2. 试述严格下策反复消去法的分析思路。

阅读推荐与网络链接

1. 马丁·J. 奥斯本（Martin J. Osborne），施锡铨，陆秋君，钟明．博弈入门．上海：上海财经大学出版社，2010.

2. 谢识予．经济博弈论．第三版．上海：复旦大学出版社，2008.

3. 罗伯特·吉本斯，高峰．博弈论基础．北京：中国社会科学出版社，1999.

4. 张维迎．博弈论与信息经济学．上海：上海人民出版社，2004.

5. 武庚平．高级微观经济学．北京：清华大学出版社，2001.

6. 张军．高级微观经济学．上海：复旦大学出版社，2002.

7. 施锡铨．博弈论．上海：上海财经大学出版社，2000.

8. http：//bbs. jjxj. org/forum－236－1. html.

9. http：//bbs. pinggu. org/forum－52－1. html.

第九章

生产要素价格决定的需求方面

学习目的

- 了解要素市场的基本特征与生产要素价格。
- 理解边际收益产品和边际产品价值的含义，掌握厂商使用生产要素的原则。
- 掌握完全竞争厂商和非完全竞争厂商对生产要素的需求。

引导案例

在深圳坂田，华为公司新建的华为城分为生活区、科研开发区和生产厂房三大块，均由来自美国、德国和香港的工程师们规划、设计，生活区拥有3 000多套别墅式的单身公寓。这个设施齐全、技术先进、环境优美的现代化工业城可称是中国目前最先进的大型高科技工业城，为员工提供"比这个城市的其他人相对优越的生活和待遇"。华为是个创造神话的企业。它不仅创造超过20亿美元的年销售额，也同时在创造出一批敬业高效、贴着"华为制造"标签的华为人。3万多名华为员工用自己的全部青春和热情，日复一日地过着两点一线的生活。如果你在深圳的5天工作日里，想约一个华为的朋友聚聚是非常不容易的事情，华为员工几乎将全部精力投入到工作中，没有自己的业余生活和时间。

据猎头公司介绍，摩托罗拉和贝尔等外资企业要想挖华为的人很难，但华为要挖他们的人就容易多了。其中，钱是重要的因素。一名刚毕业的硕士生可拿到10万元的年薪；一位刚工作两年、本科毕业的技术或市场人员可派发8万股左右公司内部股票；对于一个总监级的员工（约占公司人数的2%）来讲，平均拥有300万的公司内部股票。对于华为员工而言，工资加不加已经无所谓，分红才是大头。华为的基本管理费用都比竞争对手——中兴通讯要高。华为的销售人员出差补贴标准是中兴通讯的近一倍。总之，高薪和一个巨大的持股计划，使得华为员工都很关心公司的市场前景和发展，也使他们愿意用自己的努力和青春血汗创造企业的神话。

资料来源：苏墨．逃离华为——中国领先公司职业经理人生存状态［J］．经理人，2004（4）：62．

案例导学

从华为公司的例证中可以看出，它们支付给员工的工资（或收入水平）高于市场上的平均工资水平，其目的在于给工人以激励，而提高工人的生产率。从经济学的角度进行分析，企业实现生产需要投入劳动、资本、土地等生产要素，人才属于经济学中的生产要素之一，其需求由劳动市场决定，而厂商对要素的需求量则取决于厂商的利润最大化原则。因此，华为对员工高工资的支付现象可以归结为它符合追求利润最大化的厂商使用生产要素的原则。在经济学中，完全竞争条件下厂商的最优生产要素使用原则是使用要素的“边际成本”（即要素价格）等于使用要素的“边际收益”（即边际产品价值）。对于华为公司而言，公司支付一个较高的工资，那么将会得到生产更有效率的工人，其创造的边际产品价值也就更高。

本章将从产品市场转入要素市场的分析中，主要介绍要素市场的特征、生产要素价格和使用量的决定过程，及完全竞争厂商与卖方垄断、买方垄断、双边垄断厂商对生产要素的需求分析方法。通过本章的学习，深入了解生产要素市场和要素需求理论。

第一节　生产要素市场与生产要素价格

在产品市场，企业根据市场需求来决定每种产品的供给数量，并依据产品成本最小化的原则来决定它们要使用多少数量的各种投入。为了提供产品和服务，企业需要投入各种经济资源，即生产要素，而这些资源需要从要素市场上进行购买，如同产品市场一样，要素市场的供求也决定要素的均衡价格和均衡供给量。

一、生产要素市场概述

（一）生产要素

生产要素是被厂商用于生产供家庭消费的商品和服务的所有资源。在西方经济学理论上，一般将生产要素分为四类：土地、劳动、资本和企业家才能。其中，劳动是指人类在生产过程中提供的体力和智力；土地泛指各种自然资源，包括土地、矿产、原始森林以及江河湖海等；经济学中的资本是指实物形态的资本，是由土地和劳动生产出来并被用于生产过程的产品，包括厂房、机器、设备和原材料等；企业家才能作为一种创新、冒险意义上的生产要素，它的需求、供给和定价是比较复杂的，因此我们着重讨论土地、劳动和资本这三类生产要素市场。

重要问题

企业生产所需的投入品都是生产要素吗?

设想福特公司决定生产更多的汽车，它就必须使用更多的劳动、机器或更多土地，但它还将需要使用其他的投入品，例如钢铁、轮胎和挡风玻璃。所有这些投入品都是生产要素吗?

当然不是。劳动、土地和资本是生产要素，但钢铁、轮胎和挡风玻璃不是。原因在于生产要素可以通过出售它的服务而反复获得收入，例如，工人通过重复地出售他或她的劳动而获得收入，机器的所有者通过重复出售机器的使用权而获得收入。然而，像钢铁、轮胎和挡风玻璃这样的投入品却在生产过程中被耗尽，它不能成为其所有者未来收入的来源。

（二）生产要素市场的特征

要素市场与产品市场非常相似，都是由供求双方的行为共同决定价格，并据此协调资源的配置。和产品市场比较起来，要素市场具有如下特征：

（1）在产品市场，需求来自消费者，供给来自生产者；在要素市场，情况正相反，需求来自生产者，供给来自消费者（即要素所有者）。

（2）在产品市场上，产品需求直接来自个人欲望的满足，属于直接需求；在生产要素市场，要素需求是从产品需求引发出来的需求，属于间接需求，也称为派生需求。

（3）产品市场的价格是指购买产品本身的价格，购买以后即为购买者所有，发生了产品所有权的转移；要素市场的价格是指使用要素的价格，购买者只获得要素的使用权，而无所有权。

（4）要素市场与产品市场具有相互依赖性。因为要素价格取决于要素市场的供求，而要素市场的供求又取决于产品市场。如果产品市场需求不足，生产萎缩，势必降低对要素的需求，影响要素的价格。反过来，要素价格也会影响产品价格，如果要素价格上涨，会引起产品价格上涨，从而影响产品市场的需求。

（5）同产品市场一样，要素市场按竞争程度不同也可以分为完全竞争市场和不完全竞争市场，所不同的是，在产品市场上，通常假定买方（消费者）为完全竞争，只有卖方（厂商）才分为不同的市场类型；而在要素市场，买卖双方都可以分为不同的市场类型，形成了远比产品市场复杂的市场组合以及不同的均衡状态。

二、生产要素价格

生产要素在要素市场上被买卖，要素市场上的价格被称为要素价格。工资、利息、地租和利润就是劳动、资本、土地和企业家才能这些生产要素的价格。要素价格与商品价格相比有着较为明显的差别：商品价格是指每单位商品的价值，即销售价格，例如一块手表的价格为100元，这100元就是手表本身的价值。但是要素价格并不是指要素本身的销售价格，而是指生产要素在一定时间内提供服务的价格。具体来讲，劳动的价格是指劳动者在一个单位时间里提供劳动服务的报酬；资本的价格不是指机器和厂房的价值，是指在一个单位时间里提供服务的报酬；土地的价格不是指一块地皮的价值，而是指这块土地在一定时间里为使用者提供服务的所得；企业家才能的价格是指企业家提供管理服务的报酬。虽然实物要素（如土地和机器等）可以在市场上销售，有其自己的价格，但是这些要素的市场价格也是由它们所提供的服务的价值所决定的。

关于生产要素价格决定的理论，传统上有两种，一种是以美国经济学家约翰·贝茨·克拉克（John Bates Clark）为代表的边际生产力分配论，另一种是以马歇尔为代表的均衡价格论。前者认为，生产要素的报酬是由生产要素的边际生产力决定的，即最公平的分配方式是每种要素得到它的边际产品；后者则认为，生产要素的价格同产品的价格一样，也是由市场上的供给和需求两种力量决定的，不同的是，生产要素的供给者是各个家庭，而生产要素的需求方则是各个企业，二者在要素市场上相互作用，由此形成要素的价格。当代西方经济学基本上继承了均衡价格论，用要素的需求和供给来说明生产要素的价格决定。

第二节 生产要素市场的需求分析

尽管要素市场和产品市场一样，其价格和使用量都由市场的供求决定，但由于它们各自的需求者和供给者正好相反，因此其需求性质又有所不同。

一、生产要素市场需求的性质

（一）生产要素的需求是派生需求

在产品市场，产品需求来自于消费者，消费者购买产品是为了直接满足欲望，因此对产品的需求属于直接需求。在要素市场，要素需求来自于厂商，而不是消费者，厂商之所以购买要素并不是为了满足自身欲望，而是为了生产和销售产品，通过满足消费者的需求来使自己获得收益。因此，要素需求不是直接需求，而是从产品需求引申出来的间接需求，被称为引致需求或派生需求。例如消费者购买服装是为了满足自己，属于直接需求；而消费者对服装的需求引致了制衣厂去购买生产要素（棉花、劳动等）来生产服装，因此制衣厂对棉花和劳动要素的需求属于派生需求。

（二）生产要素的需求是联合需求

厂商对生产要素的需求具有两个特征：一方面，由于技术上的原因，厂商对要素的需求总是多重的，例如面包厂需要劳动、面粉、机器设备等要素，制衣厂也需要劳动、棉花、机器设备要素；另一方面由于要素之间一般是可以相互替代的，对同一产品的需求，厂商往往可以采用不同的要素组合来完成，例如多用土地、少用劳动或少用土地、多用劳动，同样都能生产出产品，所以要素之间的这种相互替代性使得厂商对某种要素的需求，不仅取决于该生产要素的价格，而且还取决于其他相关要素的价格。因此，厂商对生产要素的引致需求是一种共同使用多种要素的需求。

二、生产要素的需求

（一）厂商使用生产要素的原则

1. 使用生产要素的收益

在产品市场中，边际收益是指增加 1 单位产品所能为厂商带来的额外收益。在要素市场中，经济学用“边际收益产品”（Marginal Revenue Product，缩写为 *MRP*）表示使用生产要素的收益，其含义是指厂商每增加一单位某种生产要素所增加的收益。因为厂商增加这 1 单位的生产要素是要投入生产，进而在产品市场上出售产品获取收益，因此我们可以公式推导 *MRP*：

假定厂商的需求函数为 $P=P(Q)$，生产函数是一种要素投入（假定其他要素不变）的函数，即 $Q=Q(L)$。则厂商的收益函数可表示为

$$TR = P(Q) \times Q(L) = P[Q(L)] \times Q(L)$$

其中，$P[Q(L)]$ 是生产要素数量 L 的复合函数，产品数量 $Q(L)$ 是生产要素数量 L 的函数。

则产品的边际收益表示为：

$$MR = \frac{\mathrm{d}TR}{\mathrm{d}Q} = \frac{\mathrm{d}P}{\mathrm{d}Q} \times Q + P(Q) \tag{9.1}$$

生产要素的边际收益产品表示为：

$$MRP = \frac{\mathrm{d}TR}{\mathrm{d}L} = \frac{\mathrm{d}P[(Q(L)]}{\mathrm{d}Q(L)} \times \frac{\mathrm{d}Q(L)}{\mathrm{d}L} \times Q(L) + \frac{\mathrm{d}Q(L)}{\mathrm{d}L} \times P[Q(L)]$$

$$= \frac{\mathrm{d}Q(L)}{\mathrm{d}L}\left[Q\frac{\mathrm{d}P}{\mathrm{d}Q} + P\right] \tag{9.2}$$

式中，$\frac{dQ(L)}{dL}$表示每增加1单位生产要素L带来的产品增量，我们称之为边际产量或边际产品（Marginal Product，用MP表示）；$\left(Q\frac{dP}{dQ}+P\right)$可以由式（9.1）简化表示为$MR$。因此式（9.2）又可表示为

$$MRP = \frac{dQ(L)}{dL}\left[Q\frac{dP}{dQ}+P\right] = MP \cdot MR \tag{9.3}$$

由式（9.3）可得出结论：边际收益产品等于边际产品与边际收益的乘积。

重要问题

为什么边际收益产品曲线向右下方倾斜？

这是因为随着要素的投入越来越多，其边际产品会递减，而且当产出增加时厂商的边际收益递减。(9.3) 式表明边际收益产品等于边际产品与边际收益的乘积，因此当某要素的投入越来越多时，边际收益产品会下降，其边际收益产品曲线就会向右下方倾斜。

2. 使用生产要素的成本

在产品市场中边际成本是指增加一个单位产品所增加的成本，在要素市场中，经济学用边际要素成本（Marginal Factor Cost，缩写为MFC）表示使用生产要素的成本，其含义是指厂商增加一单位要素使用所增加的成本，例如某厂商雇佣6个劳动力支付的日工资总额是600元，雇佣7个劳动力支付的日工资总额是680元，那么该厂商雇佣7个劳动力的边际要素成本是80元。

从成本理论分析中可知，总成本表示为产量的函数，即$C=C(Q)$，产量表示为一种要素投入的函数，即$Q=Q\ (L)$，因此，成本函数可以表示为要素的复合函数，即$C=C\ [Q\ (L)]$。对L求导，便可以得到边际要素成本公式：

$$MFC = \frac{dC}{dL} = \frac{dC}{dQ} \cdot \frac{dQ}{dL}$$

式中，$\frac{dQ}{dL}$是生产要素的边际产量，$\frac{dC}{dQ}$是产品的边际成本，因此可以得出边际要素成本为边际成本与边际产品之乘积，见下式：

$$MFC = MC \cdot MP \tag{9.4}$$

3. 使用生产要素的原则

在产品市场中，厂商实现利润最大化的原则是边际收益等于边际成本，这一原则同样适用于生产要素市场，即厂商确定最佳要素使用量的组合规则是使每种

要素投入的边际收益产品等于边际要素成本，用公式表示为：

$$MRP = MFC \tag{9.5}$$

比较（9.3）式和（9.4）式可知，如果 $MRP > MFC$，即一个厂商购买一定数量的某种生产要素所获得的边际收益产品大于边际要素成本，这时只要厂商继续增加对这种要素的购买和使用，就可以获得更多的利润，显然当前的利润不是最大的。当厂商增加这种要素的购买和使用后，由于边际报酬递减规律的作用，这种要素的边际产品下降，从而边际收益产品也趋于下降，一直下降到 $MRP = MFC$ 时，最后一个单位要素的收益与成本相等，此时利润达到最大。反之，当 $MRP < MFC$ 时，该厂商购买最后一个单位要素将出现亏损；如果厂商减少对该要素的购买和使用，就可以减少亏损，相应地增加总利润。当它减少这种要素的购买时，由于边际报酬递减规律的作用，这种要素的边际产品就会增加，使得边际收益产品增加，直到增加到 $MRP = MFC$ 时，该避免的损失都避免了，于是该厂商利润达到最大。

（二）生产要素的需求曲线

（9.5）式为我们分析完全竞争厂商和非完全竞争厂商对生产要素的需求曲线提供了基础，根据一般条件下的厂商要素使用原则：$MRP = MFC$，我们可以推导出单个厂商的要素需求曲线和市场需求曲线。然而在不同的市场条件下，要素需求曲线并不完全相同，下面的小节将详细讨论完全竞争市场、卖方垄断市场以及买方垄断市场下的生产要素使用原则以及要素需求曲线。

第三节　完全竞争厂商对生产要素的需求

上一节我们分析了厂商使用单一生产要素的一般原则，这一节我们将在此基础上进一步分析完全竞争条件下要素市场的需求曲线。

一、完全竞争厂商的含义

前面分析产品市场时所涉及的完全竞争厂商只是“完全竞争的产品市场中的厂商”。当从产品市场的分析扩展到要素市场的分析时，仅有产品市场的完全竞争不足以说明厂商的完全竞争性，还必须要求生产要素市场也是完全竞争的。

完全竞争的要素市场一般具有下列特点：第一，生产要素市场中存在大量的买者（产品的生产者）和卖者（生产要素的所有者）；第二，生产要素是同质的，即同一类生产要素没有任何区别；第三，生产要素供求双方都具有完全的信息；第四，生产要素可以充分自由地流动，不存在进入或退出市场的障碍。我们把同时处于完全竞争产品市场和完全竞争要素市场中的厂商称为完全竞争厂商。在这种情况下，厂商既是产品价格的接受者，又是要素价格的接受者。显然，具有这种双重竞争性质的厂商规模是很小的，它只是商品和要素市场上许许多多的小厂商中的一分子。

二、完全竞争厂商使用要素的原则

在完全竞争产品市场上，厂商是产品价格的接受者，厂商卖出的每件产品价格都是 P。由于产品价格为常数 P，产品边际收益始终等于产品价格，即 $MR=P$。那么，边际收益产品 MRP 则表示为：

$$MRP = MR \cdot MP = P \cdot MP \tag{9.6}$$

（9.6）式中我们称 $P \cdot MP$ 为边际产品价值（Value of Marginal Product，用 VMP 表示），是指增加一个单位的某种生产要素给企业带来的价值增量，即厂商多雇佣一个单位要素所获得的额外收益，表示为

$$VMP = P \cdot MP \tag{9.7}$$

要素的边际收益的一般形式是边际收益产品，但在完全竞争条件下，它简化为边际产品价值，也就是说，完全竞争市场上要素的边际收益产品等于要素的边际产品价值，即 $MRP = VMP$。

在完全竞争的要素市场上，厂商也是生产要素价格被动的接受者，即厂商只能按既定的价格购买生产要素。因此，厂商增加一单位生产要素 X 的投入所增加的成本就是该生产要素的价格 P_X，即 $MFC=P_X$。

因此，完全竞争厂商使用要素的原则是边际产品价值等于生产要素价格，具体表示为

$$MRP = VMP = P_X \tag{9.8}$$

（9.8）式也可以通过数学方法证明。

我们选取劳动生产要素 L 为例来给出证明。假设 π 代表完全竞争厂商的利润，它是要素 L 的函数，F 为固定成本，则由利润的定义可知：

$$\pi(L) = P \times Q(L) - W \times L - F$$

为了达到利润最大化（这里只讨论利润最大化的一阶条件，设定二阶条件已经满足），则

$$\frac{\mathrm{d}\pi(L)}{\mathrm{d}L} = P \cdot \left[\frac{\mathrm{d}Q(L)}{\mathrm{d}L}\right] - W = 0$$

即 $P \cdot \left[\frac{\mathrm{d}Q(L)}{\mathrm{d}L}\right] = W$

由此得出：$VMP_L = W$

如果 $VMP > P_X$，则增加使用一单位生产要素所带来的收益就会大于所引起的成本的增加，于是厂商将决定增加要素的使用以提高利润。随着要素使用量的增加，要素的价格不变，而要素边际产品下降，从而边际产品价值将下降，最终使得 $VMP = P_X$；反之，如果 $VMP < P_X$，则减少使用一单位要素所损失的收益就会小于所节省的成本，因而厂商将决定减少要素的使用以提高利润。随着要素使用量的减少，要素的边际产品上升，从而边际产品价值将上升，最终使得 $VMP = P_X$。因此，只有当边际产品价值恰好等于要素价格时，完全竞争厂商才达到利润最大化，此时使用要素数量为最优要素数量。

三、单个厂商对生产要素的需求曲线

下面分单一要素投入与多种要素投入两种情况讨论单个完全竞争厂商对生产要素的需求。

（一）单一可变要素下的厂商的要素需求曲线

单一可变要素投入是指厂商在其他要素使用量固定的前提下，只使用一种可变动的生产要素进行生产。假定厂商使用的要素投入中，只有劳动为可变要素，那么该厂商对劳动要素的需求曲线是什么呢？前面讲过，在完全竞争条件下（厂商所面临的产品市场和要素市场都是完全竞争的），厂商使用生产要素的原则是要素的边际产品价值等于要素的市场价格，即 $VMP_L = W$。完全竞争时，要素的边际收益产品又等于要素的边际产品价值，即 $MRP = P \cdot MP = VMP$，因此我们可以得出：

$$P \cdot MP(L) = W \tag{9.9}$$

（9.9）式中，$MP(L)$ 为边际产品，是要素 L 的函数；由于产品价格 P 为常数，显然上式确定了从要素价格 W 到要素使用量 L 的一个函数关系，即确定了完全竞争厂商对要素的一个需求函数。由于边际报酬递减规律的作用，随着劳动投入的增加，劳动的边际产品递减，而边际收益是非增的，因此劳动的边际收益产品曲线向右下方倾斜，如图 9－1 所示。图中横轴 OL 度量劳动的数量，纵轴 OW 度量劳动的价格。由于在完全竞争市场条件下，产品价格等于边际收益，因此边际收益产品等于边际产品价值，此时两条曲线重合。

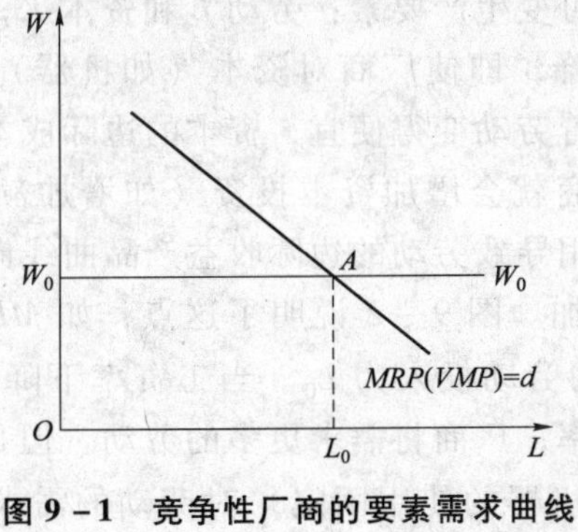

图 9－1　竞争性厂商的要素需求曲线

由图 9－1 我们也可以推出厂商要素需求曲线的两个特点：

第一，厂商的要素需求曲线向右下方倾斜。假定初始时，厂商使用的要素数量满足（9.9）式，现在由于要素价格 W 上升，使得 $P \cdot MP(L) < W$，为了重新恢复均衡，厂商必须调整要素使用量 L 以满足最优条件。根据边际生产力递减这一性质，只有通过减少要素使用量才能达到这一目的。因此可以得出结论：随着要素价格的上升，厂商对要素的最佳使用量即需求将下降。也就是说，厂商的要素需求曲线是向右下方倾斜的。

第二，厂商的要素需求曲线与边际产品价值曲线重合。由于要素市场是完全竞争的，因此无论厂商如何调整要素使用量，要素价格 W 总是固定的，于是给定一个要素价格 W_0，就有一条水平直线（仍然用 W_0 表示），如图 9－1 中反映的一条水平线 W_0。在图 9－1 中 W_0 曲线和 VMP 曲线的交点 A 必满足厂商的要素使用原则，同时 A 点也表明当要素价格为 W_0 时，要素需求量为 L_0。这说明，边际产品价值曲线上的 A 点也是要素需求曲线上的点。同理，给定任何一个要素价格，它与 VMP 曲线的交点必然也是要素需求上的点，即完全竞争厂商对要素的需求曲线与要素的边际产品价值曲线是重合的。

要素需求曲线和边际产品价值曲线重合意味着：当要素价格发生变化时，要素需求量是沿着一条既定的边际产品价值曲线变动的。这就要求，当要素价格变化时，要素的边际产品价值曲线固定不变。由于（9.9）式 $VMP = P \cdot MP$ 恒成立，因此上述要求就隐含了两个条件：第一，要素的边际产量曲线 MP 不受要素价格变化的影响；第二，产品价格 P 不受要素价格变化的影响。显然，单一可变要素下的竞争性厂商都满足这两个条件。但是如果该厂商使用多个可变生产要素，那么条件一不能被满足，这时需求曲线如何变化呢？

（二）多可变要素下的厂商的要素需求曲线

多可变要素投入是指厂商使用两种或两种以上可变动的生产要素进行生产。在多种要素投入的情况下，由于要素之间可以相互替代，一种要素价格的变化必然会引起厂商对其他可变要素使用量的变化，因此厂商对任何一种要素的需求曲线不再是 VMP 曲线。下面我们来分析替代条件下两种可变要素的厂商需求曲线。

假定厂商投入两种可变生产要素：劳动 L 和资本 K，且劳动和资本可以相互替代。随着劳动价格下降，即使厂商对资本（如机器）的投资不变，所需求的劳动也会增加。但是随着劳动变得便宜，资本的边际成本下降，这使厂商增加产出有利可图。结果，厂商就会增加资本投资（如增加额外的机器）以扩大生产能力。扩大对机器的使用导致劳动的边际收益产品曲线向右移动，这反过来又导致对劳动的需求数量增加。图 9－2 说明了这点，如 MRP_{L_1} 曲线上的 A 点所示，工资率为 W_0 时，厂商的劳动投入为 L_0。当工资率下降到 W_1，由于现在劳动的边际收益产品大于工资率，厂商将需求更多的劳动。但是 MRP_{L_1} 描述的是在资本要素投入固定时（即对机器的使用固定）对劳动的需求。较低的工资不仅会鼓励厂商购买更多的劳动，而且会鼓励厂商购买更多的机器，即增加资本要素投入，此时劳动的边际产品会增加（有了更多的机器，工人的生产率更高），因此边际收益产品曲线会向右移动（移到 MRP_{L_2}）。因而，工资率下降后，厂商将使用的劳动投入为点 C 所示的 L_2，而不是点 B 所示的 L_1。A 和 C 是处在厂商的劳动需求曲线（劳动和资本为可变要素）d_L 上的两点，连接 A、C 即可得到厂商对多种可变生产要素的需求曲线。从图 9－2 中可看出，厂商的多要素需求曲线比单一生产要素的需求曲线（两条劳动的边际收益产品曲线）中的任何一条都更有弹性。长期来看，在资本要素可变时，需求的弹性变大，这是因为厂商可以在生产过程中用资本替代劳动。

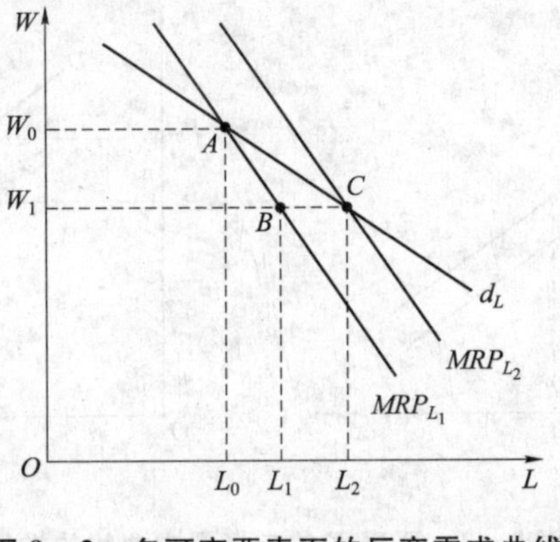

图 9－2　多可变要素下的厂商需求曲线

四、要素的市场需求曲线

我们在前面学过，一种商品的市场需求曲线是由各消费者的需求曲线在水平方向的加总得出来的。但是，要从单个厂商对一种可变要素的需求曲线得出整个市场对劳动的需求曲线，却不能机械地采取简单的加总方法，因为这样做忽略了要素价格的改变对产品价格的影响。

在分析单个厂商的要素需求曲线时，我们假定要素价格变化时其他厂商不调整要素的使用量，因此产品市场中产品的供给也就不会发生变化，从而产品的价格不发生变化。但是在分析市场需求曲线时，考虑到多个厂商的情况，这个假定就不再成立，因为当要素价格变化时，市场中各个厂商都将调整自己的要素使用量，那么他们在产品市场上的供给就会发生变化，于是产品价格 P 就会随着要素价格的变化而变化，从而厂商的边际产品价值曲线会移动。

假定要素 X 的价格下跌，这将导致该行业中的所有厂商都增加对要素 X 的使用，从而提高行业内部全部成员的产出。尽管单个厂商提高产量并不能影响这个行业的产品价格，但是全部厂商一起增加产出则会降低产品的价格。产品价格的下跌能够移动每个厂商的边际产品价值曲线（或边际收益产品曲线），从而它就移动了每个厂商对要素 X 的需求曲线。图 9－3（a）中，要素 X 的初始价格是 P_0 且市场中每个厂商都处于均衡状态，厂商对要素 X 的需求曲线是图中的曲线

d。每个厂商使用 q_0 单位的投入品 X。假设完全竞争要素市场中包含 n 个厂商，则 $Q_0 = n \times q_0$，这是以 P_0 价格可以从市场获得的数量。因此，A 是市场需求曲线上的一点。如果要素 X 的价格下跌到 P_1，每个厂商都会增加对要素 X 的使用并且提高产量，结果造成产品价格下降以及单个厂商对要素 X 的需求曲线移动到 d_1。所有的调整完成以后，每个厂商都将使用 q_1 单位的要素 X（q_1 小于仍然在需求曲线 d 上每个厂商所使用的 q_2 单位）。$Q_1 = n \times q_1$，这是在 P_1 价格下从市场上可以获得的数量。因此，B 是市场需求曲线上的另一点。以类似的方式我们可以求出市场需求曲线上的其他点，图 9－3（b）中要素 X 完整的市场需求曲线就是 D。

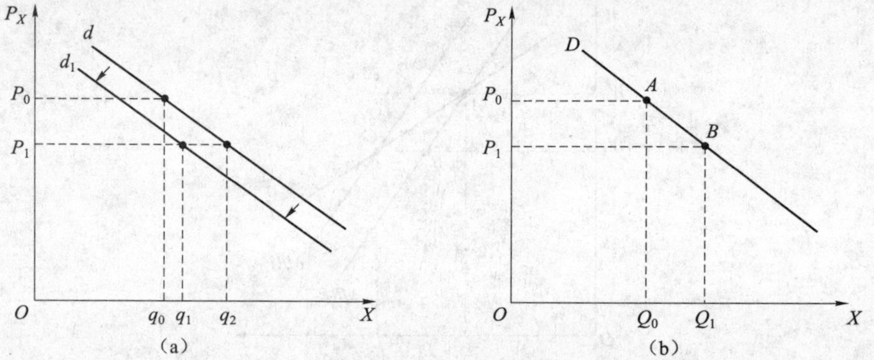

图 9－3　要素 X 的市场需求曲线的推导

第四节　卖方垄断对生产要素的需求

在本节开始，我们将转入讨论非完全竞争条件下的要素市场，在运用一般条件下的厂商要素使用原则的基础上，结合非完全竞争条件，分析要素需求曲线。一般来说，非完全竞争市场可以分为垄断竞争、寡头垄断和垄断三种类型。为了便于讨论，这里所说的非完全竞争市场统一指厂商具有一定垄断力度的市场。根据厂商所面临的产品市场和要素市场是否垄断，我们将非完全竞争条件下要素市场的需求讨论分为三种情况来分别进行：卖方垄断、买方垄断和双边垄断。首先讨论卖方垄断。

一、卖方垄断对生产要素的使用原则

卖方垄断是指厂商是产品市场上的垄断者（作为产品的卖方），但在要素市场上是完全竞争者（作为要素的买方），这意味着该厂商是生产要素价格的接受者，是产品价格的制定者。

前面指出，要素的使用原则是边际要素成本和边际收益产品相等，卖方垄断厂商在决定要素的最佳投入量时也要遵循着使最后一单位可变要素带来的收益恰好等于为增加这最后一单位可变要素所付出的成本原则。在卖方垄断条件下，由于厂商在要素市场上是完全竞争者，因此使用要素的边际成本等于要素价格。但是，由于卖方垄断厂商在产品市场上是垄断者，它所面临的产品价格不再是固定不变的常数，而是取决于产量和销售量的一个变量，因此它使用要素的边际收益不再等于边际产品价值 *VMP*，而是要素的边际收益产品 *MRP*。因此，卖方垄断厂商的要素使用原则可以写成：

$$MRP = MR \times MP_X = P_X \tag{9.10}$$

当上述原则得到满足时，卖方垄断厂商达到利润最大化，此时使用的要素数量为最优数量。

我们知道，垄断厂商的边际收益 *MR* 小于该商品价格 *P*，所以要素的边际收益产品小于要素的边际产品价值，即 $MRP < VMP$，因此对于卖方垄断厂商而言，要素的边际收益产品曲线在要素的边际产品价值曲线的左下方。尽管 *MRP* 和 *VMP* 曲线均向右下方倾斜，但原因稍有区别。在完全竞争产品市场条件下，劳动的边际产品价值曲线向下倾斜是由于劳动的边际生产率随劳动使用量的增加而递减。但是在非完全竞争产品市场条件下，*MRP* 曲线向下倾斜，不仅因为劳动的边际生产率递减，还因为产品的边际收益曲线下降。一般而言，边际收益曲线要比边际产品价值曲线更加陡峭。

二、卖方垄断厂商的要素需求曲线

基于在卖方垄断条件下，追求利润最大化的厂商使用可变要素的原则，我们可以找出不同的要素价格与厂商使用量之间的关系，从而得到厂商对生产要素的需求曲线。假定劳动为可变要素，则卖方垄断厂商使用要素的原则为 $MRP_L = W$，见图 9－4（a）中某厂商的边际收益产品曲线为 *MRP*，*W* 表示该厂商所面临的要素供给曲线，因为卖方垄断厂商在要素市场上是一个价格接受者，他无论购买多少要素量都不会影响其价格，所以厂商的要素供给曲线为水平线。当工资率为

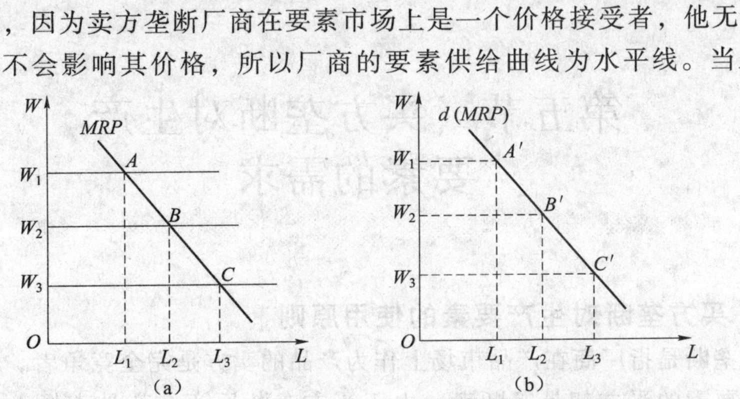

图 9－4 卖方垄断厂商的 *MRP* 曲线和劳动要素的需求曲线

W_1 时，按照 $MRP_L = W$ 的原则，能使厂商得到最大利润的劳动使用量为 L_1（A 点所示），图 9－4（b）中由 W_1 和 L_1 确定的 A' 点便是厂商对劳动要素需求曲线上的一点。同理可知，当工资率为 W_2 时，厂商会使用 L_2 单位的劳动量，B' 点也是厂商对劳动需求曲线上的一点。而当工资率为 W_3 时，厂商会使用 L_3 单位的劳动量，C' 点也在需求曲线上。因此，卖方垄断厂商的要素需求曲线便是要素的边际收益产品曲线。

三、卖方垄断条件下的要素市场需求曲线

现在考虑整个要素市场对要素的需求曲线。在分析完全竞争条件下的要素市场需求曲线时，因为要素价格变化会引起整个产品市场产品价格的变化，从而会使单个厂商的边际产品价值发生移动，因此整个要素市场对要素的需求曲线不是单个厂商要素需求曲线（边际产品价值曲线）的简单加总。那么在卖方垄断条件下，要素价格的变化是否会引起单个厂商的要素边际收益产品曲线发生变化呢？我们可以分为两种情况来考虑。

第一种情况：如果所有厂商在各自的产品市场中都是唯一的垄断者，那么尽管所有厂商都会调整要素需求，但这并不影响每个厂商在各自产品市场上的产品价格，这样，行业调整曲线就仍然是 *MRP* 曲线，市场需求曲线也就是各厂商 *MRP* 曲线的水平叠加。也就是说，市场的要素需求曲线就是 n 个卖方垄断者的边际收益产品曲线的简单水平相加，即

$$D = \sum_{i=1}^{n} MRP_i \qquad (9.11)$$

第二种情况：如果有一些厂商共同垄断着某个产品市场，即厂商可能是寡头垄断者或垄断竞争者，那么整个要素市场的需求曲线不再是所有厂商的边际收益产品曲线的水平相加，因为许多厂商的边际收益产品曲线不再是行业调整下的要素需求曲线。这样，整个要素市场的需求曲线就应该是各厂商的行业调整情况下的需求曲线 d_m 的水平叠加。

第五节 买方垄断对生产要素的需求

一、买方垄断对生产要素的使用原则

买方垄断是指厂商在产品市场上作为产品的卖方是完全竞争者，但在要素市场上作为要素的买方却是垄断者。由于买方垄断厂商在产品市场上是完全竞争者，其产品的边际收益与产品价格相等，即 $MR = P$，因此要素的边际收益产品

与要素的边际产品价值相等，即 $VMP = MRP$。但是，买方垄断厂商在要素市场上是垄断者，其要素价格不再是固定不变的常数，因此边际要素成本不再等于要素价格。由此得出买方垄断厂商的要素使用原则为：

$$VMP = MFC \tag{9.12}$$

这一原则与完全竞争厂商的要素使用原则相比，差别在于买方垄断厂商的边际要素成本不再等于要素价格，当然这也是它与买方垄断厂商的差别之一。将要素的边际产品价值曲线 VMP 与边际要素成本曲线 MFC 合并在一起，并根据要素原则就可以确定买方垄断厂商的最优要素使用量，如图 9 - 5 所示。由于 VMP 和 MFC 两条曲线在 E 点相交，因此要素需求量为相应的 X^*。当厂商的要素需求量确定为 X^* 时，要素的价格该如何决定呢？显然，它应由要素供给曲线 $P_X(X)$ 来确定，为 P^*。

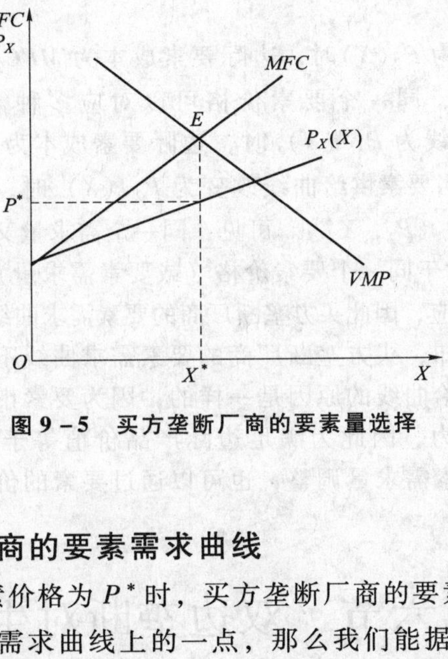

图 9 - 5　买方垄断厂商的要素量选择

二、买方垄断厂商的要素需求曲线

图 9 - 5 中，当要素价格为 P^* 时，买方垄断厂商的要素需求量为 X^*，这表明（P^*，X^*）为要素需求曲线上的一点，那么我们能据此得到要素需求曲线吗？让我们再仔细地观察图 9 - 5，当任意确定一个要素价格时，在该要素价格上厂商不可能找到某个要素量 X，使要素使用原则 $VMP = MFC$ 得到满足。也就是说，在满足利润最大化的前提下，要素价格不可能为 P^* 以外的价格。因此，在要素的供给曲线 $P_X(X)$ 不发生变化的情况下，图 9 - 5 的模型本身只能决定一对要素价格和要素需求量，并不能得到要素需求曲线。

可是，如果要素供给曲线发生变化呢？当要素供给曲线发生变化时，边际要素成本曲线也会相应发生变化，从而它与边际产品价值曲线的交点随之改变，这样就可以得到不同的要素价格和要素需求量的组合，如图 9 - 6 所示。图 9 - 6（a）中在给定的边际产品价值 VMP 曲线下，当要素供给曲线为 $P_1(X)$ 时，边际要素成本为 MFC_1，根据要素使用原则确定的要素价格与要素产量为（P^*，X_1）；

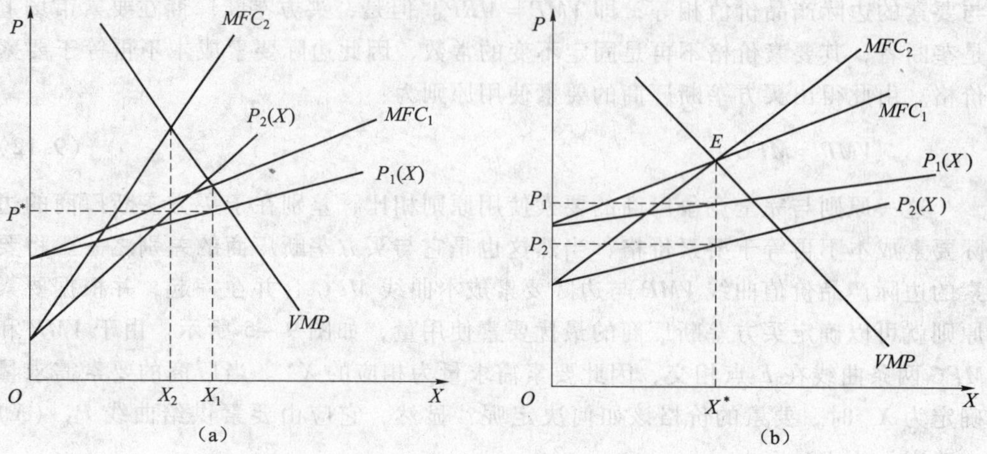

图 9－6　同一边际产品价值曲线下的不同需求组合

当要素供给曲线改变为 $P_2(X)$ 时，边际要素成本为 MFC_2，要素价格与要素产量为（P^*，X_2）。可见，同一个要素价格可以对应多种需求量。同样，图 9－6（b）中当要素供给曲线为 P_1（X）时，边际要素成本为 MFC_1，要素价格与要素产量为（P_1，X^*）；当要素供给曲线改变为 P_2（X）时，边际要素成本为 MFC_2，要素价格与要素产量为（P_2，X^*）。可见，同一个需求量又可以对应多种要素价格。由此可以得出结论：对于同一个要素价格（或要素需求量）没有唯一的要素需求量（或要素价格）与之对应，因此买方垄断厂商的要素需求曲线不存在。

通过上述分析可知，买方垄断厂商的要素需求曲线不存在与垄断厂商在产品市场上不存在产品供给曲线的原因是一样的，因为要素市场上的垄断厂商对要素价格具有一定的控制力，因此为满足边际产品价值等于要素边际成本的均衡条件，它既可以通过要素需求量调整，也可以通过要素的价格调整。

第六节　双边垄断对生产要素的需求

双边垄断是指厂商在产品市场作为产品的卖方以及在要素市场上作为要素的买方都是垄断者。显然，双边垄断是卖方垄断与买方垄断的综合。由于厂商在产品市场上是垄断者，使用要素的边际收益等于边际收益产品 MRP；同时厂商又是要素市场的垄断者，要素边际成本为 MFC。因此，双边垄断厂商的要素使用原则是要素的边际收益产品等于要素的边际成本，即

$$MRP = MFC \tag{9.13}$$

图 9－7 说明了如何决定双边垄断厂商的要素价格和需求量，曲线 MRP 和

MFC 的交点 E 决定了该厂商的要素需求量为 X^*，根据要素供给曲线 $P_X(X)$ 对应的要素价格为 P^*。与买方垄断一样，双边垄断厂商的要素需求曲线和市场的要素需求曲线也都是不存在的。

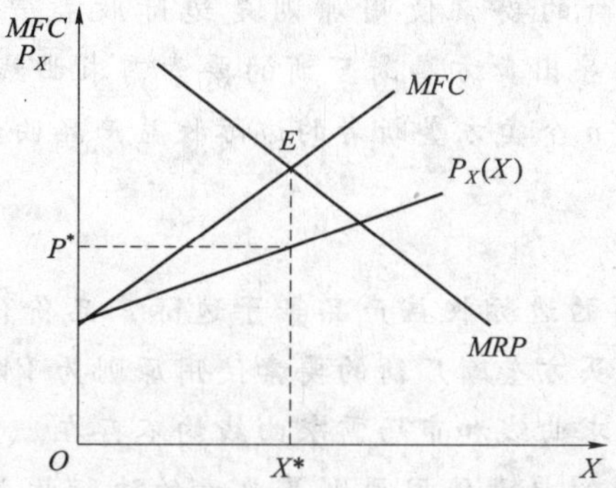

图 9－7　双边垄断厂商的要素需求

小　结

(1) 与产品市场不同，在生产要素市场中，消费者是要素的供给者，而厂商则是要素的需求者。生产要素的均衡价格和均衡使用量是由要素市场的需求曲线和供给曲线决定，这与产品市场的分析方法一样。要素市场和要素价格在经济中所起的关键作用是在生产者之间协调稀缺性生产资源的分配，就如同商品市场在消费者间分配商品一样。

(2) 西方经济学家把生产要素分为四个主要种类：土地、劳动、资本和企业家才能。生产要素在要素市场上的价格被称为要素价格，工资、利息、地租和利润就是这些生产要素的价格。生产要素市场上的需求与产品市场上的需求相比，不仅是一种派生需求，还是一种联合需求。

(3) 由于产品市场和要素市场是紧密相连的，因此在分析要素市场的需求、供给情况时，必须考虑到相关产品的市场类型。厂商对生产要素的需求取决于要素的边际收益和边际成本的大小，不同的产品市场类型带给厂商不同的要素边际收益，而不同的要素市场类型又向厂商索取不同的要素边际成本。无论产品市场和要素市场如何组合，厂商的最优要素使用点总是位于要素边际收益等于边际成本的那个位置。

(4) 对完全竞争厂商来说，它使用要素的边际收益产品等于边际产品价值，即 $MRP_X = VMP_X = P \times MP_X$，边际要素成本等于要素价格。于是，完全竞争厂商使用要素的原则是边际产品价值等于要素价格，即 $VMP_X = P_X$。

(5) 由完全竞争厂商的要素使用原则可以推导出它对要素的需求曲线：

① 完全竞争厂商对单一可变生产要素的需求曲线就是该种要素的边际收益产品曲线或边际产品价值曲线；② 厂商对多种可变生产要素的需求曲线是要素的边际收益产品。

（6）卖方垄断厂商的要素使用原则是边际收益产品等于要素价格，即 $MRP = P_X$。由此可以推导出卖方垄断厂商的要素需求曲线便是 MRP 曲线。而市场的要素需求曲线就是 n 个卖方垄断者的边际收益产品曲线的简单水平相加，即 $D = \sum_{i=1}^{n} MRP_i$。

（7）买方垄断厂商的边际收益产品等于边际产品价值，而边际要素成本不再等于要素价格，因此买方垄断厂商的要素使用原则为 $VMP = MFC$。对于买方垄断厂商而言，其要素需求曲线和市场需求曲线均不存在。

（8）双边垄断厂商的要素使用原则是要素的边际收益产品等于要素的边际成本，即 $MRP = MFC$。与买方垄断一样，双边垄断厂商的要素需求曲线和市场的要素需求曲线也都是不存在的。

复习思考题

一、名词解释

生产要素市场　要素价格　引致需求　边际收益产品　边际产品价值　边际要素成本

二、简答题

1. 简述厂商的生产要素使用原则。

2. 为什么在买方垄断条件下，要素的需求曲线不存在？

3. 对于完全竞争厂商而言，单一可变要素下的厂商需求曲线有哪些特点？

4. 简述完全竞争条件下生产要素价格的均衡。

5. 为什么厂商利润最大化的条件 $MC = MR$ 可以重新表述为 $MFC = MRP$ 或者 $MFC = VMP$？

6. 简述在微观经济学中，产品市场理论和要素市场理论的异同点。

三、计算题

1. 在完全竞争的市场上，某厂商的生产函数为 $Q = 10L - 0.5L^2$。假定产品市场上的价格为 5，劳动的工资率为 10，求厂商利润最大化的劳动使用量。

2. 设某厂商的生产函数为 $Q = 100K^{0.5}L^{0.5}$ 在本生产期内，资本投入量为 100 单位，劳动投入量为 25 单位。求：

（1）计算这时各要素的边际产量。

（2）若资本价格为每单位 20 元，计算其工资（率）。

(3) 如果产品的价格为50元．求厂商对劳动的需求曲线。

3. 假定厂商在劳动市场上是垄断的，而在产品市场上是完全竞争的，其对劳动的需求函数为 $L_D = 10 - 0.5W$，劳动的供给函数为 $L_S = W + 4$。试求：

(1) 厂商将雇用多少工人？

(2) 工资率是多少？

4. 设某厂商只把劳动作为可变生产要素，$Q = -0.01L^3 + L^2 + 36L$，Q 为厂商每天产量，L 为工人的日劳动小时数。所有市场均为完全竞争，单位产品价格为0.1元，小时工资率为4.8元，求利润最大化时厂商每天投入的劳动小时数。假设厂商每天支付的固定成本为50元，厂商每天的纯利润为多少？

四、论述题

1. 完全竞争市场与不完全竞争市场上，厂商对生产要素的需求有什么不同？

2. 试述厂商的要素使用原则。

阅读推荐与网络链接

1. 高鸿业．西方经济学：微观部分．第五版．北京：中国人民大学出版社，2011.

2. 于刃刚．生产要素论．北京：中国物价出版社，1999.

3. 陈春根．经济学原理．杭州：浙江大学出版社，2010.

4. 保罗·克鲁格曼，罗宾·威尔斯．微观经济学．北京：中国人民大学出版社，2009.

5. (美) 平狄克，鲁宾费尔德．微观经济学．北京：中国人民大学出版社，2004.

6. http：//www. stats. gov. cn/.

7. http：//www. imf. org.

8. http：//www. cei. gov. cn/.

第十章

生产要素价格决定的供给方面

学习目的

- 了解消费者要素供给的无差异曲线，掌握要素供给原则。
- 理解劳动供给的含义，掌握劳动供给曲线和均衡工资的确定。
- 了解准租金和经济租金的含义，理解土地供给曲线和地租的确定。
- 了解资本供给的含义，掌握资本供给曲线和利息率的确定。
- 理解欧拉定理，掌握洛仑兹曲线和基尼系数。

引导案例

据《纽约时报》报道，在2000年暑期，新泽西的海洋城旅游正面临着救生员的严重短缺。以往，救生员和许多其他季节性工作主要是由中学和大学的学生来做。但在最近一些年，更多的美国年轻人不愿意从事暑期工作。在1979年，在16岁到19岁的美国人中有71%的人参加了暑期工作。20年后这个数字下降到63%。到了2003年，这个数字是54%。数据显示，在20世纪90年代，特别是年轻男性变得更加不愿意从事暑期工作。

对暑期劳动供给下降的一种解释是，更多的学生觉得他们应该利用暑期的时间来学习。但根据这篇文章，供给下降的一个重要因素是，20世纪90年代末，经济和股票市场的繁荣使更多的美国家庭变得足够富裕，所以他们的孩子不再有整个暑期都要工作以便为家庭作出经济贡献的压力。简言之，收入效应导致劳动供给的减少。

不仅是西方家庭财富增加减少了劳动供给，我们还可以看到在西方的社会福利之下，人们的劳动力供给与价格的关系也发生很大变化。因为在社会保障体系下人们有足够的社会保障，人们失业以后不会为生存去找低廉的工作，尤其是不会牺牲自己的闲暇舒适去找工作，这样劳动力的价格就不会过低，保持了西方社会在危机当中，即使是失业率较高的时候，西方的工资（劳动力价格）也不会下降。但是对于很多发展中国家而言，多数人的收入过低，他们必须拼命工作以挣足工资满足自己的生存，例如西方在马克思时代的工人要每天劳作15个小时，中国的农民工在血汗工厂里面要干12个小时以上，这样的现象都体现在后弯的劳动力曲线之上。

发达国家以完善的社会保障福利体系维持劳动力价格在后弯曲线的上方，使得劳动供给曲线和需求曲线形成的均衡劳动力价格的位置很高，这就决定了发达国家的高工资；而发展中国家因为国家信用有限和社会财富积累不足难以建立广泛的福利保障体系，人们迫于生计则不得不在供给曲线后弯的下方，使得供给曲线和需求曲线形成的均衡劳动力价格的位置很低，这决定了发展中国家的低工资。现在中国的人口红利还没有过去，生育高峰的劳动力也没有老去，可是很多地方却出现了用工荒，背后原因就是人们已经变得富裕，尤其是独生子女从小拥有丰富的物质生活基础，没有人再愿意在血汗工厂工作，而且中国的社保覆盖范围在增大，大家为了养老和医疗而拼命工作的动力大幅度下降，人们为寻求生活乐趣而将工作时间大幅度缩短，这使得劳动供给减少，从而造成工资提升。

资料来源：保罗·克鲁格曼，罗宾·韦尔斯．微观经济学［M］．北京：中国人民大学出版社，2009：382.

案例导学

劳动供给问题可以看作是时间分配问题，即消费者在工作和闲暇之间进行选择以提供一定的劳动数量。劳动工人如何选择时间分配，要看工资率水平。一般来讲，当工资较低时劳动供给会随着工资的增加而增加，当工资达到某个较高水平时，劳动供给反而会随着工资的增加而减少，这使得劳动供给曲线不同于一般的供给曲线，其形状表现为一条向后弯曲的曲线。萨缪尔逊（P. A. Samuelson）和诺德豪斯（w. D. Nordhaus）在谈到后弯的供给曲线时用的例子有两个，一个是劳动供给，一个是20世纪70年代石油危机时的石油供给。这两个例子的现象相同：首先随着价格上涨而供给增加，然后随着价格的继续上涨而供给减少。

从经济学角度看，劳动供给取决于工资变动所引起的替代效应和收入效应。随着工资增加，由于替代效应的作用，家庭用工作代替闲暇，从而劳动供给增加；同时，随着工资增加，由于收入效应的作用，家庭需要更多的闲暇，从而劳动供给减少。当替代效应大于收入效应时，劳动供给随工资增加而增加，当收入效应大于替代效应时，劳动供给随工资增加而减少。因此，劳动供给曲线是一条向后弯曲的供给曲线。

本案例分析了劳动要素市场的供给和均衡价格问题，学完本章内容后你将会更容易理解劳动市场。除了劳动要素，本章也分析了土地要素市场以及资本要素市场的供给与均衡问题，对我们分析实际问题很有借鉴意义。

本章将从要素市场需求研究转入对要素市场供给的分析中，主要阐述生产要素的供给原则、劳动供给及工资率的决定、土地供给及地租的决定、资本供给及利息率的确定方法，并介绍分配理论中的洛伦兹曲线和基尼系数。通过本章的学习，深入了解经济学分配理论中的要素价格决定理论以及对收入分配不平等程度的衡量。

第一节　生产要素的供给分析

上一章中，我们从要素使用者的角度讨论了要素需求，从厂商利润最大化行为出发研究其对生产要素的需求如何随要素价格的变化而变化。如果我们从要素所有者的角度进行讨论呢？这就是要素的供给问题。因此，接下来我们从要素所有者最大化行为出发分析其对要素的供给量如何随要素价格的变化而变化。

一、要素供给原则

首先明确第一个问题：谁是要素所有者？要素所有者既可以是生产者，也可以是消费者。作为生产者，他生产许多将再次投入生产过程的“中间产品”或“中间生产要素”，因而是中间生产要素的所有者；作为消费者，他向市场提供诸如劳动和土地等“原始生产要素”，因而是原始要素的所有者。中间生产要素或中间产品本身就是一般产品，其供给与一般产品的供给并无区别，而关于一般产品的供给理论在产品市场已经详细讨论过。因此，这里关于要素供给的讨论完全局限于要素所有者为消费者，我们将从消费者的效用最大化行为出发来研究要素供给量与要素价格之间的关系。

对于消费者而言，其拥有的要素数量或者说资源在一定时期内是既定不变的。例如消费者拥有的时间一天只有 24 个小时，其可能的劳动供给不可能超过这个时间；又如消费者拥有的土地是 5 公顷，那么可能的劳动供给也只有这么多。由于资源是既定的，消费者只能将其拥有的全部既定资源的一部分作为生产要素提供给市场，称为“要素出售”；剩余部分可留为自用，例如消费者可将自己工作以外的时间资源用于休息，称为“保留自用”。因此，要素供给问题可以看成是：消费者在一定的要素价格水平下，将其全部既定要素资源在“要素出售”和“保留自用”两种用途上进行分配，以获得最大效用。

接下来明确第二个问题：什么是要素供给的效用？什么是自用资源的效用？消费者在市场上出售所拥有的生产要素以获得收入，这是间接效用，因为要素供给通过收入而与效用相联系；如果消费者将拥有的生产要素留为自用，就是直接效用。例如消费者将拥有的时间资源用于休息，直接增加了消费者的效用，因为它直接地满足了消费者的娱乐和健康的需要；如果消费者将时间资源用于做家务，那就节约了请人做家务的开支，这与出售要素一样，间接给消费者带来了效用。

假设某消费者拥有一种要素资源 L，其总量既定为 $\overline{L}$，且在要素市场上该要素价格为 W。在该要素价格下，消费者留为自用的要素量为 l，那么其要素供给量就为 $L=(\overline{L}-l)$。若要素供给增量为 $\triangle L$，由此引起的收入增量为 $\triangle Y$，而由

收入增量所引起的效用增量为ΔU，则

$$\frac{\Delta U}{\Delta L}=\frac{\Delta U}{\Delta Y}\cdot\frac{\Delta Y}{\Delta U}$$

取极限即得

$$\frac{\mathrm{d}U}{\mathrm{d}L}=\frac{\mathrm{d}U}{\mathrm{d}Y}\cdot\frac{\mathrm{d}Y}{\mathrm{d}L} \tag{10.1}$$

上式中$\frac{\mathrm{d}U}{\mathrm{d}L}$为要素供给的边际效用，表示要素供给量增加 1 单位所带来的消费者效用的增量；$\frac{\mathrm{d}U}{\mathrm{d}Y}$代表消费者收入的边际效用。一般来说，单个消费者不过是要素市场上众多要素所有者之一，即它是要素市场上的完全竞争者。它多提供或少提供一点要素供给量并不影响要素的市场价格，显然这种情况下要素的边际收入等于要素的价格，即有$W=\frac{\mathrm{d}Y}{\mathrm{d}L}$。于是，（10.1）式就变为

$$\frac{\mathrm{d}U}{\mathrm{d}L}=\frac{\mathrm{d}U}{\mathrm{d}Y}\cdot W \tag{10.2}$$

那么自用资源的边际效用如何表示呢？若用l表示自用资源数量，则自用资源的边际效用可以表示为$\frac{\mathrm{d}U}{\mathrm{d}l}$，表示增加 1 单位自用资源所带来的效用增量。

消费者为获得最大的效用，必须满足作为留为自用的要素资源的边际效用与作为供给的要素资源的边际效用相等，这就是消费者的要素供给原则，即

$$\frac{\mathrm{d}U}{\mathrm{d}l}=\frac{\mathrm{d}U}{\mathrm{d}Y}\cdot W \tag{10.3}$$

要素供给原则（10.3）式也可以用公式推导而得到，假定该消费者从要素供给中得到的收入为$Y=W\cdot(\bar{L}-l)$，将该式变形可得到

$$Y+W\cdot l=W\cdot\bar{L} \tag{10.4}$$

（10.4）式表明消费者在分配要素使用时必须受资源数量既定条件的约束，也就是说该式为预算线。由于消费者的效用来自两个方面：要素出售的收入和自用要素，因此，消费者的效用函数可以写为$U=U(Y,l)$。消费者需要在既定资源数量下决定资源在要素供给和保留自用两种用途之间进行分配。于是，消费者的要素供给问题可以表述为在约束条件（10.4 式）下使效用函数$U=U(Y,l)$达到最大。即

$$\max U=U(Y,l)$$
$$st Y+W\cdot l=W\cdot\bar{L}$$

若用拉格朗日法进行求解，则令$f=U(Y,l)+\lambda(Y+W\cdot l-W\cdot\bar{L})$

在这里，λ 为拉格朗日乘子。于是新函数 f 的一阶条件为：

$$\partial f/\partial Y = \partial U/\partial Y + \lambda = 0$$
$$\partial f/\partial l = \partial U/\partial l + \lambda \cdot W = 0$$
$$\partial f/\partial \lambda = Y + W \cdot l - W \cdot \bar{L} = 0$$

假设二阶条件能够得到满足，解上面联立方程可以得到（10.3）式。

二、无差异曲线分析

前面关于要素供给原则是以基数效用为基础进行分析的，下面我们以序数效用为基础，利用无差异曲线的分析工具来说明要素供给原则。

消费者的要素供给原则是给定要素资源总量的约束，在要素收入和自用资源之间选择求得效用最大。我们用横轴 l 表示自用资源的数量，纵轴 Y 表示要素收入，就可得到消费者要素供给的无差异曲线图，如图 10－1 所示。图中，U_0、U_1 和 U_2 是消费者的三条无差异曲线，每条无差异曲线表示的是给消费者带来同等效用水平的要素收入和自用资源的不同数量组合。与通常的无差异曲线一样，这里的 U 也假定为向右下方倾斜并向原点凸出，这意味着收入和自用资源都是“好的”商品，多多益善，而且它们的重要程度均随数量的增加而下降。此外，较高的无差异曲线代表着较高的效用水平，即 $U_2 > U_1 > U_0$。

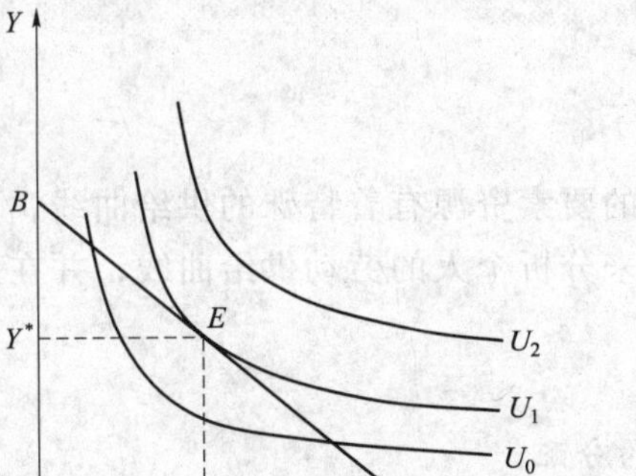

图 10－1　要素供给的无差异曲线分析

假定消费者初始时拥有 $\bar{L}$ 的既定资源，自用资源数量为 l，要素价格为 W，如果消费者没有非要素收入，那么他最大的总收入就是出售全部要素的收入 $Y = W \cdot \bar{L}$，则该消费者的预算约束线为 $Y + W \cdot l = W \cdot \bar{L}$，即图中的 AB 线。消费者所要做的就是在预算约束之下选择效用量最大的收入 Y 和自用资源 l 的组合，这个最优组合显然就是预算线与无差异曲的切点 E。此时，消费者自用的要素量为 l^*，出售的要素量为（$\bar{L} - l^*$），要素收入为 $Y = W \cdot (\bar{L} - l^*)$。

由图可知，最优点 E 满足无差异曲线的斜率等于预算线斜率的条件。这里，预算约束线的斜率恒为 $-W$，无差异曲线的斜率可以表示为收入增量与自用资源

增量的极限值，即 $\frac{dY}{dl}$，于是就有

$$-\frac{dY}{dl}=W \tag{10.5}$$

上式左边可称为资源供给的边际替代率，表示消费者为增加一单位自用资源所愿意减少的收入；等式右边的要素价格表示消费者为增加一单位自用资源所必须减少的收入量。因此，（10.5）式的含义是：消费者为增加一单位自用资源所愿意减少的收入量要等于必须减少的收入量。

如果假定效用可以用基数来衡量，则资源供给的边际替代率 $\frac{dY}{dl}$ 可以表示为自用资源和收入的边际效用之比，即 $-\frac{dY}{dl}=\frac{MU_l}{MU_Y}$，代入（10.5）式即可得到要素供给原则（10.3）式。

第二节　劳动供给及工资率的决定

一、劳动供给

劳动作为一种特定的要素资源有着特殊的供给曲线，下面我们将利用消费者使用时间的无差异曲线来分析个人的劳动供给曲线，并在此基础上推导市场的劳动供给曲线。

（一）劳动与闲暇的分配

对于消费者来说，时间资源具有两种用途：一种是在市场上出售以换取收入的时间，称为劳动时间；另一种是用于劳动以外的时间，称为闲暇时间，如睡觉、吃喝、娱乐等，当然闲暇不一定意味着游手好闲的时间，它也可以表示用于家庭、业余爱好、运动等事情上的时间。对劳动者而言，每天能用于支配的时间是有限的，因为每天只有 24 小时，这样用于劳动供给的时间越多，闲暇的时间就越少；反之用于闲暇的时间越多，劳动供给的时间就会越少。因此，消费者的劳动供给问题可以看成是消费者如何决定时间资源在闲暇和劳动供给两种用途上的分配问题。

如果劳动者的既定时间资源为 24 小时，每天维持基本生存活动（睡觉）所必需的时间为 8 小时，那么其可以自由支配的时间资源为每天 16 小时。若用 H 表示闲暇，Y 表示劳动收入，则（$16-H$）代表消费者的劳动供给量，那么该消费者的效用函数便可写成 $U=(Y,H)$。与消费者效用最大化的问题一样，关于

劳动要素的效用最大化问题也可以用预算约束线与无差异曲线的分析工具来进行说明。如何寻找劳动者的时间分配预算线呢？这是一条说明个人在所消费的闲暇和收入之间替代关系的预算线，如图 10－2 所示，横轴 H 代表闲暇时间，纵轴 Y 代表劳动收入。如果劳动者不工作，他每天有 16 个小时的闲暇时间但没有收入，用 M 点表示；如果他把全部时间用于劳动，可得到的劳动收入为 $Y=16W_0$（W_0 为工资率），对应于图中的 N 点，连接 M、N 的直线就为劳动者的时间分配预算线。U_0、U_1 和 U_2 是一组无差异曲线，表示给消费者带来同等效用水平的劳动收入和闲暇时间的不同数量组合。显然，E 点便是消费者选择闲暇和劳动收入的均衡点。

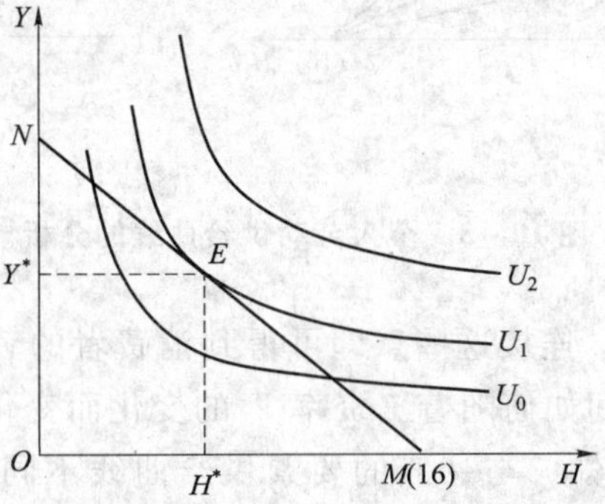

图 10－2　预算线与无差异曲线

（二）个人的劳动供给曲线

当工资率变化时，劳动者的时间分配预算线会随之变化，工资率越高预算线越陡峭，如图 10－3（b）所示。假定初始工资率为 W_1 时，图 10－3（a）中切点 E_1 为消费者选择闲暇和劳动收入的均衡点，此时消费者用于闲暇的时间为 H_1；若工资率上升到 W_2 时，由于工资上升，消费者同样的劳动时间所获得收入就上升，因此，其预算约束线就会由 MY_1 顺时针旋转至 MY_2，新的约束线方程为：$16W_2=Y+W_2\cdot H$，此时 E_2 为消费者的均衡点，闲暇时间为 H_2。同样，当工资率再次上升到 W_3 时，消费者的选择就会移动到均衡点 E_3，此时闲暇时间为 H_3。如果工资率 W 是连续变化的，我们就可以得到无数个类似于 E_1、E_2、E_3 的均衡点，连接这些点即可得到一条曲线，我们称之为价格扩展线 PEP。它反映了闲暇时间 H 如何随着工资率 W 的变化而变化，从而也间接反映了劳动供给时间（$16-H$）如何随着工资率 W 的变化而变化。

接下来我们将无差异曲线分析的结果转移到图 10－3（b）中。图 10－3（b）中，（$16-H$）表示消费者的劳动供给时间，横轴 W 表示工资率。前面已经得出，在工资率为 W_1 时，消费者的最优劳动时间为（$16-H_1$），于是图 10－3（a）中的均衡点 E_1 在图 10－3（b）中就对应点 A（W_1，$16-H_1$）。同样，E_2、E_3 分别对应点 B 和 C。如果价格是连续变化的，那么就可以找到无数个类似于

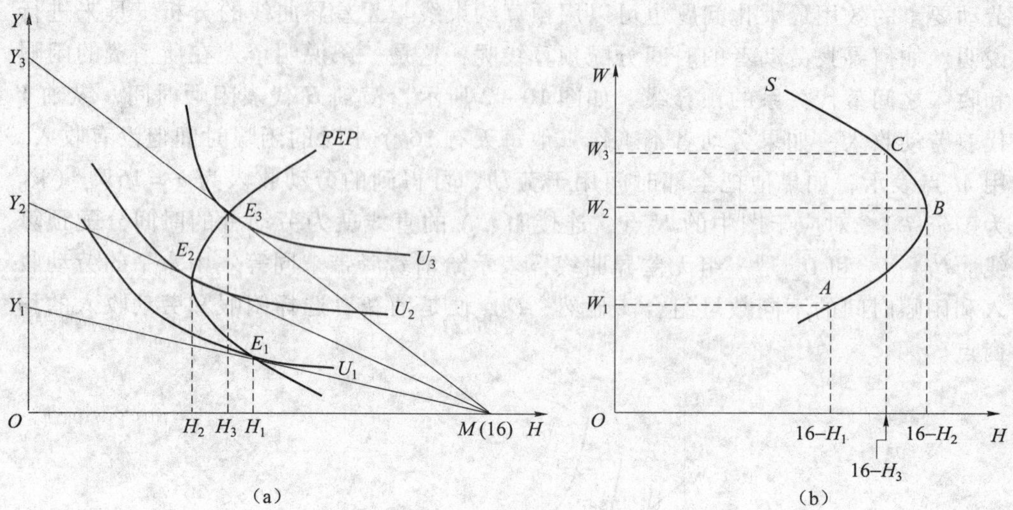

图 10－3　个人劳动供给曲线的分析

A、B、C 这样的均衡点，连接这些点即可得到消费者的劳动供给曲线 S，它反映了消费者的劳动供给时间如何随着工资率 W 的变化而变化。

由图 10－3（b）可知，与一般的要素供给曲线不同，消费者的劳动供给曲线后半部分是向后弯曲的。这表明劳动供给量开始时随工资的提高而增加，后来则随工资的提高而降低。因为当工资较低时，随着工资的上升，消费者为较高的工资吸引将减少闲暇，增加劳动供给量，在这个阶段劳动供给曲线向右上方倾斜。但是，工资上涨对劳动供给的吸引力是有限的。当工资上涨到较高程度时，劳动者由于变得较为富有不再追求高收入，反而宁愿减少劳动增加闲暇，因此劳动者的劳动供给量达到最大后，随着工资的继续增加开始向后弯曲。下一步我们进一步通过收入效应和替代效应来解释为什么消费者的劳动供给曲线会向后弯曲。

（三）收入效应与替代效应

劳动供给曲线向左上方的弯曲程度取决于工资率提高的替代效应和收入效应。

替代效应是指工资率越高，对牺牲闲暇的补偿越大，劳动者越愿意增加劳动供给以替代闲暇。也就是说，当工资率 W 提高时，表明闲暇的价格变得更高，闲暇变得昂贵时，消费者就会减少闲暇时间而工作更长时间，即当工资率提高时用工作时间替代闲暇时间，这时产生了替代效应。图 10－4 说明了工资率提高后的替代效应。图中 BL_1 是劳动者的初始时间分配预算线，A 点是最优选择。当工资率提高后，若保持效用不变，劳动者会选择 G 点，G 点与 A 点在同一条无差异曲线上，但与更陡峭的预算线相切，即与 BL_2 平行的虚线 BL_G 相切。从 A 点到 G 点的移动是劳动者工资提高的替代效应，这使他减少的闲暇，提供更多的劳动。

收入效应是指工资率提高后，个人的经济实力得以增强，包括闲暇在内的正

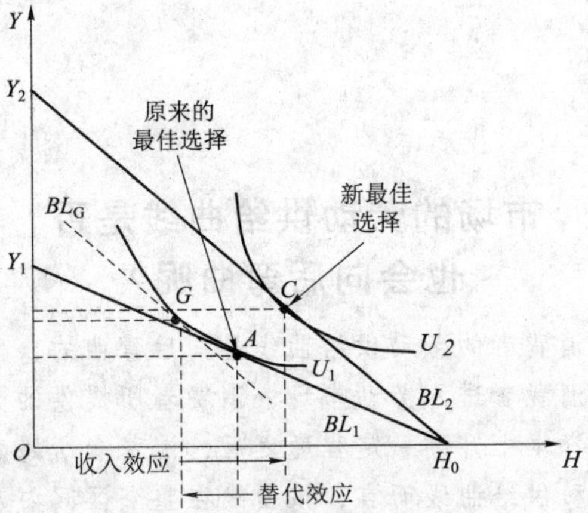

图 10－4　工资率升高后的替代效应与收入效应

常需求相应增加。也就是说，工资率提高后，消费者即使减少劳动供给时间也能够维持较高的生活水平，反而对闲暇的需求更加迫切，于是消费者宁愿减少劳动供给以换取更多的闲暇，这时产生了收入效应。图 10－4 中工资率提高后，劳动者的收入显著增加，这使他的消费选择可以移到更高的无差异曲线上，他的最新选择是 C 点。从 G 点到 C 点的移动是劳动者工资提高的收入效应。

究竟消费者是增加还是减少闲暇需求量呢？这取决于两种效应的相对大小。如果替代效应大于收入效应，闲暇需求量就会随着工资率的上升而下降，即劳动供给量随工资率的提高而增加，劳动供给曲线为正斜率，向右上方倾斜。如果收入效应大于替代效应，工资的提高使人们富足到一定程度后会更加珍惜闲暇，闲暇需求量就会随着工资率的上升而上升，即劳动供给量随工资率的提高而减少，劳动供给曲线为负斜率，向左上方弯曲，这就导致劳动供给曲线是向后弯曲的。一般来说，当工资水平较低时，替代效应总是大于收入效应。

（四）市场的劳动供给曲线

通过将所有单个消费者的劳动供给曲线水平相加就可以得到整个市场的劳动供给曲线，如图 10－5 所示。

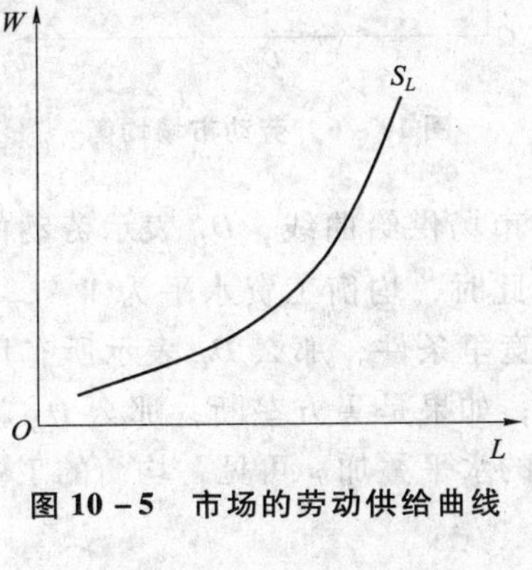

图 10－5　市场的劳动供给曲线

重要问题

市场的劳动供给曲线是否也会向后弯曲呢？

前面讲过，单个消费者的劳动供给曲线是向后弯曲的，因为随着工资率的提高，将会导致更多的消费者进入劳动市场，消费者所提供的劳动会随着工资的提高而增加；然而当工资率上升到一定程度之后，消费者所愿意提供的劳动又会减少。而对于市场的劳动供给曲线而言，该曲线在整个区间内几乎一直是向上倾斜的，因为尽管在较高的工资水平下，现已提供劳动的消费者会减少劳动的供给量，但是随着工资率的上升，将吸引更多的新工人进入劳动市场内，这就抵消了原有的个人劳动供给量的减少，使得市场供给量依然是增加的。

二、均衡工资的决定

工资作为劳动的价格，由劳动市场中需求和供给的相互作用所决定。前面讲过，由于生产要素的边际生产力递减和产品的边际收益递减，要素的市场需求曲线总是向右下方倾斜，劳动市场的需求曲线也是如此。劳动的供给曲线由消费者的效用最大化行为所决定，总是向右上方倾斜。因此，将劳动需求曲线和劳动供给曲线综合在一起，便可决定劳动市场的均衡价格即工资水平，以及劳动市场的均衡量，如图 10－6 所示。

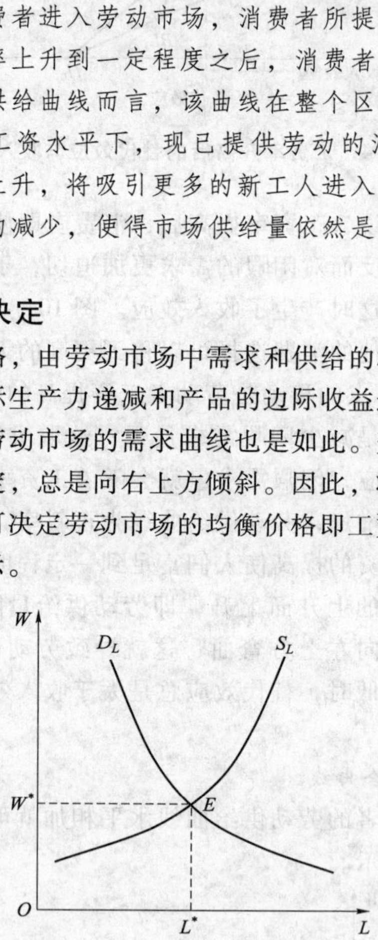

图 10－6 劳动市场均衡

图中，S_L 表示劳动的市场供给曲线，D_L 表示劳动的市场需求曲线，交点 E 就是劳动市场的均衡点。此时，均衡工资水平为 W^*，均衡劳动数量为 L^*。需要注意的是，如果是完全竞争条件，那么 D_L 表示所有厂商经行业调整后的边际产品价值曲线的水平叠加；如果是买方垄断，那么 D_L 就表示所有厂商经行业调整后的边际收益产品曲线的水平叠加。可见，均衡的工资水平是由劳动市场的供求曲线所决定，并随着供求曲线的变化而变化。

第三节　土地供给曲线和地租的决定

土地作为一种自然赋予的特定资源，消费者所拥有的总量是一定的，即土地的自然供给是固定不变的，它不会随着土地价格的变化而变化。可是，土地的市场供给或者说消费者在土地市场上出售土地的数量是否会随土地价格的变化而变化呢？这就是接下来我们要考虑的问题。

一、土地供给曲线

土地是一个广义的概念，是指土地表面、地下、空间、海洋等一切自然赋予的非人为要素。土地的供给存在着一定的特殊性，由于土地要素具有稀少性、不能流动性、不能再生性等特点，就一个国家的全部土地而言，土地存量是固定的，因此其供给曲线表现为一条垂直线，如图 10－7 所示。

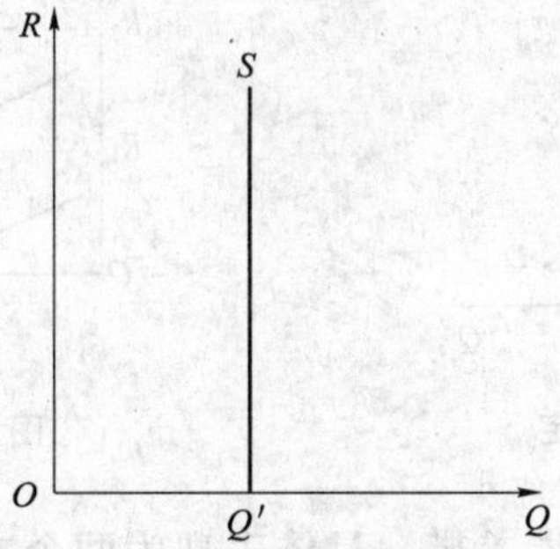

图 10－7　土地供给曲线

需要注意的是，土地数量本身的固定不变并不能说明土地供给曲线垂直。要使土地供给曲线垂直，必须假定土地只有一种用途，即土地在其他用途使用上的机会成本等于 0。显然，这个假定并不完全符合实际，因为不同用途的土地供给量有时是可以变动的，例如，种植小麦的土地可以改为养殖畜禽，生产性工厂用地可改用于商场。因此，如果从某种用途的土地利用来看，该类土地的供给并不是固定的，其供给曲线是一条略向右上方倾斜的曲线。我们的分析将基于土地只有一种用途。

二、地租的决定

地租是土地要素的使用价格，是在一定时期内利用土地的生产力所支付的报酬，由土地市场的供给曲线和需求曲线决定。土地的需求取决于土地的边际生产力，由于边际生产力是递减的，因此土地的需求曲线和其他生产要素的需求曲线一样，是一条向右下方倾斜的曲线，如图 10－8 中的 D 曲线。假定土地只有生产性用途，此时土地的供给曲线是垂直的，见图中的 S 曲线，不管地租如何变化，土地的总供给量始终为 Q_0。图中土地需求曲线和供给曲线的交点 E 便是土地市场的均衡点，此时地租为 R_0。

土地供给量固定，意味着地租主要取决于土地需求曲线的变化，如图 10－9 所示。当土地的需求减少时，均衡地租趋于下降，但土地供给量仍保持不变；当土地的需求增加时，均衡地租趋于上升。从长期看，随着经济增长，对土地的需求不断增加，所以地租存在不断上升的趋势。我们可以这样解释地租的产生：假设开始时对土地的需求曲线为 D_0，地租为 0，现在由于技术进步使土地的边际生产力提高，或者由于人口的增加使得粮食需求增加，从而使土地的需求曲线开始向右移动，这样便产生了地租。因此，地租产生的直接原因是土地需求曲线的上移，然而其根本原因还在于土地资源的稀缺，供给不能随需求的增加而增加。

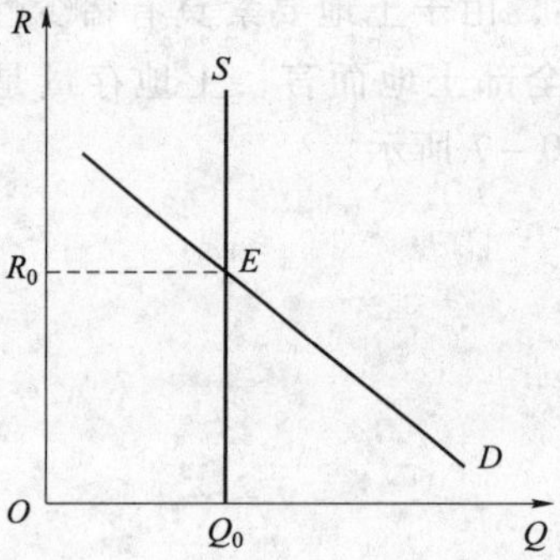

图 10－8　地租的决定

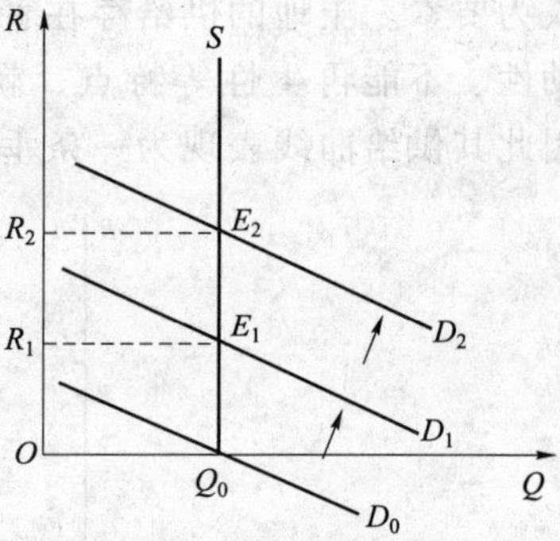

图 10－9　地租的变动

然而，地租之间也存在着差异，具体表现为两个方面：

第一，不同用途的土地地租存在差异。某种用途的产品收益较大，对土地的需求水平就越高，地租也会较高，土地所有者为获取最大收益就要将其他用途的土地向这种用途上转移，从而产生地租差异，这种地租差异是促进土地资源实现合理配置的内在机制。但是，并不是任何土地的用途都可以转移，由于土地有固定的地理位置，贫困山区的土地不可能转移到大城市的商业中心，因而土地在特定用途上的供给量及在不同用途之间的转移都受到较大限制。

第二，相同用途的土地地租存在差异。相同用途的土地中，土地的质量是不一样的，这种差异性导致土地在某用途上的边际生产力不同。例如，同样是用于商业的土地，城市中心的地块比郊区的地块能创造更大的价值，具有较高的边际生产力，其地租必然要高。

三、租金、准租金与经济租金

我们在分析土地市场供给与均衡时，已经介绍了地租的概念。下面我们再向大家介绍几个有关“租”的重要概念。

（一）租金

按照前面的定义，地租是土地供给固定时的土地服务价格，因而地租只与固定不变的土地有关。但在很多情况下，不仅土地可以看成是固定不变的，许多其他资源也可以看成是固定不变的，例如某些人的天赋才能，像土地一样其供给是自然固定的。这些固定不变的资源也有相应的服务价格，这种服务价格显然与土地的地租非常类似。为与特殊的地租相区别，可以把这种供给同样固定不变的一般资源的服务价格称为“租金”。换句话说，地租是当所考虑的资源为土地时的租金，而租金则是一般化的地租。

（二）准租金

前面讲过，在短期内只要产品销售价格能够补偿平均变动成本，厂商就会利用固定的厂房设备并投入可变要素开工生产。这些厂房、机器等一些耐久性设备固定性很强，对厂商来说，这些生产要素在短期内是固定供给的，其价格在某种程度上类似于租金，在这种情况下，产品价格超过其平均变动成本的部分就代表了固定生产要素的收益，这些收益即为准租金。准租金是英国经济学家马歇尔提出的概念，是指固定资产在短期内所获得的收入。图 10－10（a）中 SMC、AC、AVC 分别代表厂商的短期边际成本、平均成本和平均可变成本。假定完全竞争条件下产品价格为 P_0，那么厂商的最优产量就为 Q_0。此时，该厂商的总收入为 OP_0EQ_0，总可变成本为 OP_2GQ_0，那么准租金就是两者之差，即 P_2P_0EG。

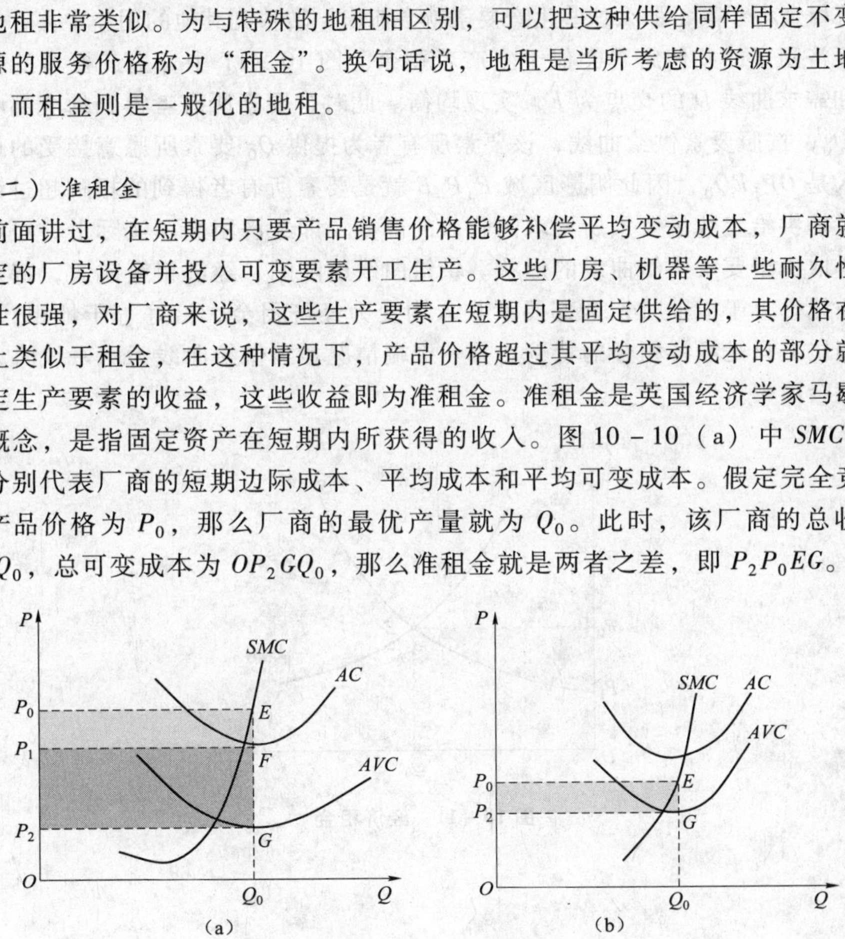

图 10－10　准租金

从图 10－10（a）中可以看出，准租金包括两个部分：固定生产要素的总成本 P_2P_1FG 和厂商的经济利润 P_1P_0EF。图 10－10（b）表示当厂商没有经济利润时，准租金小于固定成本，这时厂商有经济损失。当准租金为 0 时，此点正好是完全竞争厂商的关闭点。因此，只有在准租金大于 0 时，厂商才会继续生产经营。

（三）经济租金

经济租金是指要素所有者得到的报酬超过该要素所有者提供给定数量要素所要求的收入的部分。生产要素所有者所要求的收入是由使用该生产要素的机会成本所决定的。例如工人 A 愿意以每小时 3 美元的工资工作，工人 B 愿意以每小时 4 美元的工资工作，如果雇主愿意以每小时 4 美元的工资雇佣这两个工人，则工人 A 就获得了经济租金每小时 1 美元。也就是说，经济租金是要素收入与机会成本之间的差额。如果经济租金大于零，那么这些生产要素就会留在原来的用途中；如果经济租金小于零，那么这些生产要素就会流出，转移到其他的用途中去。

经济租金的几何解释类似于生产者剩余。图 10－11 中，生产要素的供给曲线 S 和需求曲线 D 的交点为 E，实现均衡。此时，要素所有者得到的全部收入为 OP_0EQ_0，按照要素供给曲线，该要素所有者为提供 Q_0 要素所愿意接受的最低要素收入是 OP_1EQ_0，因此阴影区域 P_1P_0E 就是要素所有者得到的报酬超过该要素所有者提供给定数量要素所要求的收入的部分，即经济租金。实际上，经济租金的大小取决于要素供给曲线的形状。供给曲线越陡峭，经济租金越大，特别是当供给曲线垂直于横轴时，全部要素收入均变为经济租金，恰好等于地租。可见，地租实质上只是经济租金的特例。另一极端情况是当供给曲线为水平线时，经济租金就会消失。

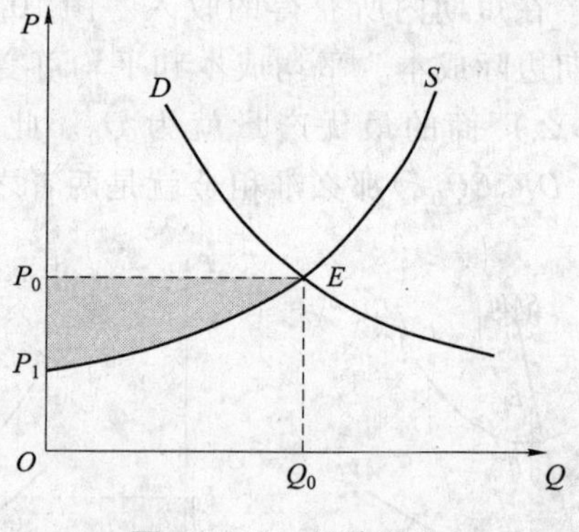

图 10－11　经济租金

第四节　资本的供给曲线和利率的决定

与劳动和土地这两种原始性生产要素不同，资本是一种中间性生产要素，它既是一种投入量，又是一种产出量。作为一种特殊的生产要素，资本的需求和供给与其他生产要素有很大不同，接下来让我们一起来分析资本的供给问题。

一、资本供给

在经济生活中，厂商为从事生产而投入的要素中，除土地和劳动之外的厂房、机器、工具等物品均统称为资本。资本作为生产要素既可以表现为实物形式，即资本货物或资本品，如厂房、设备、原材料、成品和半成品等；也可以表现为价值形式，即货币资本。从一般意义上讲，资本包括货币，而货币并不一定是资本，因为从宏观角度分析，一国所拥有的货币数量并不代表等量的资本品。

重要问题

资本要素有哪些特点？

作为与劳动和土地并列的一种生产要素，资本的独特特点可以概括如下：第一，它的数量是可以改变的，即它可以通过人们的经济活动被生产出来；第二，它之所以被生产出来，其目的是为了以此来获得更多的商品和劳务；第三，它是作为投入要素，即通过被用于生产过程来得到更多的商品和劳务的。

由资本的特点可知，资本与土地及劳动要素的根本区别是：资本的数量是可以变化的，土地和劳动则是自然给定的。这个区别使得资本的供给问题完全不同于土地和劳动的供给问题。所谓资本的供给就是整个社会在各个不同的利息率水平下愿意而且能够提供的资本数量，它取决于资本所有者对现期消费和未来消费的偏好，也就是说资本供给取决于人们在既定收入下的消费—储蓄决策。储蓄意味着人们要放弃当前的消费，可是人们一般都偏好当前消费甚于未来消费，要使人们愿意放弃当前消费转而储蓄，必须予以补偿，使他们在未来消费的数量大于现在消费的数量，利息就是对放弃当前消费的补偿。例如，消费者今年储蓄 100 元，明年能够得到 110 元，那么增加的 10 元就是利息，以 10 元利息除以储蓄额 100 元，得到利息率为 10%，这就是资本供给的价格。可以发现，消费者之所以没有把所有收入都用于今年消费，而是将部分收入用于储蓄，正是为了以后能够多消费。利息率越高，人们愿意放弃当前消费的意愿就越强，资本积累和资本供给量增加得越多，因此资本的供给与利息率同方向变化，是利息率的增函数。

资本的供给除了取决于人们在既定收入下的消费—储蓄决策外，还与人们对货币的流动性偏好有关。所谓对货币的流动性偏好是指人们总希望把个人财富以货币形式持有。这种偏好的产生，可能是基于下面三种动机：一是交易动机，任何时候人们手头必须持有一定数额的现金，以便应付日常发生的交易；二是预防动机，人们需要保留足够的现金，以应付生、老、病以及意外事件的发生；三是投机动机，人们为了获利会持有部分现金购买股票和债券。

重要问题

今年的1美元和明年的1美元是一样的吗？

答：今年的1美元与明年的1美元是不一样的，它们之间的差额就是所谓的时间价值。为了比较不同时期的收入，我们必须找到一个共同的价值尺度，这就是现值，它表示一笔未来的收入流现在值多少。比如你当期有 Y_0 的收入，下一期有 Y_1 的收入，那么下一期的收入 Y_1 就相当于当期的 $\frac{Y_1}{1+r}$，其中 r 叫做贴现率，一般用资本市场的无风险利率来表示。这个求现值的过程，叫做贴现。因此第 n 期的收入 Y_n 贴现到当期的现值（假设在这 n 期内无风险利率为 R）就可以用公式表示为：$Y_0 = \frac{Y_n}{(1+R)^n}$。

二、资本供给曲线

前面所讲的消费者对土地和劳动的决策是一种即期决策，而消费者对于消费和储蓄的决策实际是一种跨时期决策，他要决定的是在现期消费和未来消费之间进行选择（消费是当前消费，而储蓄是未来消费），其目的是要选择一个最优的资本拥有量，以使自己的总体效用水平最大化。

（一）单个消费者的资本供给曲线

我们将用无差异曲线作为工具来分析消费者的决策。假定消费者的一生中分为两个时期：即期和未来。该消费者在即期内的收入为 W_1，消费为 C_1，在未来时期内的收入为 W_2，消费为 C_2。那么应该满足消费者在一生中的收入等于一生中的所有消费，用公式表示为：

$$W_1 + \frac{W_2}{1+r} = C_1 + \frac{C_2}{1+r} \tag{10.6}$$

将公式（10.6）进行整理后就可以得到消费者的收入预算约束，用公式表示为：

$$C_2 - W_2 = (1+r)(W_1 - C_1) \tag{10.7}$$

如图10－12所示，由式（10.7）可得到一条向右下方倾斜而且斜率为 $-(1+r)$ 的预算约束线 AB。图中横轴 C_1 代表当期消费的商品量，纵轴 C_2 代表未来消费的商品量，曲线族 U 代表消费者的无差异曲线，它的形状取决于各个消费者的时间偏好。收入预算曲线 AB 上一点 D（W_1，W_2）代表消费者的初始状态，此时消费者将每一期的收入全部用于当期的消费。如果沿着预算线向左上方移动，表明消费者减少即期消费，增加储蓄；向右下方移动，表明消费者在当期提前借入未来收入来消费。从图中可以看出，市场利率水平为 r_0 时，使消费者总体效用水平最大化的均衡位置必然是预算约束线 AB 与无差异曲线 U_0 的切点 E_0，该点为消费者均衡点，此时消费者的跨时期消费决策是当期消费 C_1^0，未来消费 C_2^0，当期的最优资本拥有量（储蓄额）为（$W_1-C_1^0$）。

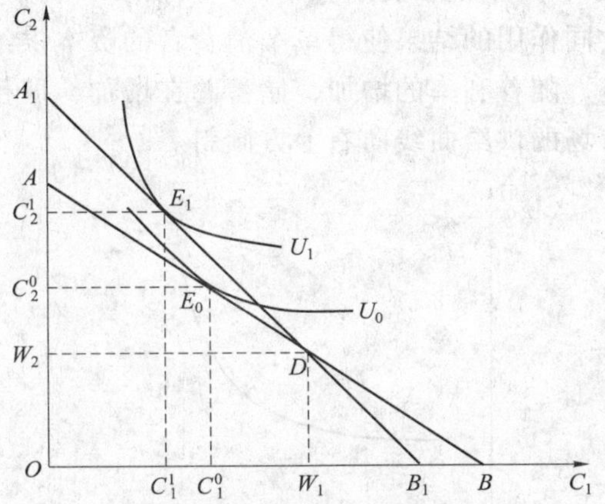

图 10－12　消费者的跨时期选择

假定市场的利息率从 r_0 上升到 r_1，预算线将沿着收入组合点 D 顺时针旋转至 A_1B_1，新的预算线与无差异曲线 U_1 相切于 E_1 点，此时该消费者两期的消费量分别为 C_1^1 和 C_2^1，总体效用水平为 U_1，最优资本拥有量为（$W_1-C_1^1$）。可见，利息率的提高使消费者减少了当期消费，增加了储蓄。如果市场利率是连续变化的，那么我们便可以得到无数个如 E_0、E_1 这样的均衡点，连接这些点即可得到一条消费者的跨时期消费决策线，该曲线间接的反映了市场利率与消费者的最优资本拥有量之间的关系。我们把图 10－12 中得到的不同利率与最优资本拥有量的点描在坐标系中，得到图 10－13。

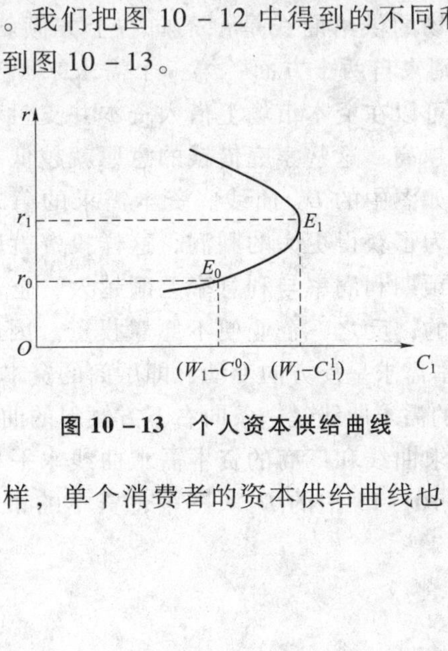

图 10－13　个人资本供给曲线

同个人供给曲线一样，单个消费者的资本供给曲线也向后弯曲，其原因在于存在收入效应与替代效应。首先分析收入效应，利率上升表示收入增加，因此消费增加，储蓄减少；接下来分析替代效应，利率上升表示当期消费昂贵，因此消费减少，储蓄增加。收入效应与替代效应共同作用的结果是使得资本供给曲线向后弯曲。

（二）资本市场的供给曲线

将所有单个消费者的资本供给曲线水平相加，即可得到资本市场的供给曲线，如图 10－14 所示，其中横轴表示资本 K，纵轴表示利率 r。前面讨论过，收入效应与替代效应共同作用的结果使得单个消费者的资本供给曲线向后弯曲，但是对于资本市场而言，随着利率的增加，储蓄总在增加，即替代效应强于收入效应，因此整个资本市场的供给曲线向右上方倾斜。

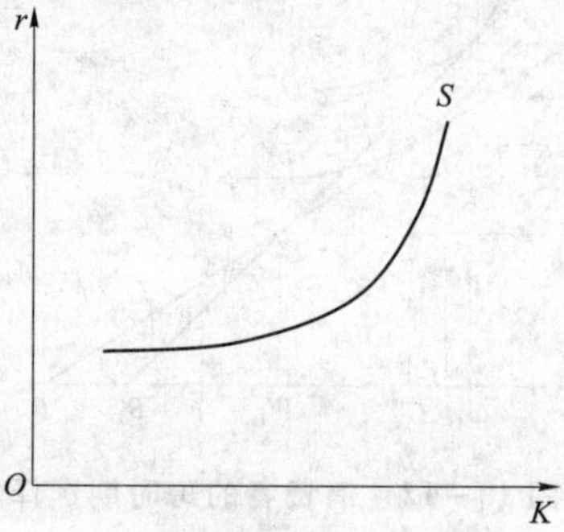

图 10－14　资本市场的供给曲线

三、利息率的决定

作为要素服务，资本的价格称为利息率（用 r 来表示），其含义是指厂商在一定时期内使用资本所支付的价格。与工资、地租一样，利息率也是资本市场供给曲线与资本需求曲线相交时的均衡点。

前面讲过，资本市场的供给曲线是一条向右上方倾斜的曲线，如图 10－15 中的 S。而资本的需求则来自两个方面：第一个需求来源于家庭消费者。有些家庭想要提前消费，那么可以在资本市场上借入资本并支付利息。利息率越高，消费者提前消费的成本就越高，这些家庭借钱的意愿就越低。因此，家庭的资本需求是利息率的减函数，如图中的 D_H 曲线。资本需求的第二个来源是厂商。企业借入资金进行投资，是为了获得更大的利润，这样投资就取决于预期利润率与贷款利息率之间的差额。预期利润率与利息率差额越大，企业就越愿意投资，因为这表明进行投资是值得的；反之，企业便不愿意投资。因此，在预期利润率既定时，利息率与厂商的资本需求呈反方向变动，即厂商的资本需求是市场利率的减函数，由此确定单个资本的需求曲线是一条向右下方倾斜的曲线，如图中的 D_F 曲线。

将消费者的资本需求曲线和厂商的资本需求曲线水平叠加，便可得到市场的总资本需求曲线，如图 10－15 中的 D_T。图中，资本的市场需求曲线 D_T 和市场

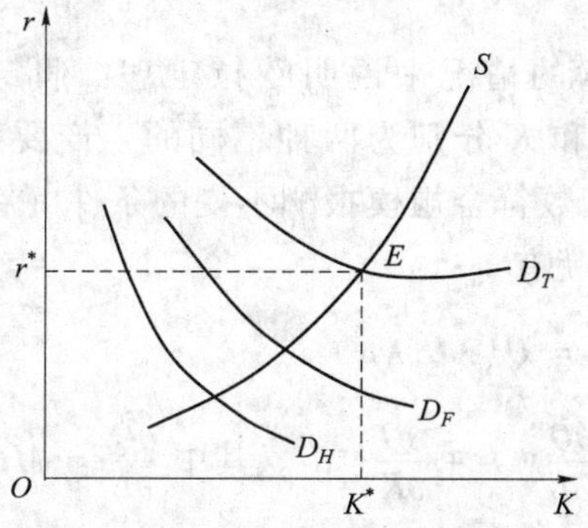

图 10－15　均衡利率的决定

供给曲线 S 相交于点 E，此时均衡利率为 r^*，均衡资本量为 K^*。

第五节　欧 拉 定 理

前面讲过，在完全竞争条件下厂商的要素使用原则为：要素的边际产品价值等于要素价格，即

$$P \cdot MP_X = P_X \qquad (10.8)$$

对于劳动要素而言，通过（10.8）式可以得到：

$$MP_L = \frac{w}{P} \qquad (10.9)$$

等式右边的 w/P 为劳动价格与产品价格之比，可以看成是劳动的实际价格或实际工资。于是，（10.9）式表示劳动的实际价格等于劳动的边际产品，或者说，劳动的实际报酬等于劳动的实际贡献。

同样，对于资本要素而言，也可以认为在完全竞争条件下，资本的实际价格或实际利率等于资本的边际产品，即：

$$MP_K = \frac{r}{P} \qquad (10.10)$$

（10.10）式同样可以解释为资本的实际报酬等于其实际贡献。

假定整个社会的劳动量和资本量分别为 L 和 K，则劳动要素和资本要素各自所得的实际报酬分别为 $L \cdot MP_L$ 和 $K \cdot MP_K$。现在的问题是：上述全部要素的实际报酬是否恰好等于整个社会的总产品收入呢？

西方经济学家认为，当产品市场和要素市场都处于完全竞争时候，如果厂商规模报酬不变，那么各生产要素的报酬之和刚好等于全部产值。这一结论称为产品分配净尽定理，由于这个定理可以用数学上的欧拉定理加以说明，所以它也被

称为欧拉定理。

现在用两种生产要素的情况来说明欧拉定理：假定生产函数为 $Q = Q(L, K)$，式中 Q 为产量，L 和 K 分别为两种不同的生产要素即劳动和资本的数量。如果进一步假设该生产函数符合规模报酬不变的条件（在数学上，这等于说该生产函数是一次齐次式），就有

$$Q = \lambda Q(L,K) = Q(\lambda L,\lambda K)$$

对 λ 求导，得 $Q = \frac{\partial Q}{\partial L} \cdot L + \frac{\partial Q}{\partial K} \cdot K$。其中 $\frac{\partial Q}{\partial L} = MP_L$，$\frac{\partial Q}{\partial K} = MP_K$

两边乘以产品价格 P，则有

$$P \cdot Q = P \cdot \left(\frac{\partial Q}{\partial L} \cdot L + \frac{\partial Q}{\partial K} \cdot K\right) = P \cdot MP_L \cdot L + P \cdot MP_K \cdot K \quad (10.11)$$

在完全竞争条件下，$P \cdot MP_L = w$（工资率），$P \cdot MP_K = r$（利息率）。因此，（10.11）式又可以整理为：

$$P \cdot Q = w \cdot L + r \cdot K \quad (10.12)$$

（10.12）式中左边为总收入，右边第一项为资本报酬，第二项为劳动报酬，表示总收入刚好被各种要素报酬分完，由此可证明欧拉定理。

需要指出的是，产品分配净尽定理（或欧拉定理）只有在规模报酬不变（或生产函数为一次齐次式）的条件下才适用。在报酬递增情况下，产品收入不够分配给各个生产要素之用，即有：

$$Q < \frac{\partial Q}{\partial L} \cdot L + \frac{\partial Q}{\partial K} \cdot K \quad (10.13)$$

而在报酬递减的情况下，总收入在分配给各生产要素之后又会有剩余，即有：

$$Q > \frac{\partial Q}{\partial L} \cdot L + \frac{\partial Q}{\partial K} \cdot K \quad (10.14)$$

当处于不够和剩余时，为了使得各生产要素都能得到它们的边际产品作为报酬，在经济社会，应该有某种机构来补足缺额和取走剩余。

第六节 洛伦兹曲线与基尼系数

前面的几个章节分析的是经济学分配理论中的要素价格决定理论，可是分配理论中除了生产要素价格决定理论，还包括收入分配是否均衡的问题，因此本节主要介绍收入分配不平等程度的衡量标准。洛伦兹曲线和基尼系数就是经济学家

常用来表示收入分配不平等程度的指标之一。

一、洛伦兹曲线

洛伦兹曲线是用几何图形度量社会收入分配平等程度的一种方法，是由美国统计学家洛伦兹（M. O. Lorenz）于1905年提出来的。洛伦兹用人口百分比和收入百分比来研究收入分配的不平等问题，首先他将一国人口按收入由低到高进行排序后划分为5个等级，各占人口的20%；然后再计算各自在社会总收入中所占的比例，如表10－1所示；最后以累计的人口百分比为横轴，以累计的国民收入百分比为纵轴，画出一个正方形图，再将得到的人口累计百分比和收入累计百分比的对应关系描绘在图形上，即可得到洛伦兹曲线。

表10－1　　收入分配统计数据实例

收入分组		占人口的百分比		绝对平均的情况		不平均的情况	
		百分比	累计	占收入的百分比	累计	占收入的百分比	累计
（最低） ↓ （最高）	1	20%	20%	20%	20%	4%	4%
	2	20%	40%	20%	40%	10%	14%
	3	20%	60%	20%	60%	20%	34%
	4	20%	80%	20%	80%	26%	60%
	5	20%	100%	20%	100%	40%	100%

以横轴 OP 表示人口累积百分比，纵轴 OI 表示收入累积百分比，将表10－1中的数据描绘在坐标图上，在分组越来越多时，可以得到 ODY 曲线，即洛伦兹曲线，如图10－16所示。

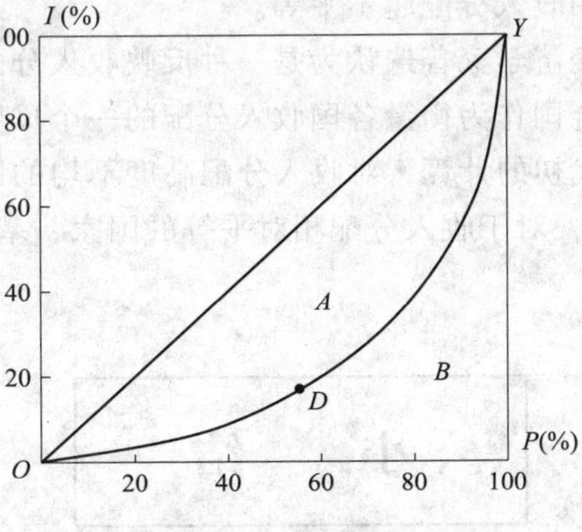

图10－16　洛伦兹曲线

在图10－16中存在两种极端情况：对角线 OY 上人口百分比与收入百分比相等，这表明收入分配完全平等，这条线被称为完全平等曲线；折线 OPY 上，除一人外，其余人的收入都是零，这表明社会的全部收入都集中在少数几个人的手中，而社会的其余人口却是一无所获，这条线被称为完全不平等曲线。事实上，一个社会的收入分配既不会是 OY，也不会是 OPY，完全平等和完全不平等都是不可能的，实际收入分配线应该是一条介于上述两个极端之间的曲线，称为洛伦兹曲线。从图中可看出，洛伦兹曲线越接近折线 OPY，表明收入分配越不平等；洛伦兹曲线越是接近 OY，表明收入分配越平等。可见，洛伦兹曲线的弯曲程度具有重要意义：洛伦兹曲线的弯曲程度反映了收入分配的平等程度，弯曲程度越大，收入分配不平等程度越大；反之，弯曲程度越小，收入分配越平等。

二、基尼系数

为了更好地用指数来反映社会收入分配的平等情况，20 世纪初意大利经济学家基尼（C. Gini）于 1912 年根据洛伦兹曲线计算出了一个反映一个国家贫富差距的指标，这个指标被称为基尼系数。

在图 10－16 的洛伦兹曲线图中，将洛伦兹曲线与完全平等曲线 OY 之间的面积用 A 来表示，将洛伦兹曲线与完全不平等曲线 OPY 之间的面积用 B 来表示，那么基尼系数就可以表示为：

$$G = \frac{A}{A + B} \tag{10.15}$$

图 10－16 中，洛伦兹曲线弯曲度越小，A 的面积就越小，那么基尼系数就越小，表明收入分配就越平等；反之，洛伦兹曲线弯曲度越大，A 部分的面积越大，那么基尼系数也就越大，表明收入分配越不平等。若 $A=0$，则基尼系数等于 0，表明收入分配完全平等，国家没有贫富差距。若 $B=0$，则基尼系数等于 1，这表明收入分配完全不平等，国家贫富差距极端严重。由此可知：基尼系数通常是大于 0 而小于 1 的（$0 \leqslant G \leqslant 1$），基尼系数越小，表明收入分配越平等，基尼系数越大，则表明收入分配越不平等。

基尼系数被西方经济学家普遍认为是一种反映收入分配平等程度的方法，也被现代国际组织如联合国作为衡量各国收入分配的一个尺度。据经济学家钱纳利等人在 20 世纪 70 年代初的计算，对收入分配高度不均的国家来说，基尼系数的数值在 0.5～0.7 之间；对于收入分配相对平等的国家，基尼系数的数值在 0.2～0.35 之间。

小　结

（1）消费者拥有生产要素，他是否愿意将自己的这些资源在市场上出售或出售多少，取决于他在“留为自用”和“获取收入”之间的选择。“留为自用”

能直接或间接地给消费者带来效用，而“获取收入”则通过个人消费间接给消费者带来效用，因此，消费者的要素供给问题实质上是在给定要素资源约束下，如何最大化自己的效用水平。

(2) 劳动供给问题可以看成是消费者如何决定其拥有的既定时间资源在闲暇和劳动供给两种用途上的分配。单个消费者的劳动供给曲线具有向后弯曲的形状，表明劳动供给量开始时随工资的提高而增加，但在很高的工资水平上，又随工资的提高而降低。在任何劳动市场上，市场供给曲线都是该市场上所有工人个体劳动供给曲线的水平相加。在劳动市场上，劳动供给和劳动需求相等时，便实现了均衡工资。

(3) 土地的“自然供给”是固定不变的，土地的“市场供给”在假定不考虑自用土地的效用时也是固定不变的。在这种情况下，土地的供给曲线就是一条垂直线。由于土地供给曲线是固定不变的，因此地租的大小完全取决于土地需求曲线的变化。在土地市场上，土地的供给曲线和需求曲线的交点决定了均衡地租。

(4) 准租金是指那些供给量暂时固定的生产要素的服务价格，即固定生产要素的收益；经济租金是要素所有者得到的报酬超过该要素所有者提供给定数量要素所要求的收入的部分。

(5) 所谓资本的供给就是整个社会在各个不同的利息率水平下愿意而且能够提供的资本数量，它取决于资本所有者对现期消费和未来消费的偏好，也就是说资本供给取决于人们在既定收入下的消费—储蓄决策。单个消费者的资本供给曲线在市场利率处于一个较高水平时，会出现向后弯曲的现象。把所有的个人资本曲线水平相加，可得到资本市场的供给曲线。利率与工资、地租一样，是由资本的供需关系所决定的。

(6) 欧拉定理是指：当产品市场和要素市场都处于完全竞争时候，如果厂商规模报酬不变，那么各生产要素的报酬之和刚好等于全部产值。

(7) 洛伦兹曲线表示一国按人口数量累计的百分比与该百分比所占有的国民收入之间的关系。其弯曲程度反映了收入分配的平等程度，弯曲程度越大，收入分配越不平等；弯曲程度越小，收入分配越平等。

(8) 洛伦兹曲线与45度线之间的部分叫不平等面积，45度线以下的部分为完全不平等面积，不平等面积与完全不平等面积之比为基尼系数。这一系数越大，表明收入分配越不平等。

复习思考题

一、名词解释

地租　利息率　租金　准租金　经济租金　欧拉定理　洛伦兹曲线　基尼

系数

二、简答题

1. 解释土地供给曲线垂直的原因及经济学含义。

2. 用厂商的短期成本曲线说明准租金的含义及意义。

3. 简述均衡地租的形成。

4. 为什么单个劳动者的劳动供给曲线是向后弯曲的？

三、计算题

1. 某电子公司生产电子计算器，假定该计算器的市场售价为50元，日产量为10个。已知每个计算器耗费的原材料和人工费共计25元，其年固定成本为12 000元。求（1）该厂的月准租金和经济利润各为多少？（2）若该公司将产量扩大为每月500个，此时产品的市价降为45元，这一举动对准租金和利润产生了怎样的影响？

2. 假定某消费者劳动供给的效用函数为 $U = U(Y,l) = -3l^2 + 60l + 4lY$，求该消费者的劳动供给曲线（假定每天的时间资源按16小时计算）。

3. 假定劳动市场的供给和需求曲线分别为：$S_L = 160W$，$D_L = 8\,000 - 240W$，求（1）市场的均衡工资；（2）若政府对工人所提供的劳动课以5元的税收，则新的市场均衡工资为多少？（3）政府征收到的税收总额为多少？

四、论述题

1. 用无差异曲线分析并推导劳动的供给曲线，并解释形成曲线特征的原因。

2. 试述消费者的要素供给原则。

3. 试述资本的供给曲线。

阅读推荐与网络链接

1. 高鸿业．西方经济学：微观部分．第五版．北京：中国人民大学出版社，2011.

2. 大卫·桑普斯福特．劳动经济学前沿问题．北京：中国税务出版社，2000.

3. 洪兴建．基尼系数理论研究．北京：经济科学出版社，2010.

4. 郝令昕．评估不平等．上海：格致出版社，2012.

5. 阿萨夫，埃夫拉伊姆．劳动力、资本和金融要素的国际流动．北京：中国金融出版社，2002.

第十一章

一般均衡分析与福利经济理论

学习目的

- 掌握一般均衡的含义，了解瓦尔拉斯一般均衡模型。
- 理解经济效率，掌握帕累托标准和帕累托改进的含义。
- 理解帕累托最优状态，掌握帕累托最优状态的实现条件。
- 掌握社会福利函数，了解效率与公平。

引导案例

牧师、心理学家和经济学家三个人决定去打高尔夫球。在他们前边，是两位打得非常缓慢的人。打到第八洞时，他们因实在受不了开始大声的抱怨。牧师说；“圣母呀，我祈祷，他们下次再来打球前应该好好练习练习。”心理学家说：“我敢发誓，肯定有人喜欢打慢球。”经济学家说：“我真没有想到打高尔夫球要花这么长的时间。”在打到第九洞时，心理学家实在忍受不了这样的节奏，就走向那两位缓慢者的球童，要求让他们这些后来者先打。球童说可以，并解释说他们二位是双目失明的退休消防队员，所以球打得很慢，他们都是因为在大火中救人而致盲的，所以希望三位不要再提高嗓门抱怨了。牧师听罢深感惭愧地说：“我身为神职人员，可我居然一直在诅咒盲人球打得慢。”心理学家亦感到惭愧：“我是一位职业为人排忧解难的人，可我一致在抱怨需要帮助的盲人的球打得慢。”经济学家见状表情凝重地对球童说： “听仔细了，下次让他们晚上来打球。”

白天与黑夜对盲人是一样的，经济学家的话形象的揭示了帕累托最优的含义，你能理解吗？

资料来源：龚华平，范永坤．经济学中没有上帝［M］．北京：中国时代经济出版社，2006：382.

案例导学

帕累托是19世纪初的意大利经济学家，也是新福利经济学的代表人物。他对资源配置是否具有经济效率提出了判断标准，以他的名字命名的“帕累托最优”是现代经济学中的一个重要概念，也是经济学的一个美好的理想境界。

市场经济有两个最本质的特征，其一是提高资源配置效率；其二是实现充分竞争。所谓帕累托最优，是指任何改变都不可能使至少有一个人的状况变好而又不使任何人的状况变坏的资源配置状态。如果一个经济达到这样境况：已经不可能通过重组或贸易等手段，既提高某一人的效用或满足程度，而又不降低其他人的效用或满足程度，那么这个经济就实现了福利最大化，是具有经济效率的。可见，西方经济学中的帕累托最优，实际上就是要求不断提高资源的配置效率，帕累托最优状态就是福利最大化状态。

案例中的经济学家提议将盲人打高尔夫球的时间改为晚上，这个建议既改善了其他球者的状况，不用耗费精力长时间等待，同时又没有使盲人蒙受损失，因为白天和晚上对盲人来说都一样，对其他球者和盲人而言，双方都增加了利益。这个变动改善了一些人的状况，同时又不使一些人蒙受损失，社会福利也得到了增加，这被称为帕累托改进。当不存在帕累托改进时，显然经济社会便实现了帕累托最优状态。本案例通过生动形象的例子阐述了现实中是如何应用帕累托改进从而增进社会福利的，可以引发我们对生活中很多类似的现象进行思考。

在前面的篇章里，我们孤立地研究了各个市场，这属于局部均衡分析。但是市场常常是相互依存、相互影响的，这使得某一市场的变化往往会影响另一些市场的商品价格和产出。因此，本章将利用一般均衡分析考虑这些相互关系，阐述一般均衡的含义及理论模型，并利用福利经济学中的帕累托标准来衡量市场经济的一般均衡状态是否具有经济效率；此外，我们还将用社会福利函数寻找帕累托最优点，并评判有效率的帕累托最优状态是否满足资源配置的公平。

第一节　一般均衡的含义

我们将考察单个市场的均衡称作局部均衡分析，将同时研究所有市场的均衡称为一般均衡分析。这两种分析方法都非常有用，各有其自身的独特价值。

一、局部均衡分析与一般均衡分析

前面讨论产品市场与生产要素市场时，我们把每个市场都看成是独立的市场，通常假定一个市场的价格变化不会影响其他市场的价格，这些分析研究的是一个单独市场的变化，显然这种对市场行为的讨论主要是建立在局部均衡分析上的。所谓局部均衡分析方法，是指假定其他一切市场的价格均为外部给定，仅仅分析单个市场上的供求关系和均衡价格的决定问题。具体来讲，分析时只以一种商品为研究对象，而假定“其他事物不变”，这种商品价格只取决于其本身的供给和需求，不受其他商品的价格和供求状况的影响。马歇尔最先于 1890 年在其代表著作《经济学原理》中使用了这种分析方法，这也成为马歇尔经济学说在方法论上的一个主要特点。

但实际上某个市场的调整不可能不干扰其他市场的均衡，例如，我国南方的一场大洪水，将使得国内的粮食价格上升，而相应的以粮食为原料的加工工业的产品价格就会相应上涨，这可能带动的是一连串的价格变化。因此，为了理解相关联的市场之间的这种相互影响，我们必须把不同的市场放在一起分析，这种研究方法是建立在一般均衡分析上的。所谓一般均衡分析方法是指研究一个经济社会中所有的相关联的单个市场价格和数量的同时决定问题。可见，一般均衡的概念和分析是建立在局部均衡理论之上的。通常认为，一般均衡理论是瓦尔拉斯在《纯粹经济学要义》中创立的。瓦尔拉斯认为，整个经济体系处于均衡状态时，所有消费品和生产要素的价格将有一个确定的均衡值，它们的产出和供给将有一个确定的均衡量；他还认为在完全竞争的均衡条件下，出售一切生产要素的总收入和出售一切消费品的总收入必将相等。

可见，局部均衡分析是单个市场均衡的研究，一般均衡分析是同时研究所有市场的均衡。这两种分析方法各有其价值，当一个市场的市场条件变化对其他市场的价格只有很小的影响时，局部均衡分析就完全够用了，例如在研究课征产品税对某种商品的生产的影响时，假定其他商品的价格不变，可能就很接近实际情况。不过，如果一个市场的条件变化导致其他商品价格发生重大变化时，就需要一般均衡分析。在实践中，完全的一般均衡分析（即估计一个市场的变动对所有其他市场的影响）是不可行的。为此，我们将只限于 2 ~ 3 个紧密相关的市场，例如在考虑对石油征税时，我们可能还要考虑天然气、煤、电等市场。

重要问题

为什么要引入一般均衡分析？

现实的市场常常是相互依存的，而局部均衡分析并不考虑这些相互影响，因此局部均衡分析虽然可以帮助我们理解市场行为，却不足以满足经济学解释现实的追求。一般均衡分析研究经济如何调节以使所有市场的需求和供给同时达到均衡，因此考虑了不同市场间的相互影响，对现实的解释力更强。

二、一般均衡的含义

如果我们能够建立一个完全竞争经济，均衡能在所有市场同时出现吗？这个问题是论证一般均衡的存在性问题，此论证将在下一节详细阐述。在此之前，我们需要确定一般均衡的具体含义，这也是一般均衡的假设条件。

我们将完全竞争市场的一般均衡状态严格定义为满足如下四个条件的一种经

济状态：（1）每个消费者依据他的预算线选择自己喜欢的商品组合，预算线由要素价格和产品价格决定；（2）对于现行的要素价格和产品价格，每个消费者提供他所选择的要素数量；（3）每个厂商在现有技术、产品需求、要素供给所给定的约束下，使利润最大化，但长期利润为零；（4）在所有的产品市场和要素市场的现行价格下，需求量等于供给量。此时，就称该经济处于一般均衡状态。

三、一般均衡的例证

为了研究市场的相互依赖性，让我们考察苹果和葡萄这两个竞争性市场。这两个市场有紧密的联系，是因为这两种商品是可替代物品，两种产品的相对价格会对两个市场的总量产生影响。

图 11－1 画出了两个市场的初始均衡。图 11－1（a）表示的是葡萄市场，图 11－1（b）表示的是苹果市场。初始时，葡萄的需求曲线为 D_g^0，供给曲线为 S_g^0，葡萄市场的均衡价格为 1.60 元，均衡产量为 Q_g^0；苹果的需求曲线为 D_a^0，供给曲线为 S_a，苹果市场的均衡价格为 4 元，均衡产量为 Q_a^0。现在假定葡萄减产，那么其供给曲线就从 S_g^0 移到 S_g^1，变化后的葡萄市场在新的价格和数量组合点（2，Q_g^1）实现了均衡状态，这是单个市场的局部均衡分析。如果从一般均衡角度看，苹果市场的价格和数量会受到葡萄市场波动的影响，并且会将这种变化反馈回葡萄市场。

首先，葡萄价格的提高会引起一部分消费者转向苹果，消费者对苹果的需求随之上升。图 11－1（b）中苹果的需求曲线会向右移动到 D_a^1，此时苹果市场的局部均衡价格和数量上升为（6，Q_a^1）。其次，苹果价格上升又会引起其替代品葡萄市场需求的上涨，使葡萄市场的需求曲线移动到 Q_g^1，此时葡萄价格为 2.20 元。从图中可看出，葡萄市场受到苹果市场的反馈影响后，供需在价格和数量组合点（2.20，Q_g^2）实现局部均衡，但是整个市场（包括葡萄和苹果市场）还没

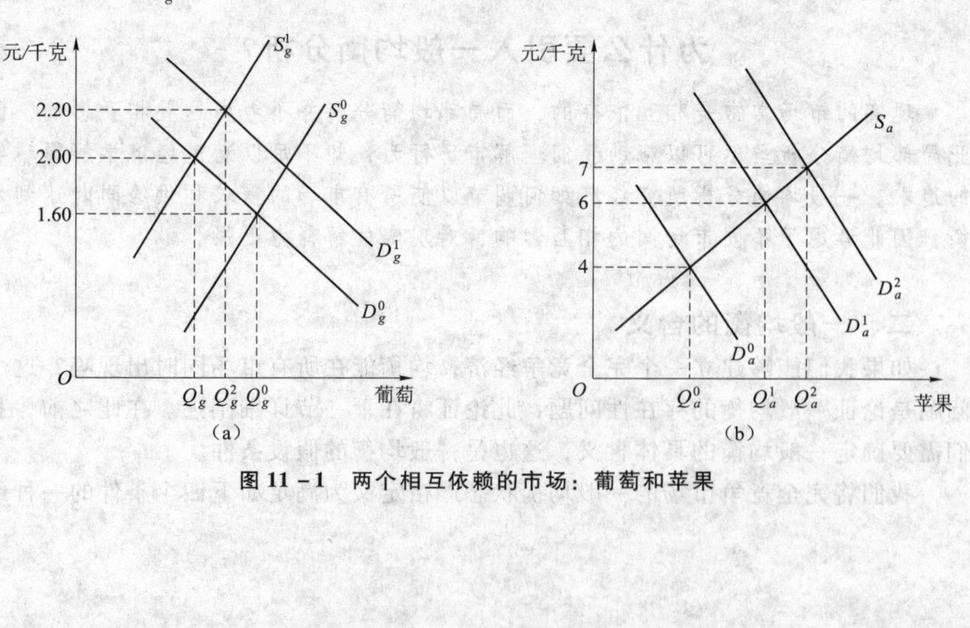

图 11－1　两个相互依赖的市场：葡萄和苹果

有实现一般均衡。也就是说，此时两个市场之间虽然都会出现瞬间的局部均衡，但是局部均衡马上就会被市场之间的相互影响打破。葡萄价格上升后，又会使消费者增加对苹果的需求，苹果需求曲线向上移动到 D_a^2，苹果价格也随之上升为7元，此时两个市场最终的价格组合是（2.20，Q_g^2）和（7，Q_a^2）时，整个市场才实现了一般均衡。尽管这个例子非常简单，只包含了两个市场，但我们已经十分清楚地看到了市场之间价格波动的互相传递与影响。最终价格体系会在综合所有的相互反馈影响后形成一组均衡价格，在这组均衡价格中，所有的市场同时达到均衡。

第二节　瓦尔拉斯一般均衡模型

在西方经济学史上，19世纪法国经济学家里昂·瓦尔拉斯最先认识到一般均衡问题的重要性，并首先以数学形式建立了一般均衡的数学模型，对一级均衡的稳定性问题作了初步探索，力图证明一般均衡的存在。但是他的模型并没有提供严格的证明，20世纪中叶以后一些经济学家（如阿罗·德布鲁等）通过使用先进的数学工具（拓扑学和集合论），才完成了对一般均衡解的存在证明。他们证明了即使有成千上万的投入和产出，在有限的条件下，仍然肯定存在着至少一组价格，在这组价格上，所有市场的供给和需求恰好相等。本节将简单地介绍瓦尔拉斯一般均衡模型并探讨该模型中一般均衡价格的存在性问题。

一、模型的基本假定

瓦尔拉斯模型分析的是一个只存在家庭和厂商两类决策者的经济模型。瓦尔拉斯假定，所有的市场都是完全竞争市场，所有的生产要素都得到充分利用，不存在失业，并假定整个经济生产 r 种产品和使用 $n-r$ 种生产要素；各种产品的数量用 Q_1，Q_2，…，Q_r 来表示，其价格分别为 P_1，P_2，…，P_r；各种生产要素的数量用 Q_{r+1}，Q_{r+2}，…，Q_n 来表示，其价格分别为 P_{r+1}，P_{r+2}，…，P_n。

瓦尔拉斯的一般均衡模型由两套需求方程和两套供给方程组成。两套需求方程包括产品的需求方程和生产要素的需求方程；两套供给方程是商品的供给方程和生产要素的供给方程。这些方程具体分析如下。

二、产品与生产要素市场的需求模型

（一）产品市场的需求函数

在家庭对各种商品的偏好既定情况下，单个家庭对一种商品的需求是该商品的价格、其他商品的价格和家庭收入的函数。而每一种产品的市场需求方程是所有家庭（假定有 H 个家庭）对这种产品的需求加总。与单个家庭的需求情况一样，每一种商品的市场需求显然也是整个经济的价格体系的函数，因此所有 r 个产品市场的需求函数是：

$$
\begin{aligned}
Q_1^d &= Q_1^d(P_1, P_2, \cdots, P_r; P_{r+1}, P_{r+2}, \cdots, P_n) \\
Q_2^d &= Q_2^d(P_1, P_2, \cdots, P_r; P_{r+1}, P_{r+2}, \cdots, P_n) \\
&\cdots\cdots \\
Q_r^d &= Q_r^d(P_1, P_2, \cdots, P_r; P_{r+1}, P_{r+2}, \cdots, P_n) \qquad (11.1)
\end{aligned}
$$

式中，$Q_i^d = \sum_{h=1}^{H} Q_{ih}\ (i=1, 2, \cdots, r)$ 为第 i 种产品的市场需求。

（二）生产要素市场的需求函数

厂商 k 对每种生产要素的需求量取决于所有的商品价格和要素价格，即为整个经济价格体系的函数；再将所有 K 个厂商对每一种生产要素的需求加总起来，就得到每一种生产要素的市场需求。与单个厂商的需求情况一样，每一种生产要素的市场需求显然也是整个价格体系的函数。因此所有 $n-r$ 个生产要素市场的需求函数是：

$$
\begin{aligned}
Q_{r+1}^d &= Q_{r+1}^d(P_1, P_2, \cdots, P_r; P_{r+1}, P_{r+2}, \cdots, P_n) \\
Q_{r+2}^d &= Q_{r+2}^d(P_1, P_2, \cdots, P_r; P_{r+1}, P_{r+2}, \cdots, P_n) \\
&\cdots\cdots \\
Q_n^d &= Q_n^d(P_1, P_2, \cdots, P_r; P_{r+1}, P_{r+2}, \cdots, P_n) \qquad (11.2)
\end{aligned}
$$

式中，$Q_j^d = \sum_{k=1}^{K} Q_{jk}\ (j = r+1, r+2, \cdots, n)$ 为第 j 种要素的市场需求。

如果不区分产品和要素，则整个经济共有 n 种商品（r 种产品，$n-r$ 种生产要素），n 个商品价格。于是，这 n 种商品的需求函数就可以更加简洁地表示成为 n 个商品价格的函数，即：

$$
\begin{aligned}
Q_1^d &= Q_1^d(P_1, P_2, \cdots, P_n) \\
Q_2^d &= Q_2^d(P_1, P_2, \cdots, P_n) \\
&\cdots\cdots \\
Q_n^d &= Q_n^d(P_1, P_2, \cdots, P_n)
\end{aligned}
$$

或 $Q_i^d = Q_i^d(P_1, P_2, \cdots, P_n)\ (i=1, 2, \cdots, n)$ (11.3)

三、产品与生产要素市场的供给模型

（一）产品市场的供给函数

厂商 k 对每一种产品的供给量取决于所有产品和生产要素的价格，即整个价格体系。将所有 K 个厂商对每一种产品的供给加总起来，就得到每一种产品的市场供给。与单个厂商的供给情况一样，每一种产品的市场供给显然也是整个经济的价格体系的函数，因此，r 个产品市场的供给函数为：

$$Q_1^S = Q_1^S(P_1, P_2, \cdots, P_r; P_{r+1}, P_{r+2}, \cdots, P_n)$$
$$Q_2^S = Q_2^S(P_1, P_2, \cdots, P_r; P_{r+1}, P_{r+2}, \cdots, P_n)$$
……
$$Q_r^S = Q_r^S(P_1, P_2, \cdots, P_r; P_{r+1}, P_{r+2}, \cdots, P_n) \tag{11.4}$$

式中，$Q_i^S = \sum_{k=1}^{K} Q_{ik}$（$i=1, 2, \cdots, r$）为第 i 种产品的市场供给。

（二）生产要素市场的供给函数

家庭对每种生产要素的供给量取决于所有的商品价格和要素价格，即整个经济的价格体系。将所有 H 个家庭对每一种生产要素的供给加总起来，就得到每一种生产要素的市场供给，与单个家庭的供给情况一样，每一种生产要素的市场供给显然也是整个价格体系的函数。因此，所有 $n-r$ 个生产要素市场的供给函数为：

$$Q_{r+1}^S = Q_{r+1}^S(P_1, P_2, \cdots, P_r; P_{r+1}, P_{r+2}, \cdots, P_n)$$
$$Q_{r+2}^S = Q_{r+2}^S(P_1, P_2, \cdots, P_r; P_{r+1}, P_{r+2}, \cdots, P_n)$$
……
$$Q_n^S = Q_n^S(P_1, P_2, \cdots, P_r; P_{r+1}, P_{r+2}, \cdots, P_n) \tag{11.5}$$

式中，$Q_j^S = \sum_{h=1}^{H} Q_{jh}$（$j = r+1, r+2, \cdots, n$）为第 j 种要素的市场供给。

同样，不区分产品和要素后，整个经济体系的 n 种商品的供给函数就可以简洁地表示为：

$$Q_1^S = Q_1^S(P_1, P_2, \cdots, P_n)$$
$$Q_2^S = Q_2^S(P_1, P_2, \cdots, P_n)$$
……
$$Q_n^S = Q_n^S(P_1, P_2, \cdots, P_n)$$

或 $Q_i^s = Q_i^s(P_1, P_2, \cdots, P_n)$（$i=1, 2, \cdots, n$） (11.6)

四、产品市场和要素市场的一般均衡

（一）经济体系的一般均衡条件

根据一般均衡的含义可知，要使整个经济体系处于一般均衡状态，必须使所有的 n 种商品市场同时达到均衡，即所有 n 个市场的需求和供给都相等，用公式来表示就是：

$$Q_1^d(P_1, P_2, \cdots, P_n) = Q_1^s(P_1, P_2, \cdots, P_n)$$
$$Q_2^d(P_1, P_2, \cdots, P_n) = Q_2^s(P_1, P_2, \cdots, P_n)$$
……

$$Q_n^d(P_1, P_2, \cdots, P_n) = Q_n^s(P_1, P_2, \cdots, P_n) \tag{11.7}$$

那么是否存在一组价格 $P^* = (P_1^*, P_2^*, \cdots, P_n^*)$ 恰好使得上述一般均衡的条件（11.7）式成立呢？也就是说上述的 n 个市场在该价格体系下能否全部达到供需平衡呢？瓦尔拉斯做出了如下解释。

（二）瓦尔拉斯对一般均衡存在性的证明

在上述一般均衡条件（11.7）式中，一共有 n 个方程，同时也有 n 个变量，即 n 个价格 P_1，P_2，…，P_n 必须要决定。瓦尔拉斯认为在这 n 个商品中可以取一个一般等价物，它可以衡量其他商品的价格。假定让第一种商品的价格为“一般等价物”，即令 $P_1=1$；那么所有其他商品的价格就是它们各自与第一种商品交换的比率。这样均衡条件中的变量就减少了一个，即现在必须要决定的未知数是 $n-1$ 个价格。

另一方面，如果用 P_1，P_2，…，P_n 依次去乘一般均衡条件中的第一式、第二式……第 n 式的等式的两边，则有：

$$P_i \cdot Q_i^d = P_i \cdot Q_i^S \ (i=1, 2, \cdots, n)$$

再将这 n 个等式加总起来，可得到一个恒等式：

$$\sum_{i=1}^{n} P_i Q_i^d = \sum_{i=1}^{n} P_i Q_i^S \tag{11.8}$$

之所以是恒等式，是因为在上式的左右两边都代表同一个社会成交量。这个恒等式被称为瓦尔拉斯定律。由瓦尔拉斯定律可知，在一般均衡条件（11.7）式中那 n 个联立方程并非都是相互独立的，其中有一个可以从其余 $n-1$ 个中推出。例如，由其余 $n-1$ 个方程通过瓦尔拉斯定律可推出第一个方程。为此，将瓦尔拉斯定律展开如下：

$$P_1 \cdot Q_1^d + \sum_{i=2}^{n} P_i Q_i^d \equiv P_1 \cdot Q_1^S + \sum_{i=2}^{n} P_i Q_i^S$$

如果在一般均衡条件中，所有从 2 到 n 的其余 $n-1$ 个等式均成立，则上述公式简化为：

$$P_1 \cdot Q_1^d = P_1 \cdot Q_1^S$$

亦即 $Q_1^d = Q_1^S$

从而，第一等式成立。

因此，在一般均衡条件中，必须要决定的未知数是 $n-1$ 个，独立方程的数目也是 $n-1$ 个。瓦尔拉斯认为，在一般均衡条件中，$n-1$ 个独立方程可以唯一地决定 $n-1$ 个未知数即 $n-1$ 个价格，从而得到结论：存在一组价格，使得所有市场的供给和需求都恰好相等，亦即存在着整个经济体系的一般均衡。

(三)实现一般均衡的“试探过程”

即使确实存在着一般均衡状态,即存在着一组价格,能使每一个市场的供求相等,还有一个问题需要解决:实际的经济体系是否会达到这个一般均衡状态呢?

如果现行价格恰好为均衡价格,使得所有市场都达到供求一致,在这种情况下,实际经济体系当然就处于一般均衡状态。但是实际经济体系的均衡价格是逐步实现的,这种调整过程也许需要很长时间,在其完成之前因为交易者并不知道均衡价格在什么水平上,那么交易很可能在非均衡的价格下发生,一旦发生了错误的交易,则瓦尔拉斯的一般均衡体系就未必能成立。

为了走出这个困境,瓦尔拉斯假定在市场上存在一位“拍卖人”,他在经济体系中的职能是通过“喊价”和逐步调整,寻找出一组能使市场供求一致的均衡价格,这个过程被称为搜寻过程。搜寻过程具体如下:首先,该拍卖人随意报出一组价格,家庭和厂商根据该价格申报自己的需求量和供给量,如果所有市场供求一致,则拍卖人就将该组价格固定下来,家庭和厂商在此价格上成交;如果供求不一致,拍卖人调整拍卖价格再进行第二轮喊价,然后再调整,再喊价……直到找到均衡价格为止。此时交易才可以进行,均衡得以完成。

第三节 投入—产出模型

1936 年美国经济学家里昂惕夫(Wassily Loentief)第一次正式发表了介绍投入产出分析的论文《美国经济制度中的投入产出的数量关系》,赋予了瓦尔拉斯德抽象一般分析理论以实际应用价值。投入—产出模型是对瓦尔拉斯一般均衡模型的进一步改进和发展。投入—产出分析使得一般均衡理论成为通俗易懂、便于应用与实际操作的形式。投入—产出分析的特点就在于强调经济领域的相互依存关系,每一个行业使用其他行业的产出作为自己的投入,而自己的产出又成为其他行业的投入。这一分析的目的就在于确定:为了产出某种商品的估计需要量,各个行业所应产出的量,其中包括中间产品的数量。

下面运用投入—产出法来简单地描述一个经济社会的一般均衡状况。假设一个经济社会的投入—产出情况如表 11-1 所示:

表 11-1　　某经济社会的投入—产出表

产出 投入	谷物	钢铁	运输	最终产品	总产品
谷物	250	300	50	400	1 000
钢铁	250	150	150	600	1 150

续表

投入 \ 产出	谷物	钢铁	运输	最终产品	总产品
运输	80	120	50	500	750
劳动输入	420	580	500	1 500	
投入总价值	1 000	1 150	750		

第一纵列表示生产 1 000 亿美元的谷物需要投入 250 亿谷物、250 亿钢铁、80 亿运输和 420 亿劳动。第一横列表示 1 000 亿谷物的用途：250 亿用于谷物本身的生产，300 亿用于钢铁的生产……。这里的"最终产品"相当于个人直接消费的部分。

根据表 11－1，可计算出"技术系数"，并列表 11－2：

表 11－2　　技术系数表

投入 \ 产出 技术系数	谷物	钢铁	运输
谷物	$0.25\left(=\frac{250}{1\,000}\right)$	0.26	0.07
钢铁	0.25	0.13	0.20
运输	0.08	0.10	0.07
劳动	0.42	0.51	0.66
总计	1.00	1.00	1.00

假设消费者的直接消费增加了 100 亿谷物，为此政府计划增产 100 亿谷物，这样便会引起一系列生产变动。根据"技术系数"，需要增加 25 亿谷物、25 亿钢铁、8 亿运输、42 亿劳动。而为了增加这些产出，如为了增加 25 亿谷物的产出，又要相应地增加谷物、钢铁、运输和劳动的投入……。如此循环下去，构成了一个无穷序列。它们的相加最终会趋向一个有限的极限值。通过计算（这里牵涉到逆矩阵等问题，可参考"线性代数"的相关知识，在此不作具体演算），可以求出为了增加 100 亿谷物的产出，谷物本身需增产 152 亿（总产品达到：1 000＋152＝1 152 亿），钢铁需增产 48 亿，运输需增 18 亿，劳动需增加 100 亿。

投入—产出分析的意义在于它清楚地显示了社会经济各部门、各产业之间的密切联系，显示了产品和其他各种投入的流向和流量。最主要的是它具有很高的实用价值，人们借助于大型电子计算机，已经能够求解有数千万个方程和变量的大规模的投入—产出模型。美国曾建立过 450 个行业的投入—产出模型，包括我国在内的一百多个国家和地区编制过投入—产出模型。这一模型使过去许多不可能的事情变得可能了，里昂惕夫因为提出了投入—产出法而获得1973年的诺贝尔经济学奖。

当然，这一方法也有一些缺陷，它假定“技术系数”是不变的，规模报酬是不变的，这与现实不完全符合，此外，数据的搜集和投入—产出表的编制仍存在一些技术上的困难。

第四节 帕累托标准

上节讨论了一般均衡的存在性，那么，市场经济的一般均衡状态是否具有经济效率呢？为了回答这个问题，我们需要研究什么是经济效率，判断经济效率的标准是什么以及实现经济效率必须具备哪些条件等等，这些都是福利经济学的内容。所谓福利经济学是在一定的社会价值判断标准条件下，研究整个经济的资源配置与个人福利关系的一门学科。具体来讲，它是从生产资源的有效率的配置和国民收入在社会成员之间的分配这两个方面来研究一个国家实现最大的社会福利所需具备的条件和国家为了增加社会福利应有的政策措施。

一、帕累托标准

什么是经济效率？作为一个消费者，我们可能时常会有这样的亲身体会：自己手里有一些从前买的商品（例如某些老歌专辑CD），而别人手里有一些自己感兴趣的书籍，如果凑巧两个人都对对方拥有的物品的偏好大于自己手里已有的物品，那么两人就都想用自己的物品去交换对方的物品，并且交换以后双方都觉得比以前更加满意。这是一个双方境况都得到改善而没有任何一方受损的关于交易的例子，显然，在交换之前，商品在两个人之间的配置并不是有效率的。虽然这个例子中的交易看起来很简单，但却是经济效率概念的核心。我们可以这样来描述经济效率的概念：当没有办法重新安排商品生产与配置以改善一个人的处境而不至于恶化其他任何人的境况时，就达到了经济效率。

那么，福利经济学又是以什么样的标准来判断经济是否有效率呢？福利经济学判断经济是否有效率的标准就是帕累托标准。这个标准是以意大利经济学家费尔弗雷多·帕累托（Vilfredo Pareto，1848—1923年）的名字命名的，因为他第一次系统地探讨了经济效率这个问题。假定资源的配置有两种状态A和B，如果在一个经济社会里至少有一个人认为A优于B，而没有人认为A劣于B，那么就可以认为从整个社会的角度看，A是好于B的，这就是帕累托标准。所谓帕累托标准是指如果一项变革或一个变化可使一些人的福利增加又不会使其他任何人受损，那么这项变革或变化就增加了社会福利。这一标准已被人们普遍接受，并成为后述的帕累托最优状态的基础。如果一种变化对一些人有利但损害了另外一些人的利益，那么就不能应用这一标准。

二、帕累托改进

我们利用帕累托标准考察前面所讲的两人交换物品的例子，一个人手里有过多的 CD 和较少的书籍，而另一个人手里有过多的书籍和较少的 CD，前者用一部分 CD 交换后者的一部分书籍，如果用消费者个人效用水平的增减来衡量福利水平，那么两个人的福利水平都得到增加。可见，资源的重新配置使两个人的境况都变得更好，这是一个帕累托改进的例子。所谓帕累托改进是指任何至少使一个人的境况得到改善并不损害他人利益的行为。换句话讲，如果对于一个既定的资源配置进行改变，改变的结果使得至少有一个人的情况变得更好，而没有任何一个人的境况变得更差，这就是帕累托改进。显然，帕累托改进的概念是帕累托效率标准的一个自然的延伸。

我们可以将两个人交换的例子推广到整个经济社会，并且将资源的配置推广到整个经济社会，你会发现每天都有数以亿计的帕累托改进在发生。如果你花 300 元购买一双牛皮鞋，那么这双牛皮鞋对你的价值肯定要大于你所付出的 300 元，否则你就不会买它，这一购买活动完成后，你的境况将得到改善；而对于出售牛皮鞋的店主来讲，他认为 300 元对他的价值要高于牛皮鞋对他的价值否则他也不会卖给你，店主的境况也因此得到了改善。可见，每天每个消费者的每一次购买活动都是一个帕累托改进的例子。理解了帕累托改进的概念之后，现在我们可以重新阐释前面提到的经济效率的定义：经济效率是在每个可能的帕累托改进都被利用的情况下达到的。

重要问题

帕累托改进会是公平的吗？

设想你处于食物短缺的困境中，生命面临着饥饿的威胁，经过长途跋涉终于来到一个出售面包的店铺前，你问道：“面包多少钱？”“每个面包 300 元。”摊主说。最后，饥饿使得你不得不同意了这个价格。

这是一个帕累托改进吗？是的。面包的价值对你来说大大超过了 300 元，因为没有它你可能会被饿死，所以你的境况无疑得到了改善。卖主也从中受益，因为他从中得到一笔巨大的利润。没有人在这个交易受到损害。在这个例子中，进行交易使双方的境况都可以得到改善，因此这是一个帕累托改进。

可是，如此明显的剥削例子怎么可以被认为是一个合适的帕累托改进呢？因为帕累托改进仅仅意味着双方都从交易行为中获得了益处，它并没有表明总获益在两者之间的分配是否公平。可见，一个帕累托改进并不一定是公平的，但是这么做双方的境况都可以得到改善。

三、帕累托最优

意大利经济学家帕累托指出，假如改变现有的资源配置可以使一部分人的福利增加，同时又不会使得其他任何人的福利减少，那么这一改变增加了社会福利，就是应该采取的，同时这也表明现有的资源配置并没有达到最优状态。那么，什么是帕累托最优状态呢？

应用帕累托标准和帕累托改进两个概念可以定义帕累托最优。帕累托最优状态是指：如果对于某种既定的资源配置状态，不存在任何帕累托改进的余地，那么这种资源配置状态就称为帕累托最优。或者也可以用另外一种方式来描述这个概念：如果某种既定的资源配置不可能在不使任何一个人变差的情况下，改善某些人的境况，则称此时的资源配置已处于帕累托最优状态。也就是说，如果对于某种既定的资源配置状态还存在帕累托改进，即在该状态上还存在某种改变可以使至少一个人的状况变好而不使任何人的状况变坏，那么这种状态就不是帕累托最优状态。

帕累托最优状态是具有经济效率的，反之，不满足帕累托最优状态就是缺乏经济效率的。例如，如果产品在消费者之间的分配已经达到这样一种状态：任何更新分配都会至少降低一个消费者的满足水平，那么这种状态就是最优的或最有效率的状态。同样地，如果生产要素在厂商之间的配置已也达到这样一种状态：任何重新配置都会至少降低一个厂商的产量，那么，这种状态就是最优的或最有效率的状态。

第五节 帕累托最优的实现条件

有没有一种不存在任何帕累托改进的资源配置的状态呢？更进一步来说，如果存在帕累托最优状态，其必须满足的条件又是什么呢？达到帕累托最优状态所必需满足的条件一般被称为帕累托最优条件，它包括交换的最优条件、生产的最优条件以及交换和生产的最优条件，若这三个条件同时被满足，就表明达到了帕累托最优。

一、交换的帕累托最优

我们先讨论很简单的交换经济，考虑两种既定数量的产品在两个消费者之间的分配问题，然后再将所得到的结论推广到一般情况。假定两种商品分别为 X 和 Y，两个消费者分别为 A 和 B。下面用一种叫做埃奇渥斯盒形图的工具来分析这两种产品在两个消费者之间的分配，如图 11－2 所示。埃奇渥斯盒是一个矩形盒，水平方向表示 X 的数量，水平轴的总长度表示 X 的总数量是 $\overline{X}$；矩形盒的垂直方向表示商品 Y 的数量，垂直轴的总长度表示 Y 的总数量是 $\overline{Y}$；O_A 和 O_B 分别表示消费者 A 和 B 的原点。从图中可以看到，对于消费者 A 而言，水平方向从左至右表示该消费者拥有商品 X 数量逐渐增加，垂直轴方向从下至上表示拥有的 Y 数量逐渐增加；消费者 B 的情况正好相反，水平方向从右至左表示该消费者拥有的 B 数量逐渐增加，垂直轴方向从上至下表示拥有的商品 Y 数量逐渐增加。

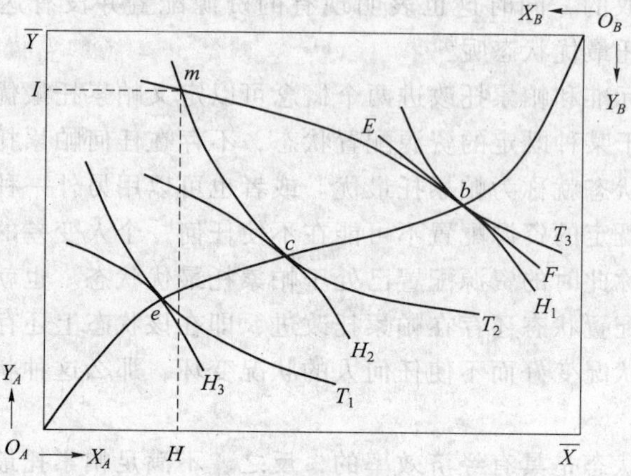

图 11－2　交换的帕累托最优

埃奇渥斯盒中的每一点均表示消费者 A 和消费者 B 所消费的 X 商品数量和 Y 商品数量，并满足下式

$$X_A + X_B = \overline{X}$$
$$Y_A + Y_B = \overline{Y} \tag{11.9}$$

这表明任何一点均代表两种物品的供给总量在两个消费者之间的一种配置。例如图 11－2 中，埃奇渥斯盒状图中的最初配置为点 m，消费者 A 拥有商品 X 的数量是 O_AH，拥有 Y 商品的数量是 O_AI；消费者 B 拥有商品 X 的数量（$\overline{X}-O_AH$），拥有 Y 商品的数量是（$\overline{Y}-O_AI$）。当然，如果资源配置的组合点在水平轴上，则表明两个消费者中有一个人不拥有 Y 商品；若资源的最初配置在垂直轴上，则表明两个消费者中有一个人不拥有 X 商品。

现在的问题是：在埃奇渥斯盒形图中的全部可能的产品分配状态中，哪些是帕累托最优状态呢？为了分析这一点，需要在盒形图中加入消费者偏好的信息，即加上每个消费者的无差异曲线。消费者 A 的三条无差异曲线为 T_1、T_2、T_3，T_3 代表较高的效用水平，T_1 代表较低的效用水平。一般来说，由 O_A 点向右移动标志着消费者 A 的效用水平提高，因此有 $T_3>T_2>T_1$。消费者 B 的三条无差异曲线为 H_1、H_2、H_3，H_3 代表较高的效用水平，H_1 代表较低的效用水平。一般来说，从 O_B 点向左移动，标志着消费者 B 的效用水平提高，即 $H_3>H_2>H_1$。

图 11－2 中，最初配置点 m 正好是两条无差异曲线 T_2 和 H_1 的交点，显然 m 点的资源配置绝不是帕累托最优，因为此时可以很容易地找到一点 b，b 是无差异曲线 T_3 和 H_1 的切点，从 m 点到 b 点的资源的重新配置是资源配置的帕累托改进，因为虽然消费者 B 的效用水平没有改进，但是消费者 A 的效用水平提高了。

由于 m 点存在帕累托改进，因此它必然不处于帕累托最优状态。由此得出结论：在交换的埃奇渥斯盒形图中的任意一点，如果它处在消费者 A 和 B 的两条无差异曲线的交点上，则该点不处于帕累托最优状态，因为在这种情况下，总存在帕累托改进的余地，即总可以改变该状态，使至少一个人的境况变好而没有人的境况变坏。

回顾帕累托最优的定义，如果对于某种既定的资源配置，不存在任何帕累托改进的余地，这种资源配置状态就称为帕累托最优。根据这个定义我们可以发现图中的两条无差异曲线 T_3 和 H_1 的公切点 b 不存在任何帕累托改进的余地，该点为资源配置的帕累托最优状态。改变 b 点状态只有如下几种可能：向右上方移到消费者 A 的较高的无差异曲线上，则 A 的效用水平提高，但消费者 B 的效用水平下降；向左下方移到消费者 B 的较高的无差异曲线上，则 B 的效用水平提高，但消费者 A 的效用水平下降，例如从 c 点移到 b 点或 e 点都属于此种情况。由此可得出结论：在交换的埃奇渥斯盒形图中的任意一点，如果它处在消费者 A 和 B 的两条无差异曲线的切点上，该点就称为交换的帕累托最优状态。在这种情况下，不存在有帕累托改进的余地，即任何改变都不能使至少一个人的境况变好而没有人的境况变坏。

由上述分析可知，资源的有效配置点是消费者 A 与 B 的无差异曲线的切点。如果在埃奇渥斯盒中画上更多的无差异曲线，就会得到更多的无差异曲线之间的公切点 b、c、e……，我们同样可以论证这些公切点都是处于交换的帕累托最优状态。所有无差异曲线的切点的轨迹构成曲线 O_AO_B，称为交换的契约曲线，它表示两种产品在两个消费者之间的所有最优分配（即帕累托最优状态）的集合。

从交换的帕累托最优状态可以得到交换的帕累托最优条件。我们知道，交换的帕累托最优状态是无差异曲线的切点，这也就表明两条无差异曲线的斜率相等。回想前面的内容，无差异曲线斜率的绝对值就是商品 X 代替商品 Y 的边际替代率。因此，交换的帕累托最优状态的条件也可以这样来表示：如果交易的目的是尽可能地改善两人的境况，那么商品的有效配置是 X 和 Y 商品的边际替代率都相等时的配置。由此，将交换的帕累托最优状态条件用公式表示为：

$$MRS_{XY}^{A} = MRS_{XY}^{B} \tag{11.10}$$

二、生产的帕累托最优

前面讨论了两种既定数量的产品在两个消费者之间的分配情况，接下来让我们继续讨论两种既定数量的生产要素在两个生产者之间的分配问题。

假定两种生产要素分别为 L 和 K，其总的数量分别为 $\overline{L}$ 和 $\overline{K}$；两个生产者分别是 C 和 D。仍然使用埃奇渥斯盒来分析生产要素 L 和 K 在生产者 C 和 D 之间的分配情况，如图 11－3 所示。图中，矩形盒的水平轴表示要素 L，水平轴的总长度表示要素 L 的总数量为 $\overline{L}$；矩形盒的垂直轴表示要素 K，垂直轴的总长度表示要素 K 的总数量为 $\overline{K}$。对于生产者 C 来讲，水平方向从左至右表示其拥有的要素 L 的数量逐渐增大，垂直方向从下至上表示其拥有的要素 K 的数量逐渐增大，而生产者 D 的情况正好相反。

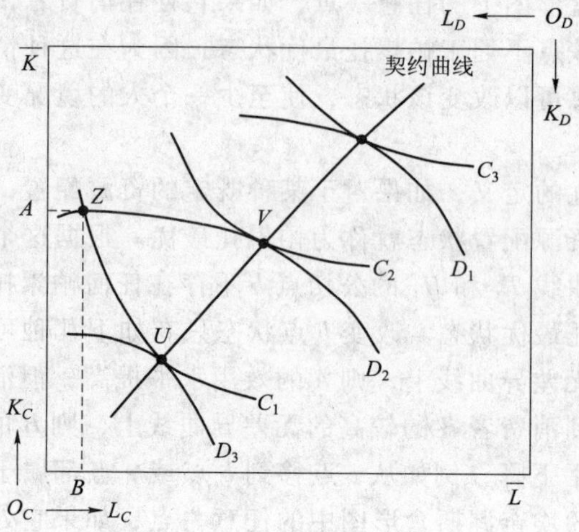

图 11－3　生产的帕累托最优

图 11－3 中埃奇渥斯盒中的任意一点确定了两种生产要素在两个生产者之间的分配情况。假定最初劳动和资本要素的配置为 Z 点，该点表示厂商 C 需要 OB 单位的劳动和 OA 单位的资本，厂商 D 需要（$\overline{L}-O_CB$）单位的劳动和（$\overline{K}-O_CA$）单位的资本。为了找到生产要素的帕累托最优分配，我们需要在埃奇渥斯盒中画出每个生产者的等产量曲线。厂商 C 生产的三条等产量曲线分别为 C_1、C_2 和 C_3，且 $C_3>C_2>C_1$；厂商 D 生产的三条等产量曲线为 D_1、D_2 和 D_3，且 $D_3>D_2>D_1$。

图中的 Z 点是厂商 C、D 的两条等产量曲线 C_1 和 D_2 的交点，显然，该点不是生产要素的帕累托最优分配，因为当生产要素的配置由 Z 点变为 U 点时，虽然生产者 C 的产量没有变化，但是生产者 D 的产量却有所提高，因此 U 点是 Z 点的一个帕累托改进方案。由此得出结论：在生产的埃奇渥斯盒形图中的任意一点，如果它处于生产者 C 和 D 的两条等产量线的交点上，则该点就不处于帕累托最优状态。

与前面的分析（交换的帕累托最优）类似，U 点为两条等产量线的切点，此时不存在任何帕累托改进的余地，因此该点的要素配置状态处于帕累托最优。改变 U 点状态只有如下几种可能：向右上方移到生产者 C 较高的等产量线上，则生产者 D 的产量会下降；向左下方移到生产者 D 较高的等产量线上，则生产者 C 的产量会下降，例如，从 V 点移到 U 点。由此可得到结论，在生产的埃奇渥斯盒形图中的任意一点，如果它处于生产者 C 和 D 的两条等产量线的切点上，则该点称之为生产的帕累托最优状态。

等产量线具有连续性，因此等产量曲线的切点也不止一个，这些切点均代表帕累托最优状态。所有等产量线的切点的轨迹构成曲线 UV，这条曲线叫做生产的契约曲线（或效率曲线），它表示两种生产要素在两个生产者之间的最优分配

（即帕累托最优）状态的集合。

从生产的帕累托最优状态也可以得到生产的帕累托最优条件。我们知道，生产的帕累托最优状态是等产量线的切点，这表明两条等产量线的斜率相等。前面讲过，等产量线的斜率的绝对值称为要素 L 代替要素 K 的边际技术替代率。因此，生产的帕累托最优条件也可以这样表述：如果要使要素的配置有效，生产必须在要素的边际技术替代率对所有的生产者相等的点上进行，只要两个生产者的边际技术替代率相等，生产要素的配置就处于帕累托最优状态。由此，生产的帕累托最优状态条件用公式可以表示为：

$$MRTS_{LK}^{C} = MRTS_{LK}^{D} \tag{11.11}$$

三、生产和交换的帕累托最优

理解了生产和交换的帕累托最优条件之后，现在要将生产和交换结合起来进行分析。

（一）生产可能性曲线

前面讲过，生产契约曲线代表了所有生产的帕累托最优状态的集合，曲线上的每一点均表示两种生产要素在两个生产者之间的最优配置。我们仍然考察简单的经济情况，假定两个生产者 C 和 D 用两种生产要素 L 和 K，分别生产两种产品 X 和 Y。图 11－4（a）就是生产的埃奇渥斯盒状图，图中的点 J 是生产契约曲线上的一点，同时也是等产量曲线 X_1 和等产量曲线 Y_1 的公切点，生产者 C 在 J 点生产的 X 产品的产量是 X_1，生产者 D 生产 Y 产品的产量是 Y_1。现在将 j 点所包含的两种产品的产量信息转变到图 11－4（b）中，其横轴表示 X 的产量，纵轴表示 Y 的产量，我们在图 11－4（b）中绘出点 J'，J' 的横坐标是 X_1 纵坐标是 Y_1。对于图 11－4（a）中生产契约曲线上的点 K 也做同样处理，将该点处的两种产品 X 和 Y 的产量 X_2、Y_2 标在 11－4（b）中，便成为点 K'，K' 的横坐标是 X_2，纵坐标是 Y_2。理论上可以将图 11－4（a）中生产契约曲线上的每个点都用相同的方法转换到 11－4（b）中，转换后所有的点的轨迹就是最优产量的轨迹，这条通过转换生产契约曲线得来的曲线被称为生产可能性曲线，也称作产品转换曲线。

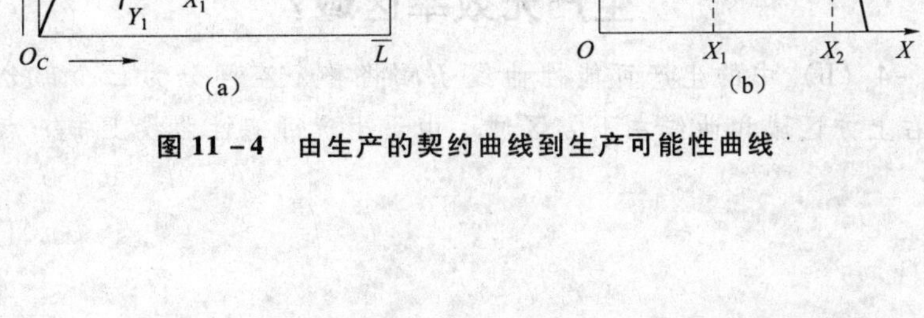

图 11－4　由生产的契约曲线到生产可能性曲线

（二）生产可能性曲线的形状

从图 11－4（b）可以看出生产可能性曲线具有两个特点：第一，它向右下方倾斜；第二，凹向原点。

首先生产可能性曲线向右下方倾斜，说明两种产品之间的最优产量存在着替代的关系，一种产品产量的增加必然伴随着另外一种产品产量的减少。这是因为生产要素 L 和 K 的供给总量是给定的，对于任何一种生产要素来说，一个生产行业所使用的要素的增加必然伴随着另外一个生产行业所使用的要素的减少，换句话讲就是一种产品产出量的增长必然伴随着另外一种产品产出量的减少，这也是生产可能性曲线又被称为产品转换曲线的原因。假定产品 X 的变动量为 ΔX，产品 Y 的变动量为 ΔY，则它们的比率的绝对值 $|\Delta Y/\Delta X|$ 即表示生产可能性曲线的斜率的绝对值，又可以衡量 1 单位 X 商品转换为 Y 商品的比率，该比率又称为 X 商品对 Y 商品的边际转换率，用公式表示为

$$MRT_{XY} = -\frac{dY}{dX} \tag{11.12}$$

其次，生产可能性曲线凹向原点的经济意义是指不仅一种产品产出量的增长必然伴随着另外一种产品产出量的减少，而且在某种产品产出量增加的过程中，每一单位该产品的产出量的增加所伴随的另外一种产品的减少量是增加的。如果借用产品的边际转换率来理解，可以将生产可能性曲线凹向原点描述为产品的边际转换率递增。这是因为生产要素的总投入是固定的，当生产可能性曲线靠近纵轴时，产品 Y 的产量很大而产品 X 的产量相对较小，此时生产要素绝大部分都投入到产品 Y 的生产中，只有很少量的一部分要素投入 X 的生产。回顾生产者理论的边际报酬递减规律，随着生产要素的投入超过一定数额后，其边际报酬是递减的，可知此时生产 Y 的边际成本较大，生产 X 的边际成本相对很小，如果将用于生产 Y 的部分生产要素转移至 X 的生产，Y 的产量会少量减少而 X 的产量会大量增加，即 X 对 Y 的边际转换率很小。随着生产要素不断地从 Y 转移到 X 的生产，形势将发生逆转，生产 X 的要素投入的边际报酬越来越小，而生产 Y 的要素投入的边际报酬越来越大。则 X 对 Y 的边际转换率也就越来越大。这就是边际转换率递增规律，也是生产可能性曲线凸向右上方的原因。

重要问题

何为生产不可能性区域和生产无效率区域？

图 11－4（b）中的生产可能性曲线 $J'K'$ 将整个空间分为三个部分：曲线本身，曲线右上方区域和曲线左下方区域。由于生产可能性曲线上每一点均表示在

现有资源和技术条件下整个经济所能达到的最大产出组合，因此曲线右上方的区域实际上是在目前条件下所不能达到的区域，称为“生产不可能性区域”。而在生产可能性曲线左下方的区域中，则没有达到其可能有的最大产出，称为“生产无效率区域”。如果允许缺乏效率的“浪费性”生产存在，即把生产可能性曲线左下方区域也看成是可行的生产范围，则全部可行生产范围就是封闭的区域（包括边界在内），这样一来，可以给生产可能性曲线另外一个解释，即它是生产可能性区域的“边界”，或简单地叫做生产可能性边界。

（三）生产和交换的帕累托最优

现在我们将生产和交换两个方面综合在一起，讨论生产和交换的帕累托最优条件。

我们依然假定一种简单经济情况：两个消费者 A 和 B 使用两种生产要素 L 和 K 生产两种商品 X 和 Y。图 11－5 中横轴表示 X 的产量，纵轴表示 Y 的产量，TT' 曲线就是生产可能性曲线。任取生产可能性曲线上的一点 O_B，其产量组合为（X_0，Y_0）。由于生产可能性曲线是由生产的契约曲线得来的，因此可以断定 O_B 处的产量组合达到了生产最优状态。现在让我们考虑这个组合如何在消费者 A 和 B 之间进行分配？这个问题实际上是在产品数量既定的条件下，寻找两个消费者之间所有的帕累托最优配置。根据交换的帕累托最优条件，我们可以在图 11－5 中插入一个宽为 X_0、高为 Y_0 的埃奇渥斯盒状图（与图 11－2 相似），并且画出盒内交换的契约曲线以及每个消费者的无差异曲线，该盒状图可以用来分析每种商品的总产量将如何在消费者间进行分配。至此，我们在生产的帕累托最优和交换的帕累托最优两种独立的状态之间找到一种对应关系：任何生产的契约曲线上的一点（代表一种生产的帕累托最优），便可以在生产的可能性曲线上找到对应的一点，再与生产可能性曲线上对应的这一点的产量组合为经济中的产品总量，便又可以构造出交换的埃奇渥斯盒，并且可以描出相应的交换的契约曲线（代表所有可能的交换的帕累托最优状态）。

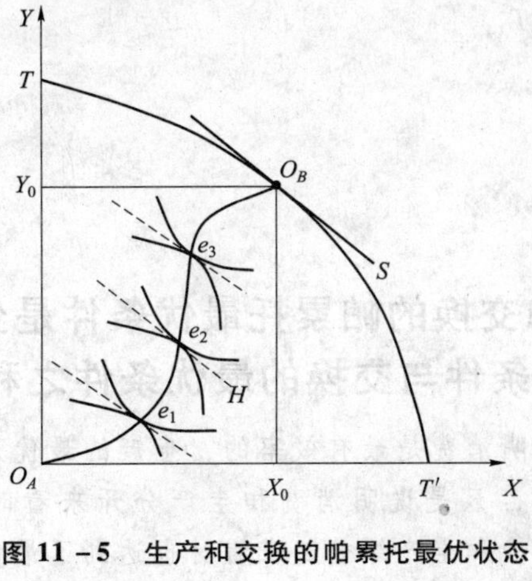

图 11－5　生产和交换的帕累托最优状态

根据交换的帕累托最优条件，产品在两个消费者之间的最优配置必定处于契约曲线 O_AO_B 上。那么，契约曲线 O_AO_B 上的哪一点才是生产和交换的帕累托最优状态呢？我们利用产品的边际转换率和边际替代率这两个概念来加以说明。图 11-5 中，生产可能性曲线上 O_B 点的切线 S 的斜率绝对值是产品 X 在该点上转换为产品 Y 的边际转换率 MRT_{XY}，交换契约曲线 O_AO_B 上的 e_2 点是无差异曲线的公切点，经过公切点 e_2 的共同切线 H 的斜率绝对值是产品 X 在该点上替代产品 Y 的边际替代率 MRT_{XY}。切线 S 和 H 可能平行，也可能不平行，即产品的边际转换率与边际替代率可能相等，也可能不等。如果边际转换率与边际替代率不相等，则可以证明此时并未达到生产和交换的帕累托最优状态。让我们举例说明：假定产品的边际转换率为 2，这意味着生产者减少 1 单位 X 的生产便可以增加 2 单位的 Y；而产品边际替代率为 1，这意味着消费者愿意通过减少 1 单位 X 的消费来增加 1 单位 Y 的消费。在这种情况下，如果生产者少生产 1 单位 X，从而少给消费者 1 单位 X，但却多生产出 2 单位的 Y，从多增加的 2 个单位的 Y 中拿出 1 个单位给消费者即可维持消费者的满足程度不变，从而多余的 1 单位 Y 就代表了社会福利的净增加。这表明如果产品的边际转换率大于边际替代率，则仍然存在帕累托改进的余地，仍未达到生产和交换的帕累托最优状态。同样可以分析产品的边际转换率小于边际替代率的情况，假定产品的边际转换率为 1，边际替代率为 2，此时如果生产者减少 1 单位 Y 的生产，从而少给消费者 1 单位 Y，但却多生产出 1 单位 X，从多增加的 1 单位 X 中拿出半个单位 X 给消费者即可维持消费者的满足程度不变，从而多余的半个单位 X 就代表了社会福利的净增加。这表明如果产品的边际转换率小于边际替代率，则仍然存在帕累托改进的余地，仍未达到生产和交换的帕累托最优状态。

通过对边际替代率和边际转换率不相等的两种情形的分析可知，只要两者不等，就存在着帕累托改进的余地，只有当消费者对任意两种商品的边际替代率等于生产这两种商品的边际转换率时，才会实现生产和交换的帕累托最优状态，由此得到生产和交换的帕累托最优状态条件为：

$$MRS_{XY} = MRT_{XY} \tag{11.13}$$

重要问题

生产和交换的帕累托最优条件是生产的最优条件与交换的最优条件之和吗？

交换的最优只是说明消费是最有效率的，生产的最优只是说明生产是最有效率的。两者的简单并列，只是说明消费和生产分开来看时各自独立地达到了最优，但并不能说明把交换和生产综合起来看时也达到了最优。

第六节 社会福利函数与福利最大化

完全竞争经济在一定的假定条件下可以达到帕累托最优状态，即满足帕累托最优的三个条件。但是，帕累托最优的三个条件并不是对资源最优配置的完整描述，因为它没有考虑收入分配问题。当收入分配改变时，生产可能性曲线上的最优点也会同时改变。也就是说，实际上存在多个同时满足三个帕累托最优条件的经济状态，那么是否能找到唯一的最优资源配置呢？社会福利函数试图回答这个问题。

一、效用可能性曲线

让我们回到前面讨论的只有两种商品 X 和 Y、两个消费者 A 和 B 和两种生产要素 L 和 K 的情况。我们知道，在图 11－6 中，e 点是生产和交换的帕累托最优点，同时满足三个帕累托最优条件，因为只有在 e 点，无差异曲线的共同斜率（边际替代率的负数）才等于生产可能性曲线在 O_B 点的斜率（边际产品转换率的负数）。同时，点 e 也是两条无差异曲线的公切点，而这两条相切的无差异曲线分别代表两个消费者 A 和 B 的效用水平。如果用 U_A^e 和 U_B^e 分别表示消费者 A 和 B 在 e 点的效用水平，则 e 点对应着一个效用水平的组合（U_A^e，U_B^e）。由于点 e 满足三个帕累托最优条件，则它所对应的效用水平组合（U_A^e，U_B^e）可以看成是最优效用水平组合，假设这一对效用水平对应于图 11－7 中的 R 点。

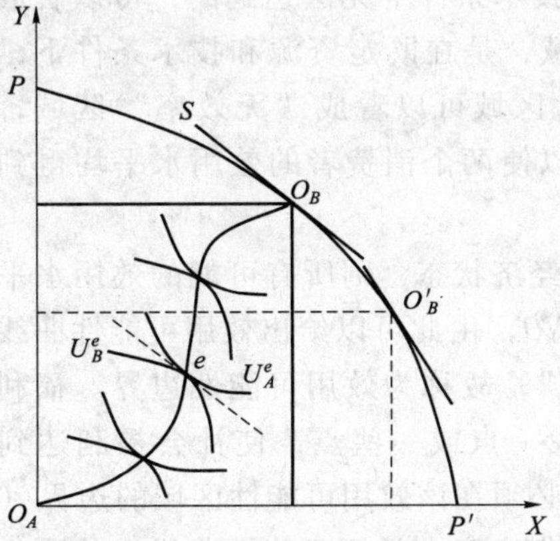

图 11－6 生产与交换的帕累托最优

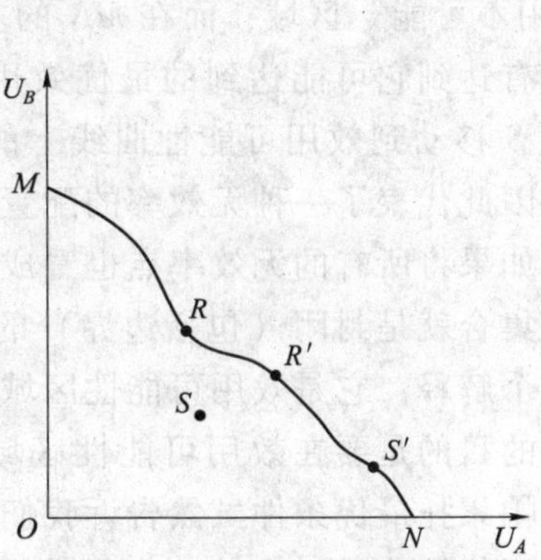

图 11－7 效用可能性曲线

按照上述方法，我们在图 11－6 中的生产可能性曲线上取另外一点 O'_B，可以得到新的盒状图的契约曲线，同样，我们能在该契约曲线上找到点 e' 满足帕累托最优的三个条件，因为 e' 的无差异曲线的共同斜率等于生产可能性曲线在 O'_B 点的斜率。当然，e' 点也同样对应着一个效用水平组合（$U_A^{e'}$，$U_B^{e'}$），该效用水平组合同样是最优效用组合，我们可以把这一对效用水平绘在图 11－7 中，从而得到 R' 点。

至此，我们在生产可能性曲线和最优效用水平组合之间建立了一种对应关系：给定生产可能性曲线上一点，可以得到一个最优效用水平组合。显而易见，生产可能性曲线上的点有无穷多个，同时满足三个帕累托最优条件的最优效用组合也有无穷多个，这些点的轨迹就称为效用可能性曲线。图 11－7 中横轴表示消费者 A 的效用水平大小，纵轴表示消费者 B 的效用水平大小，MN 为效用可能性曲线，它代表消费者所有最优效用水平的集合，表示在给定一个人或一群人的总效用水平的情况下另一个人或另一群人所可能实现的效用水平。

在效用可能性曲线上，很容易看出消费者 A 和 B 之间的效用水平组合是此消彼长的关系，要提高消费者 A 的效用水平，就必须降低消费者 B 的效用水平。为什么效用水平之间存在这样确定的反向关系呢？因为如果不是这样，则总可以通过某种重新安排，使某个消费者的状况变好而不使其他消费者的状况变坏，这意味着存在帕累托改进的余地，显然这不符合效用可能性曲线的含义。消费者的效用水平反方向变化使得效用可能性曲线向右下方倾斜。

需要注意的是，除了效用可能性曲线向右下方倾斜这一性质之外，无法知道更多的其他性质，譬如它的位置及凹凸性等等。由于效用水平的高低是一个序数概念，不能用基数来测量，故用来表示效用水平的数值是"随意"的（只要我们用大的数字代表较大的效用即可），这就意味着图 11－7 中的效用可能性曲线 MN 的位置和凹凸性都是"随意"的。

效用可能性曲线将整个效用空间划分为三个部分：MN 代表所有有效率的配置；在 MN 的右上方区域，是在既定资源和技术条件下无法达到的，可以看成是"效用不可能"区域；而在 MN 的左下方区域，是在既定资源和技术条件下，经济没有达到它可能达到的最优效用水平，此区域可以看成"无效率"区域，例如点 S 移动到效用可能性曲线上的点 R' 可以使两个消费者的效用水平均得到提高，因此代表了一种无效率的配置。

如果将所有的无效率点也看成是可能的经济状态，则所有可能的效用水平组合的集合就是封闭（包括边界）的区域 $OMNO$。由此可以给出效用可能性曲线的另一个解释：它是效用可能性区域的"边界"，故称为效用可能性边界。福利经济学的目的是要在效用可能性区域当中寻找一点或一些点，使社会福利达到最大。帕累托最优条件虽然告诉我们社会福利必须在该效用可能性区域的边界（即效用可能性曲线）上达到，但并没有告诉我们究竟在效用可能性曲线上的哪一点或哪些点上达到。

二、社会福利函数

为了解决上述问题，需要知道在效用可能性曲线上每一点所代表的社会福利的相对大小，这就是所谓的社会福利函数，它是社会所有个人的效用水平的函数。事实上，经济学家关于社会的整体福利函数并没有达成共识，尽管如此，我们还是假定存在一种公认的社会福利函数，并借此探讨如何在效用可能性曲线上寻找社会福利的最大化点。

我们用效用水平表示个人的福利水平，那么个人的福利水平之和便是社会福利函数，可以表示为：$W=(U_A, U_B, \cdots, U_i)$，其中 U_i 表示第 i 个人的效用水平。现在我们考察两个人的经济社会，社会福利函数表示为：$W=(U_A, U_B)$。根据此式，由一对效用水平组合就可以得到一个确定的社会福利水平。

若用横轴表示消费者 A 的效用水平大小，纵轴表示消费者 B 的效用水平大小，社会福利函数可以用一组社会福利曲线表示，这些社会福利曲线也被称为社会无差异曲线，如图 11－8 中的曲线 W_1。W_1 曲线上不同的点代表着不同的效用组合，但所表示的社会福利是一样的，因此这些点均是无差异的。同样地，如果令社会福利水平为 W_2 和 W_3，也可以得到相应的社会无差异曲线 W_2 和 W_3。这些社会无差异曲线与消费者的无差异曲线相似，向右下方倾斜且凸向原点，并且离原点的距离越远则代表越高的社会福利水平，图 11－8 中社会福利水平的大小顺序是 $W_3>W_2>W_1$。

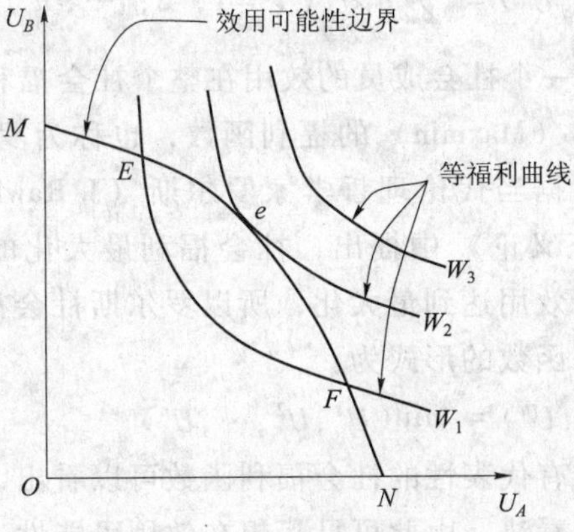

图 11－8　社会福利最大化

将社会福利函数（即社会无差异曲线）与效用可能性曲线相结合便可决定最大的社会福利。图 11－8 中，显然社会无差异曲线 W_2 与效用可能性边界的公切点 e 便是社会福利最大化的均衡点，这也是能导致最大社会福利的生产和交换的唯一点。让我们来分析为何 e 点是唯一的福利最大化的资源配置方案呢？图中效用可能性曲线和社会无差异曲线 W_1 交于 E 点和 F 点，此时社会的资源分配方案在 E 点和 F 点都是经济有效率的，因为效用可能性曲线上的点都是帕累托最优，但如果考虑到全社会的福利最大化，那么 E 和 F 点的资源分配方案均不符合要求。当然，如果资源的分配在社会无差异曲线 W_3 上，此时社会福利水平更高，但这种更大的社会福利超出了效用可能性曲线，也就是超出了现有条件下所能够达到的最大水平。

通过以上分析可知，社会福利的最大化是以社会福利函数的存在为前提条件的，那么，是否存在一种为经济学家公认的社会福利函数呢？答案是否定的。不同的经济学家对社会福利的见解不同，所使用的社会福利函数也不同。我们在这里介绍几种有代表性的福利函数。

第一种是平均主义者（Egalitarian）的社会福利函数。该种观点认为应该将所有的产品在社会全体成员间做绝对的平均分配，也就是每个社会成员拥有同等数量的产品，这样才最有利于全社会的利益。其社会福利函数如下：

$$W(U^1, U^2, \cdots, U^n) = W(U^1(\overline{X}), U^2(\overline{X}), \cdots, U^n(\overline{X})) \tag{11.14}$$

其中，$\overline{X}$ 是每一个人获得的商品集，$\overline{X} = \left(\frac{X_1}{n}, \frac{X_2}{n}, \cdots, \frac{X_n}{n}\right)$，$n$ 为社会成员数目。

第二种是功利主义（Utilitarian）的福利函数。这种观点最初是由18世纪末至19世纪初的功利主义哲学家杰里米·边沁（Jeremy Bentham）提出。功利主义者认为社会福利就是所有社会成员个人效用的加权平均，也就是说，他们把社会福利函数看作是个人效用函数的加总，其社会福利函数的形式为：

$$W(U^1, U^2, \cdots, U^n) = \sum_{i=1}^{n} a_i U^i \ (i = 1, 2, \cdots, n) \tag{11.15}$$

其中，a_i 是表示每一个社会成员的效用在整个社会福利中重要性的权数。

第三种是最大最小（Maxmin）的福利函数，也称为罗尔斯（Rawls）社会福利函数。这个函数是根据当代伦理哲学家罗尔斯（J. Rawls）的名字命名的。罗尔斯在他那本名著《正义论》中提出，社会福利最大化的标准应该是使社会中境况最糟的社会成员的效用达到最大化，所以罗尔斯社会福利的标准又称为最大最小标准，其社会福利函数的形式为：

$$W(U^1, U^2, \cdots, U^n) = \min(U^1, U^2, \cdots, U^n) \tag{11.16}$$

从以上列举的几种有代表性的社会福利函数可以看出，学者们对于社会福利函数并没有一个统一的看法。由此可见，想在效用可能性边界上（该边界的点都是有效率的）找到一个公认的社会福利最大化的点是不可能的。这意味着，在无数有效率的状态下找到一个所有人都认可的公平的世界是很难的。

三、阿罗不可能性定理

完全解决资源配置问题的关键在于社会福利函数是否存在，也就是说，能不能从不同个人的偏好当中合理地形成所谓的社会偏好呢？美国经济学家阿罗用较高深的数学证明，在能被一般人接受的条件下，这是不可能的，这就是著名的“阿罗不可能性定理”。

阿罗首先假定社会中的每一个人都能够根据自己的偏好标准对一切可能的社

会经济安排做出优劣排序，社会福利函数就是综合所有个人的排序信息，然后综合成全社会的排序。为了保证社会福利函数能被普遍接受，它必须满足以下五条性质：

（1）必须排序所有的社会情形（或社会经济安排）：或是 $A>B$（表明社会偏好 A 而不偏好 B），或是 $B>A$（表明社会偏好 B 而不偏好 A），或是对 A、B 同等偏好。

（2）排序必须是可以转移的：如果 $A>B$（社会偏好 A 而不偏好 B）和 $B>C$（社会偏好 B 而不偏好 C），则 $A>C$（社会偏好 A 而不偏好 C）。

（3）排序必须确实地与个人偏好相联系：如果甲和乙一致偏好 A 而不偏好 B，此时社会必须保持对 A 偏好胜于对 B 的偏好。

（4）社会偏好关系不应该是强迫的，它不应该不顾社会个人的偏好标准，如果所有的个人对 A 的偏好都胜于对 B 的偏好，那么社会对 A 的偏好就胜于对 B 的偏好。

（5）任何一个人的偏好都不能自动地占统治地位而成为社会的偏好，即不存在独裁，不能只是因为一个人对 A 的偏好胜于对 B 的偏好，就认定社会对 A 的偏好胜于对 B 的偏好。

阿罗证明，如果一个社会满足以上所有的条件，就有可能无法将个人偏好顺序综合为社会偏好顺序。也就是说，在某些条件下，社会福利函数的形成必然要违反以上五个条件中的某几个。例如假定有三种社会情形（或者说社会经济安排：A、B 和 C），并且社会中有两个人（甲和乙），用 A、B、C 中的甲和乙的偏好能够看到社会选择中产生了种种不一致的状况。因为对甲来说：$B>C$（甲偏好 B 而不偏好 C）；对乙来说：$C>B$（乙偏好 C 而不偏好 B），这必须是社会在 B 和 C 间无差异的情形。另外，社会偏好仅仅与一个人一致，这可能违背公理 5 要求的非独裁。既然甲和乙偏好 A 不偏好 B，条件 3 和 5 要求 $A>B$（社会偏好 A 而不偏好 B）。因此，使用可转移公理 2，可得 $A>C$（社会偏好 A 而不偏好 C），这再一次违背非独裁假设，因为对甲来说：$A>C$（甲偏好 A 而不偏好 C）；对乙来说：$C>A$（乙偏好 C 而不偏好 A）。阿罗的研究指出被选择的任何社会决定规则必定至少违背公理 1 到 5 中的一个公理。

因此，阿罗不可能性定理表述为：在满足前述的五个条件下，可能不存在适用于所有个人偏好类型的社会福利函数。

第七节 效率与公平

帕累托标准是福利经济学普遍采用的一个评判准绳，经济学家可以利用该标准分析比较不同的资源配置的效率。此外，福利经济学还十分关注资源分配是否公平，但是目前经济学家对何谓公平并没有统一的意见，关于公平的看法一直存在争议，不同的公平观，关心的人群也不一样。也许正是因为福利经济学领域中存在各种不同的声音，这个领域一直是经济学家最感兴趣的领域之一。

一、效率

经济学中，效率是指没有浪费。这里的浪费是指浪费一个可使某个人境况变好，同时不使其他所有人境况变坏的机会。前面讲过，世界各地每天发生的买卖交易都是使交易双方境况得到改善而没有任何一方受损的帕累托改进的例子，这些交易体现了经济效率的核心含义。因此，结合帕累托标准的概念，所谓经济效率是指当没有办法重新安排商品生产与配置以改善一个人的处境而不至于恶化其他任何人的境况时，就达到了经济效率。换句话讲，如果我们还能采取会使我们社会中的一些人境况改善而不损害任何人的行动，那么，我们就没有达到经济效率。

经济学的研究可以帮助我们理解经济效率的先决条件，并且指导我们如何实现这些先决条件，从而为我们谋取物质福利做出重要贡献。那么，为何经济学家如此之多地强调效率而非公平问题呢？这在很大程度上是因为人们对公平的界定基于伦理与道德价值观，经济学家们很难准确地界定公平。

二、公平

如果某种经济体系中有一个独裁者把生产的所有产品都据为己有，只给其他子民分发维持生存的少量产品，那么这种经济是有效率的吗？是的，它是有效率的。因为经济效率是指当没有办法使其中一个受苦的子民状况变好而不使独裁者的状况变坏，那么经济就是有效率的。但是，这种情况显然是不公平的，独裁者的富有与子民的贫穷之间形成相对不公平。因此，这种经济体系并不会得到赞同。可见，我们想从经济中得到的不仅仅是效率，我们还需要公平——个体间的效用分配公平合理。

那么，什么是公平呢？这被证明是一个很难回答的问题。哲学家们对公平的定义进行了很多的争论，至今没有得到任何一个被普遍接受的定义。公平是一个简单而纯粹的价值判断问题，每个人对公平的理解与判断并不相同，例如对某些人来说，只要没有强制或违法行为，任何分配状态都可视之为公平，只有通过偷窃等违法行为取得收入才是不公平的；而对另一些人来说，其公平观则是建立在对不均等的嫌恶基础上的，他们认为，只有当所有社会成员所得到的效用都相等，或大家都处于同一满足水平时才是公平的。我们想让经济处于公平中，既能提供平等又有效率，可是由于找不到人们一致接受的标准，因此没有得到一致认可的公平的概念。

每一种对公平的不同理解都对应着不同的社会福利函数，因而不同的公平观会带来不同的社会福利最大化选择。从公平的观点来看，平均主义的福利函数最强调公平。在极端的情况下，比如强调社会产品绝对平均分配的平均主义观是一种绝对的平均主义。与平均主义福利函数不同的是，罗尔斯福利函数并不要求社会产品在各个成员间的平均分配，他认为资源的平均分配可能会消除使最有生产力的人努力工作的刺激（因为他们实现的财富将被征税拿走）。根据罗斯福的观点，如果不公平可以使社会中境况最糟的人变好，那就允许不公平。从极端的情况来看，按照罗尔斯的福利观点，在一个具有众多成员的社会中，那种大家都是百万富翁而其中一个成员只获得 300 元钱的社会福利状况，比那种大家都拿 400 元钱而其中境况最差者可得 301 元钱的社会福利状况要差。而按照功利主义的福利函数，不管哪一个社会成员的效用提高，只要加总的社会成员效用总量提高，就说明社会福利增进了。显然，功利主义的效用函数把效率放在了较重要的位置上。

三、效率与公平

（一）资源有效配置与公平

帕累托最优状态实现了资源有效率地配置，那么资源的有效配置是公平的吗？让我们回到效用可能性曲线中继续讨论，如图 11 -7 所示。比较图中 R 和 R' 点，在 R'点，消费者 B 的效用水平较低，而消费者 A 的效用水平更高。显然，对于这两点，消费者 A 更喜欢 R'点，而 B 更喜欢 R 点。但哪一点更公平呢？换言之，效用可能性曲线上的所有点，哪一点是最公平的？其答案取决于一个人对公平的理解，也就是说取决于对个人想得到的效用的比较。但是，有效地对人与人之间快乐和痛苦进行比较的标准是不存在的。因此，我们也无法区分哪一点最公平。

效用可能性曲线上的每一点均代表所有有效率的配置，显然图 11 -7 中的点 S'代表有效率的配置，而点 S 代表了一种无效率的配置（因为 S 点位于效用可能性曲线的左下方，这意味着消费者 A 或 B 可以增加效用而不会使另一个人的境况恶化）。那么，S'点是否比 S 点更公平些呢？不一定。因为 S'点意味着消费者 B 的效用水平相当低，可能低到了使他不能维持生计的水平。因此，我们可以得出结论：一种无效率的资源配置可能比另一种有效率的配置更公平。

由于有效配置不一定是公平的，社会就必须在某种程度上依靠政府在家庭之间再分配收入或商品以实现公平的目标。这些目标可以通过税收系统来实现，例如累进税可以把收入从富人那里再分配给穷人，政府也可以为穷人提供医疗帮助（医疗照顾方案），或通过制定像食品券这样的计划来转移资金。但是，以政府的某种强制手段（例如税收）来实现公平，会引起许多问题，比如税收会影响人们的行为（降低人们工作和生产财富的意愿），政府进行收入的转移需要花费成本，使市场机制受到干扰，资源配置偏离最优配置状态，从而造成效率上的损失。可见，效率与公平之间可能存在着某种替代关系，经济学家对此是无能为力的。

（二）效率与公平的关系

早期的福利经济学家庇古认为资源的最优配置和收入的最优分配都是社会福

利的主要构成部分，也就是把效率和公平问题都置于重要地位。后来的帕累托、卡尔多等人则把收入的分配问题排除在外，主要讨论的是效率问题。而柏格森、萨缪尔逊等人又认为只有同时解决了公平与效率问题，才谈得上社会福利的最大化，因为公平和效率都会影响社会福利。

在实践中，公平和效率的目标之间有非此即彼的矛盾，在两者之间必须做出困难的选择。长期以来，不少经济学致力于研究公平与效率的替代关系，因为在他们看来，要实现公平，就必须牺牲效率，而要实现效率，就必然破坏公平。但两者在某一点可能达到较为理想的状态，如图 11－9 所示。图中，效率与公平的关系可由 EE' 来表示。当公平程度由 M 点趋向于 O 点时，社会太不公平，该社会的效率一定很低。但当 M 点向右移动时，社会由于过分强调公平而导致效率下降，开始下降的速度不快，后来急剧下降。当公平程度为 M 时，社会的效率最佳，（M，N）点代表了公平与效率的最佳组合。但是，M 点实际上是很难确定的。公平与效率问题仍是福利经济学的难题之一，它吸引了许多学者进行研究。

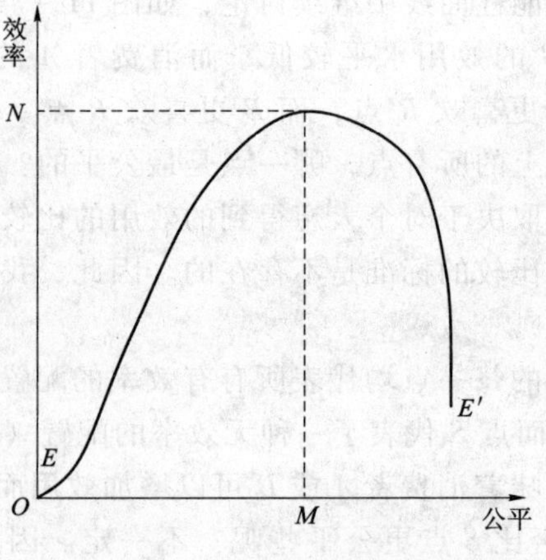

图 11－9　公平与效率的关系图

小　结

（1）一般均衡分析是把所有相互联系的各个市场看成一个整体。在一般均衡分析中，每一商品的需求和供给不仅取决于该商品本身的价格，而且也取决于所有其他商品（如替代品和互补品）的价格。当整个经济的价格体系恰好使所有商品的供求都相等时，市场就达到了一般均衡。

（2）法国经济学家瓦尔拉斯证明了在某些条件下整个经济体系一般均衡的存在性；美国经济学家里昂惕夫用投入—产出模型对瓦尔拉斯一般均衡模型进一

步改进和发展。

(3) 福利经济学研究要素在不同厂商之间的最优分配以及产品在不同家庭之间的最优分配，即研究资源的最优配置。帕累托标准是福利经济学判断经济是否有效率的准绳，其含义是指如果一项变革或一个变化可使一些人的福利增加又不会使其他任何人受损，那么这项变革或变化就增加了社会福利。对帕累托效率标准的概念进行延伸便得到帕累托改进，其含义是指任何至少使一个人的境况得到改善并不损害他人利益的行为。

(4) 如果对于某种既定的资源配置状态，所有的帕累托改进均不存在，即在该状态上，任何改变都不能使至少有一个人的状况变好而又不使任何人的状况变坏，则称这种资源配置状态为帕累托最优状态。

(5) 当已知两种产品的产量和消费者偏好时，可以得到埃奇渥斯盒形图，图中符合交换的帕累托最优状态条件 $MRS_{XY}^{A} = MRS_{XY}^{B}$ 的点的轨迹就是交换契约曲线。

(6) 当已知劳动、资本的数量和两种产品的生产函数时，可以得到埃奇渥斯生产盒形图，图中符合生产的帕累托最优状态条件 $MRTS_{LK}^{C} = MRTS_{LK}^{D}$ 的点的轨迹，就是生产契约曲线。

(7) 利用生产可能性曲线将生产和交换两个方面综合在一起，可以得到生产和交换的帕累托最优条件：$MRS_{XY} = MRT_{XY}$，即产品的边际替代率等于边际转换率。

(8) 从生产和交换的帕累托最优状态中可以推导出效用可能性曲线。假定社会福利是社会上所有个人效用的加总，把社会福利函数（社会无差异曲线）与效用可能性曲线结合起来可得到最大社会福利。但是，阿罗不可能性定理指出，在非独裁的情况下，不可能存在适用于所有个人偏好类型的社会福利函数。

(9) 当没有办法重新安排商品生产与配置以改善一个人的处境而不至于恶化其他任何人的境况时，就达到了经济效率。

(10) 对效用可能性曲线进行分析得出结论：一种无效率的资源配置可能比另一种有效率的配置更公平。在实践中，公平和效率的目标之间有非此即彼的矛盾，在两者之间必须做出困难的选择。

复习思考题

一、名词解释

一般均衡分析　帕累托标准　交换的契约曲线　生产的契约曲线　效用可能性曲线　帕累托改进　帕累托最优状态　经济效率　生产可能性曲线

二、简答题

1. 什么是帕累托最优状态？

2. 什么是经济效率？怎样理解经济效率与帕累托最优状态的关系？

3. 简述一般均衡分析与局部均衡分析的区别。

4. 什么是社会无差异曲线？它上面各点的斜率有什么经济意义？

5. 为什么说边际转换率与边际替代率不相等时，资源没有达到有效配置？

6. 为什么在市场均衡状态下，买者和卖者都获得最大的满足，同时社会福利最大？

7. 简述生产可能性曲线的特点。

三、计算题

1. 产品X和Y是替代品，假定两者短期供给是固定的：$Q_X=500$，$Q_Y=500$。而需求受到两种商品价格的共同影响：$Q_X=850-5P_X+2P_Y$，$Q_Y=540-2P_Y+P_X$。求：

（1）这两种产品的均衡价格为多少？

（2）如果X产品的供给增加了150，会对两种商品的价格产生什么影响？

2. 假设一个经济只有一个生产者满足帕累托最优条件。该生产者既是其产出市场的完全垄断者，又是用于生产该产出品的唯一投入要素市场的完全垄断购买者。他的生产函数为$q=0.5x$，产出的需求函数为$p=100-2q$，投入要素的供给函数为$r=2+x$。试求：

（1）该生产者利润极大化时的q、x、p、r值；

（2）该生产者满足帕累托最优条件时的q、x、p、r值。

四、论述题

1. 简述一般均衡过程的条件和保证其实现的机制，并加以评论。

2. 在完全竞争经济中帕累托最优状态是如何实现的？

3. 试述社会福利函数的基本内容。

阅读推荐与网络链接

1. 高鸿业．西方经济学：微观部分．第五版．北京：中国人民大学出版社，2011.

2. 庇古．福利经济学．北京：商务印书馆，2006.

3. 王桂胜．福利经济学．北京：中国劳动出版社，2007.

4. 姚明霞．福利经济学．北京：经济日报出版社，2005.

5. 巴尔．福利国家经济学．北京：中国劳动社会保障出版社，2003.

6. 黄有光．福利经济学．大连：东北财经大学出版社，2005.

第十二章

市场失灵与政府干预

学习目的

- 了解市场失灵的原因，理解垄断、外部性、公共物品、不完全信息的含义。
- 掌握外部性会引发资源配置不当以及克服外部性的方法。
- 理解公共物品的特性与供给问题。
- 掌握科斯定理，了解不完全信息如何引发市场失灵。

引导案例

2004 年 2 月下旬，因川化集团违法排污，发生沱江特大污染事故，造成沱江死鱼 50 万公斤，沿岸内江、简阳、资中三地上百万群众生产生活用水困难，直接经济损失上亿元。究竟是什么原因造成了这次特大污染事故？

经四川省环保局紧急调查查明，川化集团第二化肥厂于 2003 年 11 月 20 日停车进行技改，2004 年 1 月 24 日，对技改项目进行空车试车，用以调试设备的机械性能。调试中尿素车间解吸装置的两台给料泵连续出现抱轴故障不能正常运行，经反复维修仍不能恢复正常。2004 年 2 月 10 日晚该公司召开第二化肥厂技改协调会，在两台给料泵没有完全修复的情况下，仍决定于 11 日开始投料试车。此举违反环保程序，属擅自进行试生产。2 月 11 日至 3 月 2 日试生产期间，两台给料泵因故障没有运行，第二化肥厂产生的工业冷凝液没有经过解吸塔有效处理，大量高浓度氨氮废水直接外排，流入沱江支流毗河，从而造成了这次特大环境污染事故。

资料来源：金雪军．西方经济学案例［M］．杭州：浙江大学出版社，2008：121.

案例导学

从事后的调查来看，造成这起特大污染事故的原因是多方面的，包括企业为逃避监管提供虚假信息、企业内部的紧急情况处理机制缺乏以及监管部门的监测手段落后等多种因素。但如果我们从经济学的角度更深入地对这起污染事故进行分析，就会发现以上因素只是表面原因，其背后是外部性这一因素发挥了重要作用。

外部性是指个人或企业不必完全承担其决策成本，即成本或收益不能完全内生化的情形，具体可分为负的外部性和正的外部性。向天空排放有毒气体的冶炼厂，在公共场所随意抽烟的烟民，随意扔弃塑料袋或其他垃圾的人，在人行道乱停车或在生活小区和校园里随意按汽车喇叭的司机，在游轮上向长江倾倒垃圾，以及本案例中把污水排放到河流中的化肥厂等都是负面的外部性的例子。他们的行为在给自己带来某种利益或满足（包括便利）时，都对他人或社会带来负面影响，但却不必承担这种负面影响的成本。

外部性的存在会使市场机制产生定价错误，并造成资源配置的低效率，从而导致市场失灵。市场失灵现象的存在为政府实施对市场的干预提供了理由。政府需要采用政府政策来消除市场失灵现象。经济中解决外部性影响、公共物品的供给以及克服非对称信息引发的市场失灵均需要政府干预，政府政策触及到经济生活的各个领域。

本章将从市场失灵的现象入手，深入分析垄断的低效率、外部性影响、公共物品和不完全信息如何引发资源配置发生扭曲，致使价格机制在某些领域不能起作用或不能起有效作用的原因，并介绍了政府为消除市场失灵需要采取的多种微观经济政策及手段。通过本章的学习，深入了解市场失灵的原因以及政府如何提供有益的产品。

第一节　市场失灵

一、市场失灵的含义

完全竞争市场经济是假定在一系列理想化的条件下，可以导致整个经济达到一般均衡，从而使资源配置达到最优状态。但是，这个原理并不真正适用于现实的资本主义市场经济。由于完全竞争市场以及其他一系列理想化假定条件，并不是现实资本主义市场经济的真实写照，因此，西方学者认为，在现实资本主义市场经济中，由于垄断、外部性、公共物品和不完全信息的存在，“看不见的手”的定理不能完全充分发挥作用，因此，资源配置的最优状态，即帕累托最优状态通常不能得到实现，市场机制配置资源的能力不足，从而导致了市场失灵。一般而言，市场失灵包含三方面的基本含义：

一是在完全依靠市场的情况下，依据一定的价值判断，认为市场解决问题的效果是“不理想”的。

二是作为特定制度安排，市场配置私人物品性质的资源是有效的，但本身不能对具有公共产品性质的资源进行有效配置，这种“失灵”与市场机制本身运作状况无关，是市场“拿它没办法”而造成的，不是“市场的错”，是人们强加给市场，而让市场“负责”的，对此，我们称之为“市场无能”。

三是由于市场充分发挥作用的条件在现实中不完全具备，因此，市场也就不能有效运转，从而造成资源配置无效和社会福利的损失，我们称之为“真正的市场失灵”。

以下我们就造成市场失灵的各类原因，逐一进行分析，并重点介绍相应的微观经济政策。

二、市场失灵的原因

当市场失灵发生时，价格将不能履行作为价格信号的职能。导致市场失灵的因素会使总体经济无效率，因为价格没有正常的充当经济信号，而且互惠交易不能进行。发生市场失灵的原因主要有如下四个：

（一）市场失灵的第一个原因是垄断

前面讲过，垄断是指只存在唯一卖者的市场结构，但按照这一定义，在西方国家很难找到这样的垄断组织，从而垄断干扰了市场机制的说法也就很难成立。因此，西方学者提出了广义上的垄断，认为垄断是一个或几个厂商控制一个行业的全部或大部分供给的情况。由于垄断组织为了获取更多资源而阻碍互惠交易发生时，就会产生市场失灵。例如，一些供排水公司利用自身垄断地位，强制规定用户从供排水公司购买水表，甚至强制规定根据水管直径，按日对用户收取底数费（即指定最低用水量），如果用户用水量超过该基数，则按实际用水量收费，而没有达到该基数的用户必须按基数缴费。按照这个规定，即使一滴水也没有用的用户（如长期外出的用户）也要按基数缴纳费用。长此以往，这种垄断行为不仅使供排水公司获取了高额利润，而且造成资源浪费，因为那些用水量低于规定最低用水量的用户，可能会故意多使用水以使其达到最低用水量。这个例子中的垄断行为，使用户不能根据自来水的价格选择合适的用水量，也就是说，市场价格未能行使价格信号的职能，以指导用户的消费行为，从而发生市场失灵。

（二）市场失灵的第二个原因是外部性

当我们从事经济活动时，常常发生许多外溢效果，我们将这些外溢效果称之为外部性，外部性的负效应如果没有被彻底解决，容易发生市场失灵。例如，一个饲养家禽的农场向周围倾倒垃圾不仅会污染附近的河流，也会降低附近居民的福利。如果存在一个“污染市场”，在这个市场中，要么农场可以从居民那里购买倾倒一定垃圾的权利，要么居民能够从农场那里购买使用有一定纯净度的水的权利，此时效率就可以被实现。然而，实际中这个相关市场并不存在，既不存在污染权市场也不存在使用纯净水权的市场，因此没有相应的市场价格能行使价格信号的职能以指导个体的买卖活动，这种情况下这个经济体系就是无效率的。我们将在下一节详细分析外部性的负效应，在那里我们会看到政府如何采取一些方式介入市场，以保证市场价格确实地提供正确的经济信号。

（三）市场失灵的第三个原因是公共物品

公共物品是指公共使用或消费的物品。在公共物品领域普遍存在着搭便车问题。所谓“搭便车”是指某些人（搭便车者）虽然参与了公共物品的消费，但却不愿支付公共物品的生产成本，完全依赖于他人对公共物品生产成本的支付。例如，某村庄计划向每个村民征收修建费以修建一条柏油马路，征收的方式根据每个人对于马路的评价（也就是马路对每个人的效用）来收费，评价高的人将缴纳更多的费用，那么每个村民都会有动机低报自己的真实评价，期望既能使用马路又能少花钱。结果是征收的费用不够修路。发生这种事情的原因是每个人都想成为“免费搭车者”，既享受到利益却又不愿负担成本。经济学中的搭便车问题会导致公共物品的供给过少甚至没有（私人不愿意提供公共物品），这意味着市场机制不可能自发地产生公共物品，这就是市场失灵。

（四）市场失灵的第四个原因是信息的不完全性

不完全信息是指市场参与者不拥有某种经济环境状态的全部知识。因此，不完全信息会导致信息不对称。所谓信息不对称是指在经济交易中，一方掌握了另一方所没有掌握的关于交易方面的信息，即交易的一方相对于另一方来说具有信息优势。在信息不对称的情况下，常会引起逆向选择，从而干扰市场的有效运转。例如，在二手汽车交易市场上有两种不同质量的汽车，分别是高质量和低质量的汽车。假设高质量汽车的市场均衡价格是 20 万元，低质量汽车的市场均衡价格是 10 万元。由于买者并没有像卖者那样对旧车的质量有足够的了解，因此，买者很自然地会根据平均品质对汽车进行评价，可能愿意出价 15 万元买一辆旧车。显然 15 万元的出价比一部分低质量汽车的实际价值要高，但比一部分高质量汽车的实际价值要低，也就是说一部分旧车的价格被高估了，而另一部分旧车的价格却被低估了。只有卖者了解哪些车被高估哪些车被低估。拥有高质量旧车的卖者肯定不愿意以平均价格 15 万元出售他的车，此时他唯一的选择就是从旧车市场的交易中退出。当消费者开始明白市场上的这种变化后，他对于旧车的平均评价会调整得更低，那么又有另一部分价格被低估的旧车退出市场，经过很多个回合后，有可能旧车市场上只存在最低质量的汽车，质量稍好一点的汽车不会在市场上出现。这个例子表明如果信息是对称的，消费者可以根据自己的预算约束在不同质量、不同价格的旧车之间进行挑选，可是由于存在信息不对称，市场上有些商品的交易受到很大的干扰，消费者竟然无法在市场上买到质量较好的商品，造成市场失灵。

第二节　垄断的低效率

在四种市场结构中，完全垄断市场的效率是最低的，本节我们重点讨论垄断的低效率，包括分配性低效率和技术性低效率等。

假定在所有产量水平上平均成本和边际成本都保持不变。如图 12－1 所示。为了使利润最大，企业就要使边际收入等于边际成本，把产量定为 Q_m 和把价格定为 P_m。作为另一种选择，假定政策制定者要求垄断企业使用价格等于边际成本的竞争性规则来做决策，这样价格就会定在 P_c。对产品的评价大于 P_c 的消费者就会购买这种产品，使总销售量达到 Q_c。

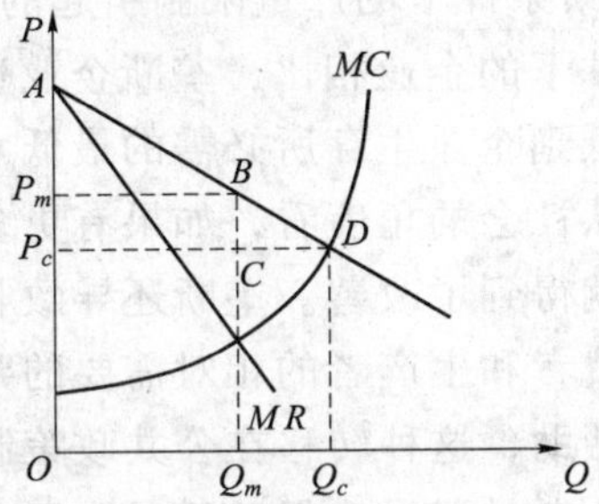

图 12－1　垄断的低效率

由于所有消费者都支付同一价格，大多数买者会因其购买而获得消费者剩余。这一剩余的货币价值等于它们对产品的评价（如需求曲线所示）与价格 P_c 之间的差额。例如，在图 12－1 中，对产品评价最高的人得到的消费者剩余等于垂直距离 AP_c。但购买第 Q_c 个单位产品的消费者得不到剩余，因为它赋予产品的价值正好等于购买价。所以，如果产量是根据价格等于边际成本的规则制定的，总消费者剩余就等于需求曲线下面和价格上面之间的面积。在图 10－1 中就是三角形 ADP_c。

现在考虑以谋求利润最大为目标的垄断企业的产量和价格。正如已经指出的，价格将定为 P_m、产量定为 Q_m。这样，它的价格尽管比使用竞争性定价规则定得高，但那些对产品的评价高于其价格的消费者仍能得到消费者剩余。在垄断情况下，消费者剩余等于三角形 ABP_m。这个三角形是竞争条件下消费者剩余 ADP_c 的一部分。长方形 P_mBCP_c 也是完全竞争条件下消费者剩余的一部分，但现在是垄断企业的经济利润。这一经济利润代表收入从消费者向生产者的再分配。这一再分配是否是一种改善，取决于对收入怎样分配才算合理的假设，是不能用效率指标来衡量的。

最后，竞争条件下消费者剩余的最后一个组成部分是三角形 BCD 这块面积，称为分配性低效率，或无谓的损失。它是垄断价格引起的消费者剩余的损失，是社会的一种净损失。评价垄断的这一影响，无需对消费者和生产者的相对功绩或收入的分配作出假设。它是消费者的损失，其他任何人也没有得到它。

分配性低效率的来源可用图 12－1 来说明。垄断企业将增加产量直到边际收入等于边际成本。如果产量超过 Q_m 就会导致利润的减少，因为此时边际收入小于边际成本。但在产量 Q_m，消费者支付的价格为 P_m，它大于边际成本，因此。如果价格定在这个水平上，只有那些认为该产品的价值至少为 P_m 的消费者才会购买它。

注意，最后购买的人对产品的评价为 P_m。但生产该产品的成本由边际成本曲线给定，等于 P_c。因此，产品对最后购买者的价值要大于生产它的机会成本。这样，如果生产得更多，社会福利就会增加。具体说，增产 1 个单位产品所增加的消费者剩余等于需求曲线和边际成本曲线之间的垂直距离。随着产量的增加，得到的消费者剩余就会越来越小，到产量为 Q_c 时，消费者剩余将为零。因此，三角形 BDC 可看成为由垄断条件下的产量限制引起的消费者剩余的损失。

总之，与完全竞争条件下的企业相比，垄断企业生产的产量太少，而价格定得太高。竞争导致价格降低到企业生存所必需的最低水平，而垄断企业把价格抬得很高以谋求利润最大。从社会的角度看，如果有更多的资源用于生产垄断企业提供的产品，资源的配置就得到了改善。垄断还导致收入的再分配，但对这种收入转移的评价，取决于消费者和生产者的相对需要的判断。尽管经济分析对评价这种收入的转移没有多大帮助，这种转移在公共政策制定中的重要性是不应被低估的。在政策辩论中，立法者号召采取行动反对滥用垄断，通常不是根据教科书中所说的分配性低效率的深奥概念，而主要是考虑收入从消费者向垄断企业老板的再分配的不公平性。

一、技术性低效率

企业的目标是使利润最大。使利润最大的一个必要条件是在所选定的产量上务必使成本最小。因此，表现在图 12－1 上的所有成本曲线都代表最低的生产成本。对完全竞争市场里的企业来说，这是一个合理的假设，因为经理别无选择。从长期看，完全竞争企业的价格会下降到只能获得正常利润时为止。因而，低效率的企业在和效率较高的对手的竞争中将不能生存，因为他们得不到足够的利润来维持其经营。在竞争性市场，成本最低化是一种必然。

但是，垄断企业不同。由于能获得经济利润，与竞争隔绝的企业经理在成本最低化方面是有一定处置自由的。如果成本增加，对垄断企业的生存并不构成威胁，因为企业还有经济利润可作缓冲。但这里需要权衡，因为浪费导致成本的任何增加，都会减少企业所获得的经济利润。

为什么经理愿意以牺牲利润为代价允许低效率经营？可能有几个理由：一是使成本最低要付出努力。寻找成本最低的资源和最先进的技术并不容易。一名经理，特别是如果他是领薪水的，不是企业的股东，可能会选择早一点回家或吃午饭时间长一点，而不是真正把全部精力投入管理。另一解释是，企业是由个人来经营的，而人是会犯错误的。决策是在不确定的条件下由才能不同的个人来做的，这些人都会面临压力和生病。有时候这些人的决策从事后来看并不是正确的。

劳工合同是技术性低效率的另一个来源。在雇佣工人时，协议上规定的通常只有投入量——要工作的时间数。新的雇员只向企业提供他的时间但通常不承诺要付出多大努力。正如经理喜欢闲暇、不喜欢工作那样。雇员也是如此。管理当局的任务是对雇员的工作进行监督，但这是需要成本的。因此，在许多组织里，存在着纪律相当松懈的现象。

现实中，那些不通过激烈竞争就能赚很多钱的公司，往往缺乏使成本尽可能低的动力，一旦企业有控制市场的能力，而且所有权和管理权是分开的，它就有可能因管理者未能使成本最低而导致技术性低效率。

二、寻租

垄断还有一个后果，就是会导致寻租行为的发生。垄断者赚取经济利润的能力是一种有价值的财产。任何理性的人都会愿意为取得和保持这种特权而付出代价。如果企业每年能赚取经济利润 100 万美元，它的垄断地位的价值就是这个数目。就是说，企业老板就会愿意每年最多花费 100 万美元来确保每年的这笔利润收入。垄断厂商倾向于将资源用于遏制其他厂商进入以获得或维持其垄断地位。由于垄断厂商获得的利润被称为垄断租金。通过寻求或维持某行业内的垄断地位以寻求或保持业已存在的租金的活动被称为寻租。

寻租行为并不增加所生产的产品和服务的数量。前面讲过。经济利润是财富从消费者向生产者的一种转移。但寻税则是企图攫取这些经济利润。因此，资源仅仅是用来改变收入的分配。有时候寻租直接是为了从消费者那里得到收入。在另一些情况下，寻租的目的可能是获得其他企业目前正在赚取的经济利润。

寻租导致无谓的损失，因为这里没有新的生产性活动。寻租行为可以有许多不同形式，它往往涉及政府官员。原因在于，政策制定者能大大影响收入的分配。在一个区域内防务基地的选址或把一个合同交给一家企业都意味着受益人可得到几百万美元。税法的改变能使利润大量增加或减少。规章制定机构关于许可谁能进入行业或经营企业必须遵循什么程序的决策，对企业的盈利能力会有很大影响。

寻租还会有更黑暗的一面。由于利害关系重大，企业为了争取有利的立法或处境，可能进行贿赂。企业为了战胜竞争者可能求助于间谍活动。法律系统可能被用来困扰竞争者，或建立不利于竞争企业的立法条例。

为了获得或维持垄断地位，厂商愿意花费多少钱呢？他所愿意花费数额的上限等于所能获得的全部垄断利润。这种寻租活动所造成的浪费可能远远大于产量的减少所造成的损失。

三、研究与开发的减少

竞争推动厂商开发新产品和研究成本更低的生产方法。与此相反，垄断厂商可能更愿意坐享现有的利润，而不是积极推动技术进步。近年来，人们还在担心，具有垄断势力的厂商不仅比竞争条件下的厂商更少从事创新，而且也对可能削弱其市场势力的竞争对手的创新积极性进行打压。而且，即使他们不会故意抑制潜在竞争对手的创新活动，他们也可能间接地这样做。创新过程的一些最重要的投入品是现有厂商先前的创新，而通过提高与这些先前创新有关的“价格”（利用他们的市场势力），垄断厂商削弱了后续创新的动力。

总之，在完全垄断市场的均衡状态中，垄断市场的价格要比完全竞争市场的价格高，而且，价格高于边际成本，这样，垄断扭曲了价格信号的意义，不能直接地反映生产产品的机会成本。完全垄断厂商生产的产量也小于在完全竞争市场中应该达到的产量。垄断行业的进入障碍使得其他行业的厂商无法进入这个行业，垄断厂商可以在长期中保持超额利润的状态，因此，消费者不能像完全竞争市场那样获得最大的福利或实惠。垄断厂商获得的超额利润被视为收入分配的不平等，进入障碍的存在排斥了竞争，从而垄断性超额利润会被看成是以某种不平等为基础的收入。

第三节　外部影响

迄今为止，我们一直隐含地假定，每个经济行为人在进行生产或消费决策时，是无需顾虑其他经济行为主体的行为的。消费者和生产者之间的全部相互影响，都是通过市场发生的，因此一切经济行为人所需要知道的就是市场价格和他们自己的消费和生产可能性。在这一节里，我们将放宽这个假设，分析在实际经济活动中，生产者或消费者的活动对其他经济行为人带来的影响，这种影响就是外部性。

一、外部性

在完全竞争的市场条件下，借助市场机制的作用，可以实现社会边际收益与私人边际收益相等，社会边际成本与私人边际成本相等，从而可满足社会边际收益与社会边际成本相等这一实现帕累托最优状态的资源配置条件。然而，在实际经济运行中，私人边际成本和私人边际收益并非任何时候都等于社会边际成本和社会边际收益。这种私人边际收益与社会边际收益、私人边际成本与社会边际成本不一致的现象就是外部性问题。更进一步讲，外部性问题是指一些人的经济活动给另一些人带来了影响，这种影响未被计入成本与价格之中。

当某个私人行为以某种重要方式对他人产生了负效应时，我们就有了外部性问题。例如，某河流的上游建有一家钢厂，下游居住着一群靠打鱼为生的渔民。钢厂的生产废水排入河中造成鱼的数量减少，由此渔民的福利受到钢厂倾倒废水的负面影响而变差，而钢厂却无须对此付出任何代价，这是典型的成本外溢，我们将之称为负的外部性，其含义是指某个经济主体的活动使他人或社会受损，而造成外部不经济的人却没有为此承担成本。空气污染是产生负的外部性的另一个重要例子，当火电厂发电时，它向空中排放含有二氧化碳、二氧化硫以及其他污染物的空气，这些污染物会使呼吸了这些空气的人感觉不舒服，并会造成严重的健康问题。然而，厂商在做出生产决策时并没有补偿身体健康遭受损害的人所付出的外在成本。除了污染，交通拥堵也会产生负的外部性，一个选择在高峰时段出行的个人会加剧拥堵，进而增加其他司机的旅途时间。

相反，如果某个居民区的一个业主在自己的院子里种植花草树木，则邻居们不仅可以欣赏花草还可以享受新鲜的空气。该业主的每个邻居都得到了某种程度的受益，可是没有一个邻居需要为此分担这个业主付出的成本，这是典型的利益外溢，称为正的外部性，其含义是指某个经济主体的活动使他人或社会获益，而获益者又无须为此支付成本。另一个具有正的外部性的产品就是研究，研究成果所惠及的对象远远超过了从事研究的个人或公司，由于研究成果可以扩散，其他人也可以利用研究成果。例如军事研究成果——全球定位系统（GPS）的溢出效应惠及到了私人部门，并成为机动车的导航系统。

正的外部性和负的外部性共同组成外部性，是指经济主体的经济活动给其他个体造成影响而又未将这些影响计入市场交易的成本与价格之中。如果一方的行动使另一方付出了代价就产生了负的外部性；如果一方的行动使另一方获得受益就产生了正的外部性。

二、外部性和资源配置不当

（一）负的外部性和无效率

负的外部性会导致产品的过度供给，让我们以钢厂向河中倾倒废物为例加以说明，如图 12－2 所示。图中的横轴表示钢厂的产量，纵轴表示总价格。供给曲线 S 是生产者在每一个产量水平上的边际成本 PMC。曲线 MD 衡量每一个产量水平下渔民所蒙受的边际损失。曲线 SMC 表示边际社会成本，其高度等于供给曲线 S 和曲线 MD 的高度之和。

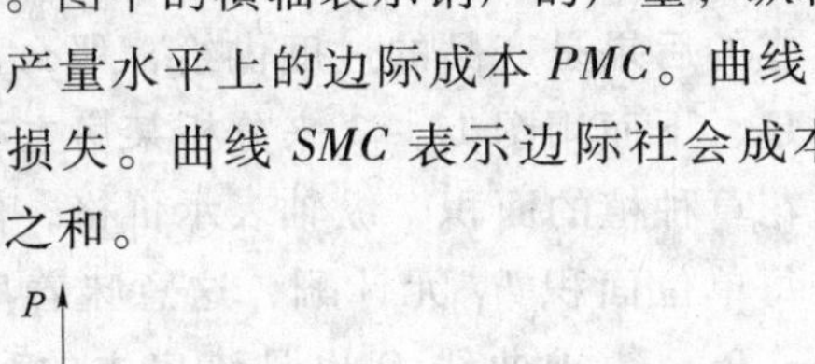

图 12－2　负的外部性

从钢厂的角度看，他将会在曲线 PMC 与 D 的交点 E_1 处进行生产，对应的产量水平为 Q_1。但是从社会的角度看，成本就不仅仅是钢厂各种投入的费用，还应包括废水污染带来的负的外部性成本，从图上看即供给曲线由 S 上移到 SMC。而社会的边际收益可以用需求曲线 D 表示。①

一般来说，资源的有效配置一定要满足边际收益等于边际成本。以社会的角度看，在点 E_1 处曲线 SMC 高于需求曲线 D，即边际成本大于边际收益，显然此时的产量偏大。那么将产量削减到点 E_2 处，SMC 与 D 相交，对应的产量水平为 Q_2，此时的产量 Q_2 是最佳的。我们可以通过具体分析得出这个结论。

我们将产量从 Q_1 减少至 Q_2，结果会同时带来损失和收益。假设图形 E_1E_2F 的面积为 A，图形 E_1GE_2 的面积为 B，图形 $Q_1E_1GQ_2$ 的面积为 C。由于产量减少，价格上升，消费者的总福利减少，因此，其损失（成本）在图中表示为曲线 D 在 Q_1Q_2 之间围成的面积，即 $B+C$。那么产量从 Q_1 减少到 Q_2 所带来的收益有哪些呢？总体的收益可以从这两个方面来衡量：从厂商的角度看，由于产量减少，其投入也将相应减少，投入的减少数量可以用 C 表示，② 这就是厂商的收益。从外部性的角度来看，即从削减产量对河流的污染情况来看，削减产量意味着污染减少，这也是一种收益。根据曲线 MD 的含义可知，由于污染减少带来的收益是曲线 MD 在 Q_1Q_2 之间围成的面积，显然这部分面积等于 $A+B$。因此，两部分收益之和就是产量减少后的总收益。

现在让我们对比产量 Q_1 减少至 Q_2 时，损失与收益之间的差距。其中损失（成本）为 $B+C$，总收益为 $A+B+C$，两者的差距是 A。这表明产量减少后的收益大于损失（成本）。可见，产量压缩使得社会的总福利增加了，增加的部分可以由 A 衡量。因此，产量 Q_2 为有效产出水平，负的外部性造成的后果是产品的过度供给。

（二）正的外部性和无效率

既然负的外部性造成的后果是产品的过度供给，那么正的外部性造成的经济后果就是产品的供给不足，下面用图 12－3 来分析某房主在院子里种植花草树木的例子。图中横轴表示花草种植的面积，纵轴表示价格，假定该房主雇佣园艺工人来种植，双方约定按每单位面积 P_1 元计酬，这意味着房主的私人边际成本曲线是图中的水平线 $MC=P_1$。需求曲线 D 也是该房主的私人收益曲线。MEB 为边际外部收益曲线（表示种植花草会给邻居们带来的外部收益），它向下倾斜表明随着花草种植面积的增大，邻居们得到的收益越来越小。MSB 为社会边际收益曲线，它由私人边际收益曲线 D 和边际外部收益曲线 MEB 垂直相加得到。

从房主的角度来看，根据私人边际成本等于私人边际收益的原则，他会选择

---

① 需求曲线表示的是消费者的边际收益，我们在此认为消费者的边际收益代表社会的边际收益。

② 因为曲线 S 就是钢厂的边际成本曲线，那么产量从 Q_1 减少至 Q_2 时，厂商投入的减少就是阴影部分 C 的面积。

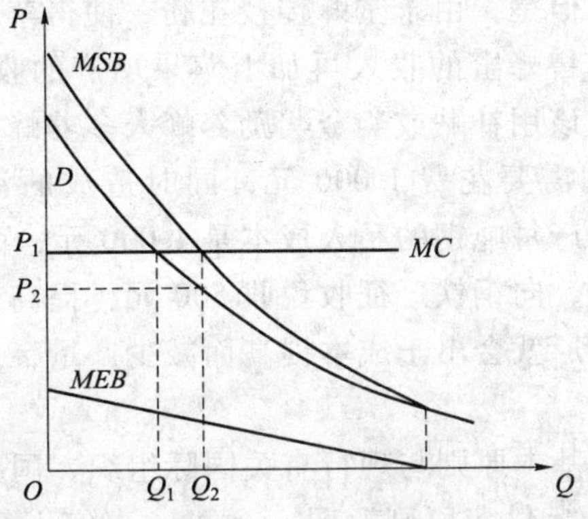

图 12－3 正的外部性

Q_1 的种植面积，该点由边际收益曲线 D 和边际成本曲线 MC 的交点决定。从社会的角度来看，根据社会边际收益等于社会边际成本的原则，种植面积应该扩大为 Q_2（处于 MSB 和 MC 曲线的相交处），该点为有效产出水平，感兴趣的读者可以像上例一样分析当种植面积从 Q_1 增加到 Q_2 时，社会总福利如何增加。由此例可以看出，正的外部性会导致供给不足。

三、外部性问题与政府干预

外部件问题的存在导致了市场失灵，难以实现资源配置的帕累托最优。为了解决这一问题，西方经济学界提出了很多不同的政策主张，如政府干预制度安排、产权界定等。最具代表性的有：庇古有关修正性税政策的主张、斯蒂格勒有关管制的政策主张以及科斯定理。

（一）庇古的政策主张：修正性税

直接从私人边际成本和社会边际成本的角度来解决外部性问题，是由 20 世纪初期的经济学家庇古首先倡导的。庇古提出了著名的修正性税，即税收一律贴办法。

一方面，按外部不经济的数量的一定比例，直接向行动一方征税，使生产者的私人边际成本等于社会边际成本。在利润最大化原则作用下，生产者从自身利益出发，会将其产量调整到私人边际成本等于社会边际成本的状态，以限制其生产。

另一方面，给予外部经济的生产者以相当于外部经济价值的补贴，从而鼓励他将产量扩大到对社会最优的水平。另外，还可通过计算出外部不经济的基准水平（比如排污标准），政府根据外部不经济的消除量给予行动的一方以补贴。

政府实行的这些特殊鼓励和限制，是克服私人边际成本和社会边际成本偏离的有效手段，政府干预能有效地弥补市场失灵之不足。

例如，假定有一个养蜂场，其附近有一个苹果园。养蜂人的私人收益就是他出售蜂蜜所得的收入，但是，由于蜜蜂传授花粉，使得苹果增产，因此，养蜂场所带来的社会收益是出售蜂蜜的收入再加上苹果增产的收入，它大于私人收益。在这种情况下，国家应该用补贴或奖金奖励养蜂人多养蜂。相反，假如有一个钢铁厂，它每生产一吨钢需要花费1 000元，同时造成的污染损失是500元。那么，在这种情况下，生产每吨钢的私人成本是1 000元，而社会成本是1 500元。这时国家应该进行干预，向钢铁厂征收税收500元，提高他的私人成本，使它等于社会成本。这样钢铁厂就会出于成本提高而减少产量，从而使全社会重新进入帕累托最优状态。

庇古的修正性税的基本原则与现行有关国际组织、国家政府及大多数经济学家认同并倡导的“污染者付费原则”是一致的。事实上征收污染税已成为目前各国政府采纳的最普遍的控污措施之一。

庇古对外部性问题的解决仅局限于分配领域。克服外部性问题的目的是要解决收入的公平分配。主张某人提供服务，就应得到报酬，遭受了损害，就应得到补偿。无报酬的服务和无赔偿的损害，都是不公平、不合理的。庇古提出的消除外部性问题的目的就是要实现收入的公平分配，以此促进经济福利。

（二）斯蒂格勒的政策主张：管制

著名经济学家斯蒂格勒主张政府采用行政措施来对垄断进行管制与指导，其中重要的一条是直接规定外部不经济的允许数量。例如，在排放污染物方面，规定排污标准，已成为一种典型的并为许多国家的政府所采取的行政手段，对污染数量在排放标准以内的，既不收费也不惩罚。

这一点与庇古的排污税之间有很大差别：在税收办法中，所有的污染排放量都要纳税，而按照斯蒂格勒的主张排放量只要符合排放标准就不受惩罚，因而也就没有了使污染物彻底被消除的动力，保留了一个“污染者特权”，未能充分体现出“污染者付费”的原则。

不仅如此，在规定排污标准与罚金标准上，还存在着技术上与操作成本上的困难，而且有效的罚金还可能使政府受到“污染集团”在服从与认罚上的强大政治压力。出此，采用排污税比采用排放标准更有效率。

（三）合并企业

合并企业是实现资源配置符合帕累托最优的另外一种方法，这也是政府对外部性进行干预的一种途径。这种办法既可能是产生于外部效应的制造者与受外部效应影响者之间的自愿交易，也可能是产生于政府的干预，在此把这一问题进行单独分析。

我们以化工厂生产对农业造成污染的外部效应为例，来说明如何通过合并企业而使外部效应符合社会最优标准。化工厂附近有农田，由于化工厂生产时排出的污水和废气污染了附近农民的农作物和水源，给他们带来了损失，并且随着污染程度的加大，农民的损失就越大。我们知道，在产权不明确或者没有任何干预措施的情况下，化工厂所制造的污染程度之所以超过社会最优标准，是出于污染造成的（损失）成本没有计入化工厂的成本中去，而由此造成的损失完全由农民承担。如果将化工厂与农民合并为一个企业，则企业的决策者将会从考虑自身成本和收益的角度，去考虑化工厂与农民的成本与收益。当化工厂与农民合并为一个企业之后，合并后的企业将会按照新的利润函数寻找利润最大化条件。在未合并企业的情况下，化工厂所产生的污染成本内农民承担，所以化工厂不愿控制污染，完全从化工厂本身的成本出发来决定利润最大化的产量，这样造成的污染程度必然较高。合并企业后，由污染造成的成本负担由合并后的企业来承担，这使得企业决策者不得不综合地考虑化工产品的收益与生产化工产品所带来的成本。为了达到利润最大化，合并后的企业必须使由于控制化工厂污染而增加的边际成本等于因污染程度的降低而降低的农产品的边际成本。合并后的企业所造成的污染程度低于合并前企业的污染程度，从中我们可以看出合并企业是解决外部效应的一个很好的办法。

（四）外部性问题与制度安排

外部经济是指某一经济主体收益的溢出。在存在外部经济的地方，都意味着有第三方不用付费，便可享受收益，导致经济当事人的私人收益与社会收益的差额扩大。“不费力而得利”使得第三者的私人收益大于私人成本，“无功也受禄”影响了经济当事人的积极性，特别是一旦私人收益小于私人成本，其最终将会终止经济努力。对第三者来说，通过“搭便车”、机会主义行为便可获得较大利益，或以“偷懒”方式享受闲暇这一经济资源，社会就会出现普遍的“懒惰”风气。我国传统体制下的社队集体生产，即“吃大锅饭”的情况便是如此。

要克服外部经济问题的后果，必须在制度上作出安排和确定所有权，造成一种刺激和激励，以便将个人的经济努力变成私人收益接近于社会收益的活动。而这种对个人行为产生“激励相容”的有效制度，需要有效率的组织来提供。我国政府实行的农业生产的“联产承包责任制”、工业生产的“承包制”、“租赁制”、国有小企业的私有化都是这方面的制度安排。

（五）外部性问题与产权界定

在20世纪60年代以前，经济理论界基本上沿袭庇古的传统，借助政府干预，实行税收—津贴方法消除外部性问题。这一传统被美国著名经济学家科斯于1950年发表的一篇重要论文《社会成本问题》所打破。科斯定理的基本含义在该文中得到了详细的表述，但“科斯定理”这一术语最初却是由斯蒂格勒提出的。只要市场交易费用为零，无论最初将产权赋予何方，通过协商、交易的途径都可以达到同样的最佳效果，实现社会福利最大化。这就是人们通常所说的“科斯定理I”。

“科斯定理I”说明了在交易费用为零的条件下，经济效率结果与产权安排无关，那么在存在交易费用时产权制度是如何作用于或影响经济效率的呢？科斯认为即使交易费用不为零，只要明确界定产权就可提高资源配置效率，从而达到帕累托最优状态，实现外部不经济问题的内部化，而无需抛弃市场机制或引入政府干预。这就是人们通常所说的“科斯定理 II”。其原因在于，只要产权界定清晰，交易各方就会力求降低交易费用，使资源使用到产出最大、成本最低的地方，达到资源的最优配置。因此，外部不经济问题完全可由私人合约得到解决，亦即基于自愿交易的私人合约行为对市场运转有着自我修正的作用。

科斯定理认为，外部影响之所以导致资源配置不当是因为产权不明确，如果产权明确且得到充分保障，有些外部影响就不会发生。而且在解决外部性问题时不一定需要政府干预，只要产权清晰，在交易费用很小的情况下，市场会自动解决外部性问题。这是因为产权决定谁侵犯了谁，当然，产权也决定了谁将为解决外部性而调整付费。产权界定后，就可以确定由谁来进行补偿，那么无论谁拥有产权，谈判都会达成一个有效率的结果。

让我们以钢厂向河流排污水损害渔民产量为例，来分析明确界定的产权将如何克服外部性。假定钢厂拥有向河流倾倒废水的产权，那么它不会考虑污染问题。此时渔民没有要求钢厂削减污染或给予补偿的权利，但为了增加自身利润，渔民可能会提议钢厂安装过滤设备，并愿意提供给钢厂一笔不大于消除外部性费用的资金，只要钢厂的污染还有减轻的可能，即钢厂减轻污染导致利润下降的数额可以由渔民利润增加的部分或超额补偿，双方就会做到谈判桌上讨论改进的方案，最终的结果必然是污染将降低到社会最优水平。

但是，如果假定渔民对清洁河水拥有产权呢？此时渔民有权利免受河流污染造成的损失，一旦发现外部性问题，渔民就会马上制止钢厂排污行为。如果钢厂不采取行动消除污染，渔民会进行法律诉讼，要求有关部门执行所有权的规定。这样钢厂将被强制要求把污染水平削减为零，并由此付出最大的代价。为了免受起诉，钢厂通常会提出补偿渔民的建议，以使渔民接受一定水平的污染，并使自己给予渔民的补偿小于把污染削减为零的处理费用。只要钢厂的补偿支付不大于其消除污染所需费用，而渔民又愿意接受不小于其消除污染所需费用的补偿，双方就会达到一个均衡状态，这也是高效率的状态。因此可以看出，尽管产权界定不同，但只要产权明确，消除外部性影响的最终交易结果都是相同的。

当然，即使产权明晰，要想达成私人协议，协议的交易成本必须低于外部性成本。这里的交易成本是指达成协议所需的时间和努力。正如科斯所描述的，为了进行市场交易，需要弄清某人希望和谁进行交易，告诉人们该人希望交易及其交易条件，为了达成交易而进行谈判、签订合同，进行必要的检验以确定合同的交易条款是否都已满足等等，这些活动常常会造成很高的成本，实际谈判显然需要花费更多时间，而且在很多情况下需要雇用业务熟练但要价很高的律师。如果这些谈判的成本很高，那么双方私下就很难达成协议。

第四节 公共物品

某人想在楼道里安装几盏照明灯，这会使经过楼道的所有人受益，如果该人住在低层，那么他可能将灯装到他住的那层位置，更高的楼层过道依然没有灯，甚至有可能这个人最后打消装灯的念头，因为他不愿意单独承担装灯的成本。当然，如果产权清晰，它可以向行人收取照明费，问题就会解决，可是这在实际中很难做到。由此可以看出有些产品具有一些特别的性质，以至于私人提供缺乏效率，经济学上就称这样的产品是公共物品。

一、公共物品的特征

在考虑经济中的各种物品时，为了便于经济分析，经济学家通常根据两个特点对物品进行分类：排他性和竞争性。如果可以有效地阻止人们对某种物品的使用，则称该物品具有排他性；如果一个人在消费或享用某一物品时，其他人便无法同时消费或享用同一物品，则称这种物品具有竞争性。

既有排他性又有竞争性的物品为私人物品。例如，你拥有一件雨衣，如果你阻止别人使用你的雨衣，这是排他性的；如果你穿上这件雨衣，别人就不能同时使用该雨衣，这是竞争性的。经济中的大多数物品都是像雨衣这样的私人物品。

而公共物品是指具有非竞争性和非排他性的产品或服务。非竞争性意味着一个人对某产品消费的增加并不意味着另一个人消费的减少，例如你选择观看一场表演，并不能拒绝其他人也从电视上观看同一场表演；同样地，你从国防中得到的安全感，也并不因为你的邻居同样享受国防带来的安全感而减少。非排他性意味着没有人能阻止他人消费某种产品。例如，国防可以给你带来安全感，而且没有人能够阻止你获得这种安全感。

只有同时具备非竞争性和非排他性的产品或服务才是公共物品。例如，用于警告船只附近存在礁石以使它们免于触礁的灯塔是公共物品的经典例子，如果一艘船借着灯塔的指引安全地通过，这是非竞争性，因为并不意味着其他船只不能通行；同样地，阻碍船只利用灯塔也是不可能的，因为任何船只都能够看到它发出的光，这是非排他性。除了灯塔以外，国防、下水系统、疾病预防、科学研究都是典型的公共物品。

还有很多产品并不同时具备这两个特性，我们把具有非排他性和竞争性的物品称为公共资源，如新鲜空气和公海捕捞。当你外出散步时沐浴着阳光并呼吸更多的新鲜空气，便减少了其他人所能得到的新鲜空气（竞争性），但并不意味着你剥夺了别人享受阳光或者呼吸新鲜空气的机会（非排他性）。同样，任何人都可以在公海里捕鱼，这是非排他性的，但是增加一个捕鱼者就会使得别人可捕的鱼变少，这无疑会增加别人的捕鱼成本，从而是竞争性的。

除此以外，我们把具有排他性和非竞争性的物品称为自然垄断物品，如有线电视。电视信号一旦发射出去后，其成本不会因为收看者的增加而增加，是非竞争性的，但是这种电视信号能通过加密技术而变为排他性的，因为只有带解码器的接收终端可以看到清晰的节目。

二、公共物品与市场失灵

由于公共物品的特殊性质，我们无法像分析私人物品，即普通商品那样，来分析公共物品数量的决定。

首先，单个消费者通常并不很清楚自己对公共物品的需求价格，更不用说去准确地陈述他对公共物品的需求与价格的关系，所以，无法得到准确的公共物品的需求曲线。

其次，即使单个消费者了解自己对公共物品的偏好程度，他们也不会如实地说出来。为了少支付价格或不支付价格，消费者会低报或隐瞒自己对公共物品的偏好。他们在享用公共物品时都想“搭便车”，不支付成本就能得到收益。

由于单个消费者对公共物品的需求曲线不会自动显示出来，故我们无法将它们加总得到公共物品的市场需求曲线并进而确定公共物品的最优数量。这样，市场机制分配给公共物品生产的资源常常会不足。我们知道，在竞争的市场中，如果是私人物品，则市场均衡时的资源配置是最优的，生产者之间的竞争将保证消费者面对的是等于商品的边际成本的价格，消费者则在既定的商品产出量上展开竞争。

就私人物品而言，某个消费者消费一单位商品的机会成本，就是按市场价格卖给其他消费者的同样一单位商品，甲把这个商品按这个价格卖给乙了，就失去了把这个商品按这个价格卖给别人的机会，按这个价格乙不买，甲可以按这个价格卖给别人，这样，没有哪个卖者愿意以低于市场价格的价格出卖商品，也没有哪个买者能够得到低于市场价格的商品。

但是，如果是公共物品，即使它是可排他的，情况也将完全不同。由于公共物品的非竞争性，也就是增加一个人的消费而不影响他人对该物品的消费，这意味着，没有任何消费者要为他所消费的公共物品去与其他任何人相竞争。因此，市场不再是竞争的。如果消费者认识到他自己消费的机会成本为零，为了换取消费公共物品的权利，他就会尽量少给生产者支付的价格。如果所有消费者均这样行事，则消费者们支付的价格就将不足以弥补公共物品的生产成本。结果便是低于最优数量的产出，甚至是零产出。

三、公共物品的供给

搭便车问题使得市场机制对公共物品的配置无能为力，因此必须由政府承担起公共物品的供给任务，这也是政府至关重要的角色之一。例如国防由中央政府提供，街灯、地方治安由地方政府安排，一些居民大楼的路灯、楼梯灯由居民委员会或其他管理机构统一安装维护。然而，由政府来提供公共物品并不意味着公共物品难题被彻底地解决，政府要提供合适数量的公共物品是一件非常困难的事情。

(一) 公共物品的最优数量

假定整个社会只有两个消费者，让我们分别分析私人物品供给和公共物品供给的数量确定。

1. 私人物品的供给量确定

如图 12-4 所示，假设两个消费者 A 和 B 对商品的需求曲线分别为 D_A 和 D_B，商品的市场供给曲线为 S。将消费者 A 和 B 的个别需求曲线 D_A 和 D_B 水平相加可得到该商品的市场需求曲线 D，市场需求曲线 D 与供给曲线 S 的交点决定了该私人物品的均衡数量 Q_0 和均衡价格 P_0。这里的均衡数量 Q_0 就是该私人物品供给的最优数量。在这个产量水平上，每个消费者的边际利益恰好等于厂商生产该私人物品的边际成本。我们知道，供给曲线代表了每个产量水平上的厂商边际成本，需求曲线则代表了每一需求量上的消费者的边际利益。所以当供给量为 Q_0 时，边际成本为 HQ_0；而在价格为 P_0 时，消费者 A 和 B 的需求量分别为 Q_1 和 Q_2 时，再根据其在需求曲线 D_A 和 D_B 上的交点，可知消费者 A 的边际利益为 EQ_1，消费者 B 的边际利益为 GQ_2，很显然，$EQ_1 = GQ_2 = HQ_0$ 也就是说，私人物品市场决定最优产量的结果是每一个消费者的边际利益均等于边际成本。

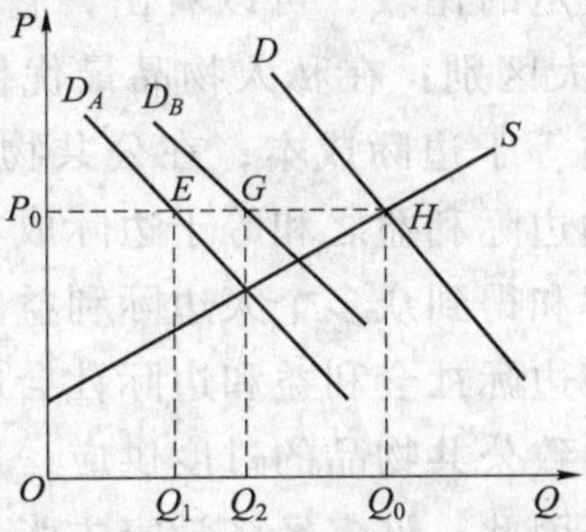

图 12-4　私人物品的供给量确定

2. 公共物品的供给量确定

如图 12-5 所示，同样假定每个消费者对公共物品的需求曲线分别为 D_A 和 D_B，公共物品的市场供给曲线为 S。与私人物品的市场需求曲线形成不同，公共物品的市场需求曲线不是个人需求曲线的水平相加，而是它们的垂直相加。这是因为公共物品具有消费上的非竞争性特征，每一个消费者消费的都是一个消费总量，因而每一个消费者的消费量与总消费量相等。而且，对这个总消费量所支付的全部价格是所有消费者支付的价格总和。

在图 12-5 中，公共物品的总量为 Q^*，单个消费者 A 和 B 所消费的公共物品量都等于总量 Q^*。虽然两个消费者 A 和 B 所消费的公共物品量是相同的，但他们所愿意支付的价格却不同，按照他们不同的需求曲线，消费者 A 和 B 愿意支

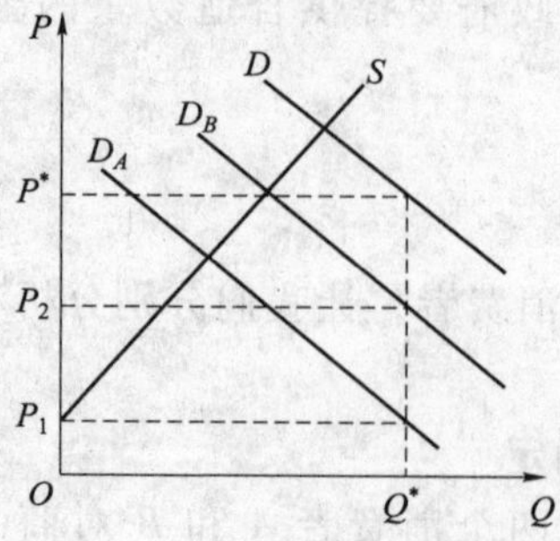

图 12－5 公共物品的供给量确定

付的价格分别为 P_1 和 P_2。所以，当消费者的消费总量为 Q^* 时，消费者 A 和 B 所愿意支付的价格之和等于 P^*，即 $P^* = P_1 + P_2$。

在得到公共物品的市场需求曲线和市场供给曲线以后，就可得到公共物品的均衡数量，这个均衡数量就是公共物品的最优供给数量。图 12－5 中的均衡数量 Q^* 即是最优供给量。当公共物品数量为 Q^* 时，根据供给曲线，该公共物品的边际成本为 P^*，而根据消费者 A 和 B 的个别需求曲线，他们的边际利益分别为 P_1 和 P_2，社会边际利益总和为 $P^* = P_1 + P_2$。我们看到，该公共物品的边际社会利益等于其边际成本，此时，所提供的公共物品数量为最优。通过对私人物品和公共物品最优供给数量的决定的比较，可以看出，它们的相同点是都遵循 $MR = MC$ 的原则。但它们还有很大区别：在私人物品最优供给数量的决定上，最优标准是每个消费者的边际利益等于边际成本；在公共物品最优供给数量的决定上，最优标准则是所有消费者的边际利益之和等于边际成本。

在现实社会中，要了解和得到众多个人边际利益的情况并非易事。往往由政府有关部门的管理者来估计边际社会利益和边际社会成本。如果管理者低估社会成本或高估社会利益，会导致公共物品的过度供应；反之，会导致供应不足。这都会带来社会福利的损失。因此，许多经济学家主张，除了国防、法律与秩序这样的纯公共物品由政府提供外，准公共物品应由政府参与或私人供给来解决，例如，供水、供电、广播电视行业。

（二）公共物品和成本—收益分析

政府如何决定到底提供多少公共物品呢？西方经济学家经常提到的一个重要方法是成本—收益分析。根据这一方法，政府应努力去估算提供公共物品的社会收益和社会成本，然后做出决策。

估算供给公共物品的成本比较直接，估算收益却比较困难。那么，政府可以通过询问人们的支付意愿（即他们的个人边际收益）来计算出公共物品的社会边际收益吗？当然不能，因为政府很难得到一个诚实的回答。考虑这样一个例子，假定政府计划修建一条新的高速公路，为了决定是否需要修建这条高速公路，政府需要比较所有使用这条高速公路的人的总收益与建设维修成本，也就是要进行成本—收益分析。但是，政府却很难获得进行成本—收益分析所必需的价格信号，因为所有的人都可以免费使用高速公路，因此很难判断个人对高速公路的支付意愿。如果通过讯问的方式来获取这种价格，那些需要使用高速公路的人，为了修建高速公路会夸大他们所得收益，而那些受高速公路损害的人为了阻止修建会夸大其成本。因此，政府只能对公共物品带来的收益进行估计，而估计的准确性会影响提供公共物品的效率。

更为糟糕的是，人们在公共物品的供给上会存在撒谎的动机，因为无论他们使用了多少公共物品，都不需要为之付费，当被问知他们期望有多少公共物品时，人们总是倾向于夸大他们的真实感觉。例如，如果街道清扫的时间表按照居民的愿望来安排，他们希望每天都要清扫，这是供给的无效水平。因此，政府必须意识到，当决定到底提供多少公共物品时，决不能简单地依赖于公众的意见，如果政府这样做了，就会提供的太多；与此相反，依赖投票来确定公众到底需要多少公共物品也一样存在问题，这会导致可被提供的公共物品太少。可见，政府要提供合适数量的公共物品以达到社会福利最优化仍然是一件困难的事情。

第五节　不完全信息

在前面所作的关于市场的研究中，我们舍弃了信息不同引起的问题，总是假设购买者和销售者对于市场销售的商品质量都有完全的信息。即完全竞争模型的一个重要假定是完全信息，市场的供求双方对于所交换的商品具有充分的信息。例如，消费者充分地了解自己的偏好，了解在什么地方、什么时候、存在何种质量的、以何种价格出售的商品；生产者充分地了解自己的生产函数，了解在什么地方、什么时候、存在何种质量的、以何种价格出售的投入要素等。显而易见，上述关于完全信息的假定并不符合现实。在现实经济中，信息常常是不完全的，甚至是很不完全的。在这里。信息不完全不仅是指那种绝对意义上的不完全，即由于认识能力的限制，人们不可能知道在任何时候、任何地方发生的或将要发生的任何情况，还指“相对”意义上的不完全，即市场经济本身不能够生产出足够的信息并有效地配置它们。这是因为：信息作为一种有价值的资源，不同于普通的商品。人们在购买普通商品时，先要了解它的价值，看看值不值得买。购买信息商品却无法做到这一点。人们之所以愿意出钱购买信息，是因为还不知道它，一旦知道了它，就没有人会愿意再为此支付购买价格了。这就出现了一个困难的问题：卖者让不让买者在购买之前就充分地了解所出售的信息的价值呢？如果不让，则买者就可能因为不知道究竟值不值得买而不去购买它；如果让，则买者又可能因为已经知道了该信息也不去购买它。在这种情况下，要能够做成“生意”，只能靠买卖双方的并不十分可靠的相互依赖；卖者让买者充分了解信息的用处，而买者则答应在了解信息的用处之后即购买它。显而易见，市场的作用在这里受到了很大的限制。

不完全信息会引起道德风险与逆向选择，减少市场交易量，最终导致市场失灵。

一、道德风险或败德行为

风险是指引起损失的概率；不确定性是指多种结局或事件都有可能出现，但人们不知道出现哪一种结局的状态。道德风险或败德行为是指交易合约中的某一方在合约达成以后，具有损人利己的激励，或做出损人利己的活动，也叫机会主义。

由于不确定性与不完全信息的原因，交易合同常常是有缺陷的与不完全的，使经济主体不能承担自己行为所产生的全部损失。如果某个百货公司的老板对所雇用的售货员支付固定的工资，那么这个售货员就遇到了道德风险：售货员有付出最小努力不积极售货的激励。这必然减少百货公司的利润。由于这个原因，通常售货员的工资收入分成两部分：一部分是基本工资，与售货量无关；另一部分工资与售货量紧密相关，售货量越多，这部分工资也就越多。道德风险在很多经济活动中都会出现。如买了家庭财产保险的人，就没有多大的热情安装家庭各种防盗装置了。

二、逆向选择

逆向选择是指在买卖双方信息不对称情况下，高质量商品被低质量商品逐出市场的状况，与货币流通中的劣币驱逐良币现象类似。例如，在二手车市场与保险市场上就存在逆向选择。

在没有担保的二手车市场上，若卖者有200辆质量不同的车供出售，同时买者对二手车的需求量也正好是200辆。200辆车中，100辆是高质量车，卖者愿意接受的最低价格为80 000元，买者愿意支付的最高价格为100 000元；另外100辆是低质量车，卖者愿意接受的最低价格为40 000元，买者愿意支付的最高价格为50 000元，若买卖双方拥有完全的信息，二手车市场一定会出清。

然而二手车的质量高低是一种私人信息，只有卖主知道，而买主不知道。假定买者知道200辆二手车中有一半是高质量车，在交易中买到好车与否的概率是50%，于是每一位买者对要购买的二手车所愿意支付的最高价格为75 000元（$100\ 000 \times 0.5 + 50\ 000 \times 0.5$）。在这种需求价格下，好车必然退出市场。

当买者知道二手车市场上都是低质量的二手车时，他们所愿意支付的最高价格就是50 000元。于是，二手车市场上进行交易的都是低质量二手车，高质量的二手车无法进行交易。最终交易的数量低于双方想要进行交易的数量，存在市场失灵。

保险市场也存在逆向选择问题。假设在医疗保险市场上存在健康的与穷病缠身的两类人，前者每年的医疗费用为2 000元，后者每年的医疗费用为8 000元。投保人知道自己的身体健康状况，而保险公司不知道。于是保险公司确定一种平均的医疗保险费为 5 000 元。面对如此昂贵的保费，那些健康的人就选择不投保。由于保险市场上只剩下疾病缠身的人来投保，保险公司必然将保费提高到 8 000 元。这样，保险市场上患病风险高的客户将患病风险低的客户逐出了市场。保险市场上的交易量因此少于帕累托最优条件下的数量，存在市场失灵。

三、不完全信息的对策

（一）政府干预

例如，医疗卫生领域与老年人的健康保险方面，就需要政府干预（医生、病人与保险公司之间存在信息的不对称，病人只能根据医生的建议选择适当的治疗方法。有时，当病人被推入急诊室时，他根本就无法选择所应接受的治疗。由于需求完全依赖于供给，因此，政府必须干预，以免消费者为了不必要的医疗或以次充好的药物以及过于昂贵的服务而花钱）。在 1999 年，美国政府在医疗保健方面的支出占国民收入的比重达到 15% 以上（世界平均水平是 4%，我国不到 2%）。

（二）对于逆向选择与道德风险所产生的低效率，可以采取做记号方法来避免

例如，在二手车市场上，做记号的方法是高质量车的卖主或第三者向买主担保一定时期内，所购车辆免费修理。显然，消费者会相信，有这种担保的车一定是好车，否则就是质量不好的车。这是因为做这种虚假的记号的代价是高的，不仅要支付昂贵的维修费用，而且自己的信誉也会越来越不好。学历与文凭在某种程度上也是雇工向雇主做的记号或发送的信息。

（三）解决不完全信息的另一个思路：委托—代理问题

在现实经济中，只要存在故意安排，其中一个人的福利依赖于另外一个人的行为，那么就必定存在委托—代理关系。实际上，由于信息不完全现象在经济活动中非常常见，而且很多经济合同都是在不完全信息下签订和执行的。所以，经济活动中许多经济关系都可以归结为委托—代理关系。具体地说，政府与垄断企业、企业雇主与雇员、股东与经理、医生与病人等都可以构成委托—代理关系。委托—代理的中心内容是分析不完全信息和交易成本是如何影响代理人的行为的，以及设计一个有效的激励机制以促使代理人能够按照委托人的利益去行动。

1. 委托—代理关系的基本条件

市场中存在两个相反独立的个体：委托人和代理人，且双方都是在约束条件下的效用最大化者，在两个个体中，其中之一必须在许多可供选择的行为中选择一项预定的行为，该行为既影响其自身的收益，也影响另外一个个体的收益；委托人具有付酬能力并拥有规定付酬方式和数量的权力，即委托人在代理人选择行为之前就能确定与代理人的某种合同，该合同明确规定代理人的报酬是委托人观察代理人行为的结果。代理人和委托人都面临着市场的不确定性和风险，且它们

二者之间所掌握的信息是不完全和非对称的。也就是说，委托人不能直接观察代理人的具体操作行为，代理人不能完全控制选择行为后的最终结果，因为代理人选择行为的最终结果是一种随机变量，其分布状况取决于代理人的行为。由于存在该项条件，委托人不能完全根据对代理行为的观察结果来判断代理人的成绩。

2. 私人部门企业的委托—代理问题

私人企业大多是所有权与经营权分离的，公司的经营权基本上是由经理控制的，所有者尤其是分散的所有者是很难获得有关公司经理经营好坏的信息的，而且收集和使用信息的成本是极其昂贵的。因此，私人企业追求的目标可能是公司经理的目标，而偏离所有者的目标，如更多地关注企业增长而不是利润，更快的增长和更大的市场份额将提供更多的现金流量，而这又将给经理们提供更多的津贴；也可能降低公司增长的重要性，但强调经理从他们的工作中获得效用。但是如果存在强有力的董事会和高度发达的经理市场或者存在一个活跃的公司控制权市场（能够在公司经营很差时进行接管竞标），那么经理偏离所有者的目标而去追求自身目标将受到很大的限制。

但是，分散的所有者控制经理行为的方法是有限且不完善的。例如，企业的接管可能是由于个人和经济力量的促动，而不是经济效率。假定高层经理接近退休，并且有长期合同的情形下，经理市场也有可能运转不善。因此，必须通过所有改变经理所面临的激励，进而寻求一套有效的激励机制来促使经理人按照所有者的目标经营。

3. 委托—代理中的激励

在委托—代理关系中，对于委托人来说，只有使代理人行为的效用最大化才能使其自身的效用最大化，然而要使代理人采取效用最大化行为，必须对代理人的工作进行有效的激励。这样委托人与代理人之间的利益协调问题就转化为激励机制的设计问题。尽管目前还没有总结出一套完备的激励机制的具体形式，但设计思路是大体相同的，其目的都是使代理人行为最大可能地接近委托人的目的。

小　结

（1）对整个社会而言，价格机制在某些领域不能起作用或不能起有效作用的情况称为市场失灵，垄断、外部性影响、公共物品的特性以及非对称信息是导致市场失灵的主要原因。

（2）正的外部性和负的外部性统称外部性。正的外部性将导致产品短缺，而负的外部性却会造成产品的过度供给。市场机制作用的缺陷引发人们的思考，有人主张引入政府干预来提高效率，如政府规定排污标准；也有人主张主要靠市场机制自身来克服，如建立一个转让许可证的市场。但是，实际上没有一个万能的办法来解决所有的外部性问题。

(3) 在某些情况下，人们能通过私人解决自行消除外部性，不需要政府的介入。根据科斯定理，当产权可以自由交换，而且各方的交易成本为零或者很小时，无论最初将产权赋予哪一方，资源配置的最终结果都将是有效率的。科斯定理的思想是主张通过产权交易市场来解决，但是其假设条件在现实经济中很难满足，因为没有一个交易是无成本的。

(4) 公共物品是指具有非竞争性和非排他性的产品或服务。某些个人虽然参与了公共物品的消费，但却不愿意支付公共物品的生产成本，完全依赖于他人对公共物品生产成本的支付，这样就产生了搭便车问题。“搭便车现象”的存在，需要政府以社会管理者的身份组织和实现公共物品的供给，并对其使用进行监管。

(5) 在大多数例子中，公共物品必须由政府供应。这是因为公共物品的社会边际收益等于每个消费者个人边际收益的总和。如同正的外部性，社会边际收益大于任何一个个人的边际收益，因此没有个人愿意提供有效的公共物品。政府存在的一个基本原理，就是让公民纳税以提供公共物品，政府使用成本收益分析来决定公共物品的有效供给。但这种分析相当困难，因为个人有动机去夸大产品对他们的价值。

(6) 不完全信息会带来道德危险和逆向选择，这就需要政府在信息方面进行调控，增加市场“透明度”。

复习思考题

一、名词解释

市场失灵　正的外部性　负的外部性　公共物品　搭便车问题　科斯定理　逆向选择　道德风险　不完全信息

二、简答题

1. 简述市场失灵的原因。
2. 简述私人物品和公共物品的特征。
3. 公共物品为什么不能靠市场来提供?
4. 为什么外部性影响会使资源配置失当?
5. 简述科斯定理的内容。
6. 什么是非对称信息? 如何克服非对称信息引发的市场失灵?
7. 请举例说明什么是逆向选择问题?

三、计算题

1. 假定一个社会由 A 和 B 两人组成。A 对某公共物品的需求为 $q_A=100-p$,

B 对该公共物品的需求为 $q_B = 200 - p$。

(1) 如该物品是一种纯粹的公共物品，在每一单位产品的边际成本为 120 元时社会最优产出水平是多少？

(2) 如该物品由私人厂商生产，会有多少单位产出？

(3) 如由政府来生产该物品的最优产出水平，成本为多大？A 和 B 各应为这种公共物品消费缴纳多少税收？

2. 一家厂商，其生产行为产生负的外部性，厂商的成本函数为 $TC = 0.05Q^2 + 10Q$，而社会成本为 $TC^* = 0.1Q^2 + 13Q$。厂商生产的产品的需求函数为 $Q = 500 - 5P$。为了达到帕累托最优，需要政府对厂商收费以调节私人成本与社会成本的差异。

(1) 政府该如何收费？

(2) 收费后厂商的产量和产品价格有何变化，利润有何变化？

四、论述题

1. 论述如何解决外部性影响引起的市场失灵？

2. 北京市的公共厕所是免费的，公共厕所由政府修建并负责维护。请问，公共厕所是不是公共物品？

阅读推荐与网络链接

1. 高鸿业．西方经济学：微观部分．第五版．北京：中国人民大学出版社，2011.

2. (法) 萨拉尼耶．市场失灵的微观经济学．上海：上海财经大学出版社，2004.

3. (美) 哈尔·R·范里安．微观经济学：现代观点．上海：格致出版社，2008.

4. 保罗·克鲁格曼，罗宾·威尔斯．微观经济学．北京：中国人民大学出版社，2009.

5. 林成．从市场失灵道政府失灵：外部性理论及其政策的演进．长春：吉林大学出版社，2011.

参考文献

[1] 布拉德利·希勒．当代经济学［M］．北京：人民邮电出版社，2003.

[2] 布赖恩·斯诺登，霍华德·文．与经济学大师对话［M］．北京：北京大学出版社，2000.

[3] 陈友龙，缪代文．现代西方经济学［M］．北京：中国人民大学出版社，2011.

[4] 杜木恒．微观经济学［M］．北京：中国财政经济出版社，2003.

[5] 高鸿业．西方经济学：微观部分［M］．第五版．北京：中国人民大学出版社，2011.

[6] 金雪军．微观经济学［M］．杭州：浙江大学出版社，2000.

[7] 金雪军．西方经济学案例［M］．杭州：浙江大学出版社，2004.

[8] 李成，何善华，林宙．西方经济学［M］．中山：暨南大学出版社，2006.

[9] 李健．微观经济学［M］．北京：机械工业出版社，2003.

[10] 李致平．现代微观经济学［M］．合肥：中国科学技术大学出版社，2006.

[11] 厉以宁．西方经济学［M］．第三版．北京：高等教育出版社，2011.

[12] 连有，王瑞芬．西方经济学［M］．北京：清华大学出版社，2008.

[13] 梁小民．微观经济学［M］．北京：中国社会科学出版社，1996.

[14] 梁小民．西方经济学导论［M］．北京：北京大学出版社，2003.

[15] 刘天祥．西方经济学：微观部分［M］．长沙：中南大学出版社，2012.

[16] 刘源海．经济学基础［M］．北京：高等教育出版社，2006.

[17] 罗伯特·S·平狄克（Robert S. Pindyck），丹尼尔·L·鲁宾费尔德（Daniel L. Rubinfeld），高远，朱海洋．微观经济学［M］．第七版．北京：中国人民大学出版社，2009.

[18] 迈克尔 L·卡茨，哈维 S·罗森．微观经济学［M］．李宝伟，武立东，译．第三版．北京：机械工业出版社，2010.

[19] 曼昆（N. Gregory Mankiw）．经济学原理［M］．梁小民，梁砾，译．第六版．北京：北京大学出版社，2012.

[20] 曼昆（N. Gregory Mankiw）．经济学原理：下册［M］．梁小民，译．北京：生活·读书·新知三联书店，北京大学出版社，1999.

[21] 曼斯费尔德．微观经济学［M］．第九版．北京：中国人民大学出版社，2001.

[22] 缪代文．微观经济学与宏观经济学［M］．北京：高等教育出版社，2008.

[23] 聂华．微观经济学［M］．北京：中国林业出版社，2002.

[24] 平狄克，鲁宾费尔德．微观经济学．第三版［M］．美国英林崖城：普伦蒂

斯—霍尔公司，1995.
[25] 瓦尔特·尼科尔森．微观经济理论［M］．北京：中国经济出版社，1999.
[26] 王花球．西方经济学概论［M］．第二版．北京：经济科学出版社，2007.
[27] 吴宗奎．西方经济学［M］．北京：中国人民大学出版社，2010.
[28] 徐长玉．微观经济学［M］．西安：西北大学出版社，2008.
[29] 许纯祯，吴宇晖，张东辉．西方经济学［M］．第三版．北京：高等教育出版社，2010.
[30] 杨伯华，缪一德．西方经济学原理［M］．成都：西南财经大学出版社，2011.
[31] 杨长江．微观经济学［M］．上海：复旦大学出版社，2006.
[32] 叶德垒．微观经济学［M］．北京：高等教育出版社，2004.
[33] 于善波．西方经济学案例［M］．北京：中国商务出版社，2008.
[34] 袁志刚．西方经济学［M］．北京：高等教育出版社，2010.
[35] 约瑟夫·斯蒂格利茨．经济学［M］．北京：中国经济出版社，1991.
[36] 约瑟夫·斯蒂格利茨．经济学［M］．北京：中国人民大学出版社，1999.
[37] 张淑云．经济学——从理论到实践［M］．北京：化学工业出版社，2004.
[38] 张玉明，聂艳华．微观经济学［M］．北京：清华大学出版社，2013.
[39] 张元鹏．微观经济学［M］．北京：中国经济出版社，2002.
[40] 朱京曼．西方经济学教学案例精选［M］．北京：经济日报出版社，2008.